应用型本科汽车类专业系列教材

汽车营销原理与应用

主　编　陈永革　徐雯霞
副主编　陈　诚　汤宇娇　何　瑛
参　编　王国方　周鑫林
主　审　张家钰

机械工业出版社

本书是普通高等教育汽车类专业应用型本科示范教材，全书分上、下两篇，共十六章。上篇为汽车营销原理，主要讲述汽车营销基本理论、汽车营销分析、汽车营销策略和汽车营销战略等四部分内容。下篇为汽车营销应用，主要讲述汽车营销管理、汽车配件及二手车营销和汽车电子商务与网络营销等三部分内容。通过学习，可以使学生比较系统而完整地掌握汽车营销学的基本原理、主要内容和应用实务。

本书可作为应用型本科汽车类专业的教材，亦可供相关专业及从事汽车营销的人员参考。

图书在版编目（CIP）数据

汽车营销原理与应用/陈永革，徐雯霞主编．—北京：机械工业出版社，2015.9（2022.6 重印）

应用型本科汽车类专业系列教材

ISBN 978-7-111-50897-7

Ⅰ.①汽⋯ Ⅱ.①陈⋯ ②徐⋯ Ⅲ.①汽车 – 市场营销学 – 高等学校 – 教材 Ⅳ.①F766

中国版本图书馆 CIP 数据核字（2015）第 162685 号

机械工业出版社（北京市百万庄大街 22 号　邮政编码 100037）
策划编辑：赵海青　　责任编辑：赵海青　孟　阳
责任校对：薛　娜　　封面设计：路恩中
责任印制：郜　敏
北京富资园科技发展有限公司印刷
2022 年 6 月第 1 版·第 4 次印刷
184mm×260mm·20.5 印张·509 千字
标准书号：ISBN 978-7-111-50897-7
定价：48.00 元

电话服务　　　　　　　　网络服务
客服电话：010-88361066　　机　工　官　网：www.cmpbook.com
　　　　　010-88379833　　机　工　官　博：weibo.com/cmp1952
　　　　　010-68326294　　金　书　网：www.golden-book.com
封底无防伪标均为盗版　　　机工教育服务网：www.cmpedu.com

车辆工程方向教材编审委员会

主　任：	河南科技大学	张文春
副主任：	南昌工程学院	林谋有
	鲁东大学	于京诺
委　员：	沈阳理工大学	赵海波
	上海电机学院	陆忠东
	金陵科技学院	智淑亚
	金陵科技学院	付香梅
	黑龙江工程学院	于春鹏
	哈尔滨理工大学	贾冬开
	九江学院	黄　强
	广西工学院	黄雄健
	沈阳大学	凌永成
	河南工业大学	吴心平
秘　书：	机械工业出版社	赵海青

汽车服务工程方向教材编审委员会

主　任：	上海建桥学院	陈永革
副主任：	武汉科技大学	赵英勋
	长春工业大学	刘兰俊
	北京运华天地科技有限公司	廖　明
委　员：	江汉大学	李素华
	黑龙江工程学院	于春鹏
	吉林农业大学发展学院	吴　明
	金陵科技学院	付香梅
	浙江师范大学	曹红兵
	黑龙江东方学院	贾冬开
	九江学院	丁志华
	九江学院	代红梅
	九江学院	徐玉红
	上海建桥学院	裘文才
	同济大学	陈昌明
	同济大学	陈传灿
	上海大学	何忱予
秘　书：	机械工业出版社	赵海青

交通运输方向教材编审委员会

主　任：长安大学　　　　　　　　陈焕江
副主任：浙江师范大学　　　　　　曹红兵
　　　　鲁东大学　　　　　　　　宋进桂
　　　　山东交通学院　　　　　　戴汝泉
委　员：沈阳理工大学　　　　　　赵海波
　　　　上海建桥学院　　　　　　朱　列
　　　　吉林农业大学　　　　　　吴　明
　　　　黑龙江工程学院　　　　　于春鹏
　　　　鲁东大学　　　　　　　　陈　燕
　　　　山东交通学院　　　　　　李景芝
秘　书：机械工业出版社　　　　　赵海青

丛 书 序

进入21世纪,我国高等教育得到了迅猛发展,已经进入了大众化的发展阶段,全国高等教育的毛入学率已达到20%,上海、北京等高等教育发达地区的毛入学率已经超过50%,率先进入了高等教育大众化的发展阶段。

在高等教育大众化发展阶段,受教育者和社会对高等学校的要求趋向于多元化和复杂化,对人才的认识和评价标准趋向于多样化,它的发展必然要求高等教育理念、办学形式的多元化和高等学校办学层次、类型的多样化。我国传统的"精英式"高等教育理念、"研究型"高等学校办学模式和"学术性"人才培养模式在高等教育大众化阶段受到了严重挑战。也就是说,高等教育大众化在提高适龄青年接受高等教育比例的同时,使教育的对象、目标和教育结构发生了变化,接受高等教育的人具有了不同的类型和不同的特点,这就需要高等教育具有不同层次和不同类型,因此,产生了学校设置的不同类型和不同定位。应用型本科人才的培养正是在这种情况下,越来越得到社会的重视。

为适应社会对应用型人才的需求,对高等学校尤其是新建本科院校来说,应用型本科人才的培养工作重任在肩。应用型本科如何定位、分类和发展,是国内教育界非常关注的问题。定位于职业取向的应用型大学,既有普通本科教育的共性,又有区别于普通本科的自身特点,它更加注重的是实践性、应用性和技术性。有人认为,"后劲足、上手快",即基础知识比高职高专学生深厚、实践能力比传统本科生强,是本科应用型人才最本质的特征。但是由于类型多而复杂,应用型本科院校之间缺乏横向交流和适用于应用型人才培养的针对性教材一直是制约院校发展的瓶颈。

2011年12月,围绕应用型本科人才培养和教材开发,机械工业出版社牵头在上海建桥学院召开了"汽车类专业应用型本科示范教材"开发研讨会。上海建桥学院、上海电机学院、鲁东大学、九江学院、长安大学、河南科技大学、南昌工程学院、黑龙江工程学院、武汉科技大学、山东交通学院、河南工业大学、长春工业大学、哈尔滨理工大学、沈阳理工大学、浙江师范大学、吉林农业大学、金陵科技学院等来自全国20多所设有汽车类专业的应用型本科院校的30多位汽车专业系主任、骨干教师参加了此次会议。此次会议组建成立了"全国汽车类专业应用型本科院校联盟",审议并通过了"全国汽车类专业应用型本科院校联盟"章程和联盟理事会工作细则,确定了教材联编共同的思路。

在此次会议上,与会代表对汽车类专业应用型本科的培养方案、专业建设、教材建设等问题进行了深入而广泛的探讨,并成立了教材编审专家委员会,对教材编例、内容组织、教材体系等多方面问题进行了探讨。

本套教材具有如下特点:
- 强调以知识为基础,以能力为重点,知识、能力、素质协调发展。具体培养目标强调学生综合素质和专业核心能力的培养。

- 内容组织和体现形式符合学生认知和技能养成规律,体现以应用为主线。
- 体现行业需求、职业要求和岗位规范,尤其是要注意紧跟技术更新。
- 注重学生分析能力、判断能力、创新能力和沟通能力的综合能力培养。
- 配套开发课程设计指导、实训教学指导书,配备多媒体教学课件,打造立体化教材。

本套教材附赠多媒体课件、练习题答案等教学资料供任课老师采用,可在机械工业出版社教材服务网(www.cmpedu.com)免费下载或拨打编辑热线获取(010-88379674)。

虽然本套教材的各参编院校在应用型本科人才培养和教学改革方面进行了有益的探索,但限于认识水平和工作经历,教材中难免仍有许多不足之处,恳请各位专家、同行和广大使用本套教材的师生给予批评指正。

应用型本科汽车类专业系列教材编委会

前　言

进入21世纪以来,汽车进入家庭的巨大市场需求拉动汽车营销服务行业步入了快速发展的轨道。时至今日,汽车营销服务行业已形成汽车(含进口车)销售、汽车配件销售、二手车交易、汽车金融、汽车保险、汽车租赁、汽车拍卖等不同的销售服务方式和汽车品牌销售专卖店、汽车大卖场、汽车有形市场、汽车销售连锁等不同的销售服务业态,为汽车产业的发展做出了很大贡献。

按预测,到2015年,我国汽车年产、销量将达到2500万辆,汽车保有量将达到1.5亿辆。汽车营销服务行业发展将面临着拓展服务领域、加快转型升级的机遇与挑战,对从业人员素质提出了更高要求,需要一批懂营销、懂技术、懂服务的高素质汽车营销服务人才。目前,汽车营销服务行业人才状况仍是制约汽车营销服务行业持续发展的主要"瓶颈",加快培养汽车营销服务人才,提升汽车营销服务人员的水平,已经成为全国开办汽车类专业的高等院校的迫切任务。

为了满足新形势下对汽车营销服务高级专门人才培养的需求,根据全国"汽车类专业应用型本科示范教材开发研讨会"课程建设的思路,我们编写了《汽车营销原理与应用》一书。在本书编写过程中,我们按照应用型本科人才培养最本质的特征,强调以知识为基础,能力为重点,知识、能力、素质协调发展。在教学内容方面坚持以应用为目的,以必须、够用为原则,为培养我国汽车市场营销应用型高级专门人才服务,力求做到:第一,普及汽车营销基本原理;第二,提高学生应用原理从事汽车营销的能力;第三,便于教师开展教学实践。但限于知识与能力,书中的不妥与缺点在所难免,恳请各位读者批评指正。

本书的编写是集体劳动的成果,由陈永革、徐雯霞任主编,陈诚、汤宇娇、何瑛任副主编,张家钰任主审,参加全书编写工作的有:陈永革、徐雯霞、陈诚、汤宇娇、何瑛、王国方、周鑫林。最后,由陈永革、徐雯霞、陈诚、汤宇娇对全书进行统稿。

本书的编写和出版是在机械工业出版社有关领导和编辑的精心策划和认真指导下完成的,在此表示衷心感谢。

编　者
2015年6月于上海建桥学院

目录

丛书序
前言

上篇　汽车营销原理

第一章　汽车营销导论 ………… 2
第一节　汽车营销的基本概念 ………… 2
第二节　市场营销观念的演变 ………… 11
第三节　市场营销理论的发展 ………… 14
第四节　我国汽车后市场发展概况 ………… 16

第二章　汽车营销环境 ………… 27
第一节　汽车营销环境概述 ………… 27
第二节　汽车营销宏观环境 ………… 29
第三节　汽车营销微观环境 ………… 42
第四节　汽车营销环境分析方法及应对策略 ………… 46

第三章　汽车市场信息、市场调研与市场预测 ………… 50
第一节　汽车市场信息 ………… 50
第二节　汽车市场调研 ………… 52
第三节　汽车市场预测 ………… 56

第四章　汽车市场细分与目标市场选择 ………… 65
第一节　汽车市场细分 ………… 65
第二节　目标市场选择 ………… 77
第三节　汽车市场定位 ………… 78

第五章　汽车消费者购买行为分析 ………… 91
第一节　汽车消费者购买行为概述 ………… 91
第二节　影响汽车消费者购买行为的因素 ………… 93
第三节　汽车消费者购买行为分析 ………… 99
第四节　汽车业务市场购买行为分析 ………… 105

第六章　汽车产品策略 ………… 111
第一节　汽车产品概述 ………… 111
第二节　汽车产品组合 ………… 113
第三节　汽车产品寿命周期及其策略 ………… 116
第四节　汽车产品品牌与商标策略 ………… 120

第七章　汽车定价策略 ………… 128
第一节　汽车定价概述 ………… 128
第二节　影响汽车价格的因素 ………… 131
第三节　汽车定价目标 ………… 133
第四节　汽车定价方法 ………… 135
第五节　汽车定价策略 ………… 140

第八章　汽车销售渠道策略 ………… 151
第一节　汽车销售渠道概述 ………… 151
第二节　汽车销售渠道中的中间商 ………… 156
第三节　汽车销售渠道的管理 ………… 163
第四节　汽车销售渠道发展策略 ………… 167

第九章　汽车促销策略 ………… 172
第一节　汽车促销概述 ………… 172
第二节　汽车人员促销策略 ………… 175
第三节　汽车广告策略 ………… 179
第四节　汽车销售促进策略 ………… 183
第五节　汽车公共关系策略 ………… 186

第十章　汽车市场营销战略 ………… 191
第一节　汽车市场营销战略概述 ………… 191
第二节　汽车服务战略 ………… 194
第三节　顾客满意战略 ………… 197
第四节　汽车市场竞争战略 ………… 204

下篇　汽车营销应用

第十一章　汽车企业战略规划的制订和营销管理 ………… 218
第一节　汽车企业战略规划的制订 ………… 218
第二节　汽车营销管理过程 ………… 228
第三节　汽车营销计划、组织与控制 ………… 229

第十二章　汽车营销策划 ………… 237
第一节　汽车营销策划概述 ………… 237
第二节　汽车营销策划的内容 ………… 241

第三节　汽车营销策划方案的
　　　　　制订与实施 …………… 243
　第四节　汽车营销策划方案的控制 ……… 247
　第五节　汽车促销的营销策划 …………… 249
第十三章　汽车客户关系管理 …………… 261
　第一节　汽车客户需求分析 ……………… 261
　第二节　汽车客户开发 …………………… 262
　第三节　汽车客户资源管理 ……………… 265
第十四章　汽车配件营销 ………………… 270
　第一节　汽车配件营销概述 ……………… 270
　第二节　汽车配件的进货 ………………… 272
　第三节　汽车配件的仓储 ………………… 275

　第四节　汽车配件的销售 ………………… 279
第十五章　二手车市场营销 ……………… 287
　第一节　二手车市场营销概述 …………… 287
　第二节　二手车评估 ……………………… 289
　第三节　二手车市场营销模式 …………… 299
第十六章　汽车电子商务与网络
　　　　　营销 …………………………… 305
　第一节　电子商务 ………………………… 305
　第二节　网络营销 ………………………… 310
　第三节　我国汽车电子商务与网络营销 … 314
参考文献 …………………………………… 318

上篇

汽车营销原理

第一章　汽车营销导论

学习目标

了解市场及汽车市场的含义；了解市场营销及汽车市场营销的概念，理解"市场营销最主要的不是推销，推销只是市场营销的一个职能"的深刻含义，掌握市场营销活动应从消费者开始，活动的核心是如何满足消费者的需求；了解汽车市场营销观念的演变过程及各阶段的主要特点，理解汽车市场营销观念是汽车市场营销活动的出发点，它正确与否，决定汽车企业的兴衰；掌握以市场营销观念或社会营销观念作为策略导向，企业应遵循的宗旨；了解我国汽车后市场的发展现状、存在的问题及发展趋势。

改革开放以来，随着我国经济体制的转变，市场营销日益受到我国企业界的极大关注，营销活动的开展越来越广泛和深入，学术界也在不断地传播西方市场营销的理论和成功经验，不断地总结我国市场营销的经验与规律。

汽车市场营销作为一门新兴的学科，包含了市场营销的传统理论，也包含了许多汽车方面的专业知识和技能，将管理知识与汽车工程知识有机地进行了结合，对汽车工业的大发展具有非常重大的意义。本章将讨论汽车市场与汽车市场营销的含义、汽车市场营销观念的演变、我国汽车后市场发展概况、国外汽车后市场的发展动向和我国汽车后市场的发展趋势。

第一节　汽车营销的基本概念

一、市场与汽车市场

（一）市场

在现代社会经济条件下，几乎所有的经济现象或经济活动都与市场有关，几乎所有经济方面的学科都不同程度地涉及市场。那么，"市场"该有怎样的含义呢？而"汽车市场"又是怎样一个概念呢？

1. 市场的含义

市场是商品经济的产物，哪里有商品生产和商品交换，哪里就会有市场。所以，市场是与商品的生产和交换联系在一起的，两者同时产生，同时发展。市场是商品交换关系的总和，它反映了社会生产和社会需要之间、商品可供量与有支付能力的需求之间、生产者和消费者之间、国民经济各部门之间的经济关系。研究和掌握这些关系，了解市场运行机制，认识市场调节的方法和手段，对于发展商品生产是十分重要的。

（1）市场概念　市场的概念是随着商品经济的发展而不断深化的，它的内涵也在不断地拓宽。

1）古代的市场概念：日中为市，致天下之民，聚天下之货，交易而退，各得其所（易·系辞下）。

2）近代的市场概念：狭义的概念是商品交易的场所，广义的概念是商品交换关系的总和。

3）当代的市场概念：市场由一切具有特定需求或欲望，并且愿意和可能从事交换来使需求和欲望得到满足的潜在顾客所组成（美国市场营销大师菲利普·科特勒 Philip Kotler）。

4）现代的市场概念：市场＝人口＋购买力＋购买欲望

（2）市场机制　市场是个有机体，由各要素（价格、利率、工资、供求、竞争等）组成。各要素之间是互相联系、互相制约、共同作用的，可谓"牵一发而动全身"。市场机制是指市场有机体内各要素之间互为因果、互相制约的联系和作用，它是价值规律的实现形式。

在上述各要素中，价格是市场的核心，价值规律是商品经济的基本规律，价值规律是通过价格与供求之间的互相影响来实现的。而价格与供求的互相影响、制约又是市场机制的核心，所以，市场机制是价值规律的实现形式。

市场机制是基础性调节手段，其作用不可替代。通过市场机制可以合理配置市场资源，有效调节供给与需求，实现市场供求平衡，从而激励企业提高效率，促进社会经济的发展。

2. 市场的作用

根据市场的概念，市场具有以下三大功能：一是实现的功能，即实现商品交换、货币易位，消费者获得利益，生产者获得价值的补偿；二是调节的功能，即通过市场供求与价格的相互作用，以及市场竞争的开展，对生产者、经营者和消费者的买卖行为起着调节作用，最终使供求平衡，促进社会资源合理配置；三是反馈功能，即市场是信息汇集的场所，它为企业的微观决策和政府的宏观决策提供依据。市场在实现社会再生产、反映国民经济发展状况，以及开展市场竞争等多方面发挥着重要的作用。

（1）市场是进行商品生产的必要条件　企业的生产经营活动离不开市场。企业必须从市场采购生产必需的各种原材料、能源等物资，同时，企业又必须通过市场进行产品销售，取得利润以维持企业的再生产。企业生产不断扩大，需要市场不断扩大。一个企业只有生产出社会需要的产品，不断提高产品对市场的适应能力，才会有生命力。

（2）市场是联系生产和消费的纽带　任何产品的生产，最终都是为了消费。因此，市场就必然将生产和消费紧密地联系起来，成为实现社会再生产的桥梁和纽带。人们的各种需求，只有通过市场才能得到满足，而生产企业也只有通过市场，才能满足人们的需求。如果没有市场这个中间环节，企业生产的产品就无法进入消费领域，消费者的需求也就得不到满足。市场作为衔接产、供、销的场所，灵敏地反映着消费者的需求。企业只有通过市场了解这种需求，才能真正做到按需生产，既充分又合理地满足社会的需要。

（3）市场是企业进行竞争的场所　市场的存在，必然会导致企业之间的竞争。市场是企业竞争的场所，优胜劣汰。市场竞争既是一种压力，也是一种动力，它促使企业改善经营管理，不断提高产品质量，增加品种，降低成本，学会按经济规律办事，改善服务态度，从而使人们的需要能得到更好的满足，企业的经济效益也能相应得到更大的提高。

（4）市场是调节供求的一种手段　产品要经过市场销售后才能进入消费领域，因此，社会再生产过程中必须保持的产需比例关系会在市场上灵敏地反映出来。在这个意义上，市场可看作是国民经济发展的晴雨表，它如同一面镜子，既能反映经济发展的速度和比例，也能反映国民经济的繁荣和衰退。通过市场情况的提示，国家可以采用行政、法律和经济手段调节产需之间的比例关系，从而促进国民经济的健康发展。而对需求面大、需求量广，与人民生活密切相关的商品，国家实行市场调节，即根据市场来调节产销之间的比例关系。市场对商品供求关系的这种调节作用，是十分重要的，它是保证市场经济不断健康发展，日益兴旺的重要方面。

3. 市场的特性

（1）形成市场的基本条件　市场是沟通生产和消费的桥梁，生产者和消费者通过市场发生经济联系，实现转移价值。因而，商品经济的规律，如价值规律、竞争规律等，只有通过市场才能发生作用。所以，形成市场的基本条件可以归纳为：有买卖双方，有可供交换的商品，有买卖双方都能接受的交易价格及其他条件。有了这三个条件，才能实现商品的交换，形成现实的而不是观念上的市场。

（2）形成买卖行为的三要素　市场在一定的时间和空间内集中可供交易的商品，而且，这些商品都能满足用户的需要，才能成交。这便形成了买卖行为的三要素：消费者、购买力和购买欲望。只有通过这三个要素的结合，才能促成买卖行为。

（3）现代市场交易的内容　根据现代产品的概念，需要即产品，有形、无形皆产品，所以，现代市场交易的内容，可分为有形贸易和无形贸易两大类。所谓有形贸易，也叫实物商品交易，是指一般商品实体的买卖，属于"硬件"交易；所谓无形贸易，则指劳务、工业产权（如商标、专利）、技术知识等交易，属于"软件"交易。

（二）汽车市场

1. 汽车市场的概念

如果将市场的概念运用到汽车中去，便形成了汽车市场。汽车市场是将汽车作为商品进行交换的场所，是交换关系的总和，是汽车的买方、卖方和中间商组成的一个有机的整体。它将原有市场概念中的商品局限于汽车及其相关的商品，起点是汽车产品的生产者，终点是汽车产品的消费者，即最终用户。所以，市场是一个广泛的概念，而汽车市场则是将市场这一概念具体化。

2. 我国汽车市场的特点

我国汽车市场的建立与发展是与我国汽车工业的发展相一致的。党的十一届三中全会以后，我国汽车工业的产销系统由较为封闭的状态逐渐转为开放的状态，由市场导向取代了计划指导。目前，汽车作为商品进入市场交换体系，多渠道、少环节的汽车商品市场流通体系已初步形成。

（1）汽车市场随国民经济运行的波动而波动　我国汽车市场的运行随国民经济运行的波动而波动，其波动呈现出明显的周期性特点，且与宏观经济的波动周期在时间上有明显的对应关系。从20世纪80年代开始，我国汽车市场已出现三次周期性波动，每次波动都与宏观经济的波动基本同步。每个波动周期大体都包括了衰退、低谷、复苏和高涨四个阶段，两者在这四个阶段的运行也是基本一致的。因此汽车营销应注意研究国民经济运行的波动性，从而推测汽车市场的运行规律，为汽车营销寻找机会。

（2）汽车服务贸易水平落后　汽车服务贸易领域包括汽车及零部件的国内流通、汽车进出口经营权、进口车和国产车的分销服务、公路交通运输业（汽车维修业）、分期付款业务、汽车保险业务、汽车租赁等。服务贸易涉及汽车从出厂至汽车报废的方方面面，国外将其比喻为汽车工业发展的血液,其重要性不言而喻。国内目前的主要问题是市场机制远没有贯穿到有关政策以及汽车生产企业和流通企业中去,我国的汽车企业还没有完全适应买方市场条件下以及开放市场条件下市场销售的要求。

(3) 价格过高制约汽车工业的发展　价格是汽车消费链中一个至关重要的问题。汽车及零部件价格过高,将会成为制约我国汽车工业发展的关键因素。从全球范围来看,中国汽车业劳动报酬相对低廉,但销售成本较高,导致汽车价格过高。国家发展和改革委员会公布的数据显示,目前我国汽车行业利润率约为22%,而全球汽车行业的平均利润率仅为3%~5%。我国作为世贸组织的成员,今后政府的行政干预将逐渐演变为一种对汽车市场的引导,再加上关税的逐渐降低及进口配额的取消,中国汽车行业的利润将会降到15%以下。

(4) 巨大的潜在市场优势受政策环境制约　目前,我国的千人汽车保有量约为105.83辆,而世界平均值为115辆,持续、快速的经济增长为汽车进入家庭提供了前提。如果我国的汽车保有水平能够达到世界平均水平的话,那么,我国的汽车保有量将超过1.3亿辆,年需求量将超过2000万辆。由此可见,我国的汽车市场潜力十分巨大,2013年潜在需求量超过2000万辆。潜在的大市场,为我国汽车工业进一步的持续发展提供坚实的保证,同时,也吸引了几乎所有的汽车跨国公司来中国投资或经营。

面对潜在的大市场,我国汽车工业发展的市场环境和政策条件并不理想,其主要表现为汽车税费不合理,各地的市场保护和限制政策,城市交通基本设施建设和交通管理滞后,汽车保险市场混乱,汽车售后和维修服务与市场经济要求相差悬殊,造成汽车有效需求不足,从而在较大程度上又制约了我国汽车工业的发展,极大地限制了汽车销量的增长。

(5) 经济、政策因素对汽车消费市场影响大　我国汽车消费市场受宏观经济、政策因素影响很大,是一个典型的政策市场。我国三次汽车销售高峰和供求关系的剧烈变化就是很好的佐证。自2001年以来,国家及各地方政府在汽车消费领域上出台了很多新的、能有效刺激需求的政策,如入世后的第一次关税下调,新《机动车登记办法》的出台,放开国产轿车价格,公告代替目录,广州下调停车费,可自己选择车牌号码,车辆购置税开始下调等,这一系列的政策和措施必将进一步促进汽车销售的增长。

(6) 汽车消费结构的主体向个人购车转变　汽车市场消费结构从公款购车为主向个人购车为主转变,购买汽车已经成为许多中国老百姓的现实需求。计划经济时代,汽车一直被作为生产资料管理,然而,随着改革开放后中国经济的快速发展,这一情况发生了根本性的变化:绝大多数的汽车购买者已把汽车作为消费品来使用,而不再是把它当作纯粹的生产工具。随着人民生活水平的提高,个人购车比例逐年快速增长,中国汽车市场的消费结构已经发生了重大变化。在一些经济相对比较发达的城市,私人购车已经在汽车市场消费结构中占有很高的比例,如北京、上海、广州、成都等地。这将促使企业改变观念,把市场开拓的重点放在私人购车市场上,并促使政府进一步调整政策培育市场。

3. 我国汽车市场的类型

我国汽车市场的类型,以我国汽车的主要需求域来划分有以下四种类型:

(1) 公务用车市场　从一般概念来讲,公务用车主要指国家权力机关、职能部门、科研事业单位和各种社会团体等的用车。以辅助政府机构的运行和职能部门、社会团体开展活动为主要功能的公务用车具有非盈利的特征,对用户来讲,车辆购置与运营费用不与其活动本身的经济效益挂钩,购车资金来源一般是财政拨款。单位拥有汽车的数量一般以其行政级别为依据，并按照国家有关规定的配车标准与实际需要和可能购置，其中单位数量、级别和规模是决定这一领域车辆需求的基本因素。

从我国的现行情况来看，公务用车大体可以划分为两种：一是政务用车，国家机关、各级政府和各种团体单位一般以辅助公务和各种社会活动为主要职能的用车；二是业务用车，公安、交通、司法、工商、税务、海关、商检、环境保护、科技普及等主要执行监督、检查等任务的职能部门以及科研事业单位的用车。这一需求域的特点是：

1）在汽车市场中，这一需求域发育较早。
2）其发育和发展主要受社会发展和我国体制的影响。
3）需求比较稳定，需求的实现依靠国家和地方的财政拨款。
4）需求以国家允许的范围为界限。
5）在需求品种上以乘用车为主要车型，品种结构比较集中，市场规模巨大。

（2）商务用车市场　商务用车是规模最大的用车市场，是指生产企业和经营单位为生产经营而使用的各种车辆。它所涉及的领域相当广泛，既有工业、农业、建筑等生产部门，也有贸易、金融、保险、商业等经营服务单位。这其中包括全民所有制和集体所有制，也包括外资、合资以及私有制企业等多种成分的经济实体。

在这一需求域中，工业企业是最主要的用户之一。汽车是现代工业发展离不开的交通工具，现代工业的发展带来了大规模的汽车需求。除此之外，商业企业和建筑企业也是对商业用车需求较大的部门。这几年我国的商业部门随国民经济的发展而异常迅速地发展，其中管理机构、经营机构、仓储运输机构等庞大的商业体系创造了广阔的汽车市场。而金融、保险、贸易等行业部门的用车量也具有相当的规模，各单位办公业务用车随着业务量和机关数量的增加而不断增加。另外，由于农村经济的搞活和乡镇企业的蓬勃发展，农村汽车市场具有相当大的潜力，这个市场一般分为农业生产和农村生活的需求及乡镇企业的需求。这里面包括农副产品收获和运输，农用生产资料运输，农村生活品运输，建筑材料运输和客流交通等五方面的用车。乡镇企业用车主要是生产经营用车与管理人员商务活动用车。这一需求域的基本特点是：

1）与其他需求域相比，其规模最大。
2）它以生产发展和经营活动的拓展为原动力。
3）以自身的经济实力为购车后盾。

（3）经营用车市场　一般来说，经营用车是指以汽车为资本，直接通过汽车运营盈利和发展的用车，这类用车体现着社会化服务与盈利创收的双重功效。在经营用车的范围内，主要有城镇交通中的公共汽车、出租汽车，城镇、乡村间的长途与中短途公路客货运输用车，以及与旅游设施配套，为旅游者提供服务的旅游用车等。

我国的城镇公共交通一直是由国家和地方财政支持承办的，即属于社会公益事业。近几年逐渐改由国营、集体、个体全方位发展，改变了原来公交车辆一统天下的状况，加之地铁和出租车市场的增长，原来的公共交通发生了一些变化，但总体来看，城市公共交通霸主地位不会动摇，公共交通用车仍将占有一定比例。由于公路运输部门是经济实体，必须依靠汽车的运营来创造财富而实现其发展，故与公务用车存在不同。这几年，由于我国高速公路里程的不断增加，公路客货运输对车辆的类型、性能等都提出了不同的要求。

在经营用车市场中，出租车用车市场占有很大的一部分，尤其是随着国民经济的发展，各大、中型城市都在调整发展规划，所以各汽车公司应密切重视这一市场的发展。占领这一市场不仅是增加汽车的销量，更重要的是要塑造企业形象。目前大部分的城市出租用车基本属于中、低档车，相当一部分是低档微型车，这与我国国民经济发展的现状是相符合的。但由于旅游用车主要用于城市中，在城市的风景点和城市到城市间接送旅游者，因而在性能上要求安全、舒适和豪华。旅游用车规模不仅随国外旅游者的增加而扩大，人民生活水平不断地提高也会促进旅游业的发展，进而增加旅游车的用量所以，这个需求域将会进一步增加。因此，根据社会需求状况与经营效益来确定其规模，是这一市场的突出特点。

（4）私人用车市场

从世界范围来看，分布最为广泛，需求最为强劲的就是私人用车市场，占据了每年世界汽车销量的绝大部分。所谓私人用车是指为满足个人（或家庭）各种需要的各类汽车。

目前，我国的私人用车大体包括纯私人生活用车，兼有经营与私人生活双重用途的用车和以生产与经营为主的用车。兼有经营与私人用途的车辆主要集中在城镇出租汽车行业，车型集中在微型轿车、微型面包车和低档轻型客车上。拥有这类车的主要目的是以车辆为资本通过车辆运营盈利，同时也为私人生活提供交通便利。单纯私人用车的数量近两年来增长非常快，这种情况主要出现在大、中型城市和一些富裕程度达到相当水平的农村。从前面的分析可知，我国的私人用车也将随着国家相关利好政策的出台和实施而进入一个销售高潮，尤其是单纯作为消费品的私人用车。

二、市场营销与汽车市场营销

（一）市场营销

市场营销作为一门建立在经济科学、行为科学和现代管理理论基础上的应用科学，它是一门能使企业在市场竞争中成为强者，且能有效应对各种需求状况的管理学科。

1. 市场营销的含义

市场营销是一个与市场紧密相关的概念，并且随着市场概念的不断深化而发展。世界上有许多学者和组织给市场营销定义，他们分别从宏观角度和微观角度来研究市场营销的内涵。

菲利普·科特勒于1984年从微观的角度对市场营销下了如下定义：市场营销是指企业的这种职能，即"认识目前未满足的需要和欲望，估量和确定需求量大小，选择和决定企业能最好地为其服务的目标市场，并决定适当的产品、劳务和计划（或方案），以便为目标市场服务"。

美国市场营销协会（AMA）于1985年对市场营销下了更完整和全面的定义："市场营销是对思想、产品及劳务进行设计、定价、促销及分销的计划和实施的过程，从而产生满足个人和组织目标的交换。"这一定义更为全面和完善地阐述了市场营销的内涵。主要表现在：

1）产品的概念扩大了，它不仅包括产品或劳务，还包括思想和服务。

2）市场营销的概念也扩大了，市场营销活动不仅包括营利性的经营活动，还包括非营利性组织的活动，即市场营销的理论适用于一切组织。

3）强调了交换过程的作用。

4）突出了市场营销计划的制订与实施，即强调了市场营销策略的有效性。

综上所述，可以将市场营销的概念作如下表述："市场营销是与市场有关的人类活动，即以满足人类各种需要和欲望为目的，通过市场变潜在交换为现实交换的活动。"这一概念的要点是：

1）市场营销是一种人类社会活动，是有目的、有意识的行为。
2）市场营销的研究对象是市场营销活动和营销管理。
3）满足和引导消费者的需求是市场营销的出发点和中心，不仅要满足消费者的现在需求，还包括未来潜在的需求。
4）市场调查，分析环境，选择目标市场，开发产品、定价、分销、促销和提供服务以及它们间的协调配合，实施最佳的市场营销组合，是市场营销活动的主要内容。
5）不同的企业有不同的经营环境，企业的目标是多种多样的，但无论是什么样的目标，都必须通过有效的市场营销活动完成交换，与顾客达成交易方能实现。实现企业目标是市场营销活动的目的。
6）市场营销与销售或促销是有区别的。现代企业市场营销活动包括市场研究、市场需求预测、新产品开发、定价、分销、物流、广告、人员推销、销售促进、售后服务等。销售仅仅是现代企业市场营销活动的一部分而且不是最重要的部分，而促销只是一种手段。市场营销是一种真正的战略，它意味着企业应该"先开发市场，后开办工厂"。
7）市场营销的含义不是固定不变的，它随着企业市场营销实践的发展而发展，但核心却是交换，即市场营销的核心是交换。

2. 市场营销的核心概念

要真正理解市场营销的概念，必须搞清楚市场营销所涉及的一些核心概念。

（1）需要、欲求和需求 这一组概念是市场营销定义和市场营销学所要研究的最基础的概念，也是市场营销活动的前提和根据。这三个概念既密切相关又有明显的区别。

1）需要。市场营销所讲的需要是指人类的需要，是指个人感到没有得到某些满足的状态。这里的个人指的是消费者。需要存在于人本身的生理需要和自身状态之中。例如：需要食物、衣服、尊重等。市场营销者不能创造这种需要，而只能适应它。

2）欲求。欲求也称欲望，是指对于上述基本需要的具体满足的企求，是由个人文化背景及生活环境的陶冶所表现出来的人类的需要。人的欲求还受社会因素及机构等因素的影响，因而，欲求会随着社会条件的变化而变化。市场营销者能够影响消费者的欲求，如建议消费者购买某种产品。

3）需求。需求是指人们有能力并愿意购买某种物品的欲望。可见，消费者的欲望在有购买力作后盾时就变成为需求。许多人想购买奥迪牌轿车（有这种欲望），但只有具有支付能力的人才能购买。因此，市场营销者不仅要了解有多少消费者欲求其产品，还要了解他们是否有能力购买。

（2）产品 人类靠产品来满足自己的各种需要和欲求。因此，可将产品表述为能够用以满足人类某种需要或欲望的任何东西。产品包括有形的与无形的、可触摸与不可触摸的。有形产品是为顾客提供服务的载体。无形产品或服务是通过其他载体，诸如人、地、活动、组织和观念等来提供的。

（3）效用、价值 在对能够满足某一特定需要的一组产品进行选择时，人们所依据的标准是各种产品的效用和价值。

1) 效用。效用是消费者对满足其需要的产品的全部效能的估价,是指产品满足人们欲望的能力。效用实际上是一个人的自我心理感受,它来自人的主观评价。

2) 价值。顾客选择所需的产品除效用因素外,产品价格高低亦是因素之一。价值是消费者的付出与所获效用(常称为利益)之间的比率。营销者可以通过多种途径来提高消费者的价值,如增加产品效用,包括增加产品所带来的利益,降低成本,增加利益并降低成本,增加利益并提高成本(利益的增加超过成本的增加),降低利益并降低成本(成本的降低高于利益的降低)。

(4) 交换、交易

1) 交换。交换是指通过提供某种东西作为回报,从别人那里取得所需物品的行为。它是市场营销的最核心概念。交换的发生,必须具备5个条件:其一,至少有两方,其二,每一方都有被对方认为有价值的东西,其三,每一方都能沟通信息和传送物品,其四,每一方都可以自由接受或拒绝对方的产品,其五,每一方都认为与另一方进行交换是适当的或称心如意。只具备上述条件还不够,交换能否真正发生,还取决于交换以后双方是否都比交换以前好(至少不比以前差)。

2) 交易。交换应看作是一个过程而不是一个事件。如果双方正在进行谈判,并趋于达成协议,这就意味着他们正在进行交换。一旦达成协议,我们就说发生了交易行为。交易是交换活动的基本单元,是由双方之间的价值交换所构成的行为。

(5) 关系市场营销 关系市场营销是指企业与其顾客、分销商、经销商、供应商等建立、保持并加强关系,通过互利交换及共同履行诺言,使有关各方实现各自目的。企业与顾客之间的长期关系是关系市场营销的核心。建立关系是指企业向顾客做出各种许诺,保持关系的前提是企业履行诺言,发展或加强关系是指企业履行从前的诺言后,向顾客做出一系列新的许诺。关系市场营销强调顾客忠诚度,保持老顾客比吸引新顾客更重要。企业的回头客比率越高,市场营销费用越低。

(6) 市场营销网络 关系市场营销的最终结果,将为企业带来一种独特的资产,即市场营销网络。所谓市场营销网络是指企业及与之建立起牢固的互相信赖的商业关系的其他企业所构成的网络。在市场营销网络中,企业可以找到战略伙伴并与之联合,以获得一个更广泛更有效的地理占有。借助该网络,企业可以找到战略伙伴并与之联合,以获得一个更广泛更有效的活动空间,可在全球各地市场上同时推出新产品,并减少由于产品进入市场的时间滞后而被富有进攻性的模仿者夺走市场的风险。市场营销管理也正日益由过去追求单项交易的利润最大化,转变为追求与对方互利关系的最佳化。

(7) 市场营销者 在交换双方中,如果一方比另一方更主动、更积极地寻求交换,则前者称为市场营销者,后者称为潜在顾客。所谓市场营销者,是指希望从别人那里取得资源并愿意以某种有价之物作为交换的人。市场营销者可以是卖主,也可以是买主。假如有几个人同时想买正在市场上出售的某种奇缺产品,每个准备购买的人都尽力使自己被卖主选中,这些购买者就都在进行市场营销活动。在另一种场合,买卖双方都在积极寻求交换,那么,我们就把双方都称为市场营销者,并把这种情况称为相互市场营销。

(二) 汽车市场营销

1. 汽车市场营销的概念

汽车市场营销是汽车企业为了更大限度地满足市场需求,达到企业经营目标而进行的一系列活动。其基本任务有两个：其一，寻找市场需求，其二，实施一系列更好地满足市场需求的活动（营销活动）。

在汽车市场营销产生的一个较长时期内，很多人都认为汽车市场营销主要是指汽车推销。其实，汽车市场营销最主要的任务不是推销，推销只是营销的一个职能（并且不是最重要的）。汽车市场营销研究的对象和主要内容是识别目前未满足的需求和欲望，估量和确定需求量的大小，选择和决定企业能最好地为之服务的目标市场，并且决定适当的产品、劳务和计划（或方案），以便为目标市场服务。这就是说，汽车市场营销主要是汽车企业在动态市场上如何有效地管理其汽车商品的交换过程和交换关系，以提高经营效果，实现企业目标。或者说，汽车市场营销的目的，就在于了解消费者的需要，按照消费者的需要来设计和生产适销对路的产品，同时选择销售渠道，做好定价、促销等工作，从而使这些产品可以轻而易举地销售出去，甚至使推销成为多余。

汽车市场营销活动应从顾客开始，而不是从生产过程开始，由市场营销部门，而不是由生产部门，决定将要生产什么汽车产品，如：产品开发、设计、包装的策略，定价、赊销及收账的政策，产品的销售地点以及如何做广告和如何推销等问题，皆由营销部门决定。

汽车市场营销是一种从汽车市场需求出发的管理过程。它的核心思想是交换，是一种买卖双方互利的交换，即卖方按买方的需要提供汽车产品或服务，使买方得到满足；而买方则付出相应的货币，使卖方得到满足，双方各得其所。汽车市场营销是一门经济学方面的、具有综合性和边缘性特点的应用学科，是一门将汽车与市场营销结合起来的"软科学"。在某种意义上说，它不仅是一门学科，更是一门艺术。其研究对象是汽车企业的市场营销活动和营销管理，即如何在最适当的时间和地点，以最合理的价格和最灵活的方式，把适销对路的汽车产品送到用户手中。因此，汽车企业必须面向汽车市场，并善于适应复杂多变的汽车市场营销环境。汽车企业的营销管理过程，也就是汽车企业与营销环境相适应的过程。

2. 汽车市场营销的功能

汽车市场营销作为汽车企业的一种活动，有如下四项基本功能：

（1）发现和了解汽车消费者的需求　现代市场营销观念强调市场营销应以汽车消费者为中心，汽车企业也只有通过满足汽车消费者的需求，才可能实现汽车企业的目标。因此，发现和了解汽车消费者的需求是汽车市场营销的首要功能。

（2）指导汽车企业经营战略决策　汽车企业经营战略决策正确与否是汽车企业成败的关键，汽车企业要谋得生存和发展，很重要的一方面是做好经营战略决策。汽车企业通过汽车市场营销活动，分析汽车市场营销外部环境的动向，了解汽车消费者的需求和欲望，研究竞争者的现状和发展趋势，结合自身的资源条件，指导汽车企业在产品、定价、分销、促销和服务等方面做出相应的、科学的有效决策。

（3）稳定现有汽车市场开拓新市场　汽车企业市场营销活动的另一个功能就是通过对汽车消费者现在需求和潜在需求的调查、了解与分析，保持和稳定现有汽车市场，充分把握和捕捉市场机会，积极开发产品，建立更多的分销渠道及采用更多的促销形式，开拓新市场，增加销量。

（4）最大限度满足汽车消费者的需要　满足汽车消费者的需求与欲望是汽车企业市场

营销的出发点和中心，也是汽车市场营销的基本功能。汽车企业通过市场营销活动，从汽车消费者的需求出发，并根据不同目标市场的顾客，采取不同的汽车市场营销策略，合理地组织汽车企业的人力、财力、物力等资源，为汽车消费者提供适销对路的产品，搞好销售后的各种服务，让汽车消费者最大限度的满意。

3. 汽车市场营销的意义

（1）开展汽车市场营销是市场经济的要求　在市场经济条件下，生存的规则是通过竞争实现优胜劣汰。汽车企业如果不能顺应环境的变化，只会造车而不会卖车，只会生产而不会经营，那就必然会得到市场的惩罚，而且最终也造不好车，企业也不会获得发展的能力。而运用现代的市场营销理念来指导汽车生产与汽车销售是企业在市场竞争中获胜的唯一法宝。

（2）汽车市场营销是促进汽车企业发展的主要动力　汽车市场营销的功能决定了在世界汽车技术和成本日益接近的形势下，只有营销才能最大限度地满足汽车消费者的需要，才能保持和稳定现有市场，抓住市场机会开拓新市场，提高汽车企业的经济效益。所以，汽车市场营销是促进汽车企业发展的主要动力，是汽车企业竞争制胜的最好途径。

（3）汽车市场营销是我国汽车企业走向世界的需要　在中国加入世界贸易组织已成为现实的今天，国内汽车企业开展汽车市场营销是与国际汽车市场接轨的必然。更重要的是，中国汽车企业要想在世界汽车工业中占有一席之地，除努力提高汽车制造技术外，同时还应不断通过汽车市场营销的方法和成功的实践来达到跻身世界汽车工业前列的目的。

第二节　市场营销观念的演变

一、汽车市场营销观念的含义

汽车市场营销观念是汽车企业领导人对于汽车市场的根本态度和看法，是一切汽车经营活动的出发点。其核心问题是：以什么为中心来开展汽车企业的生产经营活动。所以，汽车市场营销观念的正确与否，对汽车企业的兴衰具有决定性作用。美国著名管理学家德鲁克说过："产品销售的最终效果是企业管理水平的综合反映，它必须由顾客来进行评判，顾客的观点是衡量产品销售是否成功的唯一标准。"汽车市场营销观念是汽车企业领导人在组织和谋划汽车企业的营销管理实践活动时所遵循的指导思想和行为准则，也是一种商业哲学或思维方法。简而言之，汽车市场营销观念是一种观点、态度和思想方法。

二、汽车市场营销观念的演变

汽车市场营销观念是随着汽车市场的形成而产生，并随着汽车市场的发展而逐步演变的。它的发展大致经历了生产观念、产品观念、推销观念、市场营销观念和社会市场营销观念等五个阶段的演变。

（一）"生产观念"阶段

生产观念是指导销售者行为的最古老的观念之一。这种观念产生于20世纪20年代前的欧洲。在当时，西方经济处于一种卖方市场的状态。市场产品供不应求，选择甚少，只要价位合理，消费者就会购买。市场营销的重心在于大量生产，解决供不应求的问题，消费者的需求与欲望并不受重视。

生产观念虽然是卖方市场的产物,但它却时常成为某些公司的策略选择。例如,一个公司可以以生产观念作为指导,进行标准化的批量生产,以提高生产效率,降低生产成本,最后以低价竞争扩大市场。不过以生产观念为指导的企业只能在市场上的产品质量基本相等(产品同质性)的情况下有一定的竞争力,一旦供不应求的市场状况得到缓和,消费者对产品质量产生了不同层次的要求,企业就必须运用新的观念来指导自己的竞争。

(二)"产品观念"阶段

产品观念也是一种较早的企业经营观念。其认为,在市场产品有选择的情况下,消费者会欢迎质量最优、性能最好和特点最多的产品,因此,企业应该致力于制造优质的产品,并不断地对其加以改进以提高其质量。这种观念与生产观念一样,无视消费者的需求和欲望。所谓优质产品往往是企业技术人员依照相关理论法则设计制造出来的,而这些产品在上市之前从来没有征求过消费者的意见。美国通用汽车公司的总裁就曾说:"在消费者没有见着汽车之前,他们怎么会知道需要什么样的汽车呢?"这种思想观念曾使日后通用汽车公司在与日本汽车制造商的较量中陷入困境。

由此可见,产品观念在市场营销上至少有两个缺陷:其一,企业技术人员在设计产品时并不知道消费者对其产品的价值衡量标准,结果生产出来的产品很可能低于或不符合消费者的预期价值,从而造成滞销;其二,一味追求高质量往往会导致产品质量和功能的过剩,高质量、多功能往往附带着高成本,消费者的购买力并不是无限的,如果产品质量过高,客户就会拒绝承担为这些额外的高质量所增加的成本,从而转向购买其他企业的产品。

(三)"推销观念"阶段

自20世纪30年代以来,由于科学技术的进步、科学管理的应用和在"生产观念"驱动下产生的大规模生产,产品产量迅速增加,产品质量不断提高,买方市场开始在西方国家逐渐形成。在激烈的市场竞争中,许多企业的经营管理思想开始从生产观念或产品观念转移到了推销观念。推销观念认为,要想在竞争中取胜,就必须卖掉自己生产的每一个产品;要想卖掉自己的产品,就必须引起消费者购买自己产品的兴趣和欲望;要想引起这种兴趣和欲望,公司就必须进行大量的推销活动。企业销售人员认为,企业产品的销售量总是和企业所做的促销努力成正比的。因此,许多企业在产品过剩时,常常奉行推销观念,以提高自己的产品的知名度,并以此使之被消费者所接受。

推销观念虽然强调了产品的推销环节,但仍然没有逾越"以产定销"的框框。消费者的需求和欲望仍然没有成为产品设计和生产过程的基础。事实上,推销只是市场营销策略中的一小部分。一个企业要想达到预定的销售目标,还需要营销策略的其他部分充分配合。我国目前仍有许多企业,特别是国有企业,将销售与市场营销混为一谈,只有供销部门,而没有市场营销部门。也就是说,这些企业的经营观念基本上还停留在西方社会20世纪40年代的水平。

(四)"市场营销观念"阶段

市场营销观念产生于20世纪50年代中期。第二次世界大战以后,欧美各国的军用工业很快地转向民用工业,工业品和消费品生产的总量剧增,造成了生产相对过剩,随之导致了市场的激烈竞争。在这一竞争过程中,许多企业开始认识到传统的推销观念已不再适应市场的发展，他们开始注意消费者的需求和欲望，并研究其购买行为。这一观念上的转变是市场营销学理论上一次重大的变革，企业开始从以生产者为重心转向以消费者为重心，从此结束了以产定销的局面。

美国市场营销学家奥多·李维特（Odore Levitt）曾就市场营销观念和推销的区别作过以下简要的说明：

推销观念以卖方需要为中心，市场营销观念以买方需要为重心；推销从卖方需要出发，考虑的只是如何把产品变为现金，市场营销考虑的是如何通过产品研制、传送以及最终产品的消费等有关的所有活动，来满足顾客的需要。

在这里，消费者的需求是市场营销活动的起点和中心。以市场营销观念作为自己的策略导向的公司应遵循以下几个基本宗旨：

1）顾客是中心。没有顾客，公司的存在毫无意义。公司的一切努力在于满足、维持及吸引顾客。

2）竞争是基础。公司必须不断地分析竞争对手，把握竞争信息，充分建立和发挥本公司的竞争优势，以最良好的产品或服务来满足顾客的需求。

3）协调是手段。市场营销的功能主要在于确认消费者的需要及欲望，将与消费者有关的市场信息有效地与公司其他部门沟通，并通过与其他部门的有机协作，努力达到满足及服务于消费者的目的。

4）利润是结果。利润不是公司运作的目的，公司运作的目的是极大地满足顾客，而利润是在极大地满足顾客后所产生的结果。

案例1：本田雅阁汽车在美国备受欢迎

日本本田汽车公司要在美国推出一种雅阁新车。在设计新车前，他们派出工程技术人员专程到洛杉矶地区考察高速公路的情况，实地测量路长、路宽，采集高速公路的柏油，拍摄道路进出口的设计。回到日本后，他们专门修了一条9英里长的高速公路，就连路标和告示牌都与美国公路上的一模一样。在设计行李箱时，设计人员意见有分歧，他们就到停车场看了一个下午，看人们如何放取行李。这样一来，意见马上统一起来。结果本田公司的雅阁汽车一到美国就备受欢迎，被称为是全世界都能接受的好车。

（五）"社会市场营销观念"阶段

在市场营销观念得到西方工商界广泛接受以后，最近十余年来，人们开始对市场营销观念持怀疑态度。人们对市场营销观念的主要批评在于：尽管一个公司的最大利益的获取是建立在极大地满足顾客的基础上，但该公司很可能在满足自己的顾客和追求自己最大利益的同时损害他人以及社会的利益。例如，100多年来世界各地的烟草工业越办越兴隆，满足了吸烟爱好者的需求，但科学研究发现，烟草对与吸烟者在一起生活和工作的人的危害比对吸烟者本人的危害要大得多；口香糖制造商虽然极大地满足了部分消费者爽口清心的需求，但同时也造成了破坏街道卫生的问题，新加坡政府曾通过立法，禁止在新加坡销售和购买口香糖。

社会营销观念的决策主要有四个组成部分：用户需求、用户利益、企业利益和社会利益。事实上，社会营销观念与市场营销观念并不矛盾。问题在于一个企业是否把自己的短期行为与长期利益结合起来。一个以市场营销观念为自己指导思想的企业,在满足自己目标市场需求的同时,应该考虑到自己的长期利益目标和竞争战略,把用户利益和社会利益同时纳入自己的决策系统。只有这样,这个企业才会永久立于不败之地。

这五种市场营销观念,其产生和存在都有其历史背景和必然性,都是与一定的条件相联系、相适应的。当前,外国企业正在从生产型向经营型或经营服务型转变,企业为了求得生存和发展,必须树立具有现代意识的市场营销观念和社会市场营销观念。但是,必须指出的是,由于诸多因素的制约,当今企业并非都树立了市场营销观念和社会市场营销观念。事实上,还有许多企业仍然以产品观念及推销观念为导向。

第三节 市场营销理论的发展

一、4Ps 理论

产品策略(Product Strategy):产品开发、品牌、品质、包装、品牌效益的产品生命周期等策略。

价格策略(Price Strategy):定价(高、中、低)策略、折扣、折让以及付款条件等策略。

促销策略(Promotion Strategy):广告、人员推销、媒体、减价、赠品等策略。

流通策略(Place Strategy):流通渠道的选择,经销商及零售商管理,流通关系维持等策略。

4Ps 理论为传统的营销组合,认为企业应运用以上策略达到影响、劝服用户与自己做成交易,实现购买。其基本内容是:如果企业生产出适当的产品,定出适当的价格,利用适当的分销渠道,并辅之以适当的促销,那么企业就会获得成功。这一组合的经济学基础是厂商理论,即企业利润最大化。

案例 2:上海大众帕萨特的产品策略

以上海大众帕萨特 2.8V6 为例,其刚上市时打出的品牌定义为"一个真正有内涵的人,并非矫揉造作。"营销目标是"成为中高档轿车的领导品牌""成为高档轿车的选择之一"。上海大众无疑希望传播这样一个目标:帕萨特是中高档轿车的首选品牌;在品牌形象方面是典范;要凌驾于竞争对手别克、雅阁和风神蓝鸟之上;缩小与高档品牌(如奥迪、宝马、奔驰)之间的差距。为了在与本田、奥迪、别克的竞争中达到其预期目标,上海大众采取的产品策略是:

① 虽然帕萨特的整车长度排名最后一位,但是其车身高度最高,达 1.47 米;整车轴距为 2.803 米,远远高于雅阁、别克。帕萨特的乘坐空间和乘坐舒适性在同类轿车中处于最好水平,尤其对后排乘员来说,腿部和头部空间尤显宽敞。

② 帕萨特和奥迪 A6 所用的 2.8L 发动机技术水平处于领先地位。

③ 空气阻力影响汽车的最高车速和燃油油耗。帕萨特的风阻系数仅为 0.28,在同类轿车中处于最好水平。

④ 与帕萨特及奥迪 A6 的周密防盗系统相比，雅阁没有发动机电子防盗系统和防盗报警系统，别克轿车没有防盗报警系统。

⑤ 帕萨特轿车的长度在四种车型中排名最末，但由于它卓越的设计，帕萨特的行李箱容积却超过了雅阁和别克的水准；

⑥ 在价格策略上，上海大众打出了帕萨特 2.8V6 的定价：35.9 万元人民币。

很明显，上海大众采用的是竞争导向定价法，这也是跨国公司通常的做法。他们在考虑产品成本和需求的同时，主要依据同一市场上同类产品竞争对手的价格来确定自己产品的价格。而德国大众在中国生产的帕萨特轿车是具有垄断性的，所以需要提醒有关厂家注意的是上海大众推出 35.9 万元的帕萨特 2.8V6，肯定是要以击败某一或某些竞争对手为主要目标的。而 35.9 万元的帕萨特 2.8V6 正好低于别克 2.98 升最高配置的 36.9 万元、稍高或基本等于奥迪 1.8T 35 万元的价格。这时就不难看出帕萨特 2.8V6 的上市会对别克 2.98 升最高配置及奥迪 1.8T 形成直接冲击。在产品和价格策略的基础上，上海大众辅之以广告宣传，给消费者一个清晰、独特的品牌性格以及完善的营销和服务网络，帕萨特迅速得到市场的认可和接受。

二、4Cs 理论

4Ps 理论强调从企业自身的角度制订和实施营销组合策略，进行产品的推销，但该理论忽视了消费者的需求和利益。4Cs 理论针对买卖双方矛盾，提出了以消费者欲望和需求（Consumer wants and needs）、消费者欲望和需求的满足成本（Cost to satisfy the wants and needs）、购买的方便性（Convenience to buy）、沟通（Communication）为四个营销要素组合的新理论，以取代传统的 4Ps 理论。新的 4Cs 理论认为：

企业应把消费者置于核心地位，研究它们的欲望和需要，才能得到它们的认可。根据北京、上海和广州的 900 多个家庭普通家庭轿车消费意向调查的结果显示，80% 以上的居民认为家用轿车价格定位在 10 万元以内。消费者的家庭轿车期望价格为现有主流产品的 80%。其余 20% 的价格"泡沫"降低了大众消费倾向，抑制了国内轿车市场有效需求，消费者持币观望现象由此而生。近几年，在国外汽车企业进入国内市场的强大压力下，汽车价格才逐步下调至接近市场需求水平，汽车成交量才随之上升。

企业要了解产品的满足成本。主要指生产成本，消费者购买汽车的时间成本，消费者内心斗争是否购买的成本等。

由于现代电子商务业务、电话、电脑、信用卡等工具的普及，使消费者更注重考虑购买的便利性。

企业的营销要从购买者出发，加强买卖双方的对话与交流，及时了解用户的即时需求并迅速提供优质的产品与服务。

品牌营销策略是 4Cs 理论的集中体现。品牌是企业可持续发展的最重要的资源之一，具有差异性、增值性、延展性和时间性，是让消费者如何认识、感觉和认可产品的名称或形象概念，也是消费者心中对产品最终评价的代表体现。所以，品牌形象的核心和归宿是用户满意度，品牌是体现企业核心竞争力的极为重要的资源和手段。而品牌营销则正是企业体制与市场机制整合的切入点。一汽集团实施品牌营销战略，坚持用户第一，通过企业与客户的"互动共赢"来整合一汽集团的分销网络，积极完善了营销体制与机制，全身心贴近市场，并不断规范品牌服务程序，扩大了忠实品牌的用户群体，使"解放""红旗""捷达"和"奥迪"的品牌形象不断提升，一汽集团也通过利用品牌营销策略获得了长期稳定的回报。

4Cs理论是现代营销"用户主权论"的突出反映，从4Ps理论到4Cs理论把企业营销观念从由内到外转向由外到内，更能体现市场营销注重以消费者需求为导向的基本理念。与以企业为导向的4Ps理论相比，4Cs理论有了很大的进步和发展，但从企业的经营实践和市场的发展趋势看，4Cs理论依然存在某些不足，如：被动适应用户要求的色彩较浓，没有体现既赢得用户又长期拥有用户的关系营销思想。根据市场的发展，需要从更高层次以更有效的方式在企业与用户之间建立新型的主动型关系，如互动关系、双赢关系、关联关系等。

三、4Rs理论

4Rs理论是指：关联（Related）、反映（Reaction）、关系（Relationship）、回报（Reward），它有四大优势：

4Rs理论的最大优势是以竞争为导向，在新的层次上概括了营销的新框架。4Rs理论根据市场不断成熟和竞争日趋激烈的形势，着眼于企业与用户的互动和双赢，不仅积极地适应用户的需求，还主动地创造需求，运用优化和系统的思想去整合营销，通过关联、关系、反映等形式与客户形成独立的关系，把企业与客户联系在一起，形成竞争优势。

4Rs理论的第二个优势是体现并落实了关系营销的思想。通过关系、关联和反映，提出了如何建立关系、长期拥有客户、保证长期利益的具体的操作方法，这是一个很大的进步。

4Rs理论的第三个优势是其反映机制为互动和双赢、建立关联提供了基础和保证，同时也延伸和升华了便利性。

4Rs理论的第四个优势是其回报机制兼容了成本和双赢两方面的内容。追求回报，企业必须实施低成本战略，充分考虑用户愿意付出的成本，实施成本的最小化，并在此基础上获得更多的市场份额，形成规模收益。这样，企业为用户提供价值和追求回报相辅相成、相互促进，客观上达到一种双赢的效果。

营销理论的演进，从4Ps理论到4Cs理论再到4Rs理论，循着一条清晰的主线，即：营销工作由注重物到注重人，由注重营销商品到注重满足用户的需求，从注重即期营销到注重长远关系，从注重开拓市场到注重培养满意的用户，从注重单向利益到注重双赢。必须指出的是，4Ps理论、4Cs理论、4Rs理论三者之间不是取代关系，而是完善、发展的关系。

第四节 我国汽车后市场发展概况

中国汽车后市场是一个正在发展中的市场，它的规模正在快速增长。截至2013年底，国内汽车保有量已达到1.37亿辆。随着汽车市场的发展，我国汽车产业正逐步实现产业整合和重新布局，汽车产业价值链的分布亦将逐渐转向产品质量和售后服务。我国汽车后市场的前景备受国内外瞩目，蕴含着巨大的发展空间。

从长远来看，汽车后市场无疑是一个黄金市场，尽管中国汽车后市场已经开始改进，但整个市场良莠不齐，缺乏完善的渠道网络，专业人员匮乏，尚未形成全方位立体化服务体系，与国外汽车服务水平相差较大。

一、汽车后市场的概念

汽车市场是由汽车前市场和汽车后市场两大部分所组成的，汽车前市场是指汽车开发与汽车制造业；汽车后市场是指汽车服务业，也称汽车服务工程（图1-1），即汽车技术服务与营销专业要研究的服务领域。

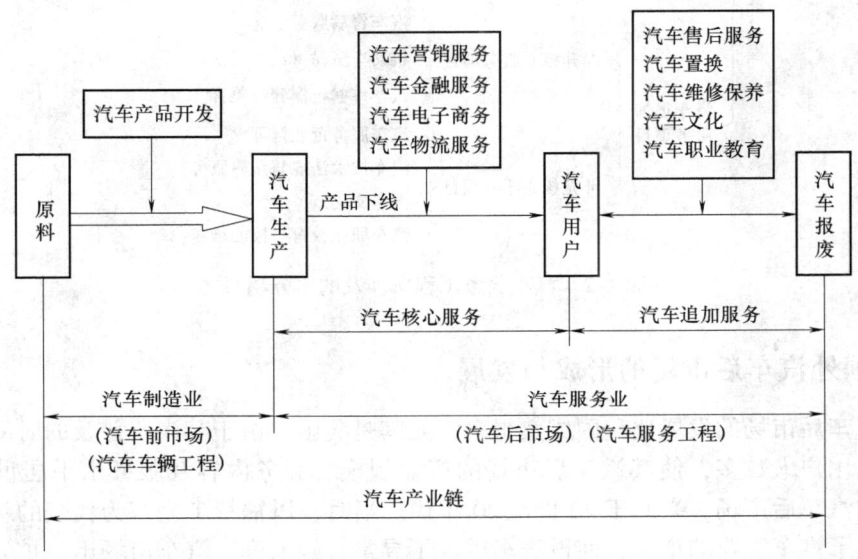

图 1-1 汽车产业链示意图

对于大多数人来说，汽车服务工程是一个非常模糊的概念。其实在汽车服务工程这个概念中，工程对象是服务，而不是汽车。这是汽车服务工程的最大特点。汽车服务工程是指汽车从生产线驶下到报废全过程所发生的方方面面的汽车服务业。汽车服务业对汽车产业的发展有着举足轻重的作用，被称作汽车产业的血液。汽车服务业已经成为同汽车开发和汽车制造业并列的汽车产业的重要组成部分。汽车服务业的地位越来越重要，汽车产业链不在汽车制造业这个环节上终结，相反，汽车产业链沿着汽车服务业在更大的范围内延伸。

从汽车营销学角度看，汽车企业向用户提供的产品，包括有形的整车和无形的汽车服务，无形性是服务的本质特征。汽车服务内容的好坏，不仅影响汽车产品价值的高低，还对汽车市场也会产生一定的影响。汽车服务业作为汽车产业链的下游产业，紧贴最终消费用户，直接影响最终消费用户对汽车的消费。汽车服务业还间接影响相关上游产业的发展，汽车服务业是汽车产业链发展的龙头。

在汽车产业链中，根据所提供的汽车服务项目是否直接产生效用，可以分为：汽车核心服务项目——在汽车产业链中产生核心效用的服务项目；汽车追加服务项目——在汽车产业链中提供追加效用的服务项目。汽车核心服务项目又可分为汽车传统服务项目和汽车新兴服务项目；汽车追加服务项目又可分为提升核心服务项目和补充核心服务项目。汽车服务工程所涉及的服务项目分类列于图1-2。

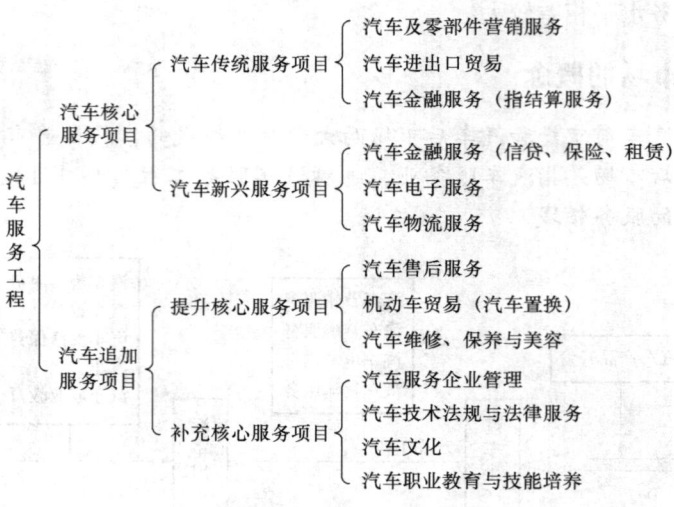

图 1-2 汽车服务工程所涉及的服务项目

二、国外汽车后市场的形成与发展

国外汽车后市场的发展比我国成熟得多，尤其是美国，由于其汽车普及的时间早、社会保有量大、用户人数多，使其汽车后市场的产业规模、服务内容及服务水平居世界领先地位。美国的汽车后市场，兴起于 20 世纪 20 年代。当时，以福特 T 型车为代表的新型汽车生产方式导致了汽车工业的革命，使得汽车进入了寻常百姓家庭，汽车市场迅速扩大，并由此产生对汽车服务的巨大需求，从而培育了美国的汽车后市场。

进入 20 世纪 70 年代，外国汽车大量涌入美国，不仅给美国汽车工业带来了严峻挑战，同时也引起了美国汽车后市场的巨变，汽车后市场经营的内容得以大大扩展，服务理念也被大大改变。美国汽车后市场开始转向低成本经营，注重发展新型连锁店和各种专卖店的服务形式。经过十多年的激烈竞争，到 20 世纪 80 年代，美国已经拥有 4 万多家汽车零配件零售店，其中大部分是以连锁方式经营的，以获得规模经营的价格优势。总的来讲，在经过了这个阶段之后，美国的汽车后市场进入了成熟期，行业结构开始趋于稳定。

有关研究机构曾对美国汽车行业多元化经营利润源及利润率进行研究，发现汽车产业的价值链包括很多环节，从汽车制造到汽车销售再到提供各种金融服务。在这些环节上利润和收入的分布情况差别很大，汽车行业最有利润的领域并不是收入最多的领域。从图 1-3、表 1-1 中我们可以看出，在整个汽车市场中，各个产业链环节占到汽车行业的收入份额比例和利润率。

从图 1-3 可以看出，在整个汽车产业价值链中，美国的汽车制造在汽车行业中占有 21% 的份额，但是利润率是比较低的，只有 3%~4%；二手车占有 32% 的份额，其利润率达到 2%~3%，可见在美国这样一个全球化成熟的汽车发达市场里，二手车市场是相对规范和发达的；融资租赁占有的份额只有 1.5%，而其利润率最高达到 23%~24%；汽车保险占有的份额达到 19%，其利润率达到 8%~9%。对比发达国家的成熟汽车产业价值链，我国的汽车产业价值链相对而言是比较初级的。

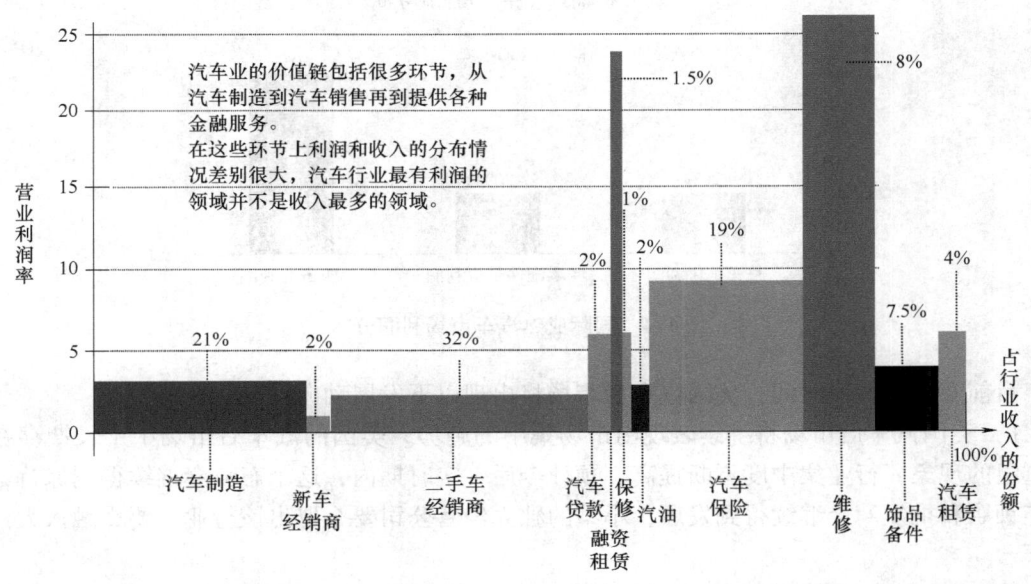

图 1-3　美国汽车行业多元化经营利润源及利润率

表 1-1　美国汽车行业多元化经营利润源及利润率一览表

产业链环节	占有份额	营业利润率
汽车制造	21%	3%~4%
新车经销商	2%	1%~2%
二手车经销商	32%	2%~3%
汽车贷款	2%	6%~7%
融资租赁	1.5%	23%~24%
保修	1%	6%~8%
汽油	2%	3%~4%
汽车保险	19%	8%~9%
维修	8%	25%~28%
饰品备件	7.5%	4%~5%
汽车租赁	4%	6%~7%

以 2001 年为例，全球汽车产业总利润大约为 8 万亿美元，其中就有 4 万亿美元利润产生于与汽车服务有关的汽车后市场。据通用和福特汽车信贷公司的资料，仅汽车金融服务带来的赢利就占这两大集团全部利润的 36%。汽车市场成熟的美国，汽车后市场从业人员有 350 万多人，年产值高达 1400 亿美元，汽车维修业的利润率达到 27%。汽车服务业已成为汽车制造商不可或缺的利润来源，成为汽车产业可持续发展的重要支柱。

总结起来，我们可以得出以下结论：一个成熟的国际化汽车市场，整车制造销售利润占整个汽车业利润的 20% 左右，零部件供应利润占 20% 左右，而 50%~60% 的利润是从汽车服务中产生的（图1-4）。汽车制造业与上下游产业的带动比例为 1:2.5，用工比例为 1:10。

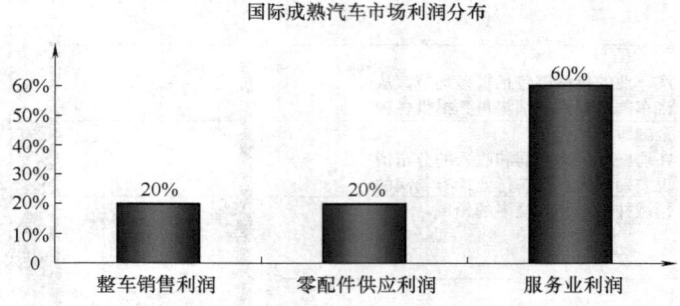

图1-4 国际成熟汽车市场利润分布

目前及今后一段时间，美国汽车后市场将出现以下发展动向：

1）美国汽车后市场将继续表现出市场集中的趋势。美国的汽车后市场中，长期存在资产重组的现象，行业集中度不断提高。预计今后一定时期内，这个态势会继续得到保持，大型连锁店和批发商会继续得到发展，小型的独立经营公司要么退出该行业，要么融入大公司旗下。

2）汽车工业的技术进步将在一定程度上增加汽车后市场的商机。例如，在轿车上装备车载电脑技术，一方面使得汽车维修与维护工作变得更加方便；另一方面又要求有较高的专业技术作为支撑，需要更加专业的维修检测设备，服务人员必须接受专业培训，这将会增加用户自己动手修理的难度，从而增加汽车后市场的商机。

3）信息技术的发展将导致汽车后市场服务方式的创新。互联网技术大大缩短了全球的空间距离，以网络技术为基础的新型汽车服务方式，可以通过各种通信手段，向在全球任何位置的求助者提供适时帮助，这将成为新的服务机制的核心。

4）汽车后市场新型汽车服务方式的出现将引起汽车服务理念的变革，重新调整汽车后市场内从业者的利益。例如，由于汽车可靠性的提高和汽车成组技术的发展，原来的平衡性修理将被新的成组换件修理方式取代，这意味着原来要到专业维修店修理的部分业务，将会转移到汽车配件销售服务商那里。

有资料表明，美国汽车服务业已经成为仅次于餐饮业的第二大服务产业，并连续30年保持持续高速增长，是美国服务行业的骨干。

三、我国汽车后市场的现状及发展

（一）我国汽车产业价值链分析

在中国，很少有行业能像汽车行业一样，在短短的数年之间，市场销售出现爆发式的增长。从2000年算起，国内汽车市场产销量一年一个台阶，平均每年递增100万辆，2011年销售量达到1856万辆，创下我国和世界汽车历史的新高，超过美国汽车史上销售的最高位（1700多万辆）。2013年，我国汽车销售量达2198.41万辆，比2012年增长13.9%。

早期，中国汽车后市场是中国汽车产业的软肋，没有受到重视。随着中国汽车产业的急速发展，汽车后市场的发展也得到了一定的推进。汽车后市场被业内放在了突出的位置，成为厂商救市的重要策略之一。我国汽车产业向后市场推进意味着将传统的价值链向后加以延伸，即在传统的价值链基础的最后再加上"顾客的顾客"。一方面，汽车企业将经销商和维修站作为顾客，为他们提供高质量的服务；另一方面，汽车企业还必须与经销商和维修站一起去满足他们的顾客的愿望。通过提高"汽车产品的用户满意度"和"售后服务的用户满意度"，提升顾客忠诚度，创造汽车企业后市场新的竞争优势。我国汽车产业向后市场推进，构建新型价值链系统，关注顾客的顾客。

在这种态势下，汽车后市场作为现代汽车市场价值链上最重要的环节之一，作为汽车企业与消费者之间建立价值关系的手段，越发显现出它的重要性。我国汽车市场产业链主要环节销售额分布比例列于图1-5。

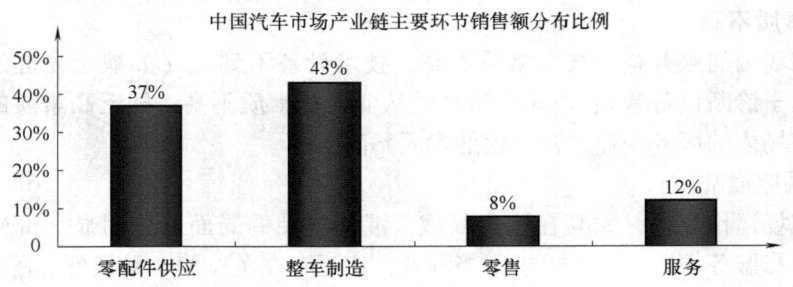

图1-5　我国汽车市场产业链主要环节销售额分布比例

我国汽车产业销售额分布为：配件占37%、制造商占43%、零售占8%、服务占12%。上海服务业的比例略高于全国水平，但仍然有30%以上的上升空间。发达国家汽车销量中，二手车交易可以占到70%以上，而上海不足30%，这表明上海汽车后市场存在"短腿"现象。由此可见，我国的汽车产业的发展相比国际成熟的汽车市场，还是处在初级阶段，尤其是汽车后市场发展相比国际成熟汽车后市场差距是最大的。

（二）我国汽车后市场的发展阶段

我国汽车后市场的发展，大体上可分为以下四个阶段：

第一阶段，从1990年到1996年，即我国汽车后市场的开始形成阶段。这个阶段主要服务对象基本是公务车。

第二阶段，从1997年到2006年，即我国汽车后市场的高速发展阶段。这个阶段服务对象以公务车为主，私车占15%~30%。

第三阶段，从2007年到2010年，即我国汽车后市场的重新洗牌阶段。这个阶段服务对象私车占50%~70%，公务车占50%~30%。

第四阶段，从2011年以后，即我国汽车后市场的平缓发展阶段。这个阶段服务对象以私家车为主，每个地区有2~3家区域性的龙头店，品牌4S店与快修快保店并行，国外汽车服务连锁巨头进入中国，其他个体店将选择自己发展道路。

（三）我国汽车后市场的问题及发展趋势

我国汽车工业经过五十多年的历程，汽车后市场也获得了长足的发展。汽车后市场从无到有、从小到大，直至建立了比较健全的汽车后市场体系。

当前，我国的汽车后市场虽然开展了很多具体的业务类别，而且比较全面，可以说是国外有的业务类别在国内都已开展起来，但是我国的汽车后市场确实还存在很多问题和差距，主要有八个方面的问题和差距：

1. 市场基础薄弱

我国汽车后市场底子薄，汽车后市场的发展尚不完整，市场细分尚不充分，完全适应买方市场条件下的汽车后市场的服务贸易体系还未普遍建立。

2. 服务理念落后

目前，我国汽车后市场的服务理念落实是最大的软肋。"以人为本，顾客至上"和全面实施"用户满意工程"等先进服务理念，在我国汽车后市场内还未普遍建立，或者只是停留在口号上，没有深入汽车服务企业员工心中。

3. 综合素质不高

汽车后市场内的服务企业技术素质不高，技术设备不到位（如缺乏先进的维修机具设备、先进的电子诊断设备等）；汽车后市场的从业人员素质不高；缺乏高素质的专业技术人员；汽车后市场内的服务企业经营管理的素质不高。

4. 市场秩序混乱

汽车后市场运作混乱，尤其在流通领域，混乱发展的局面十分明显。价格体系执行混乱，在汽车维修服务领域，为了追求不当利益，广泛存在乱维修、乱换件、乱收费和服务欺诈的现象。市场竞争激烈、秩序混乱，企业往往采取低价恶性竞争的手段。

5. 服务能力不足

汽车后市场服务主体的服务能力不足，汽车厂商不能加快建设汽车后市场服务体系，汽车售后服务企业不能及时地更新设备，场地服务企业不能提供良好的服务环境。汽车后市场内各类汽车服务企业经营规模小、效益低、风险大的格局长期得不到改观。我国汽车后市场的能力不足，长期呈现服务项目少、服务规模小、层次水平低、自由分散发展的格局。

6. 管理方式陈旧

我国汽车后市场的管理方法落后，缺乏先进的管理理念和管理理论的支持，管理技术落后，各类汽车服务主体还没有广泛采用先进的信息化手段，还没有在销售和服务的体系中普遍推行以网络技术为代表的信息技术，没有实施 DRP（Distribution Resource Planning，企业分销资源计划）管理系统和 CRM（Customer Relationship Management，客户关系管理）管理系统，存在信息形式不统一、信息缺损和信息遗失等问题。

7. 制度法规不全

缺乏有效的指导汽车后市场开展各项汽车服务的行业规范，为某些汽车服务企业不规范运作提供了空间。汽车后市场没有统一的服务规范，不能为进入这些领域的服务主体提供资质标准；管理部门长期以来只重视汽车生产，不重视汽车服务。

8. 服务效率低下

由于上述差距，导致我国汽车后市场服务业务效率不高、效益较差、自我发展的能力不足。

在我国汽车工业发展的拉动下，我国汽车后市场将在逐步解决以上问题的基础上，缩短与国际先进水平的差距。先进的服务理念将得以确立，新型的服务业务将得以兴起，汽车后市场将向纵深发展，服务素质和竞争能力将得以提高，实现与国际汽车后市场服务业务的完全接轨，最终将建成适应国际竞争和能够满足消费者需求的以人为本的新型汽车后市场服务体系。

我国汽车后市场的发展趋势：

1. 将确立满足私人消费需求的服务理念

在先进服务理念指导下,我国汽车后市场将全面形成以人为本和以充分满足私人消费需求为导向的新型服务体系。我们必须借鉴国外的先进经验,以充分满足广大私人消费者的个人需要作为服务目标,确定用户满意的工作导向,全面树立"以人为本,顾客至上"的服务意识,积极推行服务营销,全面实施"用户满意工程"。必须牢固树立以消费者为中心、用户第一的服务意识,按照"保姆式"服务、"人性化"服务、透明可视化服务等新型服务模式,在汽车后市场具体业务工作上做到尊重用户、主动服务及充分为用户着想。

2. 将出现一批新兴的汽车服务业务

在不断巩固汽车后市场现有服务业务的基础上,传统汽车服务业务将发生变革,新兴汽车服务业务将得以开展。随着今后汽车后市场的发展和细分化,我国汽车后市场业务必将扩展到汽车服务和汽车贸易的方方面面,必将出现一批新兴的汽车服务业务。

3. 将建成功能完善的汽车服务体系

在继续坚持厂商主导发展方向的同时,将建成与国际接轨的功能更加完善的汽车后市场服务体系。汽车厂商将按照国际惯例,将其服务体系进一步提升为厂商主导、与国际接轨、功能完善、满足私人用车的个性化服务和全方位服务需求的汽车后市场服务体系。

4. 将提高服务主体的综合服务素质

在服务人员素质和技术设备等核心内容上,服务主体的综合服务素质将普遍得到提高。今后,国内汽车后市场的服务竞争将日趋激烈,服务主体将形成巨大的竞争压力和足够的发展机会,服务主体必须重视服务硬件技术的改进,重视掌握与汽车技术进步相适应的现代服务技术,从而提高服务主体的综合服务素质。

5. 将给汽车服务业带来广阔的商机

在努力改进现有服务缺陷的基础上,汽车后市场的快速增长将给我国的汽车服务业带来广阔商机。在汽车贷款、汽车租赁和汽车保险等汽车金融服务领域,将会向规模扩大和纵深发展的方向演变;在汽车销售、配件经营、二手车交易和物流配送等汽车流通服务领域,将会明显地增加服务商机;汽车服务的主体将向集团化、规模化、标准化、专业化等方向发展,随着产业整合,汽车服务主体的市场运作能力将得到提高,竞争实力将得以增强。

6. 将增强汽车服务企业的竞争实力

在国际国内的两个汽车后市场上,我国的汽车服务业将与国际国内的同业者展开全面充分的市场竞争,我国的汽车服务业必须尽快发展,全面提高自己的综合竞争实力。

随着我国汽车工业的发展壮大,汽车消费需求的扩展,以及国际竞争的加剧,在我国汽车后市场内,一批集约化程度高、技术含量高、人员素质高、市场占有率高、管理先进的汽车服务企业必将脱颖而出,成为我国汽车后市场上的骨干力量,为我国汽车后市场的发展作出贡献。

(四) 我国汽车后市场将迎来发展高峰

汽车后市场,即汽车销售以后围绕汽车使用过程的各种服务,它涵盖了消费者买车后所需要的一切服务。按照国际上通行的说法,汽车后市场所产生的利润与相对的前市场比较,比例大约是7:3。在整个汽车产业链上,后市场产生的利润至少要超过前市场一倍以上。从销售利润看,国外成熟汽车市场中,50%~60%的利润是在服务领域中产生的。

专家指出,按照目前我国汽车服务占12%的比例计算,如果以成熟汽车后市场中汽车服务所占的比例为参照，再结合汽车金融、租赁等服务还相当薄弱等情况，汽车后市场的服务业务在现有12%的市场份额基础上还有近10%的上升空间。

数据显示，2013年中国汽车保有量为1.37亿辆，仅次于美国的2.85亿辆，位居世界第二。其中，私家车突破8500万辆，私家车主正逐渐成为汽车后市场的主要消费群体。从表1-2可以看出，汽车保有量稳定增长，私人汽车增长高于总体保有量增长，私人汽车比例提升快速。这对汽车后市场乃至整个汽车产业都将产生深远影响。一般情况下，使用4~9年的车辆其汽车服务需求是最大的，因此，国外汽车业界普遍认为，从2007年开始，中国汽车后市场将经历较高的增长，事实也的确如此。

中国汽车后市场的巨大商机吸引了越来越多的国际资本，国际著名的汽车后市场服务企业已经在中国大范围布局，国内许多品牌正在加紧布点，民间资本也开始大举进入这一领域，整个汽车后市场面临着新一轮的洗牌。与此同时，一些路边店逐渐退出市场，取而代之的是兼具技术和实力的连锁服务店。

表1-2　2005—2011年以来中国民用汽车保有量增长情况

年份	总保有量（万辆）	增长率（%）	其中私车（万辆）	增长率（%）	私车比例（%）
2005	4329	20.6	2365	22.0	54.6
2006	4985	15.2	2925	23.7	58.7
2007	5697	14.3	3534	20.8	62.0
2008	6467	13.5	4173	18.1	64.5
2009	7619	17.8	5218	25.0	68.5
2010	9086	19.3	6539	25.3	72.0
2011	10600	16.7	——		

目前，我国汽车后市场还很难完全脱离开整车制造业的掌控而成为独立的市场，而且，这一现象会在较长一段时间内存在。从长远看，汽车后市场不会长久地从属、依附于前市场，因为汽车消费者需求变化，不仅决定了汽车后市场的走向、规模、经营形式和服务方法，还会反过来对前市场产生巨大影响。北美、欧洲地区的许多国家汽车后市场已步入高级阶段，而我国却仍处于初级阶段，虽然我国也越来越重视向中级阶段和高级阶段发展，但人力资源的不足和人才培养体系不够健全等诸多问题，都成为汽车后市场向前推进的瓶颈。为此，我们要尽快建立新的汽车后市场职业教育体系，加快培养汽车后市场紧缺的应用型、技能型人才。

案例分析：老福特说他的缺点

在世界汽车工业的发展史上，亨利·福特（Henry Ford，1863—1947）是一位叱咤风云的大人物，他对人类的贡献不仅在于他发明的汽车生产流水线使得寻常百姓买得起汽车，更在于他的生产实践推动了人们对生产方式和管理科学的研究，使管理从经验转变为科学。然而，就是这样一位在历史上抹不去的世界级人物，也只能辉煌一时，未能辉煌一世。福特和他的汽车王国到底发生了一些什么事呢？

福特曾先后于1899年、1901年与别人合伙经营汽车公司，但均因产品（高价赛车）不适合市场需要，无法销售而告失败。

福特汽车公司创办于 1903 年，第一批福特汽车因实用、优质和价格合理，生意一开始就非常兴隆。1906 年福特又重蹈覆辙，面向富有阶层推出豪华汽车，结果大众都买不起，导致福特车的销售量直线下降。1907 年，福特总结了过去的经验教训，及时调整了经营指导思想和经营战略，实行"薄利多销"，于是生意又魔术般好转。当时，美国经济衰退已露端倪，许多企业纷纷倒闭，唯独福特汽车公司生意兴隆，赢利 125 万美元。到 1908 年初，福特按照当时大众（尤其是农场主）的需要，作出了明智的战略性决策，从此致力于生产规格统一、品种单一、价格低廉、大众需要而且买得起的 T 型车，并且在实行产品标准化的基础上组织大规模生产。此后十余年，由于福特车适销对路，销售量迅速增加，产品供不应求，福特在商业上获得了巨大成功，产销量最高一年达 100 万辆。到 1925 年 10 月 30 日福特汽车公司一天就能造出 9109 辆 T 型车，平均每 10 秒生产一辆。在 20 世纪 20 年代前期的几年中，福特汽车公司的纯收入竟高达 5 亿美元，成为当时世界上最大的汽车公司。

　　到 20 世纪 20 年代中期，随着美国经济增长和人们收入、生活水平的提高，形势又发生了变化。美国的公路四通八达，路面大大改善，马车时代坎坷、泥泞的路面已经消失，消费者也开始追求时髦。简陋而千篇一律的 T 型车虽价廉，但已不能吸引顾客，因此其销量开始下降。面对现实，福特仍自以为是，一意孤行，坚持其生产中心观念，置顾客需要的变化于不顾，诚如他自己宣称："无论你需要什么颜色的汽车，我福特只有黑色的（卖给你）。"生产中心观念体现得多么淋漓尽致！1922 年，他在公司推销员全国年会上听到关于 T 型车需要根本改进的呼吁后，静坐了两个小时，然后说："先生们，根据我看，福特车的唯一缺点是我们生产得还不够快。"就在福特固守他那种陈旧观念和廉价战略的时候，通用汽车公司（GM）却时时刻刻注视着市场的动向，并发现了良机，及时地作出了适当的战略性决策：适应市场需要，坚持不断创新，增加一些新的颜色和式样的汽车（即使因此须相应提高销售价格）。于是，雪佛兰车开始排挤 T 型车。1926 年 T 型车销量陡降。到 1927 年 5 月，福特不得不停止生产 T 型车，改产 A 型车。这次改产，福特公司不仅耗资 1 亿美元，而且这期间通用汽车公司乘虚而入，占领了福特车的大量市场份额，致使福特汽车公司的生意陷入低谷。后来，福特公司虽力挽狂澜，走出了困境，但却从此失去了车坛霸主地位，永远让通用汽车公司占据了车坛首席宝座。

　　福特并没有真正找到自己的缺点，他没有认识到：在动态市场上，顾客的需求是不断变化的，正确的经营指导思想是正确经营战略和企业兴旺发展的关键。如果经营观念正确，战略得当，即使具体计划执行得不好，经营管理不善，效率不高，也许尚能赢利；反之，如果经营指导思想失误，具体计划执行得越好，就会赔钱越多，甚至破产倒闭。

　　从福特的身上可以看到，任何一个企业家，纵然他曾是多么耀眼的明星，如果他不能高瞻远瞩，洞察事物发展的客观规律，及时形成一些新的理念、新的观念、并在实践中自觉应用，制订正确的企业发展战略，便难免失误，退去成功的光环。但对身处实践之中的企业家来说，要做到这些，远不是我们如今在别人实践基础上进行理论总结那么容易。而上述综合能力正是企业家必需的素质，它要求企业家必须坚持理论学习，善于总结实践经验并具有过人的智慧。

讨论题：
1. 老福特是否说对他的缺点，请运用本章学习的汽车市场营销观念来进行分析。
2. 通过福特汽车公司兴衰的案例，你得到了哪些有用的启示。

本 章 小 结

本章是整本书的导论,通过分析汽车市场营销的方方面面,说明了汽车市场营销的重要性,同时也说明了今后我国汽车后市场将面临的机会和挑战并存的局面。为了能应对这样的挑战,必须确立正确的汽车市场营销观念,认识新的汽车市场营销特点,探索新的汽车市场营销规律,创造新的汽车市场营销方法,开展新的汽车市场营销活动,促进汽车市场营销活动的开展及汽车后市场的发展。

思 考 题

1. 什么是汽车市场?什么是汽车市场营销?
2. 为什么汽车消费者需求是汽车市场营销活动的起点和中心?
3. 简述汽车市场营销观念的演变过程。市场营销观念应遵循的宗旨是什么?
4. 当前我国汽车后市场有哪些发展趋势?

第二章 汽车营销环境

学习目标

理解汽车市场营销环境的概念和特点；了解营销环境分析是汽车市场营销活动的出发点，并且有助于汽车企业抓住市场机遇，规避风险和进行营销决策；掌握汽车市场营销宏观环境所包括的内容和具体的分析方法；理解汽车市场营销微观环境是指与汽车企业市场营销活动有密切关系的环境因素，对汽车企业当前或今后的经营活动会产生直接影响。

汽车市场需求和发展前景是汽车企业赖以生存的基础，汽车市场营销环境则是汽车企业生存中要予以适应和利用的重要因素。目前，我国汽车市场正处于高速发展时期，竞争日益激烈，各汽车企业在发展中机遇与危机并存。如何做到结合自身实际扬长避短，抓住市场机遇，规避风险，这是各汽车企业都必须面对的问题。因此，对汽车市场营销环境的研究具有极其重要的意义。本章将讨论汽车市场营销的宏观环境因素和微观环境因素，并着重论述汽车市场营销环境的分析方法及应对策略。

第一节 汽车营销环境概述

一、汽车营销环境的概念

汽车生产厂家是社会经济活动的基本单位，具有相对独立性，但它同时也是整个社会生活的有机组成部分，在能源、原材料、劳动力、生产、销售、资金、信息、技术等诸多方面与社会存在着千丝万缕的联系。企业作为社会的经济细胞，其营销活动不可避免地受到企业内、外部因素的影响，这些因素构成市场营销活动的前提。所谓的汽车营销环境就是指那些对汽车企业的营销活动产生重要影响的全部因素。按照这些因素对企业营销活动影响的不同，营销环境可以分为市场营销微观环境和市场营销宏观环境。

微观环境是指企业的内部因素和企业外部的活动者等因素。外部活动者主要包括供应商、营销中介组织、竞争者、用户及有关公众等。内部因素是指那些对于企业来说是内在的、可以控制的环境因素，如企业的经济实力、经营能力、企业文化等。一般来说，企业对各种微观因素可以施加不同的影响。宏观环境是指那些对企业营销活动产生重要影响而又不为企业的营销职能所控制的全部因素，一般包括政治与法律环境、经济和市场环境、自然和人口环境等。一般来说，企业对各种宏观环境因素只能适应，而不能改变。宏观环境对企业营销活动的影响具有强制性、不确定性和不可控性等特点。上述营销环境与企业营销活动之间的关系如图 2-1 所示。

二、汽车营销环境的特点

（一）不可控性

营销环境是指与企业市场营销活动有联系的企业外部因素的总和，因此是客观存在的，不以企业意志为转移的,其发展变化也是企业不可控制的。如几家企业不可能改变国家的政策法令和社会的风俗习惯,也不可能控制人口增长等等。一般来说,企业虽然可以在局部范围内和一定程度上对外部环境施加一定的影响,但不可能控制外部环境的变化,只能去主动适应。企业营销管理的任务就是要以企业可控制的营销组合因素去适应不可控制的外部环境,满足目标顾客的需要,实现企业目标。

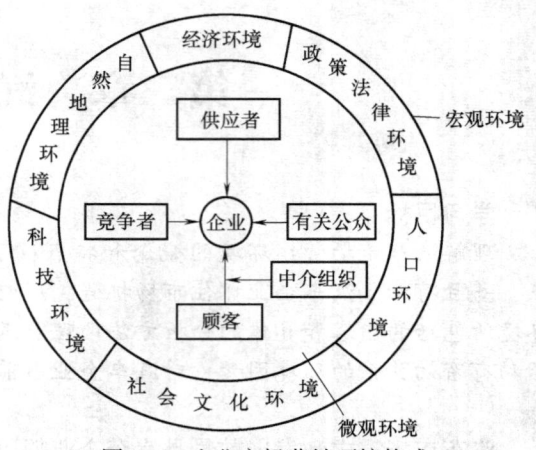

图 2-1 企业市场营销环境构成

在 20 世纪 80 年代以前,人们认为宏观环境是企业的外在因素,因此企业的营销和管理对这些环境因素是无法产生影响的,所以它们属于不可控因素,只有那些存在于企业内部的因素才是企业可以控制的因素。但是,在 20 世纪 80 年代后期,美国市场营销学家菲利普·科特勒提出了"大营销"的概念,认为当代营销者越来越需要借助政治力量和公共关系,在进军某一个特定市场时,冲破各种贸易壁垒和公众舆论方面的障碍,使企业在市场上有效地开展工作。从这个意义上说,企业的外在环境已经不是完全不可控了,它们多多少少可以通过"大营销"活动来加以影响和改变。

(二) 动态多变性

从市场学的发展历史来看,最初企业只是将市场看成是自己的环境因素,随着商品交换范围的扩大,政府的法律制度、经济政策等也成为企业环境的重要因素;再后来,随着社会经济的进一步发展,科学技术资源、生态资源、环境保护、消费者权益保护等也构成了企业营销环境的组成部分。显然,构成企业营销环境的因素是多方面而且是不断变化的。此外,营销环境诸因素变化程度虽不同,但变化是绝对的,且其变化速度呈加快趋势。如在宏观环境中,科技、经济、政治与法律因素的变化较人口、社会与自然因素的变化相对较大,速度较快。因此企业必须用动态的观点去研究营销环境,把握其变化趋势,从中发现和挖掘有利的市场机会。

(三) 相关性

企业营销环境各因素不是孤立的,而是相互联系、相互依赖、相互作用的。如国家宏观调控政策中的财政与税收政策、通货膨胀、需求过旺、原材料短缺等因素都能导致商品价格的上涨;科技、经济的发展会引起政治、经济体制的相应变革或变更,影响企业产品的质量及其更新换代的速度等。这种相关性给企业开展市场营销带来了更加复杂的客观环境。

(四) 差异性

尽管各个企业所面临的宏观环境总体来说是一致的,但由于企业所处地理位置不同、企业营销性质不同、政府管理体制不同等方面的原因,各个企业直接面对的具体环境又具有明显的差异性,而且同样一种环境因素的变化对不同企业会造成不同程度的影响。如东南亚金融危机后给进口东南亚国家商品的企业增加了活力,但同时也给出口东南亚商品的企业带来了困难。这就要求企业认真分析自身所处的环境特点,制订切合实际的营销策略。

(五) 可利用性

营销环境的发展变化对企业营销活动的影响无非是两个方面：一是提供新的营销机会；二是造成新的环境威胁。机会和威胁往往并存，且在一定条件下可以相互转化。营销环境的变化虽然不以企业的意志为转移，但却可以被企业所利用。企业可以根据环境因素的变化积极主动地调整市场营销战略，甚至可以通过众多的联合力量去冲破环境制约。只要企业能主动地把握营销环境的发展变化趋势，就能抓住有利的市场机会得以发展。

三、汽车营销环境的分析

环境对企业的影响可以是积极的，可称之为机遇，即影响企业营销的有利因素；也可能是消极的，称之为风险，即影响企业市场营销的不利因素。无论是机遇或者风险，都是不以企业意志为转移的客观存在。因而，企业应对每种营销环境的变化给企业带来的营销机遇或营销风险，在数量上或在程度上予以分析，从而对各种营销环境变化做出科学鉴别，并找出和抓住最有吸引力的营销机遇，避开最严重的营销风险，这种分析就是环境分析。

在一般情况下，市场营销环境分析可按照下列程序进行：
1) 利用市场情报和市场调研等方法科学收集关于营销环境的信息。
2) 采用定性分析与定量分析相结合的方法对环境因素的变化趋势及不连续变化的转折点做出科学预测。
3) 进一步分析环境因素的变化对企业可能造成的影响，从而预测企业在未来一个时期可能受到的威胁以及可以利用的机会。
4) 结合企业现状，提出营销环境分析的结论及企业适应未来环境变化的设想，为企业制定营销战略提供有价值的参考性意见。

第二节 汽车营销宏观环境

宏观环境对市场营销来说十分重要，在宏观环境下的市场需求是企业发展的基本条件，宏观环境的状况和变化对汽车企业有着重大的影响，只有分析透彻之后才可能寻找出市场机会，规避市场风险，否则将陷入十分被动盲目的局面。

一、政治环境

政治环境是指企业市场营销的外部政治形势和状况给企业市场营销带来的或可能带来的影响。

在国内市场上，政府通过改革经济体制和制订经济政策的方式制约着汽车的生产和经营。在国际市场上，不同政党、政局、政策的变化也会直接或者间接地影响汽车的市场营销。

政治环境对汽车市场营销的影响主要表现在以下几个方面：

(一) 政治对国内汽车市场营销的影响

政治对国内汽车市场营销的影响主要是通过政治体制和意识形态两个方面发挥作用的。

1. 政治体制的影响

一定的政治体制必然有与之相适应的经济体制。一般来说，政治对汽车营销的影响大多是通过经济体制对企业经营的影响表现出来的。

在计划经济体制下,中国汽车工业产业组织的变迁,包括新企业的进入、各企业的产出规模、企业之间的关系以及企业合并等,从来不是市场竞争和市场调节的产物,而完全是政府有关项目决策和计划管理的结果。政府决策是决定新厂商进入汽车工业与否及具体进入方式的关键因素,企业生产规模由政府计划决定,汽车产品价格及销售也由政府决定,根本没有汽车市场营销的概念。

在市场经济条件下,政企分开,真正有发言权的是市场。按经济规律管理经济,按市场规律管理市场,极大地调动了汽车生产厂家的积极性和创造性。经济是剩余经济,市场是买方市场,要提高企业的经济效益,不但要"以销定产",而且要"以销促产",汽车的经营职能第一次越过生产职能而居于十分重要的地位。但是,由于我国实行的是社会主义市场经济体制,虽然实现了经济关系市场化、企业行为自主化、宏观调控间接化和经营管理法制化,但政府还是可以通过财政、金融、税务和价格等政策法规来规范企业的经营行为。

2. 意识形态的影响

物质决定意识,意识又反作用于物质。在一定经济基础上形成的意识形态既是经济基础的集中表现,同时也反作用于经济基础,影响着经济基础的表现形式。意识形态对汽车市场营销的影响主要是通过对汽车市场营销组合的影响表现出来的。

首先,一个社会占统治地位的意识形态以及它所表现出来的政治观、法律观、文化观、艺术观、哲学观和宗教观等,不但影响着汽车的结构,如功能、造型、品牌、商标、包装以及销售服务等,而且会给企业的汽车定价、汽车分销,特别是促销策略的制订,如人员推销、营业推广、广告宣传、公共关系等,纷纷打上意识形态的烙印,并最终影响消费者的价值判断和购买选择。

其次,一个社会占主导地位的意识形态还必然会形成与之相适应的国情、民情、民俗、民风等,并通过社会助长作用、社会从众行为等社会规范化倾向,来影响消费者的兴趣和爱好,形成不同的消费需求和消费时尚。

(二)政治对国际汽车市场营销的影响

随着经济全球化和国际经济一体化的发展,各国政府出于不同的政治理念和自身利益,不断调整本国的经济政策,以达到保护、扶持本国经济,并有限度地干预外国经济对本国渗透的目的。同时,在国际市场上,生产厂家的汽车销售行为虽然只是一种商品交易,但在相当多的情况下,还会被国际或国家的政治形势所左右,把它作为一种政治斗争的工具来使用。这种政治斗争对汽车进出口贸易的影响,不仅表现在不同社会制度的国家之间在贸易对象、贸易条件方面的差异,还表现在不同国家关系的企业之间贸易对象、贸易条件的差异。通过关税壁垒、经济制裁、法律限制、贸易协定、国有化等行为,或者促进汽车贸易,或者限制汽车贸易。

二、法律环境

法律是一种强制性的影响力,它与法令、规则、规章、条例一起构成法规,并以国家机器作保证。市场营销法律环境是指对企业市场营销产生重要影响的各项法律之和。此外,产品的技术法规、技术标准以及商业惯例等,也是市场营销法律环境的重要组成部分。政府对企业营销活动实行法律干预主要体现在三个方面:一是对企业营销活动的促进与限制,例如，《公司法》《企业法》等法律有利于企业健全经营机制和加强对整体营销活动的控制，《反垄断法》《反不正当竞争法》等法律其目的主要在于监督、指导企业行为，保护企业间的公平竞争；二是对消费者的保护，如我国先后制定了《产品责任法》《消费者权益保护法》《广告法》等法律，其主要目的是为了维护消费者利益，制止企业非法牟利；三是对社会利益的维护，例如《环保法》、《环境、噪声、污染防治条例》等，主要用来维护生态平衡，保护公众利益。

无论法律的具体类型如何，都会对企业的市场营销活动构成某种约束。从这种意义上说，企业的市场营销人员必须掌握关于环境保护、消费者利益和社会利益方面的法律。一般来说，早期的法律重心多为保护竞争，而现代法律的重心则已经位移到了保护消费者方面。把握这一点对于企业开展市场营销业务尤为重要。不过，在企业立法方面一直存在着一个国际性的争论，即何处才是管制成本与管制利益的均衡点。立法的公正性与执法的公正性远不是一回事，这是法律经济学上的难题，也是市场营销活动中所要经常面对的问题。

国家的汽车政策主要包括汽车产业政策、汽车企业政策、汽车产品政策和汽车消费政策等四个方面。

（一）汽车产业政策

以产业政策为例，我国已经出台了对幼稚产业的保护政策和战略性贸易保护政策。所谓对幼稚产业的保护政策，是指那些经济发展相对滞后的国家，必须选择某些具有潜在比较优势和发展前景的产业（幼稚产业）给予适当的、暂时的关税保护，以便逐步提高其参与国际竞争的能力。我国加入世界贸易组织以后，农业、汽车产业、金融服务业等被定为幼稚产业。在这些领域我国将在一定时期内实行相应的保护政策。

战略性贸易保护政策指由于不完全竞争和规模经济的存在，市场本身运动的结果处于一个"次优"的境地，政府可适当运用如关税、补贴等干预措施扶持本国战略性产业的成长，并带动相关产业的发展，从而增加本国的经济贸易福利，如谋取规模经济之外的额外收入、抢占国际竞争对手的市场份额。

中国在加入世界贸易组织以后，在承担相应开放市场义务的同时，对国内某些幼稚产业和战略性产业已经实行了适当保护。在立法方面，反倾销法、反补贴法、进口保障法、维护公平竞争法、反垄断法等都已经出台。

（二）汽车企业政策

为了促进汽车工业的发展，我国于1997年推出了优待重点汽车企业的政策，该政策规定，凡国家重点汽车企业，均可享受诸多的优惠政策。

1. 国家重点汽车企业的优惠政策

1）固定资产投资方向调节税为零。
2）优先安排其股票和债券的发行与上市。
3）银行在贷款方面给予积极支持。
4）在利用外资计划中优先安排。
5）对经济型轿车、轿车关键零部件的模具、锻造工具，适当安排政策性贷款。
6）企业集团的财务公司，经国家有关部门批准，可以扩大业务范围。

2. 重点汽车企业的条件及其发展目标

在这里，重点汽车企业或企业集团应当具备一定的条件，并且企业应具有明确的发展目标。

1）年产汽车 30 万辆，年销汽车 20 万辆，开发资金占年销售额的 2.5%，并向年产 60 万辆发展者。

2）年产汽车 15 万辆，年销汽车 10 万辆，开发资金占年销售额的 2.5%，并向年产 30 万辆发展者。

3）年产汽车 10 万辆，年销汽车 8 万辆，开发资金占年销售额的 2%，并向适度规模发展者。

4）年产客车 0.15 万辆，年销客车 0.1 万辆，开发资金占年销售额的 2%，并向适度规模发展者。

5）轿车关键零部件在同类产品国内市场中的占有率达到了 25%，或者尚属国内空白，亟待发展的产品，国家支持其向规模经济目标发展者。

6）摩托车产品在国内市场的占有率达到了 10% 以上，国家支持其继续扩大产品产量并增加产品品种的企业。

（三）汽车产品政策

1999 年 10 月 31 日，两次被全国人大常委会否决的《公路法（修正案）》终于获得通过。有关专家在研讨"费改税"实施之后汽车工业将面临的形势和问题时指出，《公路法》的实施将促使汽车的产品结构进一步得到改善。这种改善主要表现在以下方面：

1）家用经济型轿车将得到发展。

2）重型载货汽车将加速发展。

3）汽车工业将更多地采用电喷和柴油技术。

4）车型设计将更多地采用节能技术，减轻自重和减小风阻系数。

5）解放牌和东风牌重型汽油载重汽车将被逐步淘汰。

6）载货汽车和中型以上客车的柴油机化进程将加快，从而促进汽车柴油机厂的快速发展。

7）由于老旧车辆耗油较高，负担加重，因此，汽车的更新工作将可以顺利进行。

8）如果国家对农用柴油的退税采取严格的措施，比汽车还多 100 万辆的农用车和近 1000 万辆的拖拉机、手扶拖拉机在养路费上的优惠将大幅丧失，从而促进轻型载货汽车和微型载货汽车市场的迅速发展。

9）油耗高、污染大的二冲程摩托车市场将逐步收缩，而省油的四冲程摩托车市场将扩大。

10）由于大功率摩托车的耗油量与微型汽车相差无几，因此，将有一大批人放弃购买大功率摩托车转而购买微型汽车或轿车。

以上这些改善，经过十余年的时间，已经明显地表现出来，使我国的汽车工业发生了巨大变化。

（四）汽车消费政策

汽车消费政策的制定，可以更为直接地影响到汽车工业的发展。

与西方发达国家相比，我国政府也制定了许多鼓励汽车发展的政策，同时却又执行着抑制汽车消费的策略。按照现行税法，涉及汽车消费的税收和经国务院及其职能部门审批的收费项目只有十来项。其中，增值税、消费税属国税，已包含在汽车售价之中，称作价内税。

增值税税率为17%，消费税税率为5%，后来又在此基础上各加了2.5%的附加税，使车价内的总税率达到了27%。也就是说，市场上售价11万元的汽车，其中有近3万元的价内税，而裸车价格仅8万多元。另一部分税费是价外税，其中车船使用税属地方税，每年定额征收，客车一般每年每辆最多320元，另外7项收费中，由国务院批准开征的只有两项：一是车辆购置附加费，为销售价格的10%；二是公路养路费，按费率、费额两种方式征收。这就是说，消费者在购买轿车时付出的金钱，应当等于轿车的原始价格再加上32%到35%的税费之和。

除此以外，这种鼓励汽车消费的政策主要还有鼓励购车贷款、推进汽车租赁、解除地方保护、关闭上牌红灯等几种形式。

（五）地方法规

地方法规是地方政府自行制定的，仅在其所辖地域范围内适用的法规。地方法规如果与中央的政策是统一的，显然没有存在的必要；如果与中央的政策是对立的，那就失去了存在的根据。显然，地方法规大多具有地方保护的特点，它不仅影响了汽车资源的优化配置，还违背了优胜劣汰的市场规律。因此，清理地方汽车法规已经成为当务之急。

目前，我国汽车市场普遍存在着"地方保护，地域封锁"问题，从深层次来讲，这是同世界贸易组织的国民待遇原则相违背的。解决这一问题需要各地方政府从全国汽车工业的大局出发，消除偏见，共同迎接挑战，只有这样，才是中国汽车工业的出路。同时，只有首先在国内各地方企业之间相互给予"国民待遇"，然后才谈得上给予外国企业以国民待遇。

三、经济环境

经济环境指企业营销活动所面临的外部社会经济条件，其运行状况和发展趋势会直接或间接地对企业营销活动产生影响。

经济环境对汽车市场营销影响较大的因素主要有国民经济的发展水平、国民收入的水平、国民储蓄及消费者的支出模式等几个方面。

（一）国民经济发展水平

经济学家通过自己的研究认为，国民经济的发展与国民经济的生产总值紧密相关，并有一个从量变到质变的过程。一般来说，当人均国民生产总值从300美元上升到1000美元时，经济就进入了起飞前的准备阶段；当人均国民生产总值超过了1000美元时，经济就会进入高速发展的起飞阶段。起飞阶段的国民经济已经克服了经济发展的各种障碍，获得了一种前所未有的，使经济持续、协调、高速发展的力量。与此同时，市场规模会迅速扩大，投资机会将大量增加，信息竞争会成为市场竞争的焦点，市场交易也会成为企业的基本活动，从而使企业的市场营销进入一个前所未有的时期。

西方经济学家们在衡量某一国家和地区的经济发展水平时，往往从产品销售的角度把它们划分为农产品自给自足阶段、前工业或商业生产阶段、初级制造业生产阶段、非耐用品或半耐用消费品生产阶段、耐用消费品与生产资料生产阶段和出口制成品生产阶段等六种类型。在进入耐用消费品与生产资料生产阶段之后，不但人民生活必需的冰箱、彩电等会普及开来，而且价格相对昂贵的汽车也会逐步走进人们的生活之中。毫无疑问，我国的经济发展水平越过了耐用消费品与生产资料生产阶段，正处于出口制成品生产阶段，汽车消费已经日益清晰地成为大众消费的主要目标。

在我国，公车消费相对于经济的发展而言，是一个缺乏弹性的市场，而私车消费则会随着国民经济的发展而发展。这就是说，真正可以表现出经济发展与汽车消费关系的是私车消费的轨迹。国家信息中心提供的资料表明，随着我国经济的快速发展，私人汽车消费也呈现出快速增长的趋势。私人汽车需求量占全社会汽车需求总量的比例：1985年为15.23%，1995年上升为45.43%，在部分经济发达省份甚至已经超过了50%。与此同时，私人汽车保有量占全社会汽车保有量的比例也呈加速增长趋势。1986年，我国私人汽车保有量仅占全社会汽车保有量的8.0%，到了1996年，该比例已经上升到26.3%，比10年前提高了17.5%，同年，在部分经济发展较快的省份，私人汽车保有量所占比例已经接近40%。2013年，私人汽车保有量所占比例已达到60%。

（二）国民收入水平

国民收入不但是国民经济发展的必然结果，而且是国民经济发展的客观表现。收入影响消费，高收入引起高消费。在我国，汽车更是处在高消费的巅峰。

在市场营销学领域，国民收入主要是指消费者的工资、奖金、补贴、福利，以及他们的存款利息、债券利息、股票利息、版权稿酬、专利拍卖、外来赠款、遗产继承等一切可以视为收入的全部现金收入。但是，消费者往往并不能将其全部收入用于消费，而是要首先扣除作为一个公民所必须承担的社会责任和义务，如所得税、人口税等，这是由国家支配的部分。其次才是消费者个人可以支配的收入。同时，个人可以支配的收入也并不意味着消费者可以随心所欲地购买任何商品，他们还必须扣除为满足生理、安全等基本需要所必需的部分，如食品、药品、房租、水电、教育、保险、分期付款、抵押贷款的开支等。这部分开支既有固定的数量，又有固定的结构，实质上是社会为满足劳动力再生产所花费的代价。在消费者的全部收入中扣除由国家负责支配的部分和个人基本需要所必需的部分之后，剩余的才是个人可以任意支配的收入。

德国统计学家恩斯特·恩格尔（Ernst Engel，1821—1896）曾经从统计学的角度描述了国民收入与其消费结构之间的关系。1867年，他通过对德国、英国、法国、比利时等国家职工家庭收支预算的调查分析，提出了著名的"恩格尔定律"，亦称"恩格尔系数"。该定律认为，随着消费者家庭收入的不断增加，其家庭支出也会相应提高。但是，用于购买食品等基本生活用品的支出在支出总额中所占的系数反而会降低；用于住房的支出保持稳定；只是用于家庭储蓄和服饰、交通、通信、保健、娱乐、教育、旅游的支出会相应增加。

目前，大多数中国家庭开支主要用于吃穿（恩格尔系数为48.6%），随后依次是住房、子女教育、医疗、交通、通信。城镇家庭后五项的开支已占家庭收入的20%，而发达国家则占40%。家庭经济承受能力是轿车进入家庭的先决条件，国际上通常以轿车的价格与人均国民生产总值（GNP）的比值R来衡量家庭购车能力。由于世界各国的家庭收入结构、消费结构、货币实际购置力以及发展轿车的政策不同，各国的R值有较大差异。按国际市场普通轿车的价格7000美元（相当于人民币6万元），年使用费按行驶10000千米需人民币6000元计，根据对目前已拥有轿车家庭的抽样调查，测算出轿车大量进入中国家庭的R值为2.0~3.0。由此计算出中国家庭购置轿车应具备的能力为：

人均国民生产总值 = 车价/R = 6万元/3 ~ 6万元/2 = 2万 ~ 3万元

从宏观上来看，家庭人均收入 = 人均国民生产总值×家庭实际人均收入占人均国民生产总值的百分比 = 2万×0.55 ~ 3万×0.55 = 1.1万 ~ 1.65万元。

由此得出：家庭年收入 = [(1.1 + 1.65)/2] × 3.5(家庭平均人口数) = 4.8 万元，即家庭年收入达到 5 万元左右才具备购买轿车能力。这样，按轿车的各种使用费占家庭收入的 12% 计算时，积攒三年左右便可购买一辆轿车。

当然，国民生产总值并不是衡量经济发展水平的唯一标准，对于不同的国家来说，文化传统、消费环境以及汽车消费政策和汽车发展水平等也是影响汽车消费的重要因素。据权威部门调查，中国家庭第一位消费愿望是住宅，第二位是子女教育，第三位是医疗保险，第四位才是汽车。

此外，国民收入水平对汽车市场营销的影响主要表现在以下四个方面：

1. 经济收入决定汽车拥有程度

韩国环境和汽车工业协会提供的资料，或许可以说明经济收入与汽车拥有程度之间的关系。该协会于 1997 年发表了一个《关于世界上有关国家"千人汽车拥有量"和"每平方公里汽车密度"的统计报告》，结果发现，"千人汽车拥有量"的高低，与该国国民收入的人均国民生产总值具有高度的一致性。其中，美国为 750 辆/1000 人，加拿大为 649 辆/1000 人，意大利为 570 辆/1000 人，德国为 526 辆/1000 人，日本为 520 辆/1000 人，英国为 478 辆/1000 人，法国为 476 辆/1000 人。在亚洲，除日本之外，韩国为 210 辆/1000 人，新加坡为 161 辆/110 人，泰国为 54 辆/1000 人，菲律宾为 23 辆/1000 人，中国为 6 辆/1000 人。

当然，汽车密度也与人口密度和国土面积有关，新加坡最高，每平方公里为 772 辆，日本 172 辆，德国 120 辆，英国 113 辆，意大利 108 辆，韩国 95.5 辆，法国 50 辆，美国 19.9 辆，泰国 5.9 辆，中国 0.7 辆。

2. 经济收入决定汽车更新速度

有关的统计资料表明，就车龄来说，北美国家的汽车年龄为 7.19 年，西欧国家的汽车年龄为 6.38 年，太平洋地区国家为 4.85 年，全球汽车的平均年龄为 6.55 年。就国家来说，汽车平均年龄最短的国家是韩国，为 2.6 年，其次是日本，为 4.55 年，比利时为 4.61 年，葡萄牙为 4.76 年。平均年龄最长的国家是墨西哥，为 12.08 年，其次是希腊，为 12.06 年，澳大利亚为 9.34 年，巴西为 9.23 年，俄罗斯为 7.38 年。

显然，汽车更新的速度与国民收入的水平紧密相关。但是，国家的汽车产业政策和汽车消费政策也是影响汽车更新的重要因素。为了促进汽车工业的发展，我国执行过强制淘汰的政策，但也有人认为，取消汽车特别是轿车的使用年限，或许更能激发私人汽车消费的积极性。中国属于发展中国家，老百姓大多是潜在的汽车消费者，要想将他们的购买欲望转化为购买行为，必须改变他们的价值判断，即提高获益感，降低付出值。为此，不但要对车型和价格进行合理定位，而且要适当延长汽车的使用年限。

3. 经济收入决定车型选择

市场营销学家们在谈到大众轿车的车型定位时，曾经提出了一个被社会公认的"购买能力系数"分析理论，该理论认为，只有当轿车的销售价格与人均国民收入之比为 1.4 左右时，相应型号的轿车才能大规模地进入家庭。假若你想购买 9.8 万元的轿车，你的月收入必须在 5800 元以上；假若你想购买 16 万元的轿车，你就必须月进万元。以此类推，不但买车者可以找到适合自己的车型；而且卖车者，特别是汽车生产厂家，也可以找到自己的消费者群，并以此为汽车车型进行定位。

4. 经济收入决定付款方式

在购车付款方式方面,有一个引人注目的规律,即:发达国家比较重视信用消费,发展中国家比较重视现款消费;对于富有者提倡信用消费,贷款或者分期付款的购车方式比较宽松,对于贫穷者提倡现款消费,贷款或者分期付款的购车方式则相对严格。之所以出现这种类似"马太效应"的现象,是由商业信用的"五C系统"引起的。同时,在一个国家,经济较发达地区和经济不发达地区,其付款方式也是不同的。

(三) 消费者储蓄与信贷

在消费者实际收入一定的前提下,其购买力的大小还要受储蓄与信贷的直接影响。从动态的观点来看,消费者储蓄是一种潜在的、未来的购买力。在现代市场经济中,消费者的储蓄形式有银行存款、债券、股票、不动产等,它往往被视为现代家庭的"流动资产",因为它们大都可以随时转化为现实的购买力。在正常状况下,居民储蓄的变动同国民收入成正比,但在通货膨胀超过一定限度的情况下,消费者储蓄向实际购买力的转变就极易成为现实。消费者信贷是指消费者以个人信用为保证先取得商品的使用权,然后分期归还贷款的商品购买行为。它广泛存在于西方发达国家,是影响消费者购买力和消费支出的另一个重要因素。在西方国家,消费者信贷主要有四种形式:日常用品的短期赊销、购买住宅时的分期付款、购买耐用消费品时的分期计息贷款以及日益普及的信用卡信贷。因此,研究消费者信贷状况与了解消费者储蓄状况一样,都是现代企业市场营销的重要环节。

(四) 消费者支出模式的变化

所谓消费者支出模式,其内容是指消费者收入变动与需求结构变动之间的关系。其变化状况主要受恩格尔定律的支配,即随着家庭收入的增加,用于购买食物的支出比例将会下降,用于住宅、家务的支出比例则大体不变,而用于服装、交通、娱乐、保健、教育以及储蓄等方面的支出比例会大大上升。除此以外,消费者支出模式的变化还要受两个因素的影响,一个是家庭生命周期,另一个则是消费者家庭所处的地点。显然,同样的年轻人,没有孩子的家庭与有孩子的家庭的消费方式差异较大。家庭所处的位置也会造成家庭支出结构的差异,居住在农村与居住在城市的家庭,其各自用于住宅、交通以及食品等方面的支出情况也必然不同。从经济学的角度来看,居民收入、生活费用、利率、储蓄和借贷形式都是经济发展中的主要变量,它们直接影响着市场运行的具体情况。因此,注意研究消费者支出模式的变动走势,对于企业市场营销来说,具有重大意义,它不仅有助于企业避免未来时期内在经营上的被动,也有助于企业制订适当的发展战略。

企业市场营销的重要任务之一,就是要把握市场的动态变化。市场是由购买力、人口两种因素所共同构成的。因而,了解购买力的分布、发展和投向,是企业宏观营销环境的重要内容。

四、自然环境与汽车使用环境

(一) 自然环境

自然环境指影响社会生产的自然因素,主要包括自然资源和生态环境。自然环境对汽车企业市场营销的影响是:

1) 自然资源的减少将对汽车企业的市场营销活动构成一个长期的约束条件。由于汽车生产和使用需要消耗大量的自然资源,汽车工业越发达,汽车普及程度越高,汽车生产消耗的自然资源也就越多,而自然资源总的变化趋势是日益短缺。

2)生态环境的恶化对汽车的性能提出了更高的要求。生态与人类生存环境总的变化趋势也是日趋恶化,环境保护将日趋严格,而汽车的大量使用又会产生环境污染,因此,对汽车环保性能的要求将日趋严格,这对企业的产品开发等市场营销活动将产生重要影响。

汽车企业为了适应自然环境的变化,应采取的对策包括:

1)发展新型材料,提高原材料的综合利用。例如,第二次世界大战以后,由于大量采用轻质材料和新型材料,每辆汽车消耗的钢材平均下降10%以上,自重减轻达40%。

2)开发汽车新产品,加强对汽车节能、改进排放新技术的研究。例如汽车燃油电子喷射技术、主动和被动排气净化技术等都是汽车工业适应环境保护要求的产物。

3)积极开发新型动力和新能源汽车。如国内外目前正在广泛研究的电动汽车、燃料电池汽车、混合动力汽车以及其他能源汽车等。

(二)汽车使用环境

汽车使用环境指影响汽车使用的各种客观因素,一般包括气候、地理、车用燃油、公路交通、城市道路交通等因素。

1. 自然气候

自然气候包括天气的温度、湿度、降雨、降雪、降雾、风沙等情况以及它们的季节性变化。自然气候对汽车使用时的冷却、润滑、起动、制动等性能,以及汽车机件的正常工作和使用寿命会产生直接影响。因而汽车企业在市场营销的过程中,应向目标市场推出适合当地气候特点的汽车,并做好相应的技术服务,以使用户科学地使用本企业的产品,并及时消除用户的使用困难。

2. 地理因素

这里所指的地理因素主要包括一个地区的地形地貌、山川河流等自然地理因素和交通运输结构等经济地理因素。地理因素对汽车企业市场营销的影响有:

1)经济地理因素的现状及其变化,决定了一个地区公路运输的作用和地位及其变化,它对企业的目标市场及其规模和需求特点产生影响。

2)自然地理因素对经济地理,尤其对公路质量(如道路宽度、坡度、弯度、平坦度、表面质量、坚固度、隧涵及道路桥梁等)具有决定性影响,从而对汽车产品的具体性能有着不同的要求,因而汽车企业应向不同地区推出性能不同的汽车产品。

华东是我国的经济发达地区,轿车的需求量很大。同时,由于地域的关系,上海轿车的产品销售在这里占据了明显的优势。但是,一汽集团投放华东地区的奥迪轿车中,上海市的购买量就占了将近一半。显然,奥迪的成功,是与其目标市场的高层次定位分不开的。但是,对于华北、西北和青藏高原来说,东风集团生产的东风载货汽车却具有不可动摇的地位。显然,东风的成功,也是与其目标市场的高性能定位分不开的。

3. 车用燃油

车用燃油包括汽油和柴油两种。它对汽车企业营销活动的影响有:

1)车用燃油受世界石油资源不断减少的影响,将对传统燃油汽车的发展产生制约作用。例如,在20世纪发生的两次石油危机期间,全球汽车产销量大幅度下降。

2)车用燃油中汽油和柴油的供给比例会影响汽车工业的产品结构,进而影响具体汽车企业的产品结构。例如,柴油短缺对汽车企业发展柴油汽车就具有明显的制约作用。

3）燃油品质的高低对汽车企业的产品决策具有重要影响。譬如燃油品质的不断提高，亦应促进汽车发动机燃烧性能的不断提高。

车用燃油是汽车使用环境的重要因素，汽车企业应善于洞察这一因素的变化，并及时采取相应的营销策略。例如，日本各汽车企业在20世纪70年代就成功地把握住了世界石油供给的变化趋势，大力开发小型、轻型、经济型汽车，在两次石油危机中赢得了营销主动，为日本一跃成为世界汽车工业强国奠定了基础。而欧美等国的汽车企业因为没有把握好这一因素的变化趋势，导致了日后被动竞争的局面。

4. 公路交通

公路交通指一个国家或地区公路运输的作用，各等级公路的里程及比例，公路质量，公路交通量及紧张程度，公路网布局，主要附属设施如停车场、维修站、加油站及公路沿线附属设施等因素的现状及其变化。公路交通对汽车营销的影响有：

1）良好的公路交通条件有利于提高汽车运输在交通运输体系中的地位。公路交通条件好，有利于提高汽车运输的工作效率，提高汽车使用的经济性等，从而有利于汽车的普及；反之，公路交通条件差，则会减少汽车的使用。

2）汽车的普及程度增加也有利于改善公路交通条件，从而为企业的市场营销创造更为宽松的公路交通使用环境。

经过40多年的建设，我国公路交通条件已经得到了极大改善，公路里程大幅度增加，公路等级大幅度提高，路面状况大大改善，公路网密度日趋合理。预计到2020年，我国将建成"国家道路主干线快速系统"，全部由高速公路、一级公路、二级汽车专用公路组成。这一系统以"五纵七横"十二条路线连接各省省会、直辖市、中心城市、主要交通枢纽和重要口岸，通过全国200多个城市，覆盖全国近一半的人口，可实现400～500千米范围内汽车当日往返，800～1000千米范围内当日到达。因此，我国汽车企业将面临更好的汽车使用环境。

5. 城市道路交通

城市道路交通是汽车，尤其是轿车使用环境的又一重要因素，它包括城市的道路面积占城市面积的比例、城市交通体系及结构、道路质量、道路交通流量、立体交通、车均道路密度以及车辆使用附属设施等因素的现状及其变化。这一使用环境对汽车市场营销的影响，与前述公路交通基本一致。但由于我国城市的布局刚性较大，城市布局形态一经形成，改造和调整的困难很大；加之人们对交通工具选择的变化，引发了对汽车需求的增加，中国城市道路交通的发展面临巨大的压力。因而，城市道路交通对汽车市场营销的约束作用会日趋明显。

五、人口环境

人口环境是指汽车市场营销所面临的人口数量和人口结构。从市场营销的角度看，人口数量的不同意味着消费数量的不同，即市场容量和市场潜量；而人口结构，如年龄、性别、职业、地位、文化程度以及经济收入等，还有人的个性心理特征和个性心理倾向等，显然意味着不同的消费选择和消费结构。

一般来说，人口环境对汽车市场营销的影响主要表现在以下两个方面：

（一）消费者的年龄结构与汽车市场营销

汽车区别于其他地面交通工具的显著特点是速度快。因此，在传统观念里，汽车只是年轻人的大玩具。如果以此定位，汽车市场的容量显然非常有限。为了扩大市场容量，汽车生产厂家必须将目标市场向前和向后延伸。

向前延伸的基本含义是占领少年汽车市场，生产出符合少年消费者需要的汽车来。德国宝马汽车公司就曾经为1～3岁的小驾驶员设计并生产出了第三款"婴儿赛车"。该车型通体白色，点缀着黑色斑点，状如小狗，非常可爱。汽车虽然只是儿童用车，却仍然具有典型的宝马特征。肾形格栅、双圆形前灯并拥有宝马的品牌标志。一经推出，就受到了广大儿童消费者的欢迎。

向后延伸的基本含义是占领老年汽车市场，生产出符合老年消费者需要的汽车来。美国福特汽车公司率先推出了"福特老人"系列轿车。该类汽车是专门为60岁以上的老年人设计的。考虑到老年人大多腿脚不便、反应迟钝的特点，"福特老人"们不但车门较宽、门槛较低，而且特别配备了助动型驾驶座、放大的仪表盘和后视镜，制动按钮制动以及自动锁车系统等以方便老人出入。当然，汽车价格也较正常价格为低，以照顾退休老人收入有所降低的特点。

（二）消费者的性别结构与汽车市场营销

现代社会，随着职业女性的增加和女性经济地位的提高以及其自立、自主意识的增强，已经有越来越多的女性，成为现实的或者潜在的汽车消费者。在德国，57%的女性拥有自己的汽车，与此同时，很多女性还要求拥有专为女性生产的汽车。为此，妇女组织还以性别歧视为由，向政府递交了一份抗议书。在美国，女性消费者不但占据了汽车销售额的51%，而且影响着80%以上的购车决定。显然，女性已经成为汽车消费市场中一支举足轻重的力量。为此，汽车厂家和商家都开始回过头来，重视女性顾客。一些著名汽车企业还专门聘请女性来担任企业的董事、经理和设计师等重要职位，以顾及女性消费者的需要。

六、社会文化环境

社会文化环境指一个国家、地区或民族的传统文化（如风俗习惯、伦理道德观念、价值取向等）。它包括核心文化和亚文化。核心文化是人们持久不变的核心信仰和价值观，它具有世代相传，由社会机构（如学校、教会、社团等组织）予以强化和不易改变等特点。亚文化是指按民族、经济、年龄、职业、性别、地理、受教育程度等因素划分的特定群体所具有的文化现象，它根植于核心文化，但比核心文化容易改变。

就汽车而言，虽然它只是一种具体的文化形态，但是，在它身上所表现出来的整体文化积淀，往往比其他产品更为强烈，更具有鲜明的个性特征。美国人的奔放、日本人的精细、欧洲人的贵族遗风和中国人的权威崇拜等，无一不在他们的产品观念和消费观念上表现出来。在西方，林肯、凯迪拉克、奔驰和劳斯莱斯等都是广受赞誉的知名品牌。

显然，汽车的市场营销必须顾及细分市场和目标市场的文化环境，从而提高产品、定价、分销和促销策略的针对性。已有80多年历史的日本本田汽车公司，是日本汽车工业界的后起之秀，近几年，销售业绩扶摇直上，直逼丰田。该公司之所以取得如此大的成功，是与他们所奉行的"本土化策略"分不开的，即以文化的高度适应性来开拓市场。该观念虽然产生于日本本土，却在海外市场得以发扬光大。本田进入美国市场的时候，并不是直接向美国人推销自己的产品，而是在美国本土建立研制和开发基地，致力于生产和销售符合美国人需要的汽车，从而取得了很大的成功。现在，适应和发展不同的汽车文化已经成为一种基本的营销策略。

一般来说，文化环境对汽车市场营销的影响主要表现在以下几个方面：

（一）文化环境影响人们对汽车的态度

人们对待汽车的态度无疑与经济因素有关，但是，人们对待汽车的态度却不是由经济因素单独决定的。在相当多的情况下，文化环境往往更为强烈地影响着人们对待汽车的态度。许多国家和民族将汽车看作代步的工具，而美国则把汽车视为须臾不可离开的伴侣。1996年，美国汽车爱好者俱乐部的调查显示，该年内，美国驾驶汽车的人共驾车行驶了 2100 亿千米，消耗燃料及其他费用达 14000 亿美元，购买汽车和汽车行驶的费用平均每人达 5100 美元，创下了当时的历史最高纪录。与此同时，美国三大汽车公司共生产汽车 1508.6 万辆，占据世界总产量的 33.5%。

一位美国作家在分析这种现象时指出，美国人崇尚自由奔放，驾车兜风带来的畅快感觉，是其他任何物质的或者精神的东西都不能代替的。一些人认为，与其说美国人喜欢汽车，不如说他们喜欢汽车所具有的浪漫功能。20 世纪 20~30 年代，一种只能容纳两名乘客的老式汽车很受欢迎；20 世纪 70~80 年代，一种厢式货车大受青睐，究其原因，无一不是源于它们所具有的浪漫功能。时至今日，浪漫的美国人仍然视汽车为谈情说爱的理想场所。在美国，孩子大约到 14 岁的时候就学习开车，到 16 岁便可以考取驾驶执照，开车是少男少女们都渴望学习的一种技能，而汽车是他们成年之后最想得到的生日礼物。

（二）文化环境影响人们对汽车的选择

不同的文化环境里，人们对汽车的理解是不同的。在西方发达国家，作为代步工具的汽车被称为"乘用车"，作为运载工具的汽车被称为"商用车"。但是，在中国人眼里，作为代步工具的"乘用车"就成了"轿车"。显然，在中国的文化意识中，轿车是由轿子派生而来，是与身份和权势密切相关的。

其实，文化环境不但影响人们对汽车品牌的选择，而且影响人们对汽车产地的选择。在韩国，收入颇丰的韩国人对进口车并不买账。大街上车流如涌，但无论是客车，还是货车，清一色都是韩国国产的现代、大宇、起亚和亚细亚。一位名为肖凤的记者为此向许多韩国人请教，得到的答案都惊人的一致："汽车工业是我们的民族工业，所以我们买车都买国产车。如果有人开着外国汽车在大街上摆阔，那么他的麻烦就来了——很多人就会盯上他，看看这个开外国车的阔佬是贪官还是奸商？说不定还会对他来个公民调查，非把他的财产状况弄个水落石出不可。"

（三）文化环境影响汽车的消费方式

消费方式是消费者价值观念的直观反映。这就是说，不同的价值观念，往往有各自相适应的消费方式。

在经济非常发达的西欧国家，现在却流行着"共享汽车"的时尚。毕竟，对上班族来说，除非你是一个需要在大街上不停奔波的人，否则一个人全天候使用一辆汽车的时间基本是不存在的。从价值工程的角度看，这也是很不划算的。与其如此，何不汽车共用、费用共担呢。

此外，文化环境还会影响汽车的消费时尚。现在，在发达国家正流行着一股"复古风"。这种"复古风"在汽车消费上同样表现了出来。只是这种"复古车"并非技术倒退，外表虽然古典，内心却已完全现代化。德国大众汽车公司开风气之先，将现代高新技术装进外形传统的"甲壳虫"汽车里，一经面市，就在全世界同行里引起一片哗然，并在欧美汽车市场掀起一场不大不小的"甲壳虫"热。

除此以外，亚文化群也对汽车的市场营销产生着重要影响。在同一个国家或地区中，因为民族、种族、民俗、民风、宗教、地域、职业、地位等多种因素的影响，也会使人们的价值观念和消费习惯表现出多样性的特征。其中任何一个具有共同特征的社会群体，我们都称之为亚文化群。不同亚文化群的消费者，其生活方式、消费习惯以及爱好、禁忌也各不相同。企业只有既了解大文化群的特点，也了解亚文化群的特点，才能真正做到了解市场需求。

就地域和地区而言，美国一家汽车咨询公司曾经对日本、泰国、新加坡、马来西亚等国家和香港、台湾等地区的2543位驾车者进行过一次民意调查，结果发现，亚洲的有车一族对汽车的看法有着惊人的相似之处。如知名度最高的品牌是丰田，美誉度最佳的品牌是奔驰，汽车的价格和安全性都重要、拥有汽车是资格象征等。为了迎合亚洲人的心理需要，世界各大汽车公司纷纷推出了自己的"亚洲车"。

七、科技环境

科技环境指一个国家和地区整体科技水平的现状及其变化。科学与技术的发展对一个国家的经济发展具有非常重要的作用。世界汽车技术竞争的历史显示，20世纪60年代以前，是汽车制造的竞争阶段，以提高汽车制造的效率和降低汽车制造的成本为目的；20世纪70年代是汽车性能的竞争阶段，以降低汽车振动、减小噪声和提高汽车使用寿命为目的；20世纪80年代是汽车造型的竞争阶段，以汽车虚拟成型技术和汽车柔性生产技术为特征。进入20世纪90年代以后，汽车技术的竞争则进入了汽车仿真设计的竞争阶段，以汽车车型的快速更新作为占领市场的重要手段。科技环境对市场营销的影响如下：

1）科技进步促进综合实力的增强，国民购买能力的提高给企业带来更多的营销机会。

2）科学技术在汽车生产中的应用，改善了产品的性能，降低了产品的成本，使得汽车产品的市场竞争能力提高。而今，世界各大汽车公司为了满足日益明显的差异需求，汽车生产的柔性多品种乃至大批量定制现象日益明显，这都是现代组装自动化、柔性加工、计算机网络技术发展和应用的结果。再从汽车产品看，汽车在科技进步作用下，已经经历了原始、初级和完善提高等几个发展阶段，汽车产品在性能、质量、外观设计等方面获得了长足的进步。

3）科技进步促进了汽车企业市场营销手段的现代化，引发了市场营销手段和营销方式的变革，极大地提高了汽车企业的市场营销能力。企业市场营销信息系统、营销环境监测系统以及预警系统等手段的应用，提高了汽车企业把握市场变化的能力。现代设计技术、测试技术以及试验技术，加快了汽车新产品开发的步伐。现代通信技术、办公自动化技术，提高了企业市场营销的工作效率和效果。

当今世界汽车市场的竞争日趋激烈，各大汽车公司十分注重高新技术的研究和应用，以赢得未来市场竞争的主动。相对世界汽车工业而言，我国汽车工业科技水平的落后状况很明显，科技进步的潜力十分巨大。我国汽车企业应不断地加强科技研究和加大科技投入，缩小与世界汽车工业先进水平的差距，以谋求更多的营销机会。

第三节 汽车营销微观环境

微观环境指与企业关系密切，能够影响企业服务顾客能力的各种因素，它包括企业自身、供应商、销售渠道、顾客、竞争对手和公众等。这些因素构成企业的价值传递系统。营销部门的业绩，建立在整个价值传递系统运行效率的基础之上。

一、汽车企业自身

企业内部环境指企业的类型、组织模式、组织机构及企业文化等因素。企业的组织机构，即企业职能分配、部门设置及各部门之间的关系，是企业内部环境最重要的因素。

（一）企业的经济实力

企业经济实力是支撑企业市场营销成功的物质基础，它往往以企业规模、生产能力和市场占有率等因素表现出来，为企业的生存和发展提供空间。

企业经济实力对汽车市场营销的影响主要表现在以下两个方面：

1. 影响企业的营销能力

最近，西方产业界，特别是汽车产业，盛行集中、兼并、重组、联盟之风。市场主导者和市场挑战者，即大型汽车企业，越来越大；市场跟随者和市场补充者，即中小型汽车企业，越来越小，销声匿迹者也时有出现，取而代之的是年产汽车超百万辆的巨型汽车集团。当前的世界级企业与20世纪90年代初相比有了重大的变化。20世纪90年代初，世界级企业有15家。它们的特征是以轿车生产为主，多数是独立的民族企业，跨国生产，具有较高的人均资产和劳动生产率，产品开发和科研投入很大，企业年产规模在100万辆以上。20世纪90年代后期，世界级汽车企业只有通用、福特、戴姆勒-克莱斯勒、丰田、雷诺-日产联盟、大众和本田等7家。它们不再是独立的民族企业，企业年产规模除本田外都在500万辆以上。世界上每年生产的新车，有将近90%来自于这些集团的生产线。其中，轿车主要集中在通用、福特、丰田、大众、菲亚特、日产、本田、标致-雪铁龙、雷诺-日产联盟、戴姆勒-克莱斯勒、现代、三菱、宝马等13大轿车生产公司，市场占有率为86.1%。

目前，全球汽车工业设备的利用率平均只有69%，大大低于1990年的80%。在我国，某些轿车生产厂家的设备利用率甚至还不到40%。长期跟踪风险资本行业发展的普赖斯-沃特豪斯-库珀斯公司的统计分析发现，轿车生产设备的平均利用率必须达到80%或以上，才能增加赢利的空间。为了提高设备利用率，降低经营成本，世界汽车企业不得不走上战略调整、联合发展的道路。

2. 影响企业的竞争能力

市场营销学家们一般以市场占有率的高低来确定企业在市场竞争中的市场地位。根据著名的"蓝契斯特法则"，市场主导者的市场占有率应在41.7%~73.88%之间。当它们的市场占有率达到73.88%时，企业的垄断地位将难以动摇；当它们的市场占有率为41.7%时，企业的垄断地位已相对安全；当它们的市场占有率为26.12%时，企业的垄断地位已进入安全的下限指标，即便它们的市场占有率名列榜首，其垄断地位也极不稳定，稍有疏忽就会被挑战者取而代之。美国通用汽车公司在美国国内的市场占有率为59%，在国际上也高达

15.2%。市场挑战者的市场占有率一般在26.12%～41.7%之间，美国福特汽车公司在美国国内的市场占有率为26%，在国际上为11.7%。通过考察美国通用和福特两大汽车公司的过去和现在，都说明"蓝契斯特法则"所做的概括是正确的。

自20世纪70年代以来，美国、日本、德国、法国、意大利等7大汽车生产国的十几家跨国公司，垄断了80%的汽车市场。各个汽车公司为了追求"规模效益"，提高市场占有率，无一不把目光投向有待开发的"新兴市场"。目前，这种"延伸战略"主要有两种类型：一是像戴姆勒-克莱斯勒和雷诺-日产那样，努力实现汽车生产全球化；二是像通用、福特、丰田和大众那样，在拥有强大国内生产基地的基础上，大力拓展汽车销售国际化。

由于企业经济实力对企业经营能力和竞争能力的巨大影响，全球汽车企业都加快了战略调整和结构组合的步伐。其中，汽车企业的"强强联合"和"收购兼并"是其主要的表现形式。这种调整起源于汽车零部件生产企业的跨国联合，并逐渐在整个汽车行业普及开来。1996年，年销售额高达345亿美元的德国博世公司与年销售额高达128亿美元的美国联信公司最先实现跨国兼并联合。1998年，德国戴姆勒—奔驰汽车公司与美国克莱斯勒汽车公司也走到了一起，实现了跨国联合兼并。1999年，美国福特汽车公司收购了瑞典沃尔沃公司的轿车部门，法国雷诺入主了日本日产，美国通用与日本丰田也宣布合作开发新一代环保汽车应用技术。2000年，美国通用与意大利菲亚特两大汽车巨头结盟，2005年，正式签署协议结束合作伙伴关系。

（二）企业的经营能力

企业的经营能力是支撑企业市场营销成功的精神基础，它往往通过企业效益、产品销量和销售增长率等指标表现出来，为企业的生存和发展提供空间。

世界各大汽车公司的经营者们，无一不是资本或资产运营的高手。他们或者通过控股来取得其他汽车企业的所有权，或者通过参股来取得其他汽车公司的经营权。总之，都是通过对其可支配资本或资产的经营来求得经济效益的最大化。在我国，这种资本或资产经营的理论和实践都还处在相对滞后的阶段，但也不乏成功案例。1997年，上海汽车工业（集团）总公司作为独家发起人，在上海汽车有限公司资产重组的基础上，采取社会募集方式设立了上海汽车股份有限公司。重组后的上海汽车有限公司，其账面净资产由69616万元，增值为106554万元。自此以后，上海汽车有限公司每年都通过发行股票、收购股权、全资收购、协议受让，以及用权益法替代成本法的形式，非常成功地进行着资本或资产经营，实现了经济实力与经营能力的协调发展。

（三）企业文化

在市场经济体制下，各个企业是真正意义上的独立实体。面对激烈的市场竞争，企业要生存发展，就不能不依托一种精神力量。所谓企业文化，就是企业这一独立的经济实体在长期的生产经营过程中逐步生成和发育起来的企业哲学和企业精神，以及在此基础上生成的共同的指导思想、经营意识等。一般可表现为三种形态：一种是以人（人的观念、精神）为载体的精神文化；一种是以企业各种制度为载体的制度文化；一种是以企业生产资料、产品为载体的物质文化。

企业文化，作为企业各种实践活动的投射、凝结和反映，其内容构成了一个庞大而复杂的体系。首先是企业哲学，然后是企业哲学指导下的目标文化（企业目标）、政治文化（企业民主）、规范文化（企业道德）、制度文化（企业制度）、团体文化（企业群体意识）、功能文化（各种德、智、体、美活动）和实体文化（企业实体），而这一切所集中体现的，便是企业的主导文化，即以人为中心的企业精神。这是现代企业文化的一个总体构架。

企业严格的管理制度和优良的技术设备，以及企业团结进取的开拓精神，都要以人的精神作为支柱来表现，它可以使企业有秩序的营销管理更加完善，并使不善的管理得以改善。许多企业良好的经营业绩都表明，谁拥有文化优势，谁就可以获得更大的竞争优势、效益优势和发展优势。所以说企业文化对企业的市场营销有着重要影响，企业应当重视文化建设。

二、企业营销渠道

生产供应者指向企业提供生产经营所需资源（如设备、能源、原材料、配套件等）的组织或个人。供应商的供应能力包括供应成本的高低（由原材料价格变化所引起）和供应的及时性（由供应短缺或延迟、工人罢工所引起）。这些因素短期将影响销售的数额，长期将影响顾客的满意度。

生产供应者对企业市场营销的实质性影响。有关资料显示，1992年时，通用汽车公司只有旗下的欧宝公司盈利。该公司盈利的原因就在于其供应部经理罗佩茨先生出色的采购才能，使得欧宝公司从价格低廉的配套零部件中受益。大众汽车公司为摆脱不景气局面，不惜重金，于1993年将罗佩茨"挖走"，任命其为供应董事，希望借此扭转大众公司的亏损状况。就连大众公司董事长也说："就大众公司而言，罗佩茨的重要性比我还高。"但此例的确说明了生产供应者对企业市场营销和其经济效益的重要性。

所以，企业应处理好与生产供应者之间的关系，为企业的市场营销营造较为有利的"小气候"。我国不少的汽车企业对其生产供应者采取"货比三家"的政策，既与生产供应者保持大体稳定的配套协作关系，又让生产供应者之间形成适度的竞争，从而使本企业的汽车产品达到质量和成本的相对统一。实践表明，这种做法对企业搞好生产经营活动具有较好的效果。

对汽车企业的市场营销而言，企业的零部件（配套协作件）供应者尤为重要。汽车企业不仅要选择和规划好自己的零部件供应者，还应从维护本企业市场营销的长远利益出发，配合国家有关部门对汽车零部件工业和相关工业的发展施加积极影响，促其发展，以改变目前我国的汽车零部件工业和相关产业发展相对滞后的状况，满足本企业生产经营及未来发展的配套要求。特别是现代企业管理理论非常强调供应链管理，汽车主机企业应认真规划自己的供应链体系，将供应商视为战略伙伴，不要过分牺牲供应商的利益，而应按照"双赢"的原则实现共同发展。

营销中介指协助汽车企业从事市场营销的组织或个人。它包括中间商、实体分配公司、营销服务机构和财务中间机构等。中间商是销售渠道公司，能帮助公司找到顾客或把产品售卖出去，它包括批发商和零售商。寻找合适的中间商并与之进行有效的合作并不是一件容易的事。制造商不能像从前那样从很多独立的小型经销商中任意挑选，而必须面对具备一定规模并不断发展的销售机构。这些机构往往有足够的力量操纵交易条件，甚至将某个制造商拒之门外。

实体分配公司帮助企业在原产地和目的地之间存储和移送商品。在与仓库、运输公司打交道的过程中，企业必须综合考虑成本、运输方式、速度及安全性等因素，从而决定运输和存储商品的最佳方式。

营销服务公司包括市场调查公司、广告公司、传媒机构、营销咨询机构,它们帮助公司正确地定位和促销产品。由于这些公司在资质、服务及价格方面变化较大,因此在进行选择时必须认真。

三、竞争者

汽车市场营销微观环境中的第三个因素是竞争者。从汽车消费需求的角度划分,企业的竞争者包括愿望竞争者、平行竞争者、产品形式竞争者和品牌竞争者。

愿望竞争者指提供不同产品以满足不同需求的竞争者。对汽车制造商来说,生产摩托车等不同产品的厂家就是愿望竞争者。如何促使消费者更多地首先购买汽车,而不是首先购买摩托车等其他产品,这就是一种竞争关系。平行竞争者指提供能够满足同一种需求的不同产品的竞争者。例如,自行车、摩托车、小轿车都可以作为家庭交通工具,这三种产品的生产经营者之间必定存在着一种竞争关系,它们也就相互成为各自的平行竞争者。产品形式竞争者指同样生产汽车,但提供不同级别、款式、性能汽车产品的竞争者。如轿车有微型轿车、普通轿车、中级轿车、中高级轿车和高级轿车之分,这些就是产品形式竞争者。品牌竞争者指生产种类相同的汽车,但品牌不同的竞争者。一般来说,在中国目前的中级轿车市场中,生产帕萨特轿车的上海大众与生产雅阁轿车的广州本田就是互为品牌竞争者。

在汽车行业的竞争中,卖方密度、产品差异、市场进入难度是三个特别需要重视的方面。卖方密度是指同一区域市场中同一级别(或品牌)汽车经销商的数目。该数目的多少,在市场需求量相对稳定时,直接影响到某一级别(或品牌)汽车的市场份额的大小和竞争的激烈程度。产品差异是指不同级别(或品牌)汽车性能等的差异程度。这种不同汽车之间的差别,实际上也存在着一种竞争关系。市场进入难度是指某个新汽车企业在试图加入汽车行业时所遇到的困难程度。在新兴的亚洲汽车市场上,新加坡和越南都对外国汽车公司的进入设置了不少障碍,获得当地政府的准许进入这些市场就特别困难。

四、顾客

顾客是企业产品销售的市场,是企业赖以生存和发展的"衣食父母"。企业市场营销的起点和终点都是满足顾客的需要,汽车企业必须充分研究各种汽车用户的需要及其变化。

一般来说,顾客市场可分为五类:消费者市场、企业市场、经销商市场、政府市场和国际市场。消费者市场由个人和家庭组成,他们仅为自身消费而购买商品和服务。企业市场购买商品和服务是为了深加工或在生产过程中使用。经销商市场购买产品和服务是为了转卖,以获取利润。政府市场由政府机构组成,购买产品和服务用以服务公众,或作为救济物资发放。最后是国际市场,由其他国家的购买者组成。每个市场都有各自的特点,销售人员需要对此做出仔细分析。

五、社会公众

社会公众指对企业的营销活动有实际的潜在利害关系和影响力的一切团体和个人。一般包括融资机构、新闻媒介、政府机关、协会、社团组织以及一般群众等。

公众对企业市场营销的活动规范、对企业及其产品的信念等有实质性影响,如:金融机构影响一个公司获得资金的能力;新闻媒体对消费者具有导向作用;政府机关决定有关政策的动态；一般公众的态度影响消费者对企业产品的信念等。现代市场营销理论要求企业采取有效措施与重要公众保持良好关系、树立良好企业形象。为此，企业应适时开展正确的公共关系活动。

第四节　汽车营销环境分析方法及应对策略

一、营销环境分析的方法

企业只有不断地适应各种营销环境的变化，才能顺利地开展营销活动。为此，企业除了应在技术上建立预警系统，监视环境变化以加强营销环境变化的预测外，还必须掌握分析环境变化的具体方法，从而主动调整营销策略，使企业的营销活动不断地适应营销环境的变化。

对企业而言，并非所有的营销机会都具有相同的吸引力，也不是所有的环境威胁都产生相同的压力。因而，企业对于每种营销环境的变化给企业带来的机会和环境威胁，应从数量上或程度上予以分析，运用比较的方法，找出和抓住最有吸引力的营销机会。避开最严重的环境威胁，这种分析方法就是环境分析。

环境分析的具体方法可以通过选择"潜在吸引力（或危害性）"和"成功可能性（或出现威胁的可能性）"两个指标进行。根据这两个指标的具体特点去评价某种环境变化的具体特点。环境分析的具体过程可用图2-2表示。如果某种环境变化对企业营销机会的"潜在吸引力"大，而企业营销活动"成功可能性"也大，即处于图2-2a中阴影部分，表明该种环境变化将对企业的营销活动非常有利，企业应当抓住这样的机会。反之，如果某种营销环境变化对企业营销活动的"潜在危害性"大，而这种"威胁"出现的可能性也大，即处于图2-2b中阴影部分，表明该种环境变化将对企业的营销活动产生非常不利的影响，企业应及时调整营销策略，甚至改变营销战略，以避开或减轻营销环境变化对企业营销活动的威胁。

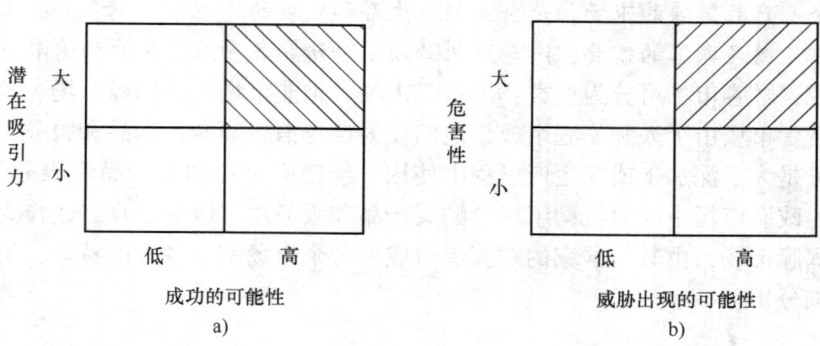

图2-2　营销环境分析方法

弄清楚自己的营销机会和环境威胁，是企业取得营销业绩和谋求发展的基本前提。如果综合地考察企业面临的营销机会和环境威胁，企业在营销环境的变化过程中所处的地位和类型可能是：理想企业、风险企业、成熟企业和困难企业，如图2-3所示。显然，理想企业所处的环境最好，困难企业所处的环境最差。对于进入新的历史时期的我国汽车企业而言，大型汽车企业（集团）更多的可能属于风险企业，而某些中小型企业，尤其那些经营思想不端正、市场营销能力差的企业，则更多的可能属于困难企业。因此，各汽车企业对自己所处的地位和类型应保持清醒的认识。

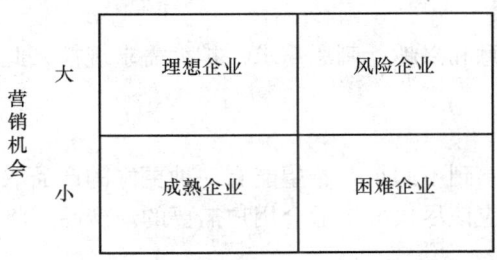

图 2-3　营销环境变化时企业的类型

二、汽车企业应对环境变化的策略

（一）企业对策和措施

对汽车企业市场营销来说，最大的挑战莫过于环境变化对汽车企业造成的威胁。而这些威胁，一般又不为汽车企业所控制，因此，汽车企业应做到冷静分析、沉着应付。面对环境威胁，汽车企业可以采取以下三种策略：

1. 对抗策略

这种策略要求尽量限制或扭转不利因素的发展。比如企业通过各种方式促使或阻止政府或立法机关通过或不通过某项政策或法律，从而赢得较好的政策法律环境。显然，企业采用此种策略时必须要以企业具备足够的影响力为基础，一般只有大型企业才具有采用此种策略的条件。此外，企业在采取此种策略时，其主张和行为，不能倒行逆施，而应与潮流趋势一致。

2. 减轻策略

此种策略适于在企业不利因素发展时采用，它是一种尽量减轻销售损失程度的策略。一般而言，环境威胁只是对企业市场营销的现状或现行做法构成威胁，并不意味着企业就别无他途。企业只要认真分析环境变化的特点，找到新的营销机会，及时调整策略，不仅可能减轻营销损失，而且可能谋求更大的发展。

3. 转移策略

这种策略要求企业将面临环境威胁的产品转移到其他市场上去，或者将投资转移到其他更为有利的产业上去，实行多元经营。例如 KD 方式转移生产、产品技术转移等都是转移市场的做法，但转移市场要以地区技术差异为基础，即在甲地受到威胁的产品，在乙地市场仍有发展前景。企业在决定多元经营（跨行业经营）时，必须要对自己是否在新的产业上具有经营能力作审慎分析，不可贸然闯入。

总之，当企业遇到威胁和挑战的时候，管理者，应积极寻找对策，率领全体职工努力克服困难。

（二）汽车企业调节市场需求的策略

调节市场需求的水平、时间和特性，使之与供给相协调，是营销管理者的重要任务。现代市场营销理论总结出多种调节市场需求的方法。

1. 扭转性经营

即采取适当的营销措施,改变用户对本企业产品的信念和态度,把否定需求改为肯定需求。此策略适于用户对本企业产品存有偏见或缺乏了解等情况下采用。

2. 刺激性经营

即设法引起用户的注意和兴趣,刺激需求,扩大需求规模。此策略一般适于企业在将新产品推向市场时采用。

3. 开发性营销。

当用户对现有产品已感到不满足,希望能有一种更好的产品取代时,即意味着某种产品就有了潜在的需求,企业应该尽快推出适合用户需要的新产品,将用户的潜在需求变为现实需求。

4. 维持性营销

当产品呈现供求不平衡时,企业可以通过宣传引导、提价等措施,以抑制部分需求,实行维持性营销。

5. 限制性营销

当产品供过于求时,企业可以加强促销,以扩大需求,必要时还必须减少产品的供给,实行限制性营销。

有人说市场营销管理的实质就是需求管理,这说明了调节市场需求对企业市场营销的重要性。

案例分析:日本丰田公司应对环境变化的办法

1970年,美国发布了限制汽车排放废气的净化空气法(即著名的马斯基法),而丰田早在1964年就把省油和净化技术列为自己的技术发展战略,并一直进行相应的技术研究。为了研制废气再循环装置和催化剂转换器,丰田在7年间投入了10000亿日元的资金,并动用了1万人的力量。仅废气处理系统就开发出丰田催化方式、丰田稀薄燃烧方式、丰田触媒方式三种,并很快在"追击者"型高级轿车上安装了这些装置,从而在这一技术领域把美国人远远甩在了后边。同时,丰田还与其他日本汽车厂家一起开发了能节约燃料25%~30%的省油车,以后又开发出了防止事故发生和发生事故后保证驾驶人员安全的装置。这些对受石油危机冲击后渴望开上既经济又安全轿车的美国人来说,无异于久旱逢甘露。5年间,在其他厂家的汽车销量直线下滑的情况下,丰田在美国的销量却增加了2倍。

一位美国汽车行业人士事后对照丰田的做法和当时美国汽车公司的反应,发表了这样的看法:

"在1973年阿以战争和接着出现的石油危机之后,对一些问题的回答是非常清楚的。整个世界陷于一片混乱之中,对这种局势我们必须立即做出反应。小型的、节油的、前轮驱动的汽车是今后的趋向。"

"做出这样的推测不必是什么天才,只需要看看对底特律来说最可怕的1974年的销售数字就行了。通用汽车公司的汽车销售总数较上年下降了150万辆,福特公司的销售数量也减少了50万辆。小型车大多来自日本,而且销路极好。"

"在美国要提高生产小型车的效率是很费钱的事情。但是,有些时候,你除了做出巨额投资之外，没有任何其他的选择。通用汽车公司耗资数十亿来生产小型汽车。克莱斯勒公司也对节油型号的汽车投入了一大笔钱。但是，对亨利（福特的董事长）来说，生产小型车是没有出路的。他最喜欢用的说法'微型汽车，低微利润。"

"你又能靠小型汽车赚钱，这毕竟是对的——至少在美国是这样。这一点，一天天变得更正确。但是这并不意味着我们就不应该制造小型汽车，即使不出现第二次石油短缺的前景，我们也必须使我们的经销商保持心情舒畅。如果我们不向他们提供消费者需要的小型车，这些经销商便会与我们分手，另谋出路，甚至去为本田或丰田公司工作。"

"严酷的现实是，我们必须照顾购买力较低的那部分市场。如果再加上爆发石油危机的因素，这种论点就更是正确无疑了。我们不提供小型节油的汽车，就像开一家鞋店而告诉顾客：对不起，我们只经营9号以上的鞋。"

"制造小型汽车已成为亨利不愿意谈及的事。但是我坚持我们必须搞一种小型的、前轮驱动的汽车——至少在欧洲搞一种小型车的确很有意义。"

"于是派遣我们的高级产品的设计师到大西洋彼岸去工作，很快装配出了一辆崭新的假日型汽车。他是一种前轮驱动和配有横置发动机的型号很小的汽车，简直妙不可言，也很受市场欢迎。"

讨论题：
1. 运用本章学习的知识结合美国汽车行业人士对丰田公司的评价，分析丰田公司应对环境变化时，所用策略的成功之处。
2. 通过丰田的案例，在实际汽车营销中，你得到了哪些有用的启示。

本 章 小 结

本章从汽车市场营销环境的概念入手，阐述了汽车市场营销环境的特点及其对汽车企业发展的意义。汽车企业营销环境可分为宏观环境和微观环境两部分。宏观环境主要有政治、法律、经济、自然、人口、社会文化及科技等环境因素；微观环境主要有企业内部环境、供应商、营销中介、顾客、竞争者和公众等环境因素。汽车企业必须研究营销环境，以寻找机遇，规避威胁。

思 考 题

1. 汽车企业为什么要进行营销环境分析？
2. 汽车市场营销环境的特征有哪些？
3. 如何分析汽车企业的宏观环境？它由那些因素组成？
4. 如何分析汽车企业的微观环境？它由那些因素组成？
5. 你认为汽车企业可以通过哪些策略调整市场需求？
6. 选择一个你熟悉的汽车企业，就它目前的经营状况以及消费者的市场反应，说说它的主要优势和劣势。结合相关国家的汽车工业政策，谈谈企业应怎样调整措施，扩大市场。

第三章　汽车市场信息、市场调研与市场预测

学习目标

了解市场营销信息系统的组成与作用，学会运用计算机技术来建立汽车市场信息系统；理解汽车市场调研是汽车营销管理的起点，是汽车企业赢得市场的竞争武器之一；掌握汽车市场调研所涉及的内容、调研步骤和方法；理解汽车市场预测对于提高汽车市场营销水平具有重要的现实意义，并了解预测的步骤和方法。

正是由于市场的瞬息万变，企业要生存、发展，就需要与时俱进、适应市场的变化，需要不断地进行市场营销调研和预测。在工业社会里，战略资源主要是资本，而在现代社会里，信息成了主要战略资源，因此，及时掌握信息成了企业具有较强的应变能力，并能及时做出调研、预测和正确决策的重要优势。企业必须重视对市场信息的搜集、处理与分析，努力建立一个强有力的市场营销信息系统，这将对增强企业的市场竞争地位具有重要意义。可以说，市场营销的信息系统是现代企业市场营销不可缺少的重要工具。

第一节　汽车市场信息

一、市场信息系统的组成

市场营销信息系统是一个由人员、设备和程序（软件）所组成的相互作用、连接的集合体，它及时地搜集、分类、分析和评价市场信息，并提供准确的市场信息，以便营销决策者制订和修订市场营销计划，并保证计划的有效实施和控制。

市场营销信息系统是由内部信息系统、市场营销环境监视系统、市场营销调研系统和市场营销决策支持系统四个子系统组成的，其构成如图3-1所示。

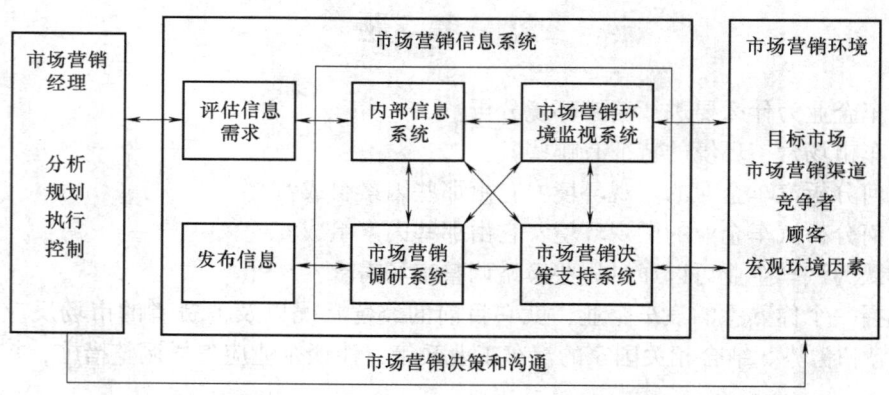

图 3-1　市场营销信息系统

市场信息系统各子系统的功能与作用是：

（一）内部信息系统

对于我国的汽车企业来说，内部信息系统一般是较为完备的，亦即对企业内部的信息，如销售成本、利润、库存、资金盈利率等财务信息，以及人员状况、企业物资使用情况等管理信息的收集、整理、归类等工作一般较为完善。内部信息是营销人员运用的基本信息，它提供了企业内部的实际材料。

（二）市场营销环境监视系统

该系统的任务是收集外部信息，主要包括政府相关经济政策法规、本行业的科技情报、本企业的社会影响、竞争对手情况，以及本行业的一些动态、用户的情况等，进而进行基本研究，得出一些如本行业发展周期的规律性报告和整个市场环境变动的预测等。该系统最重要的功能是建立情报（信息）搜集网。国外一些大公司的情报网，可以随时向企业经营管理部门报告重要情报，如丰田汽车公司的情报网几乎遍及全球，能及时得到各种有用的营销信息。据说丰田汽车在美国无论何地出现了问题，丰田汽车公司总部当天就能得到情报并做出反应。

（三）市场营销调研系统

该系统的主要功能是系统且客观地识别、搜集、分析和传递有关市场营销活动的市场信息，运用各种统计技术去发现资料中的重要关系，提出与企业面临的特定营销问题有关的市场营销调研报告，以帮助制订更好的营销策略。对我国汽车企业来讲，市场营销调研系统还很不完善，这主要表现在营销环境监测系统和营销研究系统不完善。尽管有的企业建立了营销研究子系统，不过少了"研究"，只是做到了收集和整理一手资料或二手资料；营销环境监测系统是企业的薄弱环节，难以成为一个系统性的工作。

（四）市场营销决策支持系统

该系统具有最高级的信息服务功能，主要是为营销决策提供分析方案。市场营销者通过该系统，对复杂现象进行统计分析，建立数学模型，帮助市场营销管理者分析市场营销问题，做出正确的市场营销决策。

二、运用计算机技术建立市场信息系统

电子计算机的飞速发展为企业市场信息系统的建立提供了物质保证。这主要体现在以下五个方面：其一，计算机具有高容量的存储功能，十分适合于大量信息数据的存储，并可根据决策者的需求随时进行查询；其二，计算机具有较强的逻辑判断功能，可以把专家们的经验或科学规律编制成有关的逻辑判断指令，为决策者提供帮助指导；其三，计算机具有极高的运算功能，在极短时间内，能够准确无误地进行高精度计算，尤其适应进行大量重复的统计分析，为数学模型的广泛应用提供了条件；其四，计算机的性能日趋完善，价格显著下降，可靠性大大提高，运算速度高达几千万次每秒～几亿次每秒；其五，各种软件开发工具和数据库管理系统被普遍使用，就使得企业购置计算机、开发市场信息系统成为可能。

企业市场营销信息系统一般要求具有数据的输入、储存、分类、检索查询、传递及分析功能。按照功能要求和结构化设计的思想，可以把企业市场营销信息系统划分为若干个子系统。如：信息管理子系统、订货管理子系统、客户管理子系统、库存管理子系统、竞争对手

管理子系统、财务结算管理子系统、销售分析子系统及系统维护子系统。这八个部分是企业市场信息系统的基本构成，不同的企业，其市场营销信息系统的具体构成会有所不同，可根据本企业的具体情况增减。

要建立一个实用的市场营销信息系统，并非一件简单的事。市场营销信息系统的功能涉及企业的销售、财会、管理、数据处理等方方面面的内容，因此，各部门人员之间的合作、协调就显得格外重要。企业市场信息系统的开发是一个复杂的工作过程，它的各个工作环节有着内在的逻辑关系，必须从系统的观点出发，采取科学的方法开展研制工作。一般来说，企业市场信息系统的开发过程要经过三个阶段：系统分析、系统设计和系统实施。

第二节　汽车市场调研

市场是企业所有经营活动的起点。市场调研是营销管理的起点，是伴随着市场的产生、发展而出现的如何认识市场、分析市场的科学管理工作。

一、市场调研的基本概念

市场营销面对的是市场，而市场是在不断变化的。在现代市场营销管理中，企业通过市场调研摸清目标市场、产品定位、竞争对手基本情况、市场结构、用户需求特点、市场有利与不利因素等，进而帮助决策者选择市场机会。市场调研又可以分析本企业产品的市场规模、市场结构、市场占有率、与竞争对手相比在营销组合策略上存在的差距及其营销环境的新变化等，通过比较研究，找出企业市场营销的不足之处，为改进营销工作服务。

当今困扰企业发展的有四大问题，它们分别是：①多变的外部环境；②急剧发展的科学技术；③挑剔的客户；④强大的竞争对手。企业要解决这些问题，都需要对市场进行营销调研。

市场调研是伴随着市场的产生而出现的一种正确认识市场的管理活动。它是用科学的方法，通过对市场现象进行考察，系统地搜集、记录、整理和分析市场信息，了解市场发展变化的本质及其发展规律的一种理性认识的视察活动。它将为市场预测与营销决策提供依据。

汽车市场调研，按照调研内容划分，主要包括：

- 汽车市场营销环境调研，如国际国内汽车产业发展宏观环境、政策法律规定、竞争状况等。
- 汽车及零部件市场需求调查。
- 营销组合策略调研，如调查价格走势、产品开发和技术发展趋势、产品与服务质量状况等。
- 竞争对手调研。
- 用户购车心理与购买行为调研等。

市场调研作为汽车企业经营的一项经常性工作是汽车企业增强经营活力的重要基础。通过市场调研，有利于汽车企业在科学的基础上制订营销计划与营销战略；有利于发现汽车企业营销活动中的不足并快速做出反应，以保持与市场的紧密联系；有利于汽车企业进一步挖掘和开拓新市场，发挥竞争优势。

二、汽车市场调研的种类

常见的汽车市场调研有以下几类：

(1) 根据汽车市场商品消费目的的不同划分　包括：①消费者市场营销调研；②生产者市场营销调研。这两个市场是相互联系的，它们之间最基本的关系，就是生产者市场的购销活动要以消费者市场为基础。因此，即使产品不与最终消费者发生直接关系，也要对消费者市场进行市场调查。比如在经济萧条时，汽车以经济型为主，则零配件商也要相应地生产较低价的零配件。

(2) 根据汽车市场调研内容划分　包括：①汽车市场营销环境调研；②营销组合策略调研，如调查价格走势、产品开发与技术发展趋势、产品与售后服务质量状况等；③竞争对手调研；④用户购车心理与购买行为调研。

(3) 根据汽车市场调研的地域空间层次的不同划分　包括：①国际性市场调查；②全国性市场调查；③地区性市场调查。各个不同地区对汽车型号、价格的要求有很大的区别。

(4) 根据汽车产品是否已经进入市场划分　包括：①产品进入市场前调研；②产品进入市场后调研。汽车产品进入市场前的营销调研主要应弄清目标市场及进行产品定位的方法，主要竞争者及他们的营销策略、市场结构与购买特点，有哪些有利与不利因素以及生产发展趋势等问题。而汽车产品进入市场后的营销调研则应着重对本企业产品的市场规模、市场结构、市场占有率、与竞争对手相比在营销组合策略上存在的差距以及营销环境的新变化等进行调研。

三、汽车市场调研步骤

有效的市场调研过程一般分为准备、实施和总结三大阶段和六个环节，如图 3-2 所示。

(一) 确定市场调研目标

市场调研的第一步就是应根据基本情况的分析，确定市场调研目标。企业在不同时期所面临的问题是千差万别的，因此每次具体调研活动不可能面面俱到，只能对企业经营活动的部分内容进行调研。只有确定了调研的目标和基本指导思想，实际的调研活动才会更有针对性，调研才会取得最佳效果。通常，调研目标和指导思想由企业营销主管部门提出，主管领导批准实施。

(二) 成立调研小组及制订市场调研计划

在确定了调研工作的目标后，市场调研的第二步就是成立调研小组，对市场调研所要达到的目标进行全方位、全过程的计划或策划，形成市场调研计划任务书。一份好的调研计划任务书既能够准确地反映市场调研主题的要求，又能够指导市场调研活动有计划、有效率地进行。通常，调研计划任务书应包括市场调研主题介绍、市场调研提纲的拟定、调研小组介绍、市场调研对象选择、调研方法和形式的选择、调研时间进度表和调研经费预算等内容。

(三) 拟定调研问题及设计调研表格

市场调研的最终目标是通过多个问题实现的，表格通常是调研的基本形式和工具。调研表格题目选择的合适与否直接关系到调研目标是否能达到，同时，拟定调研问题的水平也能反映出调查小组整体的工作水平和最终调研结果的水平,因此,拟定好调研题目十分重要。同时,对调查表格或问卷的设计需满足以下几点要求:

1) 尽量减轻被调查者的负担,调查目录和问题的设计应有代表性,不应有与调查目标关系不大的问题及需要让被调查者反复思考、计算或查找资料才能回答的问题。

2) 调查题目不应具有诱导性,否则会使被调查者思路受到问题设计者的限制和引导,从而造成调查结果失真,不具有普遍性特征。

3) 调查表格和问题的设计应具有简单明了、方便填写和易于统计等特点。

4) 问题的设计应与被调查者的身份和知识水平相适应,如对专家可使用专业术语,对一般人员应使用通俗易懂的语言。

以上步骤均属于调研工作的准备阶段,同时在该阶段为保证调研工作有计划地顺利进行,还应对相关工作人员进行必要的培训,尽最大可能估计调查过程中可能出现的各种状况,并制定相关的应对措施。

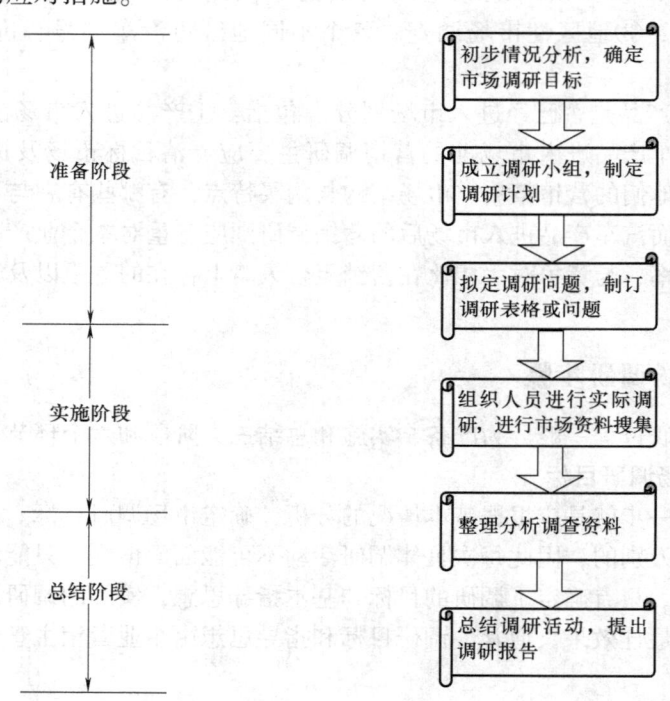

图 3-2 市场调研的基本步骤

(四) 组织实际调研并收集市场资料

通过充分的准备工作以后,市场调研活动就进入了实施阶段即搜集资料。对市场资料的搜集是整个调研工作中最复杂、工作量最大、耗费人力物力最多的环节,它能否按计划顺利地进行是决定最终调研质量和调研结果的关键。

对市场资料的搜集通常有两种方式,即文案调研和实地调研。文案调研也可称为对二手资料的搜集,即对各种现成资料的搜集。文案调研能够搜集到行业或企业经营环境等方面的信息,虽然这种信息通常比较笼统,但由于搜集成本较低,往往能起到事半功倍的效果。实地调研是在确定的市场调研计划指导下,调研人员通过深入调查现场,与被调查对象进行最直接的接触和观察,获得第一手资料。相对文案调研而言,实地调研所提供的资料更具体,更实际,更有针对性。

(五) 整理分析调查资料

通过实际的调查,调研人员可以获得各种资料和信息,包括统计数据、调查问卷、二手资料及其他信息资料等。由于这些原始调查资料具有分散性大、个性化强等特点,因此,不能直接提供市场调研目标所需的信息,必须经过筛选、整理和分析,才能总结出几种具有代表性的观点和意见,为撰写调研报告和最终做出正确的市场营销决策做准备。

这个环节主要是通过对原始调查资料进行筛选、整理和提炼,使其条理化、系统化。首先,筛选就是从所有调查资料中选出对调研目标有价值的资料;其次,就是把筛选出的有用资料进行整理、归类;最后,就是把整理、归类好的资料,用形象的图表或语言进行总结说明。

(六) 总结并提出调研报告

总结调研工作并提出调研报告是调研活动的最后环节,是整个市场调研工作最终结果的集中体现。一份好的市场调研报告应满足主题突出、结构合理、文字流畅、选材适当、重点突出和整洁清楚等基本要求。

四、汽车市场调研方法

市场调研的方法可以分为间接资料调研方法和直接资料调研方法。

间接资料调研方法是从各种文献档案中收集资料,因而间接资料又称二手资料。它的优点是调研的费用低、速度快、范围广,而且既不受时间、空间的限制,也不受相关人员的主观干扰,其反映的信息内容较为真实、客观。但它也有很明显的缺点,如调研的目的性没有直接资料调研强,获得的资料有可能时效性不强,而且获得的资料需要进行进一步的加工处理,其数量分析工作的难度也较高。另外,由于间接资料是各个企业都有可能获得的,因而在市场营销调研中,更多的是采用直接资料调研的方法。

直接资料调研即通过调查收集的资料来进行调研分析,因而直接资料也称第一手资料。一般,直接资料调研的方法分为访问法、观察法和实验法。

最常用的是访问法,又称询问法,它包括直接询问和间接询问。直接询问即直接向被调查者提出问题;间接询问则是迂回地向被调查者询问。有时,通过间接询问,更能了解到被调查者不愿说明的真实原因。

访问法是收集原始资料最主要的方法,可分为面谈、电话访问、邮寄问卷、留置调查等多种形式。各种形式各有优缺点,调查者可根据具体情况选择使用。一般说来,面谈方法直接灵活,资料可信度和回收率高,但费用高,时间长,一般来说适用于内容多且复杂的调研,而且对调研者的要求较高;电话访问可以节省时间,但被调研的母体不完整,调研结果的差别程度也不清楚,因而一般电话访问中的问题应采用"是否法"为宜,而且要求调研人员语言流畅;邮寄问卷成本低、调研范围广,但缺点在于问卷的回收率低,所以企业往往采用抽奖等形式来刺激回收率;留置调查,即问卷定期回收的调研方法,优点在于被调查者可以有充裕的时间来考虑问题,且问卷的回收率较高,但它调研的区域有限,费用较高,且不利于对调查人员的有效监督。

除访问法外,企业对有的营销调研也可采取市场实验的调研方式。它的优点在于可以获得第一手的资料,数据比较客观,可信度较高;缺点在于实践中可能存在不可控制的因素,会在一定程度上影响实验的效果。另外,实验法只是用于对当前市场现象的影响分析,难以涵盖历史情况和未来变化的影响,因而它的应用受到局限。一般来说,改变商品品质、变换商品包装、调整商品价格、推出新产品等均可用实验法来测试其效果。如通过对新产品的试销收集市场信息,观察市场反应与企业营销组合要素之间的因果关系等。这类调研对改进和制订更科学的营销策略,效果十分明显。

另外,较常用的市场营销调研方法还有观察法。这种方法的优点在于可以观察到人们不愿意透露的信息,而缺点在于时间长、成本高。它经常被应用于产品的营业现场,如汽车销售现场等。

调查者除了应注意选择效果好的调研形式外,还应根据调研目标的不同,结合具体调查特点选择使用一种或几种方法。

各种调查方法的主要特点是:
- 个案调查法:对个别案例进行深入解剖,适合需要深入了解的调查。
- 重点调查法:选择重点调查对象进行深入调查,有时可与个案调查同时进行。
- 抽样调查法:这是一种对局部进行调查得出整体结论的方法,适合调查问题具有很多样本的情况。
- 专家调查法:即对专家进行的调查,调查结论一般具有较高的权威性。
- 全面调查法:即对全部对象进行调查,适合于样本数目少的调查。
- 典型调查法:即根据调研任务和对被调查者进行科学分析,有意识地选择其中的典型对象作为调研对象。

第三节 汽车市场预测

我国的汽车市场比较特别,其运行规律极为复杂,汽车市场经常出现剧烈波动,并且经常会向汽车生产、经销企业反馈一些虚假信息,给汽车营销工作带来了很多困难。因而,在加强研究我国汽车市场运行规律的基础上做好预测工作,对于提高市场营销水平具有重要的现实意义。

一、市场预测的基本概念

所谓预测就是根据过去和现在推测将来,由已知推测未知。由已知推测未知,绝非是臆测,而是要运用各种知识和科学手段,分析研究历史与现实资料,经过科学思维将现有认识延伸到未来,对所关心事物的发展趋势或可能结果进行推测和估计。

所谓市场预测就是在市场调研基础上,利用预测的理论、方法和手段,对未来一定时期内决策者关心的市场需求、供给趋势和营销的影响因素的变化趋势和可能水平做出判断,为营销决策提供依据的科学化服务过程。它具有服务性、描述性和系统性的特点。市场预测的作用可归结为以下几点:
- 市场预测有利于适应和满足消费需要;
- 市场预测有利于提高企业的经营管理和决策水平;
- 市场预测有利于提高企业的经济效益;

● 市场预测有利于提高企业对市场机制的利用程度。

科学的营销决策，不仅要以营销调研为基础，还要以市场预测为依据。市场预测大致包括市场需求预测、市场商品供给预测、产品价格预测、科学技术发展趋向预测、企业生产经营能力预测、竞争形势预测、企业财务及环境意外事件预测等。对企业而言，最主要的是市场需求预测。

从我国目前的汽车市场预测现状看，尚存在这样一些问题：①预测缺乏系统性和经常性，同时，预测花费的时间长、费用高。②统计工作薄弱，数据十分缺乏，直接阻碍了预测工作的发展。③汽车市场本身尚处于发育阶段，随时都可能有不成熟的表现，这为我国的营销预测工作带来了很多困难，市场预测的准确性难以提高，加之研究工作薄弱，以及受部分人对预测的准确性片面苛求的影响，预测人员工作压力大。总之，我国汽车市场的预测水平有待提高。

市场预测的步骤一般可分为明确预测目标、搜集资料、分析判断资料，建立预测模型，并在此基础上做出预测等三个步骤。

迄今为止，预测理论催生了很多预测方法，目前有400余种，但常用的方法并不多，大约有十几种。归纳起来，预测方法大体可分为两大类：一类是定性预测方法，即质的预测方法；另一类是定量预测方法，即量的预测方法。前者容易把握事物的发展方向，对数字要求不高，能节省时间、费用小，便于推广，但又往往带有主观片面性，数量不明确；后者则反。人们在实际预测活动中，往往运用将两种方法相结合的方法，即定量预测的结论必须接受定性分析的指导。只有如此，才能更好地把握汽车市场的变动趋势。

二、定性预测方法

（一）定性预测方法简介

定性预测方法又叫判断分析预测法，它是由预测者根据现有的历史资料和现实资料，依据个人经验、知识和综合分析能力，对市场的质变规律定性做出判断，再以判断为依据做出量的测算。它主要是依靠营销调研，采用少量数据和直观材料来做出预测的，这类方法有时也用来推算预测对象在未来的数量表现，但主要用来对预测对象未来的性质、发展趋势和发展转折点进行预测，适合于数据缺乏的预测情况，如技术发展预测、处于萌芽阶段的产业预测、长期预测等。定性预测的方法易学易用，便于普及推广，但它依赖于预测人员本身的经验、知识和技能素质。不同的预测人员对同一问题做出的预测结论的价值，往往有着巨大的差别。

定性预测方法的理论依据是相似类推原则。这一原则包括两个内容：①按发展时间顺序类推。即利用某一事物与同其相似的其他事物在发展时间上的差别，把先发展的事物的表现过程类推到后发展的事物上去，从而对后发展的事物的前景做出预测。例如，通过对某些国家家用轿车普及过程的研究来预测我国家用轿车普及到家庭的时间、车型以及购买和政策特点等，就属于时间类推。以时间类推这一方法的关键是把握事物的发展过程是否相似。如相似性太小，那么预测就会失败。②由局部类推总体。即通过抽样、调查研究某些局部或小范围的状况，去预测整体和大范围的状况。例如，通过对一省一市汽车更新工作的调查，来预测全国汽车更新工作的情况。由局部类推总体时，应注意局部的特征是否反映了整体的特征，是否具有代表性，如果不是，预测就可能失败。

(二) 常见的定性预测方法

1. 德尔菲法

这种方法是在20世纪40年代末期由美国兰德公司首创并使用的，20世纪50年代以后逐渐在西方发达国家推广开来。至今，这种方法已经成为国内外广为应用的预测方法，它可以用于技术预测和经济预测，短期预测和长期预测。尤其是对于缺乏统计数据的领域，需要对很多相关因素的影响做出判断的领域，以及事物的发展在很大程度上受政策影响的领域，更适合用德尔菲法进行预测。

这种方法是按规定的程式，采用背对背地反复函询方式，它的预测过程与营销调研的过程基本一致。首先，由预测主持人将需要预测的问题一一拟出，然后，分寄给各个专家，请他们对预测问题一一填写自己的预测看法，最后，将答案寄回主持人。主持人进行分类汇总后，将一些专家意见相差较大的问题再抽出来，并附上几种典型的专家意见请专家进行第二轮预测。如此循环往复，经过几轮预测后，专家的意见便趋向一致，或者更为集中，主持人便以此作为预测结果。由于这种方法使参与预测的专家能够背靠背地充分发表自己的看法，不受权威人士态度的影响，因而保证了预测活动的民主性和科学性。

2. 集合意见法

集合意见法，就是集合企业内部经营人员、业务人员等的意见，凭他们的经验和判断共同讨论市场趋势并进行市场预测的方法。由于经营管理人员、业务人员等对市场的需求和变化较为熟悉，因而他们的判断往往能反映市场的真实趋势。

这种方法首先由预测者根据企业经营管理的要求，向研究问题的有关人员提出预测项目和预测期限的要求，并尽可能提供有关资料。然后，有关人员就根据预测的要求及所掌握的资料，凭个人经验和分析判断能力，提出各自的预测方案。接下来，预测的组织者计算有关人员预测方案的方案预测值，并将参与预测的有关人员进行分类，计算各类综合期望值，最后确定最终的预测值。

定性预测方法还有社会（用户）调查法（即面向社会公众或用户展开调查）、小组讨论法（会议座谈形式）、单独预测集中法（由预测专家独立提出预测看法，再由预测人员予以综合）、领先指标法（利用与预测对象关系甚密的某个指标变化对预测对象进行预测，例如通过对投资规模的监控来预测汽车需求量及需求结构）、主观概率法（预测人员对预测对象未来变化的各种情况做出主观概率估计）等多种形式。

总之，随着社会经济及科学技术的发展，预测方法也在不断地发展和完善，汽车市场营销预测人员应不断加强理论学习，并通过预测，总结出一些实用方法。

三、定量预测方法

定量预测方法是依据必要的统计资料，借用数学方法特别是数理统计方法，通过建立数学模型，对预测对象未来在数量上的表现进行预测等方法的总称。汽车市场定量预测方法有：

(一) 时间序列预测法

时间序列是指各种经济指标和统计数据，按时间顺序排列而成的数列。时间序列预测法，就是将购买力增长、经济发展等变数相同的一组观察值，按时间的顺序加以排列，构成同级的时间序列，并运用一定的数学方法使之向外延伸，由此预计时差带来的发展变化趋势，最终确定市场预测值。

它具有以下特点：
- 假定事物的过去会同样延续到未来；
- 时间序列的数据变动同时存在着规律性和不规律性；
- 不考虑市场发展的因果关系。

时间序列有多种预测模型，这里只介绍较常用的简易平均法和指数平滑法模型。

1. 简易平均法

简易平均法是通过一定观察期内时间序列的数据求得平均数，以平均数为基础确定预测值的方法。这是市场营销预测中最简单的定量预测方法。

简易平均法有很多种，最常用的有算术平均法、几何平均法和加权平均法等。

算术平均法即根据对 n 个观察值计算平均值来求得预测值，它最大的优点是计算十分方便。算术平均法的数学模型为

$$X = \bar{X} = \sum_{i=1}^{n} X_i \tag{3-1}$$

加权平均法是在预测中根据每个预测值的重要性给予不同的权数，而算术平均法对所有观察值不论新旧在预测中一律同等对待，这是不符合市场发展的实际情况的。加权平均法的数学模型为

$$X = X_w = \frac{\sum_{i=1}^{n} W_i X_i}{\sum_{i=1}^{n} W_i} \tag{3-2}$$

几何平均法又称比例预测法，其前提条件是预测对象的发展过程一贯是上升或是下降，同时促其上升或下降的速度大体接近。几何平均法的数学模型为

$$X = G = \sqrt[n]{X_1 X_2 \cdots X_n} \tag{3-3}$$

2. 指数平滑法

指数平滑法的原理就是认为最新的观察值包含了最多的未来信息，因而应赋予最大的权重，越远离现在的观察值则赋予的权重应越小。通过这种加权的方式去除观察值序列中的随机信息，找出发展的主要趋势。指数平滑法的主要过程如下：

（1）选择数学模型　其数学模型为

$$St = \alpha \cdot Yt + (1-\alpha) S_{t-1} \tag{3-4}$$

式中　St——第 t 期的平滑值；

　　　Yt——第 t 期的观察值；

　　　S_{t-1}——第 $t-1$ 期的平滑值；

　　　α——加权系数。

指数平滑法可分为一次、二次和高次平滑。一次平滑即是对原始观察值的平滑，如式(3-4)。二次平滑即对一次平滑值再平滑。高次平滑的概念依此类推。

指数平滑预测模型依据观察值呈现的不同趋势，可划分为如下三种：

1）水平趋势预测模型

$$YT|L = ST \quad L = 1, 2, \cdots \tag{3-5}$$

式中　T——最后一期观察值的时间；

　　　L——预测期长度。

2）线性趋势预测模型（模型略）
3）二次曲线预测模型（模型略）

（2）建立指数平滑模型　建立过程如下：

指数平滑模型的建立包括加权系数 α 的选择、初始值的确定和模型系数的计算。

1）α 的选择。α 表明了预测人员对近期观察值信息的倚重程度。经验表明，α 一般应由预测人员在公式（3-6）计算的 α 值附近，选择不同的 α 值，其原则是使检验误差最小。

$$\alpha = 2/(N+1) \quad (3-6)$$

式中 N 为观察值数目。

在选择 α 的过程中，若参考下列原则则有利于尽快找到合适的 α 值：①观察值的发展趋势比较稳定，应选择小一点的 α 值，以包含长一些的时间序列信息。②观察值的发展趋势已发生了系统改变（如有拐点）或有理由认为近期数据更好地反映了发展趋势，则应选择大一些的 α 值。

2）初始值的确定。指数平滑法模型是一个迭代计算过程，首先必须确定初始值 S_0。它们的确定既可利用一定的数学方法进行计算，又可根据经验直接给定。利用数学方法计算一般比较复杂，且依赖于足够的观察值数目，意义通常不大，更多情况下，可以采用直接将前几个观察值的平均值作为初始值的方法。

3）系数的确定。在 α 值和初始值确定之后，模型中的系数就可以根据公式（3-4）确定了。

指数平滑法的特点，一是需存贮的数据少，二是能够用于中短期预测。

（二）因果分析预测法

因果分析预测法，是从事物变化的因果关系出发，寻找市场发展变化的原因，分析原因与结果之间的联系结构，建立数学模型，据之预测市场未来的发展变化趋势和可能水平。

因果分析预测法中最常用的有回归预测模型和经济计量预测模型，这里我们只以回归预测模型为例说明。

回归预测模型是基于惯性和相关理论的统计学模型，是最常用的预测模型之一。通常情况下，只选用一元线性回归预测模型。

一元回归分析法，是在考虑预测对象发展变化本质的基础上，分析变量随一个自变量变化而变化的关联形态，借助回归分析，建立它们之间因果关系的回归方程式，描述它们之间的平均变化数量关系，并以此进行预测。

1. 回归预测模型的建立与检验

一元线性回归预测模型的标准形式（回归直线方程）为

$$Y = A + BX \quad (3-7)$$

模型的检验通常包括：相关系数检验、模型的 T 检验与 F 检验、回归系数检验。对一元线性回归模型而言，这些检验是等价的。这里我们选择相关系数检验。

相关系数有两种定义形式：

（1）拟合优度形式

$$R = \frac{\sum_{i=1}^{n}(Y_i - \bar{Y})^2}{\sum_{i=1}^{n}(X_i - \bar{X})^2} \quad (3-8)$$

(2) 相关系数形式

$$R^2 = \frac{1/n \sum_{i=1}^{n} X_i Y_i - xY}{\sqrt{1/n \sum_{i=1}^{n} X_i^2 - X^2} \cdot \sqrt{1/n \sum_{i=1}^{n} Y_i^2 - Y^2}} \quad (3\text{-}9)$$

R 值越大，表明回归方程的线性程度越显著。

2. 一元线性回归预测的步骤

1) 确定预测目标和影响因素。根据决策目的的需要，明确预测的具体目标，分析寻找影响预测目标的相关因素，并判断选出主要的影响因素，也就是决定自变量和因变量。

2) 收集整理自变量和因变量观察样本资料。根据预测要求，通过市场调查，收集纵断面观察样本资料或横断面观察样本资料。

3) 建立一元线性回归方程预测模型。

4) 进行相关分析、方差分析和显著性检验。

5) 根据模型进行预测。经过了相关分析与显著性检验后，利用达到某一显著水平的一元线性回归方程预测模型进行实际预测，包括计算预测值和置信区间。

(三) 类比预测模型

该方法是以某个国家或地区为类比对象，研究预测目标与某个指标之间的数量关系，然后根据本国或本地区该指标的发展变化，测算预测目标值，从而达到预测目的。例如某汽车公司与研究机构曾经以部分国家为类比对象，通过研究人均国民收入和人口数量两个指标与轿车保有量之间的关系，预测我国未来第 t 年的轿车保有量。其类比预测模型为

$$
\begin{aligned}
Y_t &= P_t Q_0 R_t \\
R_t &= C_{lt}/I_0 (1+i)^n \\
C_{lt} &= C_{l0}(1+q)^t
\end{aligned}
\quad (3\text{-}10)
$$

式中 Y_t——第 t 年轿车保有量（辆）；

P_t——第 t 年人口预测数（千人）；

Q_0——类比国人均轿车保有量（辆/千人）；

R_t——轿车保有量修正系数；

I_0——类比国人均国民收入（美元）；

C_{lt}——第 t 年人均国民收入（美元）；

i——类比国平均每年的通货膨胀率；

q——人均国民收入增长率；

n——类比年份与基准年份时差。

如已知类比国基准年份的人均国民收入 I_0 与人均轿车保有量 Q_n，我国目前的人均国民收入 I_0（美元），以及未来的增长速度 q，即可以计算出未来第 t 年我国的国民收入，将此 C_n 折算到基准年份后除以类比国人均国民收入 I_0，即可得到 R_t，然后乘以我国第 t 年的人口预测数以及类比国的人均轿车保有量，即可求出我国未来第 t 年的轿车保有量。

(四) 弹性系数法

此方法的数学模型为

$$Y_t = Y_0 (1+I)^t$$

$$I = E_s q = I'/q' \cdot q \tag{3-11}$$

式中　Y_t——第 t 年预测对象预测值；

　　　Y_0——预测对象目前的观察值；

　　　I，I'——分别为预测对象在过去和未来的平均增长率；

　　　t——预测年份与目前的时差；

　　　E_s——弹性系数，如过去年份汽车保有量的增长率与工农业增长速度（增长率）之比；

　　　q'，q——分别表示对比指标过去和未来的数值，如工农业增长速度。

如过去几年某地区的汽车保有量年均增长率为15%，工农业增长速度为10%，两者之间的系数为1.5，若未来 t 年内工农业增长速度为8%，则汽车保有量的增长率即为12%，代入公式（3-11）即可预测第 t 年的汽车保有量。

四、及时调整市场预测结果

在市场预测结果做出之后，并不意味着这将是一成不变的"终结果实"，好企业的市场营销者会根据市场的变化和社会的进步，不断地做新的市场营销调研，不断地及时调整已有的市场营销预测方案，以此来指导企业的发展。如果做不到这一点，则企业是无法得到长期发展的。

美国福特汽车公司在早期通过对美国汽车市场的调研和预测，引入生产流水线而大大降低了汽车的生产成本，并因此降低了汽车的价格，从而扩大了市场的占有率，成了世界上最大的汽车生产商。面对当时巨大的市场需求量，福特声称："让消费者的需求见鬼去吧，我们只生产黑色的车！"随着福特汽车的不断普及，美国汽车市场的需求发生了很大的变化：汽车保有量的提高使消费者不再满足于有车，还要有自己喜欢的车。对于这一点，福特没有重视，缺乏对市场的进一步掌握。而就在同一时期，美国的通用汽车公司通过生产不同外形、不同颜色的车而崛起，渐渐取代福特而成为世界第一大汽车生产商。这就是及时调整市场营销调研和预测结果的重要价值。

案例分析："丰田车"——车到美国也有路

丰田汽车公司是日本最大的汽车制造商，也是世界十大汽车工业公司之一。它创立于1933年，创始人是大名鼎鼎的日本企业家丰田喜一郎。丰田公司的成功之路一向被世人视为经典案例，尤其是丰田车打入美国市场的过程，更是经典中的经典。然而，丰田车并非在一开始就"车到美国也有路"。初入美国时，面对德国大众公司以及美国本土的几个汽车厂家，丰田遭遇了相当大的挫折。当时，丰田出口美国的是一种名为光环的轿车，该型轿车在美国市场的激烈竞争中一败涂地，导致丰田公司出师不利，首战告负。面对困境，丰田公司不得不重新考虑怎样才能成功打进美国市场。它制订了一系列的营销战略，这当中关键的一步就是进行大规模的市场调查工作，以把握美国的市场机会。

调查工作主要分以下几个方面进行。首先，丰田公司对美国的代理商及顾客需要什么，以及他们无法得到的是什么等问题进行彻底研究。除了日本政府提供的信息外，丰田公司还利用商社、外国人及本公司职员来收集信息。通过多种渠道的搜集，得到了美国市场的一些新的需求信息。经过调查，他们发现美国人把汽车作为地位或性别象征的传统观念正在逐渐减弱，汽车作为一种交通工具，人们越来越重视其实用性、舒适性、经济性和便利性。其次，丰田公司还研究了竞争对手的不足和缺陷，制订了"攻占角落"的营销策略。例如，丰田公司在市场调研中发现，美国底特律的汽车制造商们骄傲自大、因循守旧、墨守成规，对竞争者的挑战、政府的警告、消费者的不满和库存量的直线上升熟视无睹，继续大批量生产大型豪华车。小型车的空白市场给丰田轿车提供了机遇。再次，丰田公司还详细研究了外国汽车制造商在美国的业务活动，向竞争对手学习，从而制订出更好的销售和服务战略。丰田公司委托一家美国调研公司去访问大众汽车的拥有者，以了解顾客对大众车的满意和不满之处。调查表明，大众"甲壳虫"的成功原因主要有两个：一是它建立了能够提供优良服务的机构，从而消除了顾客对需要时买不到零配件的忧虑；二是其价格具有相当的吸引力。

市场调研只解决了"生产什么和为谁生产"的问题，要让顾客把车买回家还得解决营销层面的难题。丰田公司遇到的问题有三个：其一，如何建立自己的销售网络；其二，如何消除美国人心目中"日本货就是质量差的劣等货"的旧印象；其三，如何与德国的小型车抗衡。丰田公司以"人有我优"作为应对策略，即质量优、价格优、服务优。根据市场调研结果，丰田公司开发了一个新的高端子品牌——皇冠，旗下车型都是更经济实惠的美国式汽车。这种美国化的汽车被称为"底特律"式车，其漂亮的外形、内饰及符合美国人口味的装饰完全不同于过去的试验型客车：为手臂较长的人设置了中央扶手，按照美国汽车的式样对座椅进行了改进，安排了较大的伸脚空间。同时，产品的质量、可靠性和维修便利性等也得到了同样的关注。新产品真正做到了"美国化"。

在定价方面，为吸引大量新的购买者，丰田公司将产品的售价定得比竞争对手低得多。这项战略促进了产品销售并降低了产品成本，成本的降低则进一步拉低了价格。丰田的价格战略产生了"滚雪球"效应：皇冠轿车的定价低于2000美元，之后推出的丰田卡罗拉（Corolla）轿车定价低于1800美元。这种进攻战略，为丰田公司赢得了一个既讲究质量，又经济实惠的形象。经过不懈努力，到1980年，丰田汽车在美国的销售量已达到58000辆，两倍于1975年的销售量，丰田汽车占据了美国进口汽车25%的市场份额。丰田公司在占领美国中档汽车市场后并不满足，采取乘胜追击的战略，80年代后期又开始争夺美国的高档豪华车市场。有了成功经验的丰田公司把市场调研工作做得非常充分：派出专家小组前往美国，与美国人同吃同住，并运用问卷、座谈会等方式对市场需求的每一个细节都进行了调查。经过5年多的努力，推出了更高端的雷克萨斯子品牌。雷克萨斯一改过去日本汽车品牌的中低档形象，定位为豪华品牌。仅上市两年，其业绩就赶上了在高档车市场已苦心经营数年的德国宝马。

从初入美国市场遭受挫折，到如今在美国市场呼风唤雨，丰田公司成功的关键就在于通过市场调研不断地发现消费者需求的变化，并据此对产品加以改进。丰田公司真正实践了"了解顾客"的口号。丰田公司占领市场的战略就是不断完善其产品，以满足消费者的要求。从汽车的经济性、安全性到外形和操控性，丰田公司都不断改进，使其产品的性能、质量不断提高。丰田汽车的产品系列也从中低档车发展到豪华车，逐步凭借优质产品获得了良好声誉。从而使丰田车在世界市场上失去价格竞争优势的条件下，销量仍能增加。丰田汽车的美国之路告诉我们，任何企业在进入一个新市场时，市场调研都是关键的环节。企业应做好市场调研，并针对其结果制订产品价格、销售网络、服务体系等方面的策略。

讨论题：

1. 结合本章内容通过案例分析丰田如何使自己的新产品真正做到了"美国化"，从而成功占领美国市场。
2. 结合本章内容通过案例分析丰田卡罗拉（Corolla）轿车在美国市场获得成功的要素？
3. 结合本章内容通过案例分析雷克萨斯品牌在美国市场获得成功的要素。
4. 结合本章内容通过案例分析丰田在美国汽车市场中的整体战略。

本 章 小 结

本章详细论述了汽车市场调研所包括的内容、步骤和方法，着重从定性和定量两个方面介绍了科学的市场预测方法。

思 考 题

1. 简述汽车企业开展汽车市场调研与预测的必要性。
2. 如何设计汽车市场调查方案？你认为应如何开展汽车市场的调研？
3. 进行市场细分时通常将多个标准交叉使用，试问这与使用单个标准相比更易产生什么问题？请举例说明两种细分方法的区别。
4. 阐述目标市场的范围策略和营销策略。

第四章 汽车市场细分与目标市场选择

学习目标

了解市场细分的概念、作用、原则、依据及细分的方法,理解不同类型汽车市场细分的方法、反细分战略及定制营销等概念;理解选择目标市场的方法、原则及评价;了解汽车市场定位的概念,理解使汽车产品具有竞争性差异化以实现正确定位的方法;学会应用汽车市场细分、汽车目标市场选择、汽车市场定位等理论结合汽车营销实际进行营销决策。

社会和经济的发展,使得任何企业都深深地感受到,凭借自己的力量为整个市场服务是不可能的,其原因可能是顾客人数太多、分布太广,也可能是习惯和要求差别太大。实际上,每个企业的服务对象,都只是市场上的部分顾客。因此,从顾客中寻找、辨认对企业最有吸引力,并能为之提供最有效服务的特定部分,把它作为自己的目标市场,千方百计地在目标市场上比竞争者服务得更好,就需要市场细分与目标市场决策。目前,除了个别车型外,我国汽车市场已经进入买方市场,消费者的选择余地大大增加,相对应的汽车及零部件生产、销售企业之间的竞争也日趋激烈化,企业要想在整个汽车市场上占据一席之地,必须在进入市场之前,通过对整个市场的细分,找准适合自己发展的目标市场,确定自己在市场中的竞争地位。

现代营销战略的核心问题就是目标市场营销,即市场细分(Market segmenting)、选择目标市场(Market targeting)和市场定位(Market positioning),如图4-1所示。决定生产什么样的产品,满足哪一部分顾客的需求,其前提是对市场进行细分并选择相应的目标市场。

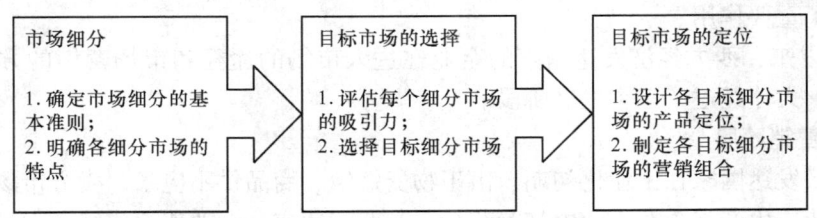

图4-1 目标市场营销的内容和基本步骤

第一节 汽车市场细分

市场细分,是企业选择目标市场实行目标市场营销的前提和基础,同时也是企业进入市场的有效途径和策略。

一、市场细分的概念及其演变过程

(一)市场细分的概念

所谓市场细分就是企业在对市场进行充分调研分析后,根据消费者对产品和营销组合的不同需求，把市场分割为具有不同需要、性格或行为的购买者群体，并勾画出细分市场的轮廓，目的是针对每个购买者群体采取独特的产品或市场营销组合策略，使企业找到并描述自己的目标市场，确定针对目标市场的最佳营销策略以求获得最佳收益。

对市场细分概念的理解应注意以下几点：

第一，不同消费者群的不同需要、欲望与购买行为是由一系列具体因素引起的，因此企业在实施市场细分时，就应以影响消费者需要、欲望与购买行为的有关因素为基本线索和依据进行。

第二，细分市场是一个由若干独立消费者构成的群体，属于同一细分市场的消费者具有相近的需求倾向，分属于不同细分市场的消费者则在需求倾向上存在着明显的差异性。当然，这并不是说各个不同的市场部分在消费需求上毫无共同之处。但是，各个不同的市场部分在消费需求上必然存在着明显的不同点。

第三，不同的细分市场在需求倾向上的差异性，不仅可以表现在对产品的要求上，还可以表现在对市场营销组合其他构成因素的要求上，甚至综合表现在对企业整个市场营销组合要求的异同上。因此，企业在选择某一细分市场为目标市场之后，需要注意从整体营销活动和整个营销组合的角度与其保持适应性。

第四，市场细分不是简单分解，而是一个分类组合过程。市场细分，从某种意义上可以说是企业从更具体的角度寻找和选择市场机会，以使企业能够将具有特定需要的顾客群与企业的营销组合对策有机地衔接起来。

（二）市场细分的演变过程

市场细分是 20 世纪 50 年代中期由美国著名营销学家温德尔·斯密在总结了企业市场营销实践经验的基础上提出来的，是第二次世界大战结束后企业营销战略思想的一个重要发展。所以，市场细分理论已被广泛地用来指导企业的市场营销活动，在加强企业市场竞争能力方面起到了重要作用。

20 世纪以来，西方经济发达国家的企业在进入市场的途径和市场营销的方式上发生了很大的变化，大体经过了三个发展阶段。

1. 大量营销阶段

西方经济发达国家在工业化初期，由于物资短缺、商品供不应求、卖方市场居于主导地位等原因，造成生产观念在企业中甚为流行。与此相适应，企业普遍实行了大量市场营销方式，即企业大量生产某种产品，并通过众多的渠道进行推销，试图以这种产品来吸引市场上的众多购买者。企业采取这种营销方式，目的在于尽量降低生产成本和产品价格，以便创造巨大的潜在市场，获取最多的利润。

2. 产品差异营销阶段

自 20 世纪 20 年代之后，随着科学技术的进步，科学管理和大规模生产的推广，在西方经济发达国家，商品产量迅速增加，逐渐出现了供过于求的现象，卖方市场开始向买方市场过渡，企业间的竞争日趋激烈，并导致了产品销售困难、价格跌落、利润下降，从而对企业构成了很大的威胁。这时，由于同一行业中各企业生产经营的产品大体相同，因此，谁都难以有效地控制产品的销量和价格。这种情况促使一些企业逐渐认识到了产品差异的潜在价值，并开始实行产品差异市场营销方式，即企业以现有产品为基础进行改进，推出多种外观、式样、型号和质量的产品，或千方百计地使自己的产品与竞争者的产品保持一定的差异性,以此来吸引顾客,争取在市场竞争中取得主动权。但是,这种对产品的改进以及对产品差异性的追求,往往并不是从特定的购买者群的需要出发,而是企业提供自己认为有某种特色的产品给购买者选择,因而带有较大的主观性和盲目性。

3. 目标市场营销阶段

第二次世界大战后,随着经济的发展,西方经济发达国家的市场形态发生了很大的变化,买方市场逐渐占据了主导地位;随着收入水平和生活水平的提高,人们的消费需求日趋多样化而且变化加快。在这一新的形势之下,一些企业在市场营销观念的指导下开始实行目标市场营销方式,即企业将某一产品的整体市场划分为若干个购买者群或市场部分,然后选择其中一个或多个市场部分为目标市场,开发适销对路的产品,发展相应的市场营销组合,以此来适应和满足目标市场的需要,实现企业的任务和目标。这就是目前已为企业普遍采用的目标市场营销方式。

以上情况表明,企业要选择目标市场,实行目标市场营销,有效进入市场,就要实行市场细分。市场细分是现代市场营销学中的一个重要概念和方法。

二、市场细分的作用

通过对市场进行细分,实行目标市场营销战略,不仅可以改善企业经营状况、提高经营效果,还能起到对社会资源优化配置的作用,进而避免大量重复建设和重复投资所造成的资源浪费。它的作用主要体现在:

(一)有利于选择目标市场

市场细分有利于企业巩固已有市场并发现新的市场机会,选择合适的目标市场。企业通过市场细分来分析研究市场,认识消费需求的差异性,从而获得发展的机会。这样不仅可以了解整个市场的情况,还可以具体了解每一个细分市场,掌握不同市场消费者群的需求,从中发现各细分市场购买者的满足程度,即哪些顾客需求已获得满足,哪些尚未满足,哪些满足程度还不够。市场上存在的尚未满足的需求,就是企业的市场机会。通过市场细分,可以从表面上看起来竞争激烈、甚至已经饱和的市场中发现"空间",为企业找到营销机会。特别是中小企业,如果能够发现最好的市场机会,发展市场营销战略,便能提高市场占有率。企业通过市场营销研究和市场细分,可以了解各个不同的购买者群的需求情况和目前满足程度,从而发现哪些顾客群的需要没有得到满足或没有充分满足。在满足水平较低的市场部分,就可能存在着最好的市场机会。

(二)有利于制定营销策略

市场细分有利于企业针对目标市场需求特点,开发适销对路的产品,制订更有效的营销策略。通过市场细分,企业易于清楚地了解各个细分市场上的各个竞争对手的优势和弱点,从而可以扬长避短地选择目标市场,进行市场定位,增强自己的竞争能力。企业实施市场细分,面向特定的消费者群有针对性地开展营销活动,短时间内获得市场信息反馈,有利于根据市场需求及竞争等方面的变化情况及时地调整自己的营销对策,提高应变能力。在激烈的市场竞争中,若单纯以价格为竞争手段,会对企业极为不利。如果企业通过市场细分选择有利的市场机会并确定目标市场,向市场提供别人没有或不愿、不能提供的产品,就能创造出一个局部的卖方市场,从而避免单纯用价格进行竞争所带来的不利影响。通过市场细分,选择少数最好的市场部分为自己的目标市场,企业可以集中人力、物力、财力等资源生产销售适销对路的产品，从而避免分散使用力量，提高经营效率和经济效益。

（三）有利于满足消费需要

市场细分有利于满足千差万别、不断变化的消费需要。在众多企业实行市场细分化策略的情况下，尚未满足的社会消费需要就会被不同的企业选为自己的市场机会和目标市场。随着新产品的不断出现，同类产品品种的日益丰富，消费者或用户的各种不同需要就会较好地得到满足，人们的生活水平和生活质量就会得到不断提高，社会经济就会得到不断发展。

（四）有利于营销组合决策

科学的市场细分对企业的产品定位、价格制定、广告策略和促销等营销要素组合的决策有着重要的指导意义。例如，奇瑞汽车公司通过明确的市场细分，用QQ轿车抓住微型轿车这个细分市场的目标用户，为收入不高但有知识有品位的年轻人，以及有一定事业基础、心态年轻、追求时尚的中年人提供他们喜爱的汽车。为了吸引年轻人，奇瑞QQ轿车除了装备一般轿车应有的配置以外，还装载了奇瑞公司独有的"I-say"数码听系统，集文本朗读、MP3播放、U盘存储等多种时尚功能于一身，让QQ轿车与互联网紧密相连，完全迎合了年轻一代的需求，成为了"会说话的QQ"，堪称当时微型车时尚配置之典范。QQ轿车在2003年5月推出，6月便获得良好的市场反馈，到2003年12月，已经售出28000多台，同时获得多个奖项。

（五）市场细分适合任何企业

市场细分不仅适于实力较强的大企业，对中小型企业也十分适合。因为中小型企业资源相对有限，技术力量相对匮乏，竞争力相对低下，通过对市场进行细分，可以结合企业自身特点，选择大企业生产中舍弃的、市场需求相对较小的子市场，充分利用自身资源取得局部优势，以求得自身生存空间，同时为整个市场服务体系的完善贡献一分力量。目前，我国汽车行业面临着复杂多变的国际和国内竞争环境，任何一个汽车生产企业要想在未来的汽车市场上立足，就必须遵循我国2004年制订的《汽车产业发展政策》，充分利用国内和国外资源，通过对市场的细分，选择适合自身发展的目标市场。

三、市场细分的原则和要求

在对市场进行细分时，为了确保市场细分的实用性和有效性，应遵循以下原则：

（一）可测量原则

本原则总的要求是各细分市场的需求特征、购买行为等应能被明显地区分开来，各细分市场的规模和购买能力大小等应能被具体测量。这主要包括两重含义：一是细分汽车市场所选择的标准要能被定量地测定，以能明确划分各细分市场的界线；二是所选择的细分标准要与汽车市场需求者的某种或某些实际购买行为有必然的联系，这样才能使各细分市场的购买行为特征被明显地区分开来，为汽车市场营销者能有效地针对不同细分市场制定营销组合战略提供实际可能，这也是市场细分的根本意义所在。

（二）可盈利原则

要求必须细分出具有一定销售潜力的子市场范围，即各个子市场应拥有足够数量的潜在购买者和有效的需求量，否则企业将难以靠其实现必要的利润。同时还应注意，由于汽车行业具有关联度高、规模效益显著、资金和技术密集等特点，因此，对汽车市场决不能细分到失去规模经济效益的程度。

(三) 可进入原则

要求细分出的市场应是企业营销活动能够进入并占有一定市场份额的细分市场，对于企业不能进入或难以进入的市场进行细分，一般来说，是没有实际意义的。

(四) 稳定性原则

要求细分后的市场应具有相对的稳定性，如果变化太快、太大，会使制定的营销组合很快失效，造成营销资源分配重新调整的损失，并形成企业市场营销活动的前后脱节的被动局面。

(五) 易反应原则

细分出来的各个子市场起码应对企业市场营销组合诸因素中的一个方面具有十分明显的不同反应，否则各细分市场就不能成立，企业也就没有必要针对各个市场部分分别制定不同的市场营销组合方案。

四、市场细分的依据

一种产品的整体市场之所以可以细分，是由于消费者或用户在需求上存在差异，而对一种产品的多样化需求通常是由多种因素造成的，因而这些因素也就成了市场细分的依据。从消费者市场来看，影响需要倾向的因素归纳起来主要有地理环境、人口统计、消费心理、消费行为、消费受益这几个方面。以这些方面的因素为依据进行市场细分，就形成了地理细分、人口细分、心理细分、行为细分、受益细分这五种市场细分的基本形式。地理细分，就是按照消费者所处的地理位置、自然环境来细分市场，具体的细分变量包括地区、城市、乡村、城市规模、人口密度、气候带、地形地貌等；人口细分，就是按照人口统计因素来细分市场，具体的细分变量包括年龄、性别、职业、收入、教育、家庭人口、家庭生命周期、国籍、民族、宗教、社会阶层等；心理细分，就是按照消费者的心理特性来细分市场，具体的细分变量有个性、价值取向、生活方式、购买动机等；行为细分，就是根据消费者的消费或购买行为来细分市场，具体的细分变量如消费者进入市场的程度（如经常购买、初次购买、有购买意向等）、消费者所处购买过程的阶段、购买或使用产品的时机与方式、消费的数量规模、对品牌的忠诚程度、对产品的信念和态度等；受益细分，就是根据消费者期望获得的利益或使用目的的不同来细分市场，而消费者期望获得的利益与使用的目的，又从其对产品内容的某一方面或多个方面的特定要求上反映出来。通常，市场细分的依据包括：

(一) 按人口和社会经济因素细分

人口统计细分是指按照不同的人口统计特征区分的人群。比如按性别特征可区分为男性人群市场和女性人群市场，按年龄可区分为婴幼儿、青少年和中老年人市场。当然，不同年龄段的人群根据其他特征还可以进一步细分，比如老年人可分为富裕的老年人、经济状况一般的老年人以及贫困的老年人。这里的人口因素包括年龄、性别、家庭人数、生命周期等；而社会经济因素则是指收入、教育、社会阶层和宗教种族等。

(二) 按心理因素细分

影响消费者购买行为的心理因素，如生活态度、生活方式、个性和消费习惯等都可以作为市场细分的依据，尤其是当运用人口和社会经济因素难以清楚地划分出细分市场时，结合考虑顾客的心理因素，如生活方式的特征等，将会变得更有效。许多服务企业已越来越倾向于采用心理因素进行市场细分。

(三) 按地理因素细分

这是根据消费者工作和居住的地理位置进行市场细分的方法。由于地理环境、自然气候、文化传统、风俗习惯和经济发展水平等因素的影响,同一地区人们的消费需求具有一定的相似性,而不同地区的人们又形成不同的消费习惯与偏好,地理因素便得以成为市场细分的依据。由于这种方法比较简单明了,因此为许多服务企业所偏爱。

(四) 按顾客利益细分

顾客之所以购买某个产品或者服务是因为他们能够从中获得某种利益。因此,可以根据顾客在购买过程中对不同利益的追求来进行市场细分。这种方法与前面几种方法不同,它侧重于消费者的反应,而不是产品的购买者本身。比如汽车在某些人眼里更多意义上是一个代步工具或运输工具,他们对于汽车的身份象征意义考虑得较少,考虑更多的是既要满足自己的出行需求,又要与自身的消费能力相符,因此,这些人只在确有需要时才会买车,且买车时的第一原则就是买得起且用得起,其余都是次要的。

(五) 按最终用户的类型细分

不同的最终用户对同一产品追求的利益不同。企业分析最终用户,就能针对不同用户的不同需求而制订出不同的营销对策。如汽车市场可分为军用市场和民用市场。军用汽车要求质量绝对可靠、越野性能较好、能按期交货等,对价格注意较少;民用汽车不但要求质量好且性能可靠,还要有周到的服务和适中的车价。

> 以上对细分消费者市场和组织市场的依据及其基本形式进行了简要的分析,但这并不意味着企业在细分市场时只能单独使用它们。一般地说,对需求差异小的产品市场可以使用较少的因素和变量进行细分,对需求差异大的产品市场则需要使用较多的因素和变量进行细分,对某些产品的整体市场还要运用多种因素和变量逐级、逐层进行细分,这样才能从中筛选出适当的细分市场。

五、市场细分的方法

(一) 市场细分的基本方法

1. 单一因素法

即企业仅依据影响需求倾向的某一个因素或变量对一产品的整体市场进行细分。该方法适用于市场对一产品需求的差异性主要是由某个因素或变量影响所致的情况。

2. 多因素法

即企业依据影响需求倾向的两个以上的因素或变量对一产品的整体市场进行综合细分。该方法适用于市场对一产品需求的差异性是由多个因素或变量综合影响所致的情况。

3. 系列因素法

即企业依据影响需求倾向的多种因素或变量对一产品的整体市场由大到小、由粗到细地进行系统性的逐级细分。该方法适用于影响需求的因素或变量较多,企业需要逐层逐级辨析并寻找适宜的市场部分的情况。

企业在进行市场细分时,能否视具体情况和实际需要使用适当的因素、变量及方法,直接影响着市场细分工作的质量和效率,因此,市场营销人员在对市场实施细分之前,必须对有关问题进行认真的考虑。

（二）市场细分的新方法

开发一个汽车新产品，一般会考虑这个产品的目标市场有多大。过去，一个产品的目标年销量少则上万，多则几十万甚至上百万。现在，这种观念正逐渐发生变化，一些厂商为了寻找新的市场增长点，在产品开发时，定位越来越细化，目标群体越来越具体，批量也越来越小，甚至可以进行定制开发和生产。传统的汽车开发理念忽视了这一群体中不同的人的不同喜好，而新的营销理念则是针对同一群体中不同的人的喜好来开发新产品。

下面试通过实例解析，介绍几种主要的市场细分运作方法，以供企业经营者从中获得一些启迪，并在实战中参考、应用。

1. "网格法"市场细分

"网格法"好像切蛋糕，就是以一定的"细分变数"为界限，把某种商品的市场像一块大蛋糕一样分切成若干小块，从中选择自己吃得下的一小块蛋糕去经营，如经一次分切还选择不到合适的蛋糕，则可多次分切，直到找到适合自己生产能力的蛋糕为止。

如某汽车生产厂，在原主导产品市场饱和，企业没有足够的优势继续参与竞争的情况下，考虑进行战略转移。经市场调研，发现载货汽车市场有更大的发展潜力，企业也具备开发能力，决定逐步向这一领域转移。但这块宝地同样竞争激烈，要在夹缝中求生存，可运用"网格法"进行如下市场细分，如表4-1所示：

表4-1 第一步市场细分

载货汽车			
大型客车			
中型客车			
轿车			
	企业	机关团体	家庭

经此初步细分，汽车市场变成了12块小蛋糕，从产品类别看，载货汽车的生产最接近企业的实力，而此类产品企业购买量为最大，故初步确定为企业提供载货汽车。但仔细研究发现范围仍然太大，企业无力全面顾及，必须进行第二步细分，具体方案如下，如表4-2所示：

表4-2 第二步市场细分

10吨载货汽车				
8吨载货汽车				
5吨载货汽车				
3吨载货汽车				
	矿山	油田	机械厂	其他企业

企业根据自己的实际，在第一步市场细分的基础上，决定根据企业的优势开发机械厂专用的5吨载货汽车。

2. "箭线法"市场细分

所谓"箭线法"，就是以某种商品为出发点，引申出多级箭线，进而导引出众多的子市场供企业选择。

例如某企业经调研咨询，决定进入汽车市场，但由于实力有限，遂采用"箭线法"进行市场细分，以选择决定进入的细分市场，如图4-2所示。最后选择了从微型客车这一细分市场进入汽车市场，随后逐步发展壮大，目前已发展成为国内一家生产微型轿车和微型客车的知名企业。

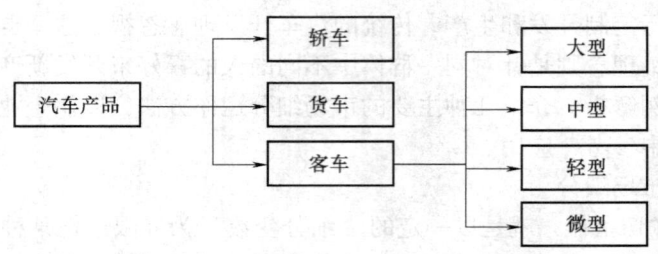

图4-2 "箭线法"市场细分

3. "坐标法"市场细分

"坐标法"中的坐标分为三维坐标和平面坐标，即选择2~3个最为关键的细分变数来分解、指引市场，从而确定本企业的产品及市场定位。当年，日本轿车进军美国汽车市场前就采用此法进行了战略部署，如图4-3所示。

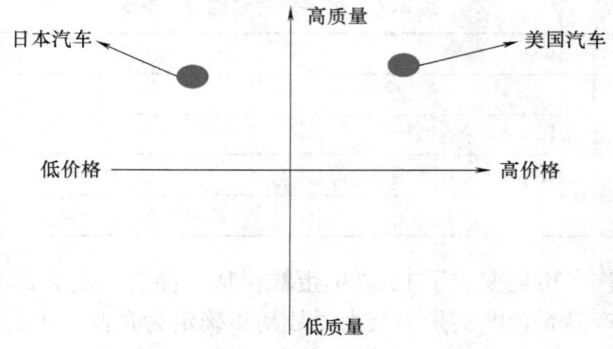

图4-3 "坐标法"市场细分

日本分析人员认为，美国消费者购买轿车，最为关注的是质量与价格这两个因素，故以此建立平面坐标系来细分市场，在此坐标系的四个象限中，低质高价的产品让消费者难以接受，而在高质高价区域去和美国本土的企业争夺市场份额不具备本土渠道和品牌优势，低质低价的产品在当时的情况下也难有作为，故只有通过提高劳动生产率来不断地降低生产成本，以相对的高质低价产品去和美国本土的汽车企业进行竞争，从而一举成功。

六、汽车市场的细分

（一）汽车消费市场的细分

汽车市场细分的方法应有利于对目标市场的研究、定位及营销，通常情况下，可以按照以下依据将汽车市场予以细分：

1）按西方国家对汽车产品大类的划分方法，汽车市场可分为：轿车的市场和商用车市场。轿车市场是指各类轿车的需求者，商用车市场是指除轿车以外的所有汽车产品现实的和潜在的购买者。

2）按我国对汽车产品类型的传统划分标准，汽车市场分为载货汽车市场、越野汽车市场、自卸车市场、专用汽车市场、特种汽车市场、客车市场、轿车市场等七种市场。还可分为乘用车市场和载货车市场。乘用汽车市场，包括客车、轿车及具有乘用车车身形式的各类专用汽车构成的市场；载货汽车市场，包括各类非乘用车车身形式的专用汽车市场。

3）按购买者的性质不同，汽车市场可分为：机关公务用车市场、商务及事业性单位用车市场、生产经营性用户需求市场和私人消费性用户需求市场等。

4）按汽车产品的性能特点不同，汽车市场可分为：①载货汽车市场，包括重型汽车市场、中型汽车市场、轻型汽车市场和微型汽车市场；②轿车市场，包括豪华轿车市场、高档轿车市场、中档轿车市场、经济型轿车市场、普及型轿车市场和微型轿车市场；③客车市场，包括大型、中型、轻型和微型客车市场。

5）按汽车产品的完整性不同，汽车市场可分为整车市场、零部件市场（含二、三、四类底盘）和汽车配件市场。

6）按汽车使用燃料的不同，汽车市场可分为汽油车市场和柴油车市场。

7）按地理位置不同，汽车市场可分为东部沿海地区汽车市场、中部地区汽车市场、西部地区汽车市场。也可划分为东北区、华北区、华东区、中南区、西南区和西北区六个汽车市场，甚至还可分为城市汽车市场和农村汽车市场。

8）按汽车保有量变化与否，汽车市场可分为新增需求市场和更新需求市场。其中，汽车保有量是指全社会拥有的可以上路行驶的各类汽车的总量（单位：辆）。

9）按是否具有军事用途，汽车市场可分为军用汽车市场和民用汽车市场。

10）按是否属于首次向最终用户销售，汽车市场可分为新车市场和旧车市场。

11）按汽车是否具有专门用途，汽车市场可分为普通车市场和特种专用车市场。

（二）汽车用品市场的细分

汽车用品涵盖范围很广，既包括车载电话、办公系统、交通信息和行车向导系统等高端车载系统，也包括多媒体音响、电视、电子游戏等汽车娱乐系统，还包括内外装饰、防盗装置等汽车配件和汽车饰品，以及防爆膜、润滑油等普通汽车养护用品。它深植于新车销售、售后服务、零部件销售、二手车经营等各个方面，市场领域十分宽阔。

美国某机构曾对中国汽车售后市场的组成做了如下细分：以发动机零部件和排气系统零部件为代表的机械零件占56%；蓄电池、车灯等电气零件占30%；车内音响、安全系统等电子零件占14%。如果将各类零部件所占比例与日本、韩国等汽车工业发达国家相比，电气零件，尤其是控制系统相关零件所占比例大约低5%，其原因是在中国占主导地位的商用车全部由国内生产，电子化水平很低。随着中国经济的不断进步，这种差距将在未来一段时间内形成巨大商机。

以上市场细分并没有包含汽车饰品的份额，但由于最近两年国内私家车市场的迅猛发展，这一原本并不被看好的市场已经向经营者展现出了其惊人的诱惑力。由于汽车饰品的技术壁垒低，投资小，行业利润率高，因此深得中小投资者的青睐。

（三）汽车零部件市场的细分

汽车零部件市场的细分可以按照汽车的总体构造进行。

1. 发动机

发动机是汽车的动力装置，其作用是使供入发动机的燃料燃烧而产生动力，再通过汽车底盘的传动系统驱动汽车行驶。目前，汽车用发动机主要有汽油机和柴油机。发动机一般由机体、曲柄连杆机构、配气机构、供给系统、冷却系统、润滑系统、点火系统（柴油机无点火系统）和起动系统等部分组成。

2. 底盘

底盘是汽车的基础，在其上装有发动机、车身及其各种附属设备。此外，还安装有电设备的各机件。底盘接受发动机的动力，使汽车产生运动，并保证汽车正常行驶。底盘由传动系统、行驶系统、转向系统和制动系统组成。

3. 车身

车身包括驾驶室和各种形式的车厢，用以容纳驾驶员、乘客和装载货物。车身应为全体乘车人员提供安全、舒适的乘坐环境，因此车身应具有隔声、减振、保温、安全的功能。车身还应具有合理的外部形状，应考虑空气动力学的要求，在汽车行驶时，能有效地引导周围的气流，以减少空气阻力和燃料消耗。车身的造型和色彩应能起到美化生活和环境的作用。车身是一件精致的综合艺术品，应以其明晰的雕塑形体、优雅的装饰件和内部装饰材料以及赏心悦目的色彩使人获得美的感受。

4. 电气设备

汽车的电气设备是用来保证汽油机点火、发动机起动、照明和发出灯光信号，监视发动机及其他机构的技术状态，保障空调和其他一些电子控制装置的正常工作。我国汽车电气设备的电压，一般采用12V和24V，柴油机汽车通常用24V的电源。

七、反细分策略

实行市场细分是必要的，但不是分得越细越好。真正的市场细分，不是以细分为目的，而是应以发掘市场机会为目的。在强调市场细分的过程中，有些企业实行了过度细分，过多的分市场导致产品种类增加，批量变小，成本上升，价格上涨。于是，一种称之为"反细分"的策略应运而生。

反细分策略是将许多过于狭小的分市场组合起来，以便能以较低的成本去满足这一市场的需求，即有效地降低生产与营销成本，如图4-4所示。

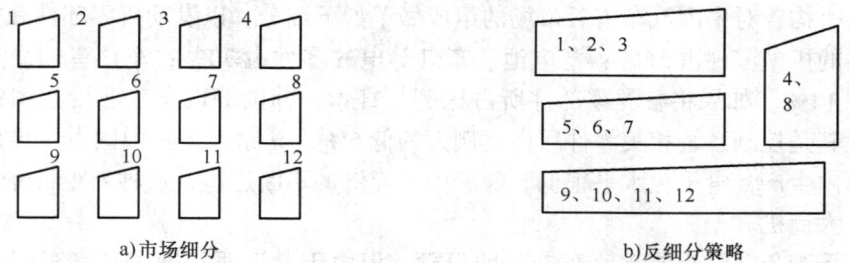

图4-4 市场细分与反细分

实施反细分策略，可以采用两种方法：

1. 由缩减产品线来减少分市场

此法适合于拥有过多产品线的企业。有的企业因过于讲求产品差异化，使生产和营销成本大量增加。减少产品线，主动放弃较小或无利的分市场，并不会影响企业的市场占有率。

2. 合并几个较小的分市场

此法是将几个较小的分市场集合起来，提供较低价格和较普通的产品以吸引顾客，形成较大的分市场。有的企业通过提供标准化产品，有效地降低了成本和价格。

八、定制市场营销

在现代市场环境下，企业和消费者作为市场的两极，总是处于相互制约和相互影响之中。一方面，企业从自身生存和发展的角度出发，希望尽可能地实现大规模生产，以降低单位成本，实现利润最大化。而大规模生产的结果是产品品种单一，彼此之间的差异不明显。另一方面，随着现代人生活质量的提高，消费者希望自己购买的产品能体现出自己的个性，这就要求企业生产的产品品种多样，不相雷同。正是在这种矛盾的运动中，定制营销（Customization Marketing）应运而生。

（一）定制营销的特征

所谓定制营销，是指企业在大规模生产的基础上，将每一位顾客都视为一个单独的细分市场，根据个人的特定需求来进行市场营销组合，以满足每位顾客的特定需求。它是制造业、信息业迅速发展所带来的新的市场营销机会。

现代"定制营销"与以往的手工定做不同，它通常具有如下特征：

1. 大规模生产

定制营销是社会化大生产发展到一定阶段，且市场逐渐趋于饱和的情况下产生的。它仍然以大规模生产作为基础，追求企业的规模效益。与此同时，企业借助产品设计和生产过程的重新组合，来更好地适应消费者需要的变化。

2. 数据库营销

企业在采取定制营销时，通常以顾客数据库作为营销工具。企业将自己与顾客发生的每一次联系都记录下来，包括顾客的购买数量、购买价格、采购条件、特定需要、业余爱好、家庭成员情况等信息。这样，企业知道自己的新产品开发出来之后会有哪些顾客购买，自己的老顾客目前会有哪些新的需求，以及如何更好地维系与老顾客的关系，从而与顾客之间建立紧密的联系。

3. 细分极限化

企业在进行目标市场营销时，通常先要按照一定的变量进行细分，如地理变量、人口变量、心理变量和行为变量等，然后针对特定的子市场展开相应的营销活动。而在定制营销中，企业无需运用市场细分技术，因为这时候细分已经达到了极限，每一个顾客都是一个子市场，企业要根据每个人的需要确定自己的营销组合。

4. 顾客参与性

企业在采取定制营销时，为了确保顾客的满意度，必然要鼓励顾客积极参与。在这种营销方式下，顾客直接向企业提出自己的要求，并且与技术人员一起合作，共同设计出最终产品的蓝图。当顾客得到最终产品时，也可以直接向企业反映自己的满意程度。这样，企业可以及时地收集反馈信息，进一步调整自己的营销组合。

（二）定制营销的类型

定制营销的适用范围十分广泛，不仅可以用于汽车、服装、自行车等有形产品，也可以用于无形产品的定制，如金融咨询、送货服务等。根据顾客的参与程度和产品的复杂程度，可以将定制营销分为以下四种类型：

1. 合作型定制营销

当产品的结构比较复杂，可供选择的零部件式样繁多时，顾客一般难以权衡，甚至有一种束手无策的感觉，他们不知道何种产品组合最适合自己的需要。在这种情况下可以采取合作型定制营销，即企业与顾客进行直接沟通，帮助顾客确定满足其需要的最佳产品，并以最快的速度将定制产品送到顾客手中。日本松下公司下属的自行车企业就是采取合作定制营销的典型。当顾客来到松下自行车商店时，他们并不知道什么样的自行车最适合自己，而自行车各个部件的规格品种很多，车座、轮胎等每个部件均有十几种选择。这时，销售人员先让顾客在特制的可调节车架上亲身体验，并确定每个部位的具体要求。然后将各种数据输入计算机，三分钟内便可将自行车的蓝图描绘出来；最后，顾客根据自己的偏好进行调整组合，直到看见自己最中意的组合为止。这时，商店将数据传真到工厂，可立即投入生产。两星期后，顾客便可以骑上体现自己风格的定制自行车。

2. 适应型定制营销

当企业的产品本身构造比较复杂，且顾客的参与程度比较低时，企业可以采取适应型定制营销。这时，顾客可以根据不同的场合、不同的需要来对产品进行调整、变换或重新组装，从而来满足自己的特定要求。

3. 选择型定制营销

在这种定制营销中，产品对于顾客来说其用途是一致的，而且结构比较简单，但顾客的参与程度很高，从而使产品具有不同的表现形式。例如许多文化衫或艺术品厂家在大商场设立专柜，在顾客购买产品时将各种图案、幽默短句，甚至顾客的姓名和照片等印在产品上，来突出消费者的个性。这种"人格"化产品虽然只是表面上的不一致，但对于顾客来说，仍具有很高的附加价值。另外，一些厂家还会根据不同零售商店的经营特色来选择不同的商品包装。

4. 消极型定制营销

在顾客的参与程度很低的情况下，他们一般不愿意花费时间接受公司的调查，但他们的消费行为比较容易识别。这时，公司要花费大量的时间，在顾客没有察觉的情况下对其进行跟踪调查，从而掌握顾客的个人偏好。

（三）定制营销的途径

目前，消费者对生产商的要求日益提高，这主要体现在两个方面：一是希望厂商能提供为自己专门设计的定制商品；二是希望定制商品能尽快送到自己手中。顾客就是上帝，制造商只有通过不断提高自己的定制营销能力，才能赢得更多的顾客，增加自己的利润。通常，制造商有以下三种途径来实现对产品的定制营销：

1. 产品的重新设计

企业对产品进行重新设计时，要尽量实现产品的模块化。这时，模块分为两个部分：一部分是所有产品共有的，另一部分是体现产品定制特征的。实现模块化一方面有利于厂家将共同的部分事先组装起来，一旦顾客提出自己的特定要求，便将这些满足要求的部件迅速组装上去，这样可以提高速度和效率。另一方面厂家可以在同一时间生产不同的模块，这样可以节省生产的总时间。另外，这样做还便于企业检查产品的质量问题。

在进行产品重新设计时,要防止其增加的成本高于定制所带来的利润。这要求营销、研发、制造、分销、财务部门进行通力合作:营销部门要确定满足顾客需要所要达到的规模定制程度;研发部门要对产品进行最有效的重新设计;制造与分销部门必须保证原材料的有效供应和生产的顺利进行;财务部门要及时提供生产成本状况与财务分析。

2. 生产过程的重新设计

将生产过程进行解剖,划分为相对独立的子过程,再进行重新组合,同样可以有效地满足规模定制的要求。例如,大多数涂料商店都是将各种涂料成品储存在一起。在这种情况下,每种涂料的品种相当有限,库存数量也不多,不一定能满足顾客的特定需要。这时,有些商店采用新的经营方式,只储存普通油漆和各种颜料。当顾客提出具体的涂料要求时,商店当场进行调试,确定油漆与颜料的比例,最后再大量配制。这样将生产过程进行划分后,既满足了顾客的需要,扩大了他们的选择范围,又降低了商店和库存成本,可谓一举两得。

还有的公司将生产过程细分后再进行重新组合。例如某毛线衣生产厂将毛衣的加工过程分为两个子过程,即编织和染色。过去一般先是对毛线染色,再编织成衣。现在该工厂将这两个过程反过来进行,先将毛衣编织好,然后根据顾客的需要来染色,从而极大地扩大了市场需求。

3. 供应网络的改进

通常,制造商的分销中心或仓库只储存制成品,负责一定地区的产品配送。但在定制营销中,这些分销中心不仅要具有以上功能,还要具有加工工厂的作用,即只储存各种产品模块,接到顾客的订单后,再对模块进行组装。这样做具有以下优势:一是便于将分销中心尽可能靠近最终顾客,且无需储存大量成品,可以有效地节省库存成本;二是制造商可以快捷地接受顾客的需求信息,并及时将最终产品送到顾客手中。

随着现代社会人本意识的不断强化,消费者对个性化的产品越来越青睐。在这种社会消费大潮中,定制营销必将为各家消费品公司所重视,制造业和零售业也必将展现出定制化生产的大趋势。

第二节 目标市场选择

一、选择目标市场的方法

市场细分是企业选择和确定目标市场的前提和基础,企业确定目标市场的方式有两种:一是在一种产品的整体市场为同质市场或企业认为可以将其视为同质市场时,企业无需进行市场细分,可以将该产品的整体市场作为自己的目标市场;二是在一种产品的整体市场为异质市场时,企业通常要先进行市场细分,然后再选择其中的一个或数个细分市场作为自己的目标市场。

在企业以市场细分为基础选择目标市场时,可以借助"产品——市场"矩阵图进行。该图是一个以市场类型(产品整体市场的各个市场部分)为横坐标,以产品类型(产品的各种具体类型或者各个细分市场对产品的具体要求)为纵坐标的二维平面图,图内有若干个对应于一定类型产品的市场部分。企业在对各个市场部分进行认真的分析评价后,便可以根据战略计划的要求、自身的生产经营条件、市场销售潜量、市场竞争状况及其他有关因素，选择和确定本企业要进入的细分市场。

下面以轿车产品为例进行说明。轿车产品可以分为微型轿车，中档轿车和豪华轿车，对不同的用户需求，如家庭、企业和政府进行不同的市场细分，利用不同档次的轿车对不同需求的客户进行目标市场的锁定，如表4-3所示。

表 4-3　汽车产品——市场矩阵图

顾客需求		家庭	企业	政府
产品	微型轿车			
	中档轿车			
	豪华轿车			

二、选择目标市场的原则

企业在通过市场细分选择目标市场时，可按照以下原则进行：

（1）购买力　目标市场应该对企业要提供的产品或者服务具有足够的现实或者潜在的购买力。

（2）开发能力　企业应有足够的开发能力以应对目标市场的需求变化，即企业能够随市场需求的改变而保持持久的经营能力。

（3）竞争力度　目标市场上的竞争者数量或竞争力度相对较小，即在有选择的自由度时，应尽量选择参与竞争比较小的细分市场作为目标市场。

（4）销售渠道　要有可以利用的销售渠道或可以建立销售渠道的现实条件。

（5）信息　企业可以有效地获取市场信息或建立市场信息系统。

（6）资源　企业应能相对容易地获取营销活动所需要的资源。

三、目标市场的评价

在选择目标市场以后，应对选择方案进行评价。一般的方案评价主要从以下几方面展开：

（1）市场规模和增长潜力评估　主要对目标市场的规模与企业的规模和实力进行比较，并对市场增长潜力的大小等方面进行评估。

（2）市场吸引力评估　所谓吸引力是指企业在目标市场上长期获利的能力，它主要取决于现行竞争者、潜在竞争者、替代产品、购买者和企业生产供应商对企业所形成的机会和威胁等因素。

（3）企业自身目标和资源　对于具有一定规模、增长潜力和吸引力的市场，企业还应对自身是否具有充足资源来进入市场，并在该市场中获胜等方面进行评估。

企业对目标市场进行科学评估以后，在进入之前还应根据实情选择要在目标市场实施的具体的营销战略。

第三节　汽车市场定位

定位是为了适应消费者心目中的某一特定地位而设计公司的产品和营销组合的行为。市场定位是指企业为产品寻找到在消费者感觉中所处的地位。

市场定位也可以看作是在进行目标市场选择，在设计出一种产品或一项服务后，为该产品或服务选择可以进入的细分市场。只要企业采用的不是完全覆盖的市场战略，就需要为产品进行市场定位。市场定位是在完成市场细分的基础上进行的。

企业为其产品进行市场定位，是为了向市场提供具有差异性的产品，这样就可以使它们的产品具有竞争优势。要了解如何正确地定位，首先要了解如何使产品具有竞争性的差异化。

一、差异化工具

差异化是指设计一系列有意义的差别，以使本公司的产品能够同竞争者的产品相区别的行动。

产品差异化的多少取决于企业所从事的行业，行业不同，机会就不同。波士顿咨询公司根据获得竞争优势的数目与大小，区分出四种行业：

1. 强度行业

强度行业是指其中的公司仅可获得少数但却相当大的竞争优势，汽车行业就属于强度行业。一家公司可努力谋求低成本定位或产品高度差异化定位，并可在其中任何一个定位上获得高额利润。利润率与企业规模和市场份额的关系密切。

2. 僵化行业

僵化行业是指其中的公司所具有的优势少而小。产品和在一定技术条件下的生产成本难以差异化，在此情况下，利润率和公司的市场份额无关。

3. 裂化行业

裂化行业是指其中的公司面临许多个性差异化的机会，但这些机会的意义不大。企业的利润率与企业规模无关。

4. 专业化行业

专业化行业是指其中的公司面临许多实行产品差异化的机会，每个机会都会获利丰厚。

根据这种观点，企业可以通过改变它的目标市场、产品、渠道、促销活动和价格来获得差异。行业的结构和公司在行业中的定位影响了公司战略的自主性。处于僵化行业的企业可选择的战略范围很小，而处于专业化行业的企业则有相当大的选择余地。另外，对于每一个可能的策略，公司都需要预计报酬率。

企业可以在五个方面提供差异化，即产品、服务、人员、渠道和形象。表4-4提供了企业可采用的差异化变量。

表 4-4 差异化变量

产品	服务	人员	渠道	形象
特色	订货方便	能力、资格	覆盖面	标志
性能	送货	谦恭	专业化	文字与视听媒体
一致性	安装	诚实	绩效	气氛
耐用性	客户培训	可靠		事件
可靠性	客户咨询	负责		
可维修性	维修	沟通		
风格	多种服务			
设计				

在下文中,我们将选择对汽车行业影响较大的一些变量进行进一步的分析。

二、产品差异化

并不是每一种产品都有明显的差异化,但是,几乎所有的产品都可以找到一些可以实现差异化的特点。汽车是一种可以高度差异化的产品,其差异化可以表现在:特色、性能、一致性、耐用性、可靠性、可维修性、风格和设计上。

(一) 特色

特色是指对产品的基本功能的某些增补。例如,对于汽车来说,该产品的基本功能就是代步和运输,汽车产品的特色就是在基本功能上的增补,例如电动车窗、ABS、保险带、安全气囊和空调等。由于汽车可以提供的差异化项目很多,因此汽车制造商需要确定哪些特色应该标准化,哪些特色是可以任意选择的。

产品的特色体现了制造商的创造力,一个新特色的产生可能为产品带来意想不到的生命力。例如,汽车安全气囊发明后,引起了业界的广泛注意,并且很快在世界各大汽车公司中广泛运用,虽然到现在为止,该产品的安全性和实用性仍然备受争议,可是,无可争议的是,安全气囊已经成为中高档汽车中不可缺少的一个配件。由此可见,一个企业如果可以率先推出某些有价值的新特色,就是一种最有效的竞争手段。

要注意的是,并不是每一个特色都值得企业去推行,特色必须是有价值的。同时,公司在为自己的产品提供特色的时候,除了要考虑这个特色是否有价值外,还要考虑增加该特色的成本和顾客愿意为这项特色多付的费用。

汽车制造商在为自己的产品添加一个新的特色时应该估算顾客价值和顾客成本。例如,一家企业正考虑对产品进行三项可能的改进,表4-5 显示了顾客价值的估算方法。

表4-5 计算顾客的有效价值

特色 \ 项目	成本增加(1)	顾客价值(2)	顾客效益(3)=(2)/(1)
后窗除霜	10 美元	20 美元	2
省油控制	60 美元	60 美元	1
电动驾驶	60 美元	180 美元	3

从表4-5 中可以看出,电动驾驶这一特色可以产生最高的顾客满意度,也就是说,顾客愿意为这个特色付出比成本高得多的价钱。

(二) 性能质量

性能质量是指产品的主要特点在运用中的水平。一般来说,产品的性能可以分为四级:低级、平均级、高级和超级。性能高的产品总体来说可以产生较高的利润,但是,当性能超过一定的临界值后,由于价格因素的影响,愿意购买的人会越来越少,利润反而会下降。例如,如果一家汽车公司在华东地区大量推销高性能越野车,由于华东地区多是平原的地理环境,同时经济的发达致使道路条件相对优越,因此即使该吉普车的性能优越,购买人数也是相当有限的。

时间的变化也会影响企业对产品质量的管理,在这点上有三种策略可供选择:第一种是制造商通过不断地改进产品以获得最高的收益和市场份额。上海大众在桑塔纳轿车的生产上采用的就是这种策略，从最先推出的普通型桑塔纳，到桑塔纳2000型，直到桑塔纳的变形车——时代超人，上海大众就是在原有基础上对桑塔纳的性能进行不断的改进，从而使该车在市场上的销量一直处于领先地位。第二种是保持产品质量，也就是在产品定型后，质量就保持不变，除非有什么明显的缺陷，或出现了新的机会。第三种是随着时间的流逝，质量不断下降，这种策略可以逐步降低企业的成本，增加利润，但是容易损害企业的长远利益。

（三）一致性质量

这是指产品的设计和使用效果与预定标准的吻合程度。例如，帕萨特轿车的设计耗油量为每百公里5.8升，生产线上的每一辆帕萨特轿车如果都符合这一标准，那么该汽车就具有高度一致性；反之，一致性就差。一致性质量是制造商信誉的体现，高度一致性可以增强消费者对该产品的信任程度。

（四）耐用性

耐用性用来衡量一个产品在自然条件下的预期操作寿命。一般来说，购买者愿意为耐用性较长的产品支付更高的价钱。但是，如果该产品的时尚性相当强的话，耐用性就可能不被重视，因为流行趋势一旦过去，该产品就失去了价值；同样，技术更新较快的产品也不具备很高的耐用性，例如电脑。对汽车来说，耐用性是反映其质量优劣的一个重要指标，生产商完全可以将耐用性作为差异化因素来加以宣传。

（五）可靠性

可靠性是指产品在一定时间内保持不坏的可能性。购买者一般愿意为产品的可靠性付出溢价。由于汽车属于耐用商品，因此可靠性和耐用性一样，都是汽车消费者重视的指标。

（六）可维修性

可维修性是指一个产品出现故障或损坏后进行维修的容易程度。一辆由标准化零件组装起来的汽车容易调换零件，其可维修性也就高。理想的可维修性是指通过付出少量的金钱或时间甚至不花费金钱，便可以自己动手修复产品。除了设计水平和生产质量能够决定汽车的可维修性之外，企业为汽车提供的售后服务也可以看作是可维修性的衡量标准之一。如果一家整车生产企业建立大量的维修点，便可以保证消费者在最短的时间和距离内，获得汽车维修服务，这就表明该企业生产的汽车具有较强的可维修性。

（七）风格

风格是产品给予顾客的视觉和感觉效果。当人们提到一款汽车时，眼前最先浮现的通常就是它的外观，因此，风格比质量或性能更能给顾客留下深刻印象。同时，风格具有难以模仿的优势。例如，为福特公司带来巨大利润的野马跑车之所以受到欢迎，除了价格的低廉外，其风格的独特也是一个很重要的原因。野马车的设计集豪华与经济于一体，车身为白色，车轮为红色，后保险杠向上弯曲成一个活泼的尾部，就像是一匹野马。在福特公司为新车问世在芝加哥所做的测试中，大部分受测试者都表示首先被该车的外观所吸引。而本田公司为"铃木武士"所进行的市场调查也显示，有29%的消费者是为了铃木武士的外观和设计而购买该车的。

（八）设计

设计是指从顾客要求出发，能影响一个产品外观和性能的全部特征的组合。设计特别适用于耐用产品，例如汽车。所有在产品差异化下讨论的内容都是设计参数。设计必须确定在特色、性能、一致性、可靠性、可维修性、风格等各方面分别投入多少，并进行必要的取舍，力求完美。从公司的角度来看，设计良好的产品应该是容易生产和分销的。从顾客的角度来看，设计良好的产品应该是看上去令人愉快，同时又容易使用、修理和处置的。因此，对汽车生产商来说，一种车型的整个生产过程中，耗费最大、最困难的就是设计工作。

（九）运行费用

在汽车的运行费用中，耗油量是一个十分重要的指标。消费者在购车时，耗油量是其考虑的一个重要因素。一般来说，日系车最省油，德系车次之，美系车最费油。但千万不要以为，最省油的轿车，消费者最欢迎。

三、服务差异化

除了实体产品差异化以外，企业也可以对其所提供的服务实行差异化。在整车销售中，服务的重要性正日渐为厂家所重视，并且成为决定销售业绩的一项重要因素。特别是当实体产品较难差异化时，在竞争中取得成功的关键就在于服务的增加和服务的质量。

在汽车营销中，服务差异化主要体现在：订货方式、客户培训、客户咨询、维修等方面。

（一）订货方式

订货方式是指如何使顾客以最为便捷的方式向公司订货。网络的普及和电子商务的产生为顾客提供了一种随时随地可以订货的购物方式，这种便捷的订货方式已经开始被广泛使用，因此作为汽车销售商和生产商，发展电子商务是必然的趋势。

（二）客户培训

客户培训是指对客户单位的雇员进行培训。特许经营是当今汽车销售行业中比较常见的渠道策略，大多数汽车公司都会对它的特许经销商进行培训，以便他们更好地经营特许店。此外，在汽车销售中，客户培训也可以看作是教会顾客如何使用他们的新汽车，这项工作并不一定要靠销售人员来进行，一本详细的使用说明书也可以起到客户培训的作用。

（三）客户咨询

客户咨询是指卖方向买方无偿或有偿地提供有关资料、信息系统和提出建议等服务。例如，助理式服务中要求销售人员为客户提供提醒服务，其中有：提醒消费者按时享受生产商或经销商的承诺服务（如7500公里的免费保养）；提醒消费者注意某些常规使用规范，比如进行年检、购置保险等。

（四）维修

维修是指消费者所能获得的标准化的、良好的修理服务。由于汽车是一种耐用商品，消费者购买汽车后一般情况下总希望能尽可能长时间地使用。在中国，由于消费者收入因素的影响，这一点可能更为明显。因此，汽车消费者非常关心他们从企业那里可以获得的修理服务的质量。

维修是售后服务的一项内容，在服务营销日渐被汽车营销行业重视的今天，优秀的整车生产商和销售商都会注重提供优质的维修服务。目前，主要汽车厂商都在全国各地建立了许多特约维修点，并且经常对工作人员进行统一培训，以便为顾客提供标准化的、良好的维修服务。

（五）多种服务

企业还能找到许多其他方法，提供各种服务来增加产品价值，也可以将上述差异因素融合起来运用。如果将企业提供的服务和产品融合为一体的话,则企业可以根据提供服务的差异性为产品定位。在汽车营销中,对中、高档汽车尤其是高档汽车所面对的消费者来说,服务可能比价格更具有吸引力。对于高档汽车的购买者来说,舒适、快捷、无微不至的服务,和汽车的外观、内装饰一样,是其身份地位的体现。

例如,2000年上海大众推出了帕萨特轿车,对上海大众来说,这是一种全新的车型。为配合帕萨特的推出,上海汽车销售总公司推出了助理式服务的理念,这种理念就是将多种服务融合为一体的服务差异化的运用。推出助理式服务的目的是,提升帕萨特轿车消费者的满意度和忠诚度,与消费者建立持久的知识同盟,维持合资销售公司的核心竞争优势。该服务贯穿从寻找潜在消费者到售前、售中、售后的整个销售过程,每个服务模块的设计都力求体现以下原则:

- 体现帕萨特轿车安全、优质、服务至上的品牌内涵
- 体现合资销售公司重视消费者、重视服务的企业理念和企业形象
- 体现增加消费者服务让渡价值的原则

助理式服务是一种全方位、全过程的服务,对消费者在整个购车过程,乃至从第一次购买新车到旧车置换,再到第二次购车的整个生命周期的服务;另外,这也是一种个性化的服务。

助理式服务的推出,体现了帕萨特轿车在定位上高于原先的桑塔纳轿车,同时也作为一种差异化的工具,将帕萨特轿车和中国市场上现有的其他中高档轿车区分开,以服务来增强竞争力,增强帕萨特品牌的吸引力。

服务差异化不仅包括企业所提供服务的种类和竞争者的不同,也包括服务的提供者,因此,一家企业可以通过聘用和培养比竞争者更好的职员来获得强大的竞争优势。如果没有高素质的职员,服务的精神就无法得到体现,更可能根本无法实现企业原定的服务目标。因此,在推出帕萨特助理式服务的同时,上海汽车销售总公司对业务员进行了专门的培训,使之了解助理式服务的含义和内容。

四、形象差异化

即使竞争产品及其服务看上去都一样,顾客也能从公司或品牌形象方面得到一种与众不同的印象。当然,在汽车销售中很少会遇到通过产品和服务两项指标都无法区分的产品,但是,形象差异仍是一个不可忽视的定位指标。

在讨论形象差异化之前,先要区分个性与形象的差别。个性是企业确定自身使公众容易认识的一种方法,形象则是公众对企业的看法。企业设计自身个性是为了树立公众形象,但是,在确定每种个性的最终形象时,其他因素会介入并产生影响。

要使一个产品具有有效的形象需要达到三点:第一,它必须传递特定的信息,该信息包括产品的主要优点和定位;第二,它必须通过一种与众不同的途径来传递这一信息,从而使其与竞争产品相区分;第三,它必须产生某种感染力,从而触动顾客的心。

树立一个强有力的形象需要创造力和刻苦工作,同时也需要时间的考验。要树立形象必须利用公司可以利用的每一种传播手段,必须不断重复。汽车是受品牌形象影响很大的一种商品,品牌形象本身就可以看作是一类汽车甚至是一家汽车生产公司的标志。品牌的差异是产品定位甚至是企业定位的体现。例如,世界著名品牌奔驰和宝马属于同一个档次的轿车,

但各自都有特定的目标市场：奔驰的购买者是年龄偏大、事业有所成就、社会地位较高、收入丰厚的成功人士；而宝马则属于那些富有朝气、年轻有为、不受传统约束的新一代人士。这些消费者的特点也正是奔驰和宝马的品牌形象。

企业为树立汽车品牌形象，可利用标志、文字和视听媒体等多种途径来完成。

（一）标志

汽车的标志和品牌是密不可分的一个整体，它们通过共同作用来体现汽车的形象。标志是汽车品牌的视觉反应。标志将品牌名称视觉化、形象化，并通过其设计和造型，传达出某种文化、精神和追求。标志容易使品牌与消费者之间建立沟通和认知，通过标志，人们可以轻而易举地辨认出不同类别的汽车品牌，将自己对某种汽车品牌的情感与标志在视觉上联系起来。比如，英国著名品牌劳斯莱斯除了用两个R字叠合成商标之外，还在车头放了一个展翅欲飞的女神雕像，象征"速度之神"和"狂喜之灵"。现在，人们一想起劳斯莱斯车，就会想起这个女神雕像。

（二）文字和视听媒体

企业所选择的标志必须通过各种广告来传播其个性。上海大众曾经推出过一个形象广告：一个学生在德语课上被要求翻译"德国精神"这个单词，这个没有注意听课的学生在黑板上画出了由V和W两个字母层叠而成的上海大众的标志，表示在他的印象里，上海大众的形象就是以严谨、务实著称的德国精神。上海大众在推出帕萨特轿车时，也制作了大量带有帕萨特标志的信封、信纸、提包、T恤等宣传用品，以求在消费者心目中加深对帕萨特标志的印象。

（三）气氛

一个组织生产或传送其产品或服务的场所是另一个产生有利形象的途径。采取特许经营体制的汽车销售商都会要求所有特许经销商都采用同样的外观和内部装潢，甚至包括办公用品的摆放、墙面装饰画的样式都是完全相同的。而这些装潢形式，例如墙体颜色、物品摆放等，往往是该企业CI（企业整体形象传达系统）的体现。一个企业就是用这种完全一致的方式在不同的地方宣传企业及其产品的形象。

又例如，帕萨特助理式服务中要求业务员每天进入销售场地时，要检查个人物件是否摆放妥当，环境是否整洁悦目。因为整洁和井井有条的环境正可以体现帕萨特汽车的质量优秀，以及上海大众一丝不苟的生产作风。

（四）事件

企业可以通过由其赞助的各类活动营造形象。这一点在汽车营销中表现得最明显的就是每年举行的一级方程式赛车。世界著名的赛车生产厂家不但为该比赛提供用车，有的还自己组织车队参赛，在比赛中展示本企业产品的卓越品质，也通过赛车手的出色表现赋予赛车不同的精神面貌。

另外，企业还可以通过一些特殊事件来展示自己的形象，比如公司纪念日、创始者诞辰日等。例如，2001年元旦是21世纪开始的日子，受到公众的广泛关注，上海大众便在当日推出了"帕萨特世纪高速公路行"的活动，并邀请上海电视台对活动进行了全程追踪采访，这一活动帮助上海大众在公众心目中树立了良好的形象。

五、开发定位战略

即使是一种普通的商品，企业也可以将其从无差异产品转化为差异产品。然而，并非所有的商品差异化都是有意义的或者是有价值的。企业可以给汽车附加收看卫星电视的功能——这是一种差异化，但是未必能让消费者感兴趣。每一种差异都可能增加企业的生产成本，当然也可能增加顾客的利益。企业要选择能使自身产品与竞争产品相区别的途径。有效的差异化应满足下列七个原则：

（一）重要性

即该差异化能向相当数量的买主让渡较高价值的利益。例如，上海汽车销售总公司推出的帕萨特助理式服务的目的之一就是向消费者增加服务让渡价值。

（二）明显性

即该差异化是其他企业所没有的，或者是由该公司以一种突出、明晰的方式提出的。例如，劳斯莱斯轿车在机器化生产已经普及的今天仍然采用完全手工装配的生产方式，这就是劳斯莱斯和其他整车生产企业不同的地方，是一种明显的差异，并且该差异是其他生产商难以模仿的。

（三）优越性

即该差异化明显优越于通过其他途径而获得相同的利益。

（四）可沟通性

即该差异化是可以沟通的，是买主看得见的。一般来说，汽车外表上的变化要比发动机或变速器上的一个创新改进更引人注目，所以，一个系列的车型采用同样的平台，并不妨碍它们各自具有不同的特点，并面对不同的目标市场。

（五）不易模仿性

即该差异化是其竞争者难以模仿的。汽车安全气囊在出现初期，无疑是极具特色的一种创新，但是，很快几乎所有的整车生产企业都开始在汽车上装配安全气囊。因此，拥有安全气囊不再是使某型汽车具有竞争优势的一个指标。

（六）可接近性

即买主有能力购买该差异化。一辆汽车，无论设计得如何完美，质量如何优越，如果超出了消费者的购买能力，对企业来说，就只能成为一种概念车，而无法投入批量生产，为企业创造利润。

（七）营利性

即公司能通过该差异化获得利润。即使一辆汽车确实存在多种差异性，企业为该汽车定位时，也没必要强调该产品的所有差异性，而应当着力去宣传一些对其目标市场能产生最大影响的差异，也就是说，企业应当制订一个重点定位战略。

六、重点定位战略

为了突出定位的重点，企业必须决定两点，即：针对目标顾客推出的产品应具备多少差异以及差异的类别。

（一）差异的数量

许多营销者主张只向目标市场推出一种利益，并且在该目标市场成为业务量第一的企业。因为较之于其他的信息，顾客更倾向于记住"第一名"。根据调查，名列第二的公司业务量往往只是名列第一的公司的一半，名列第三的公司的业务量往往是名列第二的公司的一半。另外，名列第一的公司知名度也最高。只推出一种利益，又可以使企业集中力量进行宣传，同时，消费者也容易记住该特点。

单一利益的定位虽然有很多优点，但并不代表它在每种情况下都是最好的选择。有时候双重利益定位也会为企业带来利润，尤其是当其他企业也采用了和该企业一样的利益为产品定位时，再采用单一利益定位就不一定合适，尤其是对于市场的后来者。

定位是为了在目标细分市场内找到一个特定的空缺，因此双重利益定位时，用以定位的两项利益不能相互兼容。例如，可以为一辆汽车定位为"最耐用的"和"最少需要修理的"，这的确是两个利益，但这两者是相互兼容的。在消费者心目中，一辆十分耐用的汽车自然是不容易坏的。

如果需要的话，企业甚至可以推出三重利益定位。例如，上海大众在推出帕萨特车时就采用了三重利益定位。帕萨特轿车定位时选用的特点是：①采用了大量先进技术；②外观优美，水滴形的曲线圆润、丰满；③全球广受好评。

一般来说，企业在定位时必须避免下列四种主要的定位错误：

1. 定位过低

这种定位缺少明确的区分性差异，消费者对产品只有一个模糊的印象，并没有真正感受到它有什么特别之处。例如，日本汽车公司最初是以小型汽车打开美国市场的，因此在美国人的印象中，日本只能生产小型中档车。直到1989年丰田汽车公司推出雷克萨斯品牌，日产汽车公司推出英菲尼迪品牌，其高技术装备和豪华程度不亚于奔驰和宝马的同档车型，但价格却相对低廉，才成功打开美国市场，初步改变了美国人对日本车的印象。

2. 定位过高

买主对产品的了解十分有限，或者消费者对一个企业提供的产品有一种先入为主的观念。一家汽车生产企业如果以生产豪华轿车成名，消费者可能就不相信它能提供小型家庭轿车，这样，当这家企业真正提供家用轿车时，就可能会遇到宣传上和定位上的困难。

3. 定位混乱

可能造成顾客对产品的印象模糊不清。这种混乱可能是由于主题太多所致，也可能是由于产品定位变换太频繁所致。

4. 定位怀疑

可能造成顾客很难相信该品牌在产品特色、价格或制造商方面的一些有关宣传。

产品定位对于企业的意义不仅是为企业寻找细分市场中的空白点，还会使该产品具有竞争优势或者在消费者心目中树立良好的印象。此外，产品定位是企业进行营销组合的基础。营销组合，即产品、价格、渠道和促销的组合，是执行定位策略战术细节的基本手段。一个产品定位后，从其产品设计到促销组合，都将围绕着这个定位展开。

产品本身及服务上的一切差异，例如特色、性能、风格、形象等都可以作为产品定位的依据，企业可以选择一项，也可以综合利用几项差异来体现产品的特点，发挥企业自身的优势。

（二）差异的选择

企业可以根据市场的需求来确定产品定位时差异化的选择。上文中提到的福特公司为"野马"跑车做的定位就是差异化的代表作，福特公司发现了当时美国市场上中低收入者也希望能获得赛车的乐趣这一始终未被其竞争对手发现的需求，推出售价低廉的野马跑车。另外，亨利·福特在100多年前推出的T型车，使汽车进入寻常家庭，这也是根据市场需求来确定产品定位的典范，其主要差异化因素是产品的价格。

企业也可以根据自身生产成本和技术上的条件或优势来选择定位差异。当采用这种定位方法时，企业可以通过评分的方式来确定自己选用哪些差异。

如表4-6所示，假设一个公司已经确定了四种不同的定位优势：技术、成本、质量和服务，且它有一个主要竞争者。这两家公司在技术方面都得8分，这意味着该公司如果进一步改进技术，也很难获得更多利润，并且将增加成本，使竞争对手可能在价格上获得优势。另外，这两家公司提供的服务都低于市场平均水平。

分析可知，该公司应该在成本或服务方面下功夫，以提高其市场吸引力。但是，该公司还应该考虑一些其他问题：首先，每一种属性的改善对目标顾客来说其重要性如何；其次，公司是否有能力改进，以及改进所需要的时间；最后，还要考虑竞争对手对该改进的反应。

表4-6 竞争优势选择方法

1	2	3	4	5	6	7
竞争优势	公司现状（评价等级：1~10）	竞争者现状（评价等级：1~10）	改进现状的重要性 高、中、低	能力和速度 高、中、低	竞争者能力 高、中、低	采取的行动
技术	8	8	低	低	中	维持
成本	6	8	高	中	中	修正
质量	8	6	低	低	高	修正
服务	4	3	高	高	低	投资

七、传播定位

当企业制定一个明确的定位策略后，它还必须有效地传播这一定位。假设企业选择"质量优秀"这一定位策略，那么它就必须在所有传播过程中保证传递这一诉求。

一般来说，广告是应用十分广泛的一种传播方式，特别是对于消费品来说更是效果显著。汽车兼具消费品和工业用品的双重特点，当该汽车的主要销售对象是普通消费者时，广告就会起到很大作用。汽车广告的诉求主题应当和该汽车的定位相一致。例如，克莱斯勒公司的一款越野车定位为：适合在恶劣路段行驶的性能优越的越野车。针对该定位，克莱斯勒公司推出了一系列的平面广告。其中一幅，主要画面是乱石堆砌的干涸的河道，广告语为："对于吉普车驾驶者来说，这是一条由鹅卵石铺就的路。"另一幅，主要画面是一座高耸的雪山，广告语为："对于越野车驾驶者来说，这只是路面上的凹窝。"这两则广告主题明确，创意风趣，紧扣克莱斯勒越野车的定位。

除了广告之外，产品的外观、分销渠道和促销手段都可以作为传播定位的媒介。例如，生产厂家在对豪华轿车进行促销时，不宜过多使用降价的手段。一方面，豪华轿车消费者对价格敏感度较低；另一方面，过多的降价会损害豪华轿车的形象。在渠道选择上，豪华轿车适于放在专卖店中出售，经济型轿车则完全可以放在汽车市场中销售。购买豪华轿车的顾客对服务和产品质量的期望比较高，而购买经济型轿车的顾客，期望就会相对较小。所以，汽车生产商和销售商往往会根据汽车种类和价格的不同，推出不同档次的售后服务，这也是服务歧视原理的一种实际运用。

案例分析：中国进入豪华轿车的个性消费期

"宝马迫近奥迪，豪华车市要变天"，是 2011 年以来，汽车界和媒体津津乐道的话题。当 2011 年中国车市整体增长下滑到 5% 以下时，豪华车销量依然保持两位数增长，在市场喊出"救市看豪华车"的声音后，对豪华车竞争尤其是宝马追奥迪这一话题的关注度，正在持续升温。

据数据显示：2011 年中国是宝马全球第三大市场。2011 年前 11 个月，宝马在中国的销量超过 21 万辆，前 9 个月的销量就已经超过 2010 年全年的销量，跟老大奥迪的销量差距只有 2 万辆。和宝马相似，奥迪受产能限制，产销矛盾空前突出，而奔驰一度滞销的 E 级轿车目前也面临提货困难的困境。有业界人士评价："豪华车起码还能火五年"。

豪华车的秋天还在继续，接下来的市场份额争夺会出现怎样的情景呢？2011 年 12 月 15 日，身披两种设计套装的宝马新 1 系轿车在一场话剧表演中悄然降临深圳，宝马集团大中华区总裁兼首席执行官史登科博士，希望通过这一特别的展示方式来暗示宝马明年的中国市场策略：个性为先。

"中国汽车市场是如此年轻，我们可以预见未来中国豪华车各细分领域都会有出色表现，而宝马需要做的就是走在各细分领域的最前端。" 12 月 15 日当晚，面对众多媒体镜头，史登科博士挥舞着道具指挥棒给新 1 系上市站台。

在整个宝马中国区管理层眼中，如果 2011 年之前中国豪华车消费还呈倒金字塔结构的话，那么，从 2012 年开始，这一状态已经发生了转变。抱有这一推断的还有奥迪，奥迪在此之前已经将精品小车 A1 引入国内，被认为市场不太大的两厢 A3 也已经于 2012 年引入。

"明年宝马将继续提升整体品牌形象，为市场提供综合的、类型齐全的产品序列。" 当时，史登科博士推测说，只要中国消费者对整体经济态势有信心，那么 2013 年的豪华车市场表现将依然强于整体车市增长。

2011 年年底，"这是一个追求个性的时代！"宝马（中国）汽车贸易有限公司总裁许智俊在接受某报记者专访时反复强调，宝马上下已经形成共识，为了向更高的销售目标迫近，宝马将尽量在最短的时间内把最好的产品引入中国，不论它处于何种细分市场。

以下是该报记者对许智俊的采访实录：

记者：中国商务部 2011 年 12 月 14 日发布公告称，决定对原产于美国且排气量在 2.5 升以上的进口轿车、越野车征收反倾销税和反补贴税，实施期限两年，其中包括宝马美国斯帕坦堡工厂，这件事会不会对明年宝马的进口车业务产生影响？

许智俊：宝马在中国的业务要遵守中国的法律法规和政策，政策刚刚公布，是否会有影响还有待时间评估。我个人认为，从以往的政策变动来看，短期内，市场上会有一些观望的情绪存在，但是从长远来看，这种影响会慢慢淡化。目前，从美国进口的宝马车型有 X3、X5 和 X6。这些车型在宝马进口的 X 系列车型中所占比例大约在 15%。

记者：这是不是表明，即便有这样的政策变化，您对明年的中国豪华车市场依然持乐观态度？

许智俊：对！我们对明年的中国豪华车市场还是非常看好的。虽然今年中国车市整体增速放缓，但是如果从豪华车在整体车市的占有率上看，8% 的数字依然表明有巨大的增长空间。另外从中央政府制定的"十二五"规划来看，中国城镇化步伐的加快，也会带动新区的发展,从而创造更多的宝马消费者。

而从车型投放的角度来说,宝马是一个以市场为导向的公司,我们将会根据中国汽车市场的发展状况,找出最合适的经营模式来迎合中国消费者的需求,尽最大能力满足。包括明年 X1 车型的国产计划,都是根据市场发展的需求。

记者:您如何看待宝马 X1 所在细分市场未来的发展趋势?

许智俊:X 系列是宝马的原创。X5 开创了一个全新的运动多功能轿车细分市场,X1 是宝马 X 家族的一部分,它所在的细分市场增长速度也很快,今年宝马全线 X 系列产品都供不应求,这代表着中国消费者的生活方式正在发生转变。

个性化需求将在未来的豪华车市场中日益突出,因为消费者们希望他所选择的座驾能够代表他的形象和生活方式,反映出他们对人生追求的态度,这样的变化也使未来的豪华车市场逐渐细分化。所以宝马未来也必然会创造更多细分化的产品去满足不同消费者的特殊要求。

记者:宝马将如何适应细分市场不断出现的新变化?

许智俊:我们会不断洞察未来市场动向,尽量贴近消费者,了解消费者需求的变化,然后创造新产品满足新需求,这是一个动态的过程。比如宝马开展的体验式活动,不仅让用户体验到宝马产品的差异化,同时也让宝马了解到用户对未来产品的要求,这就是宝马以市场为导向的主要用意。

此次全新宝马 1 系首次推出设计套装车型,就是让消费者以他们不同的喜好,选择更适合他们的个性化版本,这是未来的趋势。今后宝马会推出更多的设计套装,让客户在越来越多的产品上进行选择。所以对宝马而言,我们不会跟随潮流而是要引导潮流。

记者:明年宝马在网点规划方面有什么打算?

许智俊:这主要取决于市场需求。经销商拓展是我们发展策略的重要部分。总结宝马前几年的高增长,可以看到其中大部分的动力是来自于服务网络的扩展,因为这能让我们更贴近消费者,同时也让更多消费者更容易了解到宝马品牌、宝马文化和产品的内涵。所以网络增长是我们前几年的一大强项,也是宝马的主要动力,推动了我们业务的增长,明年我们还会继续保持经销商网络的高增长。

记者:奔驰目前正在考虑建设一些 2S 经销店,只提供售后服务,宝马是否有类似想法?

许智俊:我们会充分地考虑市场的需求。市场的需求包括两方面,一方面是客户对购车的需求,另一方面是市场对售后服务的需求。宝马目前网络的发展,也考虑到维修服务容量的问题。凡是在每一个城市服务产量达到饱和程度的时候,我们一定会预先扩充,满足当地市场的需求。现在宝马在一些区域设立了服务中心,比如在深圳有目前亚洲最大的 BMW 售后服务中心,今后在全国我们有建立单独服务中心的长期规划。

记者:宝马一直做奥运营销,2012 年是奥运年,目前有没有和奥运主题相关的营销计划?

许智俊:宝马和中国奥委会签署了长达 6 年的策略合作协议。今年年底,很多 7 系轿车车主非常踊跃地参与了宝马伦敦奥运体验之行的活动,我们会主办一系列的和奥运有关的活动,让车主能够参与。与奥运的合作,其中非常关键的是,宝马品牌已经成为了冠军首选,到目前为止已经有超过 150 位中国奥运冠军和亚运冠军采购了宝马,这是一个非常好的合作。因为它体现出宝马品牌的价值,宝马品牌运动感非常强,代表着不断挑战自我,有梦想的一个品牌。它跟奥运精神是相辅相成的，所以宝马品牌跟奥运的接触是非常理想的一种战略性合作。

讨论题：
1. 结合案例分析，中国进入豪华车个性消费期对细分市场带来的影响？
2. 宝马在中国的营销战略中，对X1是如何细分市场定位产品的？
3. 结合案例分析，宝马品牌在中国细分市场成功的合理性。

本章小结

本章详细论述了汽车市场细分、目标市场选择和市场定位所包括的内容和方法，并且通过对市场细分、目标市场选择和市场定位这三个主要步骤的分析，阐明了汽车目标市场营销策略的方法。

思考题

1. 市场细分时通常选用多个标准交叉使用，试问这比使用单个标准易产生什么问题？请举例说明两种细分方法的区别。
2. "细分市场越细越好"的说法对吗？为什么？
3. 应如何进行有效的汽车产品市场定位？
4. 汽车企业如何开展定制营销？
5. 阐述目标市场的范围策略和营销策略。

第五章 汽车消费者购买行为分析

学习目标

了解研究汽车消费者购买行为的要素及其模式；理解影响汽车消费者购买行为的各种因素；把握我国汽车消费者购买行为的特点，能够帮助汽车企业按照汽车市场实际情况实施汽车市场营销策略；理解业务市场购买行为的分类方法、影响因素及其购买过程。

对汽车消费者在购买过程中各阶段行为的研究，是汽车企业开展汽车市场营销活动的重要任务。汽车消费市场可分为消费者市场和业务市场，市场营销的目标是让汽车消费者的需求和欲望能够得到满足，从而使汽车企业获得收益。本章分析了汽车消费者的购买行为、影响购买行为的因素以及消费者市场和业务市场的购买行为。

第一节 汽车消费者购买行为概述

汽车市场营销的核心就是满足购车者的需要和欲望，在市场经济社会中，现实的购车者表现为有支付能力的需要，它必须通过具体的市场购车行为才能得到满足。购车者的行为有其自身的规律，企业的市场营销要围绕满足购车者需要这一中心展开各种活动并取得成功，就必须了解消费者购车行为的产生、形成过程和影响因素，把握消费者购车行为的规律，从而使企业正确制定营销战略，实现其经营目标。

一、汽车消费者购买行为的含义

购车者的买车行为是随着社会经济、政治和文化的发展而不断发展的，尽管受各种因素的影响而表现出不同的状态，但总是存在着一定的趋势和规律性。企业要想更好地满足消费者的需求，必须分析购车者的特点，以便于更好地开展汽车市场营销活动。

汽车消费者的购买行为是指汽车消费者在一定的购买行为支配下，为了满足汽车的需求而购买汽车的过程。消费者购买汽车的行为研究主要包括三层含义：

第一，汽车购买者是消费者购买行为研究的主体；

第二，消费者购买汽车的行为是研究的核心；

第三，消费者心理是消费行为研究的基本内容。

研究消费者购车行为，就是要掌握汽车购买者如何做出决定，把他们的金钱、时间、精力用于有关购买汽车的事项上，了解他们购买何种车、何时购买、由谁去买、为何购买、如何购买等问题，也就是掌握消费者购买行为的规律性。

二、汽车消费者购买行为的要素

汽车消费者购买行为的要素包括：

(一) 购买何种车

这是对消费者购买客体或购买对象的分析，汽车消费者可以通过市场调查，了解汽车消费者市场需要什么样的汽车，以便尽量在外观、品种、质量、性质、价格等方面满足消费者的需求，一般情况下，汽车购买者总是喜欢物美价廉、式样新颖、富有个性的汽车。

(二) 何时购买汽车

这是对汽车消费者购买时间的分析。表面上看汽车消费者购买汽车没有时间规律性，但是从深层来分析，还是有一定的规律可循。一般情况下，购车者都是喜欢工作之余或是周末的时候去看车，季节性购车也有一定的规律。

(三) 何处购车

这是对消费者购买地点的分析，主要从两个方面来分析：
① 汽车购买者决定在何处购车。
② 汽车购买者实际在何处购车。

不同的汽车在决定购买和实际购买地点上是有区别的。有些商品，消费者可能在购买地点就会做出购物的决定，而且选择就近购买。选择购买汽车则不同，可能由家庭成员共同商量决定，然后到信任的汽车销售中心购买。

(四) 由谁购车

这是分析汽车购买主体的问题。由于汽车购买者年龄、性别、收入、职业、受教育程度、性格等方面的不同，其在需求与爱好方面也存在着很大的差异。购买汽车实际上是有好多人参与的活动，包括以下 5 种人：发起者、影响者、决策者、购买者和使用者（表 5-1）。

表 5-1 消费者在实施购买行为时的角色

角 色	描 写	角 色	描 写
发起者	首先提出购买汽车建议的人	购买者	实际实施购买行为的人
影响者	对最终购买汽车有直接或间接影响的人	使用者	实际驾驶汽车的人
决策者	对整个或部分购买决策有最后决定权的人		

在家庭购车决策过程中，五种角色地位不同，心理状态也不相同，满足他们需要的方法也不同。因此，企业营销人员必须有自主性地制订与汽车营销工作相关的营销策略和方法。

1. 为何购买

这是对汽车购买者购买欲望和动机的原因分析，为的是了解消费者购买汽车的初始原因和原动力。当潜在消费者购车的欲望强烈到一定程度时，就会产生购买的动机。没有购车的欲望和购买动机，购车行为几乎是不存在的。因此，分析"为何购买汽车"的关键是对欲望和动机的分析。企业应该通过对消费者的调查和预测，准确地把握消费者为何购车这一问题。

2. 如何购车

这是对消费者购买方式和付款方式的分析。购车者采取什么样的方式购车，是现场付款还是分期付款，这会影响到企业营销计划的制定，企业应该根据汽车消费者的不同要求，制定出相应的汽车营销策略。

三、汽车消费者购买行为的模式

消费者购车行为是一个复杂的过程，是受一系列相关因素影响的连续行为。一般地说，购车行为首先是受到某种（内部或外部）刺激而产生某种需要，并由需要产生各种需求，进而产生购买动机，最后产生了购买行为，见图5-1。

图 5-1　消费者行为模式

研究汽车购买者的行为，是市场营销观念指导下的企业营销管理的基本任务之一，图5-1表明了消费者购买行为的形成过程，并突出表现在两个关键方面：刺激和反应。

刺激分为两种：一种是营销刺激，即企业可控因素的刺激，包括产品、价格、分销、促销等因素；另一种是其他刺激，包括经济、政治、文化、法律、科学技术、竞争等因素。营销刺激和其他刺激一起构成了汽车购买者的外在刺激。反应指的是购买者受到刺激后的一种最终反应，也就是作出的关于汽车购买行为的产品选择、品牌选择、经销商选择、购买时机选择、购买地点选择的决策。当然，购买者从接受刺激到作出反应，期间还要经历一个过程，即具有一定特征的汽车购买者的购买动机的形成及其开始购买的决策过程。

第二节　影响汽车消费者购买行为的因素

一、政治因素

影响市场购买活动的政治因素可以分为两个方面：政治制度和国家政策。

（一）政治制度

政治制度对消费者的消费方式、内容和行为都具有很大影响。例如，为了保护环境，欧盟许多国家对汽车的尾气排放量都做出了详细的规定，不符合环保规定的汽车在这些国家绝不允许生产，也不允许销售。所以，政治制度对市场购买活动的影响是客观存在的，对消费者的购买行为有不可忽视和不可抗拒的影响。

（二）国家政策

在一定政治制度的前提下，每个国家都有自己不同的政策。这些政策规范了国家事务的处理方式、方法、程序、要求、规定等内容。这些政策也会对消费者的购买行为产生极大的影响。例如，近年以来，为了推动汽车工业的发展，我国政府曾多次推出鼓励私人购车的相关政策，刺激消费者购车。

二、经济因素

影响市场购买行为的经济因素主要是社会生产力水平和消费者经济收入。

（一）社会生产力水平对市场购买活动的影响

社会生产力发展水平决定了一个社会所能提供的商品的种类、数量和质量，同时也影响着人们的消费观念和购买活动。例如，在卡尔·本茨发明汽车以前，无论多么富裕的组织和个人都不可能产生购买汽车的想法，更不可能购买到汽车这样的产品。

（二）消费者的经济收入对市场购买活动的影响

对于大多数企业来说，他们真正关心的并不是社会的生产力发展水平，而是其所面对的消费者的经济收入。

轿车的价格与人均 GDP 之间有着必然的联系。人们用 R 值来表示这两者之间的关系，即：R = 轿车的价格/人均 GDP，一般来说，当 R 值在 2 到 3 之间时，私人最倾向于购买轿车。

消费者的收入是有差异的，同时又在不断变化，因此，它会影响消费者消费的数量、质量、结构以及方式，从而影响市场购买行为。

1. 消费者绝对收入的变化影响购买行为

引起消费者绝对收入变化的主要因素包括消费者工资收入变化、财产价值意外变化等，同时，政府的税收政策变化，企业经营状况的变化，都会导致消费者绝对收入的变化。在购买汽车的问题上，当消费者收入较低时，第一关注的往往是汽车的价格和耗油量，随着收入的提高，消费者可能就会对汽车的安全性能和外观提出要求，并对汽车售后维修及零部件的供给更为关注。

2. 消费者相对收入的变化影响购买行为

消费者相对收入变化是指当其绝对收入不变时，由于其他社会因素，比如商品价格、分配方式等产生变化，造成其收入发生变化。

3. 消费者预期收入的变化影响购买行为

消费者在购买贵重商品时，往往要对购买行为发生以后的收入情况做出一定的预期估计，尤其是打算采用贷款或者分期付款的购买方式时，这种行为的影响会更明显。现今，对于大多数中国消费者来说，汽车仍然属于一种奢侈品，因此，汽车生产企业必须考虑到消费者对未来收入的预期可能对其购买行为产生比较大的影响。除了消费者自身的工作环境和自身能力，总体经济环境、社会的稳定程度以及社会保障体制的健全程度都会影响到消费者对未来收入的预期。

三、社会因素

（一）相关群体

相关群体是指那些直接或间接影响一个人的看法和行为的群体。由于人们往往有迎合所处群体的倾向，因此，相关群体会产生某种趋于一致的压力，进而影响个人的实际产品选择和品牌选择。例如，几个感情特别融洽，并且经常一同购物的女孩，可能会选择相同品牌的服装或化妆品，这样的情况也会发生在轿车的购买过程中。

当一个人希望加入到某一群体中时，也会在购买行为上和他所崇拜的群体接近。现今，许多厂家喜欢选择影视或者体育明星作为产品的形象代言人，就是迎合消费者的这种崇拜性购买行为。

（二）家庭

家庭是社会中最为重要的消费者购买组织，购买者的家庭成员对其行为影响很大。一个家庭所处的不同状态，例如"单身""新婚""满巢""空巢"等，都会影响家庭成员的购买行为。例如，收入良好的年轻夫妻可能会倾向于选择时尚、美观的高档车，而一旦他们有了孩子，考虑到扶养孩子的问题，其预期收入就会降低，对汽车档次的选择可能也会下降。美国通用公司建立了客户信息系统之后，便对销售人员提出要求：当你的客户新添了一个孩子之后，应当向客户寄发大型轿车的资料，因为，这些客户很可能会为了使孩子能够在自己的车子上有一个舒适的座位而换掉家中现有的经济型轿车。

在汽车营销中，还必须考虑到家庭中谁具有支配权，所面对的家庭是属于丈夫支配型、妻子支配型还是共同支配型。应当说，在大多数情况下，类似汽车、家具、住房等高消费品以及价格昂贵的耐用品通常属于丈夫支配型。但是，美国最新的市场调查反映，妇女购车的比例也在明显上升，她们不仅成为购买者和使用者，还在购车中占支配地位，为此，轿车营销应根据不同的支配者采取不同的策略。

（三）角色和地位

一个人在同一个时期也往往扮演着不同的角色，每一个角色往往都伴随着一种地位，从而对其消费行为产生影响。例如，很长一段时期以来，法国总统的座车都是法国国产的雪铁龙牌轿车，以至于法国人将雪铁龙称为法国的"第二夫人"。作为一个总统，选车上更多考虑的往往是国家的声誉和对自身的安全保护，而非自己的品牌偏好。

四、文化因素

文化是人类欲望和行为的最基本决定因素。生活在一定社会环境中的人，会因此而产生一套基本的价值、偏好和整体行为，并因此而影响购买行为。比如在美国，分期付款和贷款这两种购买方式非常普遍，人们不仅在房屋、汽车等贵重商品的购买上会采用这种方式，对于一些普通家用电器也经常会采用这种购买方式，而这两种购买方式在中国就无法得到普及。这和中美两国不同的文化是密切相关的，传统中国文化中的观念在一定程度上妨碍了上述两种购买方式在中国的普及。两种文化孰是孰非是很难做出明确判断的，并且在很长时间内也不可能发生质的变化。

文化作为一种社会现象，以物质为基础，也会随着物质生产的变化而发生变化，但是文化的变化不像经济变化那样迅速，且它对消费者的影响是潜移默化的。

（一）消费者文化背景的影响

文化对于购买行为的影响通常是间接的，不同的文化背景下的消费者会具有不同的偏好，即使在一个国家或地区之中，由于年龄、民族的影响，也会使消费者的行为产生差异。

（二）消费者文化水平的影响

社会教育文化的发展程度及消费者自身的受教育程度都反映了消费者的文化水平。一般来说，消费者的受教育程度越高，对精神生活方面的消费需求就越多，同时，其购买行为也会显得更理智。受教育程度高的消费者在购买汽车时可能会更重视汽车的功能、安全性能、外观设计以及时尚程度，而不是单纯关心其价格。

日本铃木汽车公司在美国市场推出铃木武士轿车时，为了给该车寻找合适的细分市场，在加拿大进行过一次调查，该项调查中特别关注了不同的年龄和教育程度的消费者对铃木武士车的态度。最后得出结论武士车的潜在消费者主要是18~30岁之间的单身年轻人，包括年轻女士，且主要为首次的购车者；该年龄段的消费者的受教育程度不影响他们对铃木车的评价和取向；但是，30岁以上的购买者受其教育程度的影响较大。

（三）社会习俗的影响

习俗是社会中长期形成的风尚、礼节和习惯等的总称。它是由于人们的宗教、民族、生活环境以及文明程度等的不同，而在长期的社会生活中形成的。习俗会使相当数量的消费者具有共同的购买行为，是研究文化对消费者购买行为影响中一个不容忽略的因素。

1. 喜庆性的消费习俗

这是指人们在特定的节日，或者在一些喜庆事件发生后，实施的购买行为。特别是节日期间，人们常会因为约定俗成的习惯而在很长时期内反复出现相似或相同的购买行为。例如，中国人会在春节购买烟花爆竹，在中秋节购买月饼。同时，在节日里，其他消费也会相应增大。根据统计，近年来，每当除夕夜和大年初三，上海的出租车租用率就会明显上升，同时，春节、五一、国庆节等节日期间，北京、上海等大城市的轿车租赁业务也会陡然火爆。

2. 纪念性的消费习俗

这是指人们为了纪念重大历史事件或者重要人物而形成的消费习惯。例如，在端午节时，中国人习惯吃粽子和划龙舟。

3. 信仰性的消费习俗

这是指由于某种信仰而引起的消费习俗，对于汽车营销来说，这种习俗的影响并不明显，但是，对于有些民族或者宗教来说，一些颜色或特定的日子可能会成为禁忌，在对其展开营销活动时必须注意到这些禁忌。例如，对于犹太教来说，星期日是安息日，因此不能选择这一天在犹太教地区进行任何促销或者销售活动。

4. 政治性的消费习俗

这是由于某种政治性原因而引起的消费习惯。根据美国汽车租赁业的统计，每当美国独立日等主要节日前后，由于外出旅游、度假和访友人数的增加，汽车租赁企业的营业额也会明显增加。

（四）亚文化的影响

从社会群体内分化出的许多较小的群体称作亚群体，亚文化指亚群体成员所具有的独特的生活方式、道德标准和行为规范等。亚文化群体包括民族群体、宗教群体、宗族群体和地理区域群体。亚文化对消费者的影响有时会比社会文化更为直接且强大。

（五）社会阶层

社会阶层是指在一个社会中具有相对的同质性和持久性的群体，每一个阶层的成员具有类似的价值观、兴趣爱好和行为方式。不同的社会制度，划分阶层的依据不同，可能是按照家庭背景来划分，也可能是按照职位或者财产。

同一个社会阶层内的人，行为具有高度的相似性；但是，一个人所处的社会阶层不是一成不变的，每一个人都有可能因为自身或者外界的原因而转向其他的社会阶层。

在汽车的购买行为中，各社会阶层往往会显示出不同的产品偏好和品牌偏好。汽车行业中的营销行为也往往是将注意力集中于一个或少数几个阶层之中，可以说，没有一种汽车品牌或型号可以满足所有阶层的需要。

五、个人因素

个人因素是指会对消费者购买行为产生影响的个人特征。主要包括年龄、职业和个性。

（一）年龄

处于不同年龄阶段的同一个人，审美观、价值观也会不同，从而表现出不同的购买行为。

例如，年轻人通常容易接受新生事物，喜欢标新立异，讨厌一成不变的生活，如果一辆汽车的目标群是年轻人的话，相应的广告策略和促销策略就要符合年轻人求新、求变的性格特征。

1999年，萨奇兄弟公司在欧洲推出Yaris车，该车的目标市场是"欧洲市场上20~30岁的非丰田车车主"。为了迎合当时欧洲年轻一代的喜好，萨奇兄弟公司将Yaris车定义为"违背逻辑的轿车"，形容它：外观娇小玲珑，内部宽敞舒适。相应的广告画面也强调了"违背逻辑"，比如让玩具飞机载着一个男孩腾空飞翔。

（二）职业

职业往往决定着一个人的地位以及他的经济情况，因而会影响其消费倾向。教授、律师及政府官员大多喜欢购买黑色轿车，因为黑色代表庄重、稳定与威严。

（三）个性

个性指一个人所特有的心理特征，它导致了一个人对它所处的环境的相对一致和持续不断的反应。虽然个性是千变万化并且难以准确掌握的，但是，具有某一方面相同个性的人，会表现出相似的购买行为，或者对同一类产品感兴趣，而这正是企业所要掌握的信息。

许多汽车销售企业已经开始启动客户关系管理系统（CRM），并且开始建立自己的用户数据库，其中包括客户的个人资料以及购买资料，这给企业分析顾客个性提供了数据支持，可以帮助企业掌握客户的个性特征。

六、心理因素

消费者的购买行为会受到四种主要心理因素的影响，即动机、知觉、学习以及信念和态度。

（一）动机

消费者购买某种商品所要满足的并不总是生理上的需要，也可能是心理上的需要。例如，对于汽车这种商品来说，最根本的作用是代步，如果单纯为满足生理上的需要，那么消费者只需要选择能够起到代步作用，同时也可以保证安全的汽车就可以了。而事实上，消费者在选购一辆汽车时，所考虑的因素远远不止这两点，他们会关心诸如颜色、外观、时尚度等许多因素，以满足其审美上的要求。甚至有些消费者在购车时更关注的是该车是否能作为其身份、地位的象征，使其得到被重视、被尊重的感觉。

马斯洛的需求层次理论在分析心理动机中具有重要的地位。马斯洛认为，人的需要，按照迫切程度，可以依次分为五个层次：生理需要、安全需要、社会需要、尊重需要和自我实现需要（图5-2）。一个人会首先寻求满足最重要的需要，当该需要获得满足时，才会转向高一层的需要。因此，当我们观察世界汽车保有量的数据时会发现，越是社会经济发达的地区，汽车的保有量就越高，反之则越低。这和马斯洛的需求层次理论是相一致的。

> 值得注意的是，马斯洛的需求层次理论所反映的是人类社会的一般情况，并不能运用于每一个人，有时候，人们在满足需求时会出现跳跃现象，也就是当低层需求尚未满足时，就出现对高层需求的需要。

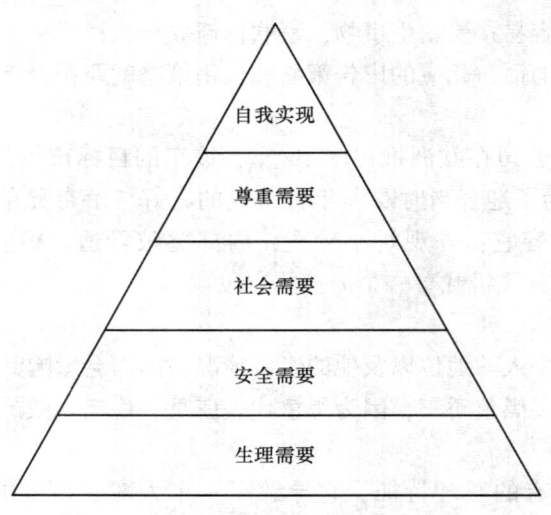

图 5-2　马斯洛的需求层次理论

（二）知觉

知觉是个人选择、组织并解释信息投入，以便创造有意义的个人世界图像的过程。对于同一个刺激物人们会产生不同的知觉，通常认为人们会经历3种知觉过程，即：选择性注意过程、选择性扭曲过程和选择性保留过程。

1. 选择性注意

人们不可能对生活中所有的刺激物都产生注意，这一筛选的过程就是选择性注意。人们通常注意与当前需要有关的刺激物和正在期待的刺激物，同时，也会更多的注意和其他刺激物有明显差别的刺激物。当汽车企业参加车展并进行陈列现场布置时，必须要研究人们的选择性注意，从而将人们的注意力从其他企业的广告或产品上吸引到自己的广告或产品上。这也就是为什么每次汽车展览时，厂商的展台都布置的美轮美奂，也就是期待能够在此类场合显得出类拔萃，以吸引参观者的注意。

2. 选择性扭曲

即使是消费者注意的刺激物，也并不一定会与创作者预期的方式相吻合。当消费者已经倾向于某一种汽车品牌时，即使他了解到该品牌车的某一些缺点，也可能会无视这些缺点的存在。对于这种选择性扭曲，厂商只能进行适当的引导。

3. 选择性保留

这一点和选择性扭曲有相似之处，人们会倾向于保留那些能够支持其态度和信念的信息。因此，对于新产品来说，第一印象是至关重要的，大多数整车生产厂在推出新车时都会花费大量的心力，举办一些大型公关活动或促销活动。

案例

20世纪70年代，我国台湾摩托车市场竞争激烈，其中，三阳工业推出125CC重型摩托车时的广告策略可称经典。1974年3月6日，在台湾最主要的日报，刊出没有注明厂牌的摩托车广告。中间是一片空白，文案为："今天不要卖摩托车，请您稍候6天。卖摩托车您必须慎重地考虑，有一种意想不到的好车就要来了。"

> 此后三天，广告一成不变，只将文案中的日期天数目加以变动。
> 　　第4天，将文案改为："请再稍候三天。要买摩托车，您必须考虑到外形、耗油量、马力、耐用度等等。有一部与众不同的好车就要来了。"
> 　　随着广告的推进，台湾摩托车市场上的销售量锐减，甚至三阳自己的经销点都怨声载道。
> 　　第六天的广告，内容改为："对不起，让您久候的三阳野狼125摩托车，明天就要来了。"
> 　　第七天，也就是4月1日，产品正式上市，刊登全版彩色广告，造成巨大轰动。三阳的第一批货品立刻卖完，而三阳在市场中的声誉也随之改观，该厂出品的其他型号摩托车销路也连带趋好。

（三）学习

当消费者有购买某一种商品的意向，尤其是购买耐用品时，往往会收集有关该商品的资料，加以对比，当其购买该商品后，会根据自己使用后的感受对该商品做出评价，这一过程就是学习的过程。消费者所得到的经验和印象会作为以后购买的参考。

对于营销人员来说，可以将学习与强烈的驱动力联系起来，运用刺激性暗示和提供强化等手段来建立消费者对产品的需求，也就是说，给消费者创造一个学习的机会。

（四）信念和态度

信念和态度是从实践和学习中得来的，又转而对购买行为产生影响。我们常说，汽车品牌是具有生命力和象征性的，认为"奔驰"象征着成功人士；"福特"代表着勤勉的中产阶级；"宝马"则是活力的体现。事实上，这些象征就是消费者对这些汽车品牌的信念，对于营销者有利的信念，营销人员应当通过各种手段加强，而有时，信念是错误的，并且影响了购买行为，厂商就必须通过促销活动来纠正这些错误信念。

态度是指人们对外界事务反应的心理倾向，是某些事物或观念长期持有人时尚的评价、情感上的感受和行动倾向。态度一旦产生，就很难改变，并常常体现出一致性的模式。一般情况下，厂商不要试图改变消费者的态度，而应当考虑如何改变自己的产品或形象，以迎合消费者的态度。当消费者已经对某种品牌产生良好印象时，厂商必须努力维持或提升这个形象，不能出现会损害形象的事件，以免消费者出现否定该产品的态度。

1989年，美国福特汽车公司用16亿英镑收购了捷豹公司，这个数字相当于美洲虎公司实际资产的将近5倍。福特汽车公司收购捷豹公司的主要原因是，当时汽车行业的人已经预感到，随着经济的稳定乃至复苏，豪华车市场将再度出现热潮。在美国，人们可能会选购福特的凯迪拉克，但是，在欧洲，福特没有类似的品牌。欧洲用户普遍对欧洲自己生产的豪华车有相当的好感，而不愿意购买福特的豪华车。为了能够在欧洲创立自己的顶级豪华车品牌，福特才斥巨资收购了捷豹。

第三节　汽车消费者购买行为分析

一、汽车消费市场的主要特点

汽车市场主要可以分为消费者市场和业务市场。汽车产品不同于服装或日用品，其本身具有消费品和生产品的双重特征。研究汽车营销的市场行为，必须同时研究消费者市场行为和业务市场行为。首先，我们分析一下消费市场所具有的特点。

（一）消费需求的多样性

由于每个消费者的收入水平、文化程度、职业、年龄和生活习惯各不相同，因此对于轿车的需求也是不同的。这就是消费品需求的多样性特征。

（二）消费需求的发展性

人们对商品的需求会随着社会生产力的发展和生活水平的改善而不断提高。二十年前，中国老百姓还未曾想到过可以拥有私家车，而今天，大力发展家用轿车已经成为我国汽车工业的主要目标。

（三）消费需求的层次性

人们的需求是具有层次性的，虽然各个层次之间难以明确划分，但一般来说，总是遵循着马斯洛的需求层次理论，先满足最基本的生活需要，再满足高层次的社会需要和自我实现需要。在社会经济水平比较低下时，人们首先需要满足的是基本的生活需要，而当经济水平发展到一定阶段后，人们购买商品将更多地用于满足社会性、精神性需要。20世纪80年代初期，中国的汽车购买者最关心的是汽车这样商品的基本实用性，至于式样、外观、时尚程度基本上不被重视；而今天，这些因素都成为购车者所关注和用以判断的因素。

（四）消费需求的时代性

消费需求常常受到时代精神、风尚、环境等的影响。以美国市场来说，每当经济周期处于发展期的时候，豪华型轿车就会成为汽车市场的主流产品；而当经济衰退或者石油价格上升时，低耗油的经济型轿车就会成为市场的宠儿。

（五）消费需求的可诱导性

企业可以通过营销活动来转移或改变人们的消费需求。现在的消费需求可以通过诱导，使之成为现实的消费。企业甚至可以通过营销活动创造出消费需求。

（六）消费需求的互补性和替代性

许多消费品之间具有互补的作用，也有一些则可以互相替代。互补性的商品具有"一荣俱荣，一辱俱辱"的特点；而对于可以互相替代的商品，一旦其中一种的销量上升，其他品种就会下降，也就是处于竞争状态。比如说，汽车市场中整车销量上升时，汽车装饰业、维修保养业的业绩也会上升；但是，如果一段时间内，二手车市场相对繁荣的话，便不可避免地会使一手车市场的销售量下降。

二、汽车消费者购买动机分析

动机是推动人们去从事某种活动，达到某种目的，满足一定需要的内在直接原因。消费者的购买动机，必然直接或间接地表现在购买活动中，影响其购买行为。消费者主要的购买动机有以下几类：

（一）生存性购买动机

这是指由于人的基本生存需要而产生的购买动机，这是每一个人都具有的购买动机。在生存性购买动机的支配下，人们很少对购买行动产生犹豫，并且不注重商标、品牌等因素，生存性购买动机下购买的通常都是生活必需品，因此汽车不包括在内。生存性购买动机经常会和其他购买动机混合，共同发挥作用。

（二）习惯性购买动机

具有习惯性购买动机的人，对于所购买的商品有充分的了解，并抱以特殊的信任，一般不会轻易改变。这种购买动机在普通生活必需品、嗜好品以及一些奢侈品中都比较容易出现。一些为大众所熟悉并赞赏的耐用品和奢侈品的品牌，容易受到人们的信任，从而形成习惯性购买动机。

（三）理智性购买动机

具有理智性购买动机的人，在购买商品前一般经过深思熟虑，了解所购买商品的特性，在选购商品时，不会受周围环境和言论的影响。

（四）自信性购买动机

具有这种购买动机的人，同样会事先了解所要购买商品的特征、用途等，收集广泛的信息；同时，他们又有很强的自信心，有自己确定的标准和理由，不容易受外在因素的影响。具有这种购买动机的人容易成为某一种品牌的忠诚用户，会为自己所喜欢的品牌辩护。然而，对于销售员来说，这类顾客很难通过他们的推销活动而改变原先的计划。

（五）冲动性购买动机

具有该动机的消费者，在购买商品时，容易被某样商品的某一个特征，比如外观所吸引，从而在缺乏必要的考虑与比较的前提下，就作出购买行为。这种购买动机通常容易在购买生活必需品或者价格较低廉的商品时出现，在购买汽车这种耐用品时比较少见。

具有冲动性购买动机的消费者也容易对其所作出的选择表示后悔，即容易出现退货。尤其是在仅支付定金的情况下，更容易出现购买意向的反复波动。

（六）诱发性购买动机

这种购买动机的产生通常是因为对商品或商品的某些特征产生好奇感，从而购买。与冲动性购买动机最大的不同是，它的后悔程度和退货率没有冲动性购买动机那样高。

当一种新产品上市时，容易诱发消费者的这种购买动机。但是，在汽车行业中，因为这种动机而产生购买行为的可能性较小，尤其是在中国这样一个汽车还远远没有普及，还属于奢侈品的社会环境中，冲动性购买动机和诱发性购买动机都是较少见的。

（七）时髦性购买动机

这是指由于外界环境的影响或社会风尚的变化而引起的购买动机。消费者力图通过自己所购买的商品实现引人注目，或者提高自己的身份和地位的目的。这种购买动机带有强烈的炫耀目的。

在公众的心目中，汽车这种商品一向被认为是可以反映拥有者身份、地位、财富状况及品位的商品，它既是一种具有代步作用的耐用品，同时又具有某些奢侈品的特征。因此，汽车行业完全可以利用消费者的时髦性购买动机来增加销售量。

1964年，福特汽车公司生产了一种经济型跑车，命名为"野马"。

该车问世以前，福特公司选择了底特律地区52对夫妇，邀请他们到陈列馆，这些家庭全部都已经拥有了一辆标准型汽车，收入处于中等水平。这些夫妇中，一部分收入较高的白领夫妇，表示对车的样式感兴趣；而一些蓝领夫妇认为这部车可以代表地位和权势，并且觉得有点不敢问津。他们同时估计该车至少10000美元，并表示由于家中已经有了一辆车，因此不打算买该车。

当福特的负责人员表示，该车的价格在2500美元之下后，几乎所有的夫妇都表示："我们要买这部车,我们把这车靠在我们自己的汽车道上后,所有的邻居都会认为我们交了好运。"

这些接受测试的夫妇最终表现出的购买动机就是时髦性购买动机的体现。

(八) 保守性购买动机

商品种类越丰富,市场中的竞争产品就越多,也越容易出现保守性购买动机。保守性购买动机和理智性购买动机最大的不同是仍然带有一定的盲目性,具有这类购买动机的消费者并未充分了解和掌握所要购买商品的特征和信息,只是因为市场供应的繁荣而促使他们采取等待的态度。

当同一种商品的大部分竞争者都开始采用某种促销策略,比如降价时,市场的反应往往并不像厂家所期望的那样火爆,这时候,消费者会表现出保守性购买动机,他们在继续等待厂家在价格上做出更大的让步,只有当他们认为这种让步可能已经达到尽头时,才会采取行动。

三、汽车消费者购买行为分析

消费者的购买行为会因为购买决策类型的不同而变化。越是复杂的决策,参与决策的人就可能越多。消费者本身在购买决策的过程中会发生复杂的心理活动,这种复杂的心理活动支配着消费者的行为。美国学者阿萨尔将消费者的购买行为分为 4 种类型(见表 5-2)。

表 5-2 购买行为的 4 种类型

	高度介入	低度介入
品牌间差异大	复杂的购买行为	寻求品牌的购买行为
品牌间差异小	减少失调的购买行为	习惯性购买行为

(一) 复杂的购买行为

汽车属于价格昂贵且有风险的商品,消费者在购买时,往往会格外谨慎,并且注意现有各品牌或各品种之间的差别,这就是复杂的购买行为。由于通常情况下,购买汽车的消费者不可能熟悉汽车行业或者汽车构造,因此,他们在选购汽车之前往往要有一个学习和了解商品的过程。所购买的商品价格越昂贵,占消费者收入的比重越高,其学习的过程就越长,越复杂。

该过程可以分为 3 个步骤:首先,消费者产生对产品的信念;其次,消费者对产品和品牌形成态度;最后,消费者采取购买行动。

在汽车销售过程中,现场的销售人员对交易的成功与否起着极其重要的作用,消费者通常会征询销售人员的意见,并根据他们的介绍和反应做出判断。对于销售人员来说,必须认真观察消费者的举动,并尽可能收集有关信息,以评估消费者的需要。同时,在做产品介绍和示范时,要体现出"专业化"的特点,专业化可以给消费者带来安全感和信任感,同时突出该产品品牌的优势,强调品牌的市场地位、影响和特点,从而提高该品牌汽车在消费者心目中的地位。

上海大众对于帕萨特销售人员提出了这样的要求,要求销售人员在和客户接触过程中必须了解消费者需求,其服务内容是:

- 通过与消费者初步沟通,明确消费者对帕萨特的认知和偏好。

- 有针对性地介绍帕萨特产品的基本知识和帕萨特助理式服务的基本知识。
- 帮助消费者明确对产品的需求,包括型号、颜色、车型、基本装备和选装件等。而在车辆介绍服务中又提出了强调专业化的要求。
- 介绍车辆时语言表述应当简洁,专业术语使用得当,并辅以通俗性的解释。
- 特点介绍时,应当注意连贯性,不能跳跃。
- 进行全面的现场介绍,包括销售公司的基本经销战略、帕萨特的销售政策、历史、产品特点、相关的技术指标以及一些售后服务的内容。

在这种复杂的购买行为中,朋友和亲属的意见也会影响消费者的购买决定。曾经有美国学者做出统计,企业每得罪一位顾客就会直接或者间接失去 25 位顾客。

(二) 减少失调的购买行为

当品牌之间差异很小,但是该类商品的价格又比较高或者具有较高风险的时候,消费者也会在购买时持谨慎态度。企业在此类商品的营销过程中,重点在于介绍商品的用途和特征,帮助消费者建立购买信心。

(三) 习惯性的购买行为

许多商品的购买是在消费者低度介入,并且所购买商品的不同品牌没有多大差别的情况下完成的。绝大多数食品和日用消费品都属于此类商品。消费者往往会因为习惯而长期购买某一品牌的产品,但他们对该品牌并不一定了解,也称不上是品牌忠诚者。他们对该品牌的好感或者习惯,很容易因为外界刺激而改变,比如,当别的品牌的产品进行折扣销售时,消费者很可能会放弃原先习惯购买的品牌。此类商品的营销活动中,广告和销售促进都是转移消费者注意的一种有效手段,尤其是电视广告。

(四) 寻求品牌的购买行为

这是指一些消费者低度介入,但是品牌差异很大的购买行为。在这种情况下,消费者会经常改变品牌选择,并且,消费者改变品牌选择并非因为对产品不满意,而是由于市场上有大量可选择的其他品牌,好奇心在这种购买行为中起了很大作用。

虽然消费者有以上四种比较典型的购买行为,但是对于汽车生产和销售企业来说,需要研究的只是第一种购买行为,因为它是由汽车商品本身的特征所决定的。

四、汽车消费者购买过程分析

(一) 参与购买的角色

对于许多产品来说,识别购买者是相当容易的,比如说,购买日用品的通常都是妇女。但是,对于其他商品,比如汽车,即使是现场销售人员可能也需要经过一段时间的观察才能确定在这笔交易中占主导地位的人。

在很长一段时间内,人们主观地认为,在汽车购买过程中占据决定地位的是男性,因此,大多数汽车广告的表现主题是"成功男士"。然而,1999 年美国汽车行业做出的市场调查显示,近十年以来,女性在购车过程中占决策地位的比例越来越高。意识到这点后,美国很多整车生产企业都推出了一些以"独立、能干的女性"为诉求对象的广告。

我们可以在一个购买决策中,尤其是在复杂购买行为的决策中区分出 5 种角色。

发起者:首先提出或者有意向购买产品或服务的人。

影响者:影响者是指其看法或建议对最终决策具有一定影响的人。假设一个家庭决定购买一辆轿车,这个家庭的亲朋好友以及家庭中的任何一个成员,都可能扮演影响者的角色。

决策者:决策者是在整个购买行动中起决定性作用的人。

购买者:指最终实际采购的人。

使用者:指实际消费或使用产品或服务的人。实际购车的人以及扮演决策者的人都未必是最终的产品使用者。

(二)消费者的购买程序

一个典型的购买过程可以分为5个阶段(见图5-3):

图5-3 购买过程的5个阶段

1. 产生需要

任何购买行为都是由动机支配的,而动机又由需要引发,因此,需要是购买过程的起点。需要可以由内在或者外在的刺激引起。

同时,企业的营销活动也可以唤起消费者的需要。尤其是当一个新产品问世时,企业需要通过一系列营销活动使消费者认识到该产品的作用,从而引发需求。例如,安全气囊从发明至今,并没有确切的试验或调查数据可以证明其对于减低车祸时的伤亡率有多大帮助,但是,经过各个生产厂家的宣传,人们已经认定安全气囊对于行车安全又十分重要的作用,所以,时至今日,安全气囊已经成为中高档汽车的必备配件。

2. 信息收集

消费者的需求一旦被唤起,并且具有满足这个需要的能力,就会转入信息收集阶段。通过信息收集来确定是否需要实行购买行动,以及购买什么样的品牌或品种。由于汽车的商品特征,消费者在产生购买汽车的需要时,会比较注重信息的收集,所耗费的时间也会较长。

营销人员需要关注的是消费者通常通过什么渠道来获得信息,常见的信息来源有以下4种:

个人来源:家庭、朋友、邻居、同事等。

商业来源:广告、推销员、展览会、包装等。

公共来源:大众传媒、权威评审机构。

经验来源:检查和使用产品。

3. 方案评估

在信息收集过程中,消费者会自然形成一组备选方案,再根据所收集的信息将该组方案加以细分、对比,从而做出选择。

消费者在方案评估中的心理活动以及用以评估各方案的依据,对于营销人员来说是十分重要的。例如,一个消费者在收集资料后可能初步确定会在大众、通用或者丰田这三家公司的产品中选择其需要的汽车。如果最终该消费者选择了大众,汽车营销人员就应该对该消费者选择大众的理由进行认真分析,确定该消费者是因为品牌的知名度、产品的功能性,还是受到朋友的影响,从而做出这个选择。营销人员如果能够掌握这些信息,就可以对营销手段加以改进,厂家也可以根据这些信息考虑是否要改进现有的产品或者开发新品种。

4. 购买决策

在评价阶段,消费者最终要在被选择的各品牌之间产生一种偏好。但是,在这种偏好和最终的购买决策之间仍然会出现改变。其他人的态度,以及消费者自身对于未来情况的预测都可能改变最终的决策。例如,消费者在评估阶段已经产生对奥迪车的偏好,但是,由于其收入状况突然恶化,该消费者便可能出于对未来经济状况的顾虑而放弃这次购买,或者选择价格相对低些的经济型轿车。

5. 购买后行为

消费者购买产品后最终会将其投入使用,并且通过实际使用或者与实际使用者交换意见,产生某种程度的满意或者不满意情绪,这是消费者对自己购买决策的检验过程,在实际使用中重新判断自己的购买决策是否正确,从而积累经验,为以后的购买决策服务。例如,某消费者对自己购买的大众桑塔纳轿车高度满意,当他打算换购一辆更高级别的轿车时,便很可能根据以往的经验,继续选择大众的产品,比如帕萨特。

营销人员需要注意的是,即使消费者对所购买的产品满意,并且实施了重购行为,仍然不表示该消费者对该产品的每一项内容都表示满意。例如,他可能对所购买汽车的性能和外观都表示满意,但是却认为该品牌汽车的经销商在为其上牌照时花费了太多的时间,并且,他还了解到在其他品牌汽车的销售商那里,同样的服务需要的时间要少好几天。这些隐藏在满意中的不满意,尤其是对产品说明书及经销商的配套服务的不满意很可能导致该消费者不会成为品牌忠诚者。消费者如果对自己购买的汽车非常满意,那么,他不仅会实施重复购买,并对该品牌产生特殊好感,还可能向熟悉的人推荐该品牌的汽车,这种推荐,对于汽车生产商和经销商来说都是十分宝贵的财富。因此,无论一套行销方案有多么完美,最终决定企业销售业绩的仍然是企业所提供的商品和服务的质量。企业应当关注消费者的购买后行为,并且以此作为一项参考依据,用以改进产品或者寻找新需要并进行新产品或新功能的开发与研究。

经营者还应当关注消费者购买商品后最终是如何处置该商品的。如果消费者购买了一辆汽车后却很少使用,或者很快就购买了另一辆汽车,那么经营者就应当想到,该产品对于这位消费者来说可能存在很大的问题。

第四节 汽车业务市场购买行为分析

一、汽车业务市场的特点

与向消费者出售相比,在向业务购买者出售商品或服务的过程中要牵涉更多的项目和资金。业务市场与消费者市场相比,具有以下特征:

(一) 购买者较少

一般来说,业务市场上的营销人员面对的顾客比消费者市场上的营销人员要少得多。在业务市场上,一家汽车销售厂家的潜在客户最多是所处地区的所有企业和组织,而在消费者市场上,他们的潜在客户是所处地区的所有人。

(二) 购买量大

许多业务市场的特点是高购买比例。一个消费者一般一次只会向一家汽车销售商购买一辆汽车,而一家运输公司一次可能会购买几十辆汽车。

（三）供需双方关系密切

许多整车生产厂家有自己固定的原材料和零件供应商，他们通常会签订长期合同，如果不出现特殊事件，这种相互间的供需合作不会轻易中断。例如，世界上最大的汽车零配件供应商之一德尔菲公司（Delphi），就固定向诸如通用、福特等整车生产厂供货。

（四）衍生需求

对业务品的需求最终取决于对消费品的需求，当消费品市场的需求情况出现变动时，相应的业务品市场上的需求情况也会发生变化。例如，如果汽车租赁行业持续出现疲软，那么汽车租赁公司就必然会减少或者停止购买汽车。

（五）需求弹性小

大多数业务用品的总需求量并不受价格变化的影响。对于整车生产厂家来说，只要所生产的车辆的需求没有发生变化，即使零部件价格上升，也不会明显减少对零部件的需求。而在消费品市场上，如果汽车的价格上涨，消费者可能就会放弃近期的购车计划。

（六）专业采购

业务市场上的采购是由受过专业训练的人来执行的，有些企业甚至会选择采购代理商，而消费品市场上的购买者往往对所购买的商品并不熟悉。

（七）影响购买的人多

业务购买中扮演影响者角色的人比消费者购买决策中扮演该决策的人多得多。除了专职采购的人，企业采购部门的领导乃至其他工作人员都可能影响最终的购买决策，尤其是在购买重要商品时还可能会有高层管理人员介入。

（八）直接采购

业务购买者通常直接从生产商处购买产品，而不经过中间商环节，尤其是在采购批量大或者价格昂贵、工艺复杂的商品时。例如，一家汽车租赁公司准备购买一批桑塔纳轿车用于租赁业务时，通常会直接和上海大众公司联系，而不是在经销商处购买。

（九）租赁

租赁作为企业融资的一种方式，已经越来越受重视，一些业务购买者会采用设备租赁而非直接购买的方式来完成生产经营工作。例如，一家公司如果在短期之内用车的需求量增大，那么该公司很可能会选择向租赁公司租用汽车，而非向经销商或厂家购买。

二、汽车业务市场购买行为

业务市场上的购买行为可以分为3类，即：直接再采购、修正再采购以及新任务。

（一）直接再采购

直接再采购是指采购部门对于以前购买过的，质量规格相同，且需要不断再补充的产品，会定期、定量地向同一个供货商购买。

（二）修正再采购

修正再采购是指当购买者希望修改产品规格、价格或其他条件时的购买行为。修正再采购中参与决策的人数比直接再采购中的人数要多，对于原有供货商来说，供给方的修正再采购行为是一种压力；而对于其他供货商来说，其修正再采购行为则是一种机遇。

（三）新任务

这主要是指企业为了进行新的生产加工任务或进行设备改造，要求购买新的设备装置时的购买活动。新任务的参与决策者相较于前两种购买行为最多。新任务的成本或风险越大,参与的人也就越多,信息收集量也越大。对于供货商来说,新任务是他们最大的机会,应当设法尽可能地接触主要的采购者和影响决策者,甚至可以组成专门的促销小组,对不同的决策影响者采用不同的对策和措施,并且根据对方的需要对所能提供的产品进行改进,以求达成交易。

三、影响汽车业务市场购买行为的因素

业务采购人员在做出购买决策时会受到一些因素的影响,这些因素会单独或共同对采购产生影响。

一般来说,对业务采购人员的决策影响可以分成4类:环境影响、组织影响、人际关系影响和个人影响(见图5-4)。

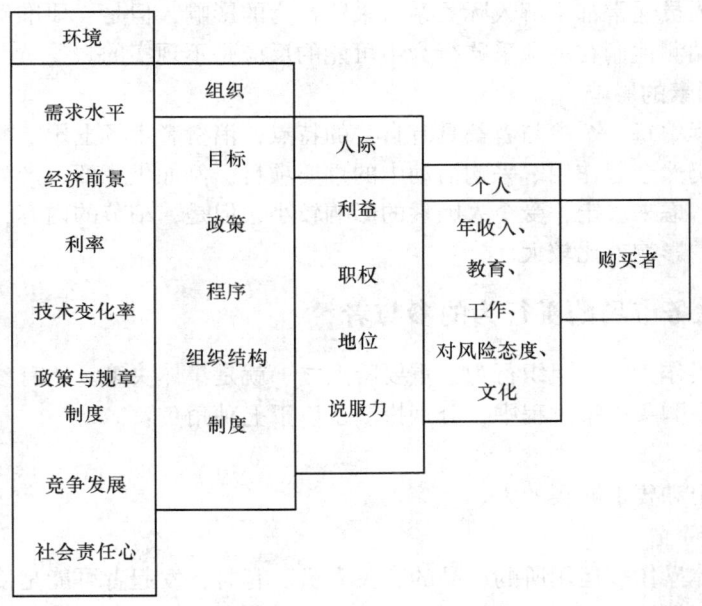

图5-4 影响业务购买行为的主要因素

(一)环境影响

采购人员所处企业的内外部环境、当前和未来的经济状况、企业产品的需求状况、技术发展水平的变化情况以及政治法律环境等都会影响其采购行为。例如,如果政府出台政策限制私人购车,汽车租赁公司又根据市场调查,认为未来私人用车的需求量会增大,那么就可能做出增加购买车辆的决定。如果政府出台环境保护政策,需要买车的企业为了避免今后可能引起的麻烦,在采购决策时就会考虑购买环保型汽车。

(二)组织影响

每一个采购组织都有具体的目标、政策程序和组织结构,营销人员需要关注采购部门在企业组织结构中的变化趋势。当代企业组织结构中有如下几种变化趋势:

(1)采购部门地位的升级 采购部门涉及的管理费用占据了大部分的企业成本,为了增强竞争能力,一些企业开始提升采购部门的地位,并且使采购部门经理也跻身于企业的高

层管理者行列。

(2) 集中采购　通过一些事业部门将商品的采购统一起来，进行集中采购，对企业最大的意义就是可以降低成本。

(3) 长期合同　业务采购者与可靠的供应商之间维持长期合同，可以减少企业每次采购时为决策花费的时间和费用，也可以保证采购商品的质量。对于业务市场上的营销人员来说，长期合同使开拓新市场的难度加大。

(4) 强化对采购绩效的评价趋势　建立激励制度，奖励工作特别出色的采购人员，会在企业的采购人员当中产生竞争机制，使采购人员为了实现自己的业绩向供货方提出更高的要求。

(三) 人际关系影响

一个企业的采购部门由处于不同地位、职权的人员组成，这些人员又有不同的偏好。业务市场上的营销人员通常都了解人际关系对采购行为的影响，但是，要准确捕捉这些人员的各项特征，并且揣测他们在一项采购行为中可能的反应是不现实的。

(四) 个人因素的影响

购买决策过程中每一个参与者都具有自身的特点，消费者市场上影响购买行为的个人因素在业务市场上仍然会起作用。采购活动中的重要项目，例如供货商、产品型号及价格等可能需要通过集体考虑来决定，受个人因素的影响较小，但是，细节的内容，比如色彩、包装等，受个人因素的影响就比较大。

四、汽车业务市场购买行为的参与者

汽车业务购买作为一种组织行为，重要特点之一就是集体决策。所有参与了采购决策过程的个人和团体在购买决策过程中，分别扮演了以下七种角色：

(一) 发起者

发起者指提出和要求购买的人。

(二) 使用者

使用者指具体操作、运用所购产品的有关人员。有时，发起者可能是使用者。使用者对所购产品的品种、规格决策有重要的影响。例如，出租车公司在购买新出租车时，可能会征求企业中现有出租车司机的意见，以确定哪种类型的轿车使用起来比较经济方便，并且能满足运输需要。

(三) 影响者

影响者指在采购企业的内部和外部，能够直接或间接影响购买决策的人员。属于影响者的有生产和办公室人员、研发工程师、工程技术人员等。他们虽然不是决策者，但却具有相当大的影响力。他们经常协助采购人员确定产品规格，并提供方案评价信息。其中，技术人员往往是重要的影响者，尤其是在企业采购重要生产资料时。

(四) 采购者

采购者是正式实施购买行为的人，负责选择供货单位并参加谈判。在较复杂的购买活动中，采购者还包括采购单位内部的高层管理人员。

(五) 决策者

有正式或非正式权力决定购买行为、产品要求和供应商的人。在一般的例行采购中，采购者常常就是决策者；若是较复杂的采购，决策者常常是企业领导者。因此，对于供应商来说，确定决策者，并以决策者的需要为目标，可以有效地促成交易。

（六）批准者

批准者指有权批准决策者或采购者所提供的行动方案的人员。批准者通常是企业的高层管理人员。

（七）控制者

控制者指在采购企业的内部和外部，能够控制有关信息流向决策者和使用者的人员。他们不是购买行动的直接参与者，也不对企业决策产生影响，但是，他们往往有能力影响或阻止采购人员接触销售员或有关商品信息。所以，供应商在试图打开某一个企业的市场时，必须和控制者搞好关系，重视他们在整个购买活动中可能产生的影响。

由于购买行为不同，采购企业中不同成员在整个购买过程中的重要性也就不同。如在直接采购时，采购代理人的作用较大；在新任务采购中，其他组织人员的作用较大；在产品选择决策时，工程人员和使用者有较大影响力；而购买者则往往控制着选择供应商的权利。

五、汽车业务市场购买过程分析

大多数业务采购可以分为7个过程，如图5-5所示。

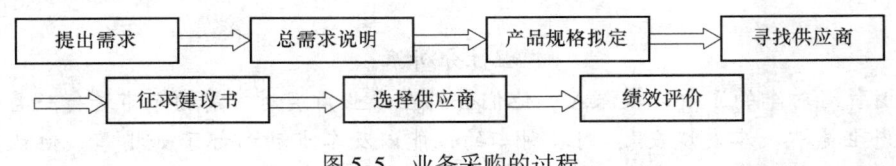

图 5-5　业务采购的过程

（一）提出需求

企业为解决某个问题而提出的新的采购需求。这可能是因为企业自身的需要，也可能是由于市场上技术的进步和新产品的出现。

（二）总需求说明

当新的需求提出之后，采购人员需要确定所需项目的总特征和总数量，并加以汇总。

（三）产品规格拟定

即拟定所需购买物品的具体技术和规格指标。例如，拟定所需购买车辆的种类，价格范围和性能等。

（四）寻找供应商

供应商的任务就是要使自己的产品列入企业备选的主要范围之内，这需要制订有竞争力的销售方案，并在市场上建立良好的信誉。

（五）征求建议书

复杂的采购项目中，采购人员会向基本符合企业要求的供应商索要详细的书面建议以供选择。在一些复杂采购项目中，有些企业会采用招标的方法，这时，供应商就必须按照招标的要求提供一系列书面材料并准备标书。

（六）选择供应商

完成上述五项工作之后，采购者就能掌握比较丰富的信息，并从中选定合适的供应商。

（七）绩效评价

如同消费品购买过程中的购买后行为一样，业务品采购完成后，采购部门也会根据最终的使用情况来对此次采购做出评价，为此，采购部门会听取各使用者的意见。

案例分析：消费者购车的3种心态

一见钟情派

有些消费者买车就像找女朋友，看重所谓"第一眼感觉"。如果一款车的外观，或者整体风格能够得到他的认同，再加上足够的品牌吸引力，那么，他在购车时"移情别恋"的可能性就很小了。在某中学就职的晏先生买了一辆别克凯越。他比较喜欢美系车随意简洁的外形设计，第一眼看到凯越就比较喜欢，而别克又是个不错的品牌，他便毫不犹豫地买了下来。

慎重比较派

就中国消费者目前的购买力而言，添置一辆新车对大多数人来说都不是小事，很多消费者买车除了自己要在汽车市场转悠一番外，还得拉上家人朋友去给自己出谋划策。李先生是公务员，计划买车已经有一段时间了，但目前尚未实施。说到买什么车，他有些无所适从地表示，从经济的角度考虑，日系、韩系车比较省油，但欧系、美系车的使用寿命又要长一些。

理性分析派

有些消费者对车的了解比较深入，他们会站在专业角度对目前的车市进行一番分析再做决定。张先生是"汽车发烧友"，对各种车的性能以及车市动向都了如指掌。他认为，买车不仅要看车的情况，还要看本地的路况更适合什么车。

讨论题：
1. 结合案例分析影响汽车消费者购买行为的因素？
2. 结合案例分析三种不同派别汽车消费者的购买行为？
3. 针对这三种消费者的心态，提出细分其相应汽车市场的车辆定位和销售建议。

本 章 小 结

本章通过对汽车消费者购买行为及其影响因素的分析，为汽车营销的决策者提供了决策的依据。同时，也对汽车消费者市场购买行为和业务市场购买行为做了深入分析。

思 考 题

1. 请简述汽车消费者购买行为的含义？
2. 影响汽车消费者购买行为的因素主要有哪些？
3. 请简述汽车消费者市场和业务市场特点的主要区别？
4. 一般汽车消费者主要的购买动机有哪些？
5. 业务市场上影响采购人员购买行为的主要因素分为哪几类？分别有什么特点？

第六章　汽车产品策略

学习目标

理解汽车产品的整体概念和汽车产品的组合类型，正确选择并应用不同类型的产品组合策略；掌握汽车产品寿命周期概念及各阶段特征，熟悉寿命周期不同阶段的主要策略；掌握汽车产品主要的品牌策略，了解世界汽车品牌策略的发展动向；掌握汽车产品商标的特征，熟知全球汽车产品主要的商标策略。

汽车企业的市场营销活动是以满足汽车市场需求为目的的，而汽车市场需求的满足只能通过提供某种品牌的汽车产品或相应的汽车服务来实现。因此，汽车产品是汽车企业市场营销组合中的一个重要因素。汽车产品策略直接影响和决定着其他汽车市场营销的策略，是汽车市场营销组合策略的基础。在现代汽车市场经济条件下，每个汽车企业都应致力于优化汽车产品组合结构及提高汽车产品和汽车服务质量，以更好地满足汽车市场需求，并取得更好的经济效益。

第一节　汽车产品概述

为了制定有效的汽车产品组合策略，首先必须对产品、汽车产品和汽车产品整体概念有清楚的理解。

一、产品概念

GB/T9000 系列标准对产品的定义是"活动或过程的结果"或者"活动或过程本身"。该定义给出的产品概念，既可以是有形的，如各种实物；也可以是无形的，如服务、软件；还可以是有形与无形的组合，如实施一个由计算机控制的某种产品的生产过程。

市场营销是一个满足用户需要的过程。用户的需要包括物质方面的需要和心理方面的需要。由此可见，现代市场营销中的产品是一个多层次的概念。

二、汽车产品概念

人们对汽车产品的理解，通常仅限于汽车的实物产品，然而，汽车市场营销学中汽车产品的概念要广得多，它指向汽车市场提供的能满足汽车消费者某种欲望和需要的任何事物，包括汽车实物、汽车服务、汽车保证、汽车品牌等各种形式。简而言之，人们需要的汽车产品=需要的汽车实物+需要的汽车服务，而汽车企业提供的汽车产品=汽车企业生产的汽车实物+汽车企业提供的汽车服务。

三、汽车产品整体概念

汽车产品整体概念，又被称为广义的汽车产品概念。它把汽车产品理解为由五个层次组成的整体，如图6-1所示。

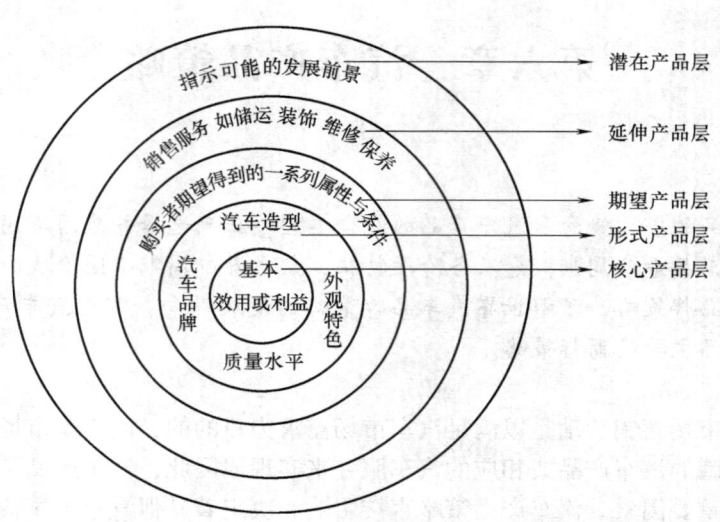

图6-1　汽车产品整体概念的五个层次

第一层是汽车核心产品层，又称汽车实质产品层，指汽车产品向汽车消费者提供的基本效用或利益。汽车消费者购买某种品牌汽车产品并不是为了占有或获得汽车产品的本身，而是为了满足以车代步的需要，因此，营销活动所推销的是汽车产品的基本效用或利益而非汽车产品的表面特色。

第二层是汽车形式产品层，又称汽车基础产品层，指汽车核心产品借以实现的基本形式，即向市场提供的实体或劳务的外观。汽车产品的外观指汽车产品出现于市场时具有的可触摸的实体和可识别的面貌，并不仅仅指其具有的外形。汽车市场营销学将汽车形式产品归结为四个标志：质量水平、外观特色、汽车造型、汽车品牌。由于汽车产品的基本效用必须通过某些具体的形式才能实现，因而汽车市场营销人员应该从汽车消费者购买汽车产品时所追求的实际利益出发去进行汽车产品设计。

第三层是汽车期望产品层，指汽车消费者在购买汽车产品时期望能得到的东西。期望产品实际是指一系列属性和条件，例如，舒适的车厢、导航设施和安全保障设备等。

第四层是汽车延伸产品层，又称汽车附加产品层，指汽车消费者购买汽车形式产品和汽车期望产品时所能得到的附加服务和利益，即储运、装饰、维修、保养等。

汽车延伸产品的设计应该注意三点：其一，任何汽车延伸产品都将增加汽车企业成本，因此汽车延伸产品并不是越多越好，营销人员应考虑汽车消费者是否愿意承担因此产生的额外费用。其二，汽车延伸产品给予汽车消费者的利益将很快转变为汽车消费者的期望利益，因而汽车延伸产品的设计应根据消费者的需要和竞争者的动向进行不断改进。其三，由于汽车延伸产品提高了汽车产品的价格，因而促使某些竞争者剥除汽车延伸产品，以降低价格，吸引不同需求的汽车消费者。

第五层是汽车潜在产品层，指包括现有汽车产品的所有延伸和演进部分在内，最终可能发展成为未来汽车产品的潜在汽车产品。汽车潜在产品指示出现有汽车产品的可能发展前景，如普通汽车可以发展为水陆两用汽车等。

第二节　汽车产品组合

一、汽车产品组合概念

汽车产品组合是指一个汽车企业生产和销售的所有汽车产品线和汽车产品品种的组合方式，即全部汽车产品的结构。

汽车产品组合一般由若干汽车产品系列（汽车产品线）组成。所谓汽车产品系列，是指密切相关的一组汽车产品，这些汽车产品能满足消费者类似的需要，销售给同类汽车消费群，而且经由同样的渠道销售出去，销售价格在一定幅度内变动。汽车产品系列又由若干汽车产品品种组成，汽车产品品种指汽车企业生产和销售的具体汽车品名和汽车型号。

二、汽车产品组合的类型

汽车产品组合包含广度、深度、长度和相容度等概念。汽车产品组合的广度，指汽车企业生产经营的汽车产品系列（汽车产品线）的个数。汽车产品组合的深度，指每一汽车产品系列所包含的汽车产品品种（汽车产品项目）。汽车产品组合的长度，指汽车产品组合中的汽车产品品种总数。汽车产品组合的相容度，指各产品系列在生产条件、最终用途、细分市场、分销渠道、维修服务或者其他方面相互关联的程度。

汽车产品组合的广度越大，说明汽车企业的产品系列越多；反之，则产品系列越少。同样，汽车产品组合的深度越大，说明汽车企业产品的规格、品种越多；反之，则产品的规格、品种越少。

汽车产品组合具有广度性组合和深度性组合两种类型。汽车超市和汽车专营店所体现的就是这两种不同的汽车产品组合类型（见表6-1）。

表6-1　两种不同的汽车产品组合类型比较

	组合广度	组合深度	组合长度	组合相容度
汽车超市	宽	浅	长	差
汽车专营店	窄	深	短	好

汽车产品组合的广度、深度、长度和相容度对汽车企业的营销活动会产生重大影响。一般而言，增加汽车产品组合的广度，即增加汽车产品系列和扩大经营范围，可以使汽车企业获得新的发展机会，更充分地利用各种资源，并分散投资风险；增加汽车产品组合的深度，会使各汽车产品系列具有更多规格、型号的汽车产品，更好地满足消费者的不同需要与爱好，增强行业竞争力；增加汽车产品组合的相容度，则可发挥汽车企业在其擅长领域的资源优势，避免进入不熟悉行业可能带来的经营风险。

三、汽车产品组合的评价方法

从汽车市场营销的角度，汽车企业要获得最大的销售额和利润，在一定的市场条件下确定一个最佳的汽车产品组合是十分重要的。波士顿矩阵法就是一种常用的确定产品组合的方法，它由美国波士顿咨询公司（BCG）首先提出，简称为BCG法。BCG法用相对市场占有率和销售增长率，把汽车企业的产品分割在四个象限中。

下面，我们以上海大众汽车的产品为例介绍波士顿矩阵法（见图6-2）。

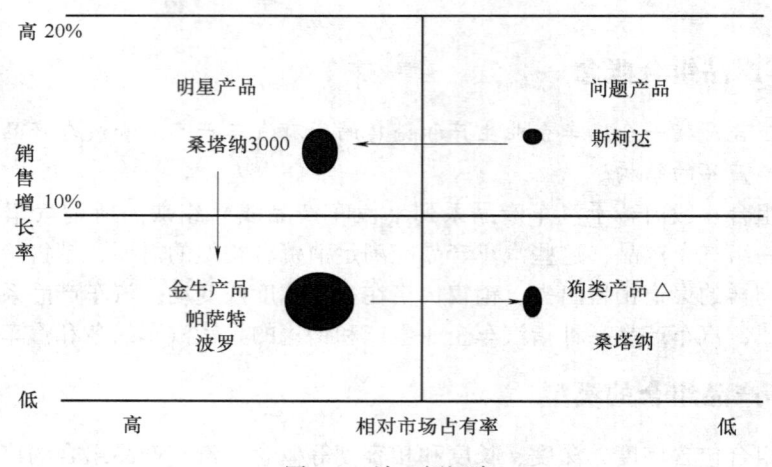

图6-2 波士顿矩阵

图6-2纵坐标为销售增长率，表示每种汽车产品在市场上的年销售增长率，以10%作为分界线，大于10%就是增长率高，小于10%就是增长率低。横坐标为相对市场占有率，表示每种汽车产品的市场占有率与该市场最大竞争者的市场占有率之比。

（1）明星产品　相对市场占有率高，销售增长率高，说明该类汽车产品市场潜力大，企业在市场中占有优势。但这种汽车产品要迅速增长，需要大量资金支撑，因此，最终它的增长速度会减慢下来，成为提供资金的"金牛"类汽车产品。比如图中的桑塔纳3000。

（2）金牛产品　相对市场占有率高，销售增长率低。这类汽车产品活力大，而所需要的资金投入却少，是企业利润的主要来源，这类汽车产品的高额资金收入，可加速资金周转，或支持其他需要资金的汽车产品，如图中的帕萨特和波罗。

（3）问题产品　相对市场占有率低，但销售增长率高。这类汽车产品需要投入较多的销售人员和费用，往往要靠其他汽车产品或贷款来提高其相对市场占有率，因此有较大风险，需慎重选择，如图中的斯柯达轿车。

（4）狗类产品　相对市场占有率低，销售增长率也低。这类汽车产品的市场潜力很小，可能是亏损汽车产品或者仅是保本汽车产品，如图中的桑塔纳。

汽车企业在考虑调整原有汽车产品组合时，通常有四种方法可选：

1）发展。提高汽车相对市场占有率，有时甚至不惜放弃短期收入来达到这一目的，因为增加市场占有率需要相当的投资和时间才能奏效，所以此方法特别适用于新产品的"问题"类汽车产品。如果这类产品相对市场占有率有较大增长，就会成为"明星"类汽车产品。

2）维持。保持汽车产品在市场上的占有率和地位。在产品寿命周期中处于成熟期的汽车产品，大多采取这一方法。该方法特别适用于能为企业提供大量资金的"金牛"类汽车产品。

3）收缩。目的在于追求汽车产品的短期收入，涸泽而渔。有些处境不佳的"金牛"类汽车产品，前景暗淡，却又需要从它身上获得更多资金收入，往往采取这种方法。

4)放弃。目的是出卖汽车产品,不再生产,把资源用于其他汽车产品。这种方法是用于没有发展前途的"狗类"和"问题"类汽车产品。

四、汽车产品组合策略

汽车产品组合策略,就是根据汽车企业的目标,对汽车产品组合的广度、深度和相容度进行决策,确定一个最佳的汽车产品组合。

(一)扩大汽车产品组合策略

扩大汽车产品组合有三种方式:

1. 扩大汽车产品组合的广度

一个汽车企业在生产设备、技术力量所允许的范围内,既专业又综合地发展多个品种。扩大汽车产品组合的广度可以充分利用企业的各项资源,使汽车企业在更大的市场领域中发挥作用,并且能分散汽车企业的投资风险。

2. 加深汽车产品组合的深度

从总体来看,每个汽车公司的汽车产品线只是该行业整个范围的一部分。例如,宝马公司的汽车在整个汽车市场上的定位属于中高档范围。加深汽车产品组合的深度,可以占领同类汽车产品中更多的细分市场,迎合更广泛消费者的不同需要和偏好。位于不同市场地位的企业加深汽车产品组合的深度,可以向下(低档)扩展,向上扩展(高档),也可以双向扩展。

3. 加强汽车产品组合的相容度

一个汽车企业的汽车产品应该尽可能地配套,如汽车和汽车内饰、汽车涂料等。加强产品组合的相容度,可提高汽车企业在其行业或某一地区内的声誉。

(二)缩减汽车产品组合策略

该策略也同样有缩减汽车产品组合广度、深度、相容度三种方式。采取缩减策略有以下好处:

1)可集中精力与技术,对少数汽车产品改进品质、降低成本。

2)对留存的汽车产品可以进一步改进设计、提高质量,从而增强竞争力。

3)使脱销情况减少至最低限度。

4)使汽车企业的促销目标集中,效果更佳。

采取该策略会使汽车企业丧失部分市场,增加汽车企业经营风险。

(三)高档汽车产品策略与低档汽车产品策略

高档汽车产品策略,即产品线向上延伸策略,是在原有汽车产品线内增加高档汽车产品项目,以提高汽车企业的声望。高档汽车产品市场具有较大的潜在成长率和较高的利润率,但前提是汽车企业的技术设备和营销能力已具备加入高档产品市场的条件。采取高档汽车产品策略既可增加原汽车产品的销量,又可逐步推动高价汽车产品的销售。

低档汽车产品策略,即产品线向下延伸策略,是在高档汽车产品线中增加廉价汽车产品项目。当高档汽车产品销售增长缓慢,汽车企业的资源设备没有得到充分利用时,为赢得更多的顾客,企业应将汽车产品线向下伸展。

以上两种策略都有一定的风险,都可能引起汽车消费者的质疑。例如,采取高档汽车产品策略的汽车企业如果要改变企业在汽车消费者心目中的原有形象,是很不容易的,其新增的高档车可能会失去意义;而采用低档汽车产品策略的汽车企业,如果处理不当,会损害企业原有产品的声誉。

(四) 汽车产品异样化和汽车产品细分化策略

汽车产品异样化和细分化均属于扩大汽车产品组合策略的范畴。

汽车产品异样化指在同质市场上,汽车企业为避免价格竞争,尽可能地强调自己的产品与竞争产品的区别,以在不完全竞争市场上占据有利地位,比如两种汽车产品在动力、安全等性能上没有差别,但可采用不同的设计和造型等。应该注意的是该策略的实质在于同质汽车产品的异样化,而不是将同质汽车产品异质化。

汽车产品细分化指在市场细分化基础上产生的汽车产品策略。它假定市场上总存在未满足的需求,因此汽车企业总能对同质市场作进一步细分,寻找到未满足的需求,并进入该市场为此生产一些独特的汽车产品。

第三节 汽车产品寿命周期及其策略

一、汽车产品寿命周期的概念

汽车产品寿命周期,指从汽车产品投入市场开始到被市场淘汰为止所经历的全部时间过程。它不同于汽车产品的使用寿命,其长度受汽车消费者需求变化、汽车产品更新换代速度等多种市场因素的影响,是汽车产品的市场寿命。汽车产品的寿命周期,一般来说分为四个阶段,即:导入期、成长期、成熟期和衰退期(见图 6-3)。

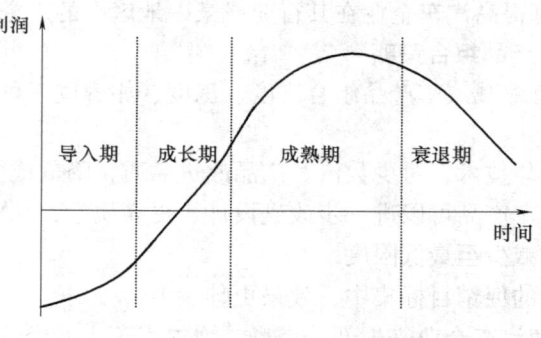

图 6-3 汽车产品寿命周期

如图 6-3 所示,汽车产品寿命周期的各个阶段在市场营销中所处的地位不同,具有不同的特点:

(1) 导入期 指汽车产品投入市场的初期阶段。在此阶段,汽车消费者对汽车新产品不够了解,所以产品销售量低,费用及成本高,利润低,企业有时甚至会亏损。

(2) 成长期 指汽车产品经过试销,汽车消费者对该产品有所了解,销售量迅速增长的阶段。在此阶段,汽车产品已经定型,开始大批量生产。产品的分销途径已经疏通,成本降低,利润增长,同时竞争者也开始加入。

(3) 成熟期 指汽车产品的市场销售量已达饱和状态的阶段。在这个阶段,产品销售量虽有增长,但增长速度减慢,甚至开始呈下降趋势,竞争激烈,利润相对下降。

(4) 衰退期 指汽车产品已经处于被市场淘汰的阶段。在这个阶段,产品销售量下降很快,新产品已经上市,老产品逐渐退出市场。

各种档次、类型的汽车产品寿命周期不同,每种汽车产品经历寿命周期各阶段的时间也不尽相同。有些汽车产品经过短暂的市场导入期,很快就达到成长、成熟阶段;而有些汽车产品的导入期经历了许多年,才逐步为广大汽车消费者所接受。同时并不是所有的汽车产品都要经过四个阶段,有的汽车产品一进入市场,尚属导入期即被淘汰;也有些处于成长期的汽车产品,由于营销失策而未老先衰。如亨利·福特设计的T型车,从投入市场到停产一共经历了20年的时间;而福特公司1957年9月推出的埃泽尔汽车,1959年11月就被迫停产,其寿命周期只有短短两年时间。

二、汽车产品寿命周期各阶段的判断

在汽车产品寿命周期的变化过程中,正确判断出各阶段的临界点,确定汽车产品所处的阶段,是进行正确决策的基础。一般采用的方法有:

(一) 类比法

这种方法一般用于判断汽车新产品的寿命周期。对于正在销售的汽车新产品,由于销售资料不全,很难分析判断,就可以运用类似汽车产品的历史资料,进行比照分析。例如,铃木公司在为铃木武士定位时就是参照了铃木SJ410在美国西海岸地区的销售情况进行分析的。

(二) 销售增长率法

这种方法以各个时期实际汽车销售增长率的数据 $\Delta Y/\Delta X$,以量的标准来划分寿命周期的各个阶段。其中 ΔY 表示纵坐标上汽车销售量的增长率,ΔX 表示横坐标上时间的增加量。销售增长率的经验数据如下:

$\Delta Y/\Delta X$ 之值大于10%时,属成长期;

$\Delta Y/\Delta X$ 之值在0.1%~10%之间,属成熟期;

$\Delta Y/\Delta X$ 之值在接近0或小于0时,属衰退期。

汽车产品寿命周期理论说明:不会有一种汽车产品经久不衰,永远受消费者的欢迎。因此,汽车企业必须经常对各类汽车产品的市场状况进行分析,适时淘汰老产品,开发新产品,使汽车产品组合保持最优状态。

三、汽车产品寿命周期各阶段的特点和营销策略

不同汽车产品在产品寿命周期的不同阶段各具不同的特点,因此,汽车企业营销策略也应有所不同。运用汽车产品寿命周期理论主要有三个目的:一是使汽车产品尽快为汽车消费者所接受,缩短汽车产品的导入期;二是尽可能保持和延长汽车产品的成长阶段;三是尽可能使汽车产品以较慢的速度被淘汰。

(一) 导入期的特点和营销策略

导入期是新产品进入市场的最初阶段,其主要特点是:

(1) 生产批量小,制造成本高 因为新产品刚开始生产时,技术不够稳定,不能批量生产,次品率较高,根据市场反应进行的测试、改进费用高,因此制造成本较高。

(2) 营销费用高 新产品刚进入市场,消费者对其性能、质量、款式、价格、优点等不了解、不认同,需要企业加大推销和宣传的力度,这必然引起营销费用的增加。

(3) 销售量小　新产品投入市场，多数消费者对其不了解，只有少数求新者或品牌拥护者会购买产品。

(4) 利润低，甚至为负值　在此阶段，产品销售量呈缓慢增长状态，销售量小，同时，由于投入了大量的新产品开发费用和促销费用，企业几乎无利可图甚至亏损。

(5) 产品价格偏高　由于先期投入大，在产品定价一般偏高。

> 在这一阶段，营销策略要突出一个"快"字，即千方百计缩短产品的导入期，使之尽快进入成长期。其中的关键环节是要大力宣传和促销，使新产品赢得顾客的信任，从而尽快进入市场。导入期的市场策略，单就价格与促销费用两项因素考虑，可分为以下四种策略（见表6-2）。

表 6-2　导入期的四种市场策略

销售价格	促销费用 高	低
高	高价快速促销策略	高价低费用策略
低	低价快速促销策略	逐步打入市场策略

1. 高价快速促销策略

采取高价格，以大量广告宣传费用迅速扩大汽车销售量来加速对市场的渗透，以图在竞争者尚未反应时先声夺人。这种策略的前提是：消费者愿意支付高价，且大部分潜在消费者还不了解此种汽车产品；同时，这种新汽车产品应具有老产品所没有的特色，适应汽车消费者的某种需求。

2. 高价低费用策略

此种策略采取高价格，但广告宣传促销费用较少，这样能带给企业较多利润。这种策略的前提是：汽车产品必须具有独创的特点，填补了市场的某项空白。

3. 低价快速促销策略

采取低价格，大量广告宣传费用，以求迅速占领或进入市场。这种策略的前提是：市场容量相当大，汽车消费者对这种汽车新产品不了解，但对价格敏感；潜在竞争激烈；同时要求企业尽力降低成本，以维持较大的推销费用。

4. 逐步打入市场策略

采取低价和低促销费用推出汽车新产品，占领新市场。低价的目的在于促使市场尽快接受新产品，并有效地阻止竞争对手对市场的渗透；低促销费用的目的在于降低售价，增强竞争力。这种策略的前提是：市场容量大，汽车消费者对价格敏感，有相当多的潜在竞争者。

（二）成长期的特点和营销策略

经过导入期后，消费者对新产品已经熟悉，消费习惯已经形成，销售量随之迅速增长，该产品就进入了成长期。成长期产品的特点主要表现在：

(1) 产品销售势头强劲　由于产品已经被广大消费者所接受，形成了相当大的市场需求，销售量增长很快，产品销售额迅速上升。

(2) 成本下降，利润增加　新产品经过导入期的不断改进和完善，其设计和制造工艺已经确定，批量生产的条件也已经具备。随着产量的扩大，产品单位生产成本和销售成本都相对降低，企业利润会大幅增长。

(3) 竞争激烈　在这一阶段，竞争者看到有利可图，纷纷进入市场参与竞争，当新产品盈利较高时更是如此。

> 在这一阶段，营销策略要突出一个"好"字，即企业应尽量维持销售的增长速度，把提高产品质量、建立品牌偏好、扩大企业信誉、争取新顾客作为主要目标。基于这种考虑，有如下几种策略可供企业选择：

1. 改善产品品质

对产品进行改进，可以提高产品的竞争能力，满足顾客更广泛的需求，吸引更多的顾客。如增加新的用途，努力发展产品的新款式、新型号等。

2. 寻找新的细分市场

通过市场细分，积极寻找和进入新的尚未满足的细分市场，并开辟新的分销渠道，扩大商业网点，满足更多顾客的需求。

3. 改变广告宣传的重点

把广告宣传的重心从介绍产品转向建立产品形象上来，目的是建立品牌偏好，争取新的顾客。

4. 调整产品售价

选择适当的时机降低产品价格或推出折扣价格，可以吸引对价格敏感的消费者，还可抑制竞争。

在这一时期，企业需要在追求高市场占有率与追求当前高额利润之间做出权衡与抉择。

(三) 成熟期的特点和营销策略

成熟期是产品寿命周期的一个"鼎盛"时期，也是一个由"盛"转"衰"的转折时期。产品进入成熟期以后，销售量的增长会缓慢下降，利润开始缓慢回落。成熟期产品的特点集中体现在以下几个方面：

(1) 产品结构基本定形，工艺成熟　产品在性能及质量方面再度进行改进的余地已经不大。

(2) 销售量增长缓慢，在达到顶峰后开始缓慢回落　这一阶段，由于产品已被绝大多数购买者接受，基本上不会再有新的消费者，市场需求量趋于饱和，销售额的维持主要依靠原有消费者的重复购买。

(3) 竞争处于"白热化"，利润开始下降　同类产品的竞争日益加剧，企业不得不通过投入更多的营销费用或开发新的差异性市场来维持其市场地位，由此导致企业利润逐步下降。少数财力不足或竞争力弱的企业可能被迫退出市场。

> 在这一阶段，营销策略要突出一个"延"字，即企业的主要任务是集中一切力量，尽可能延长产品寿命周期。成熟期是汽车企业获得利润的黄金时期，该时期的营销策略围绕着如何延长汽车产品寿命，防止其过早跌入衰退期展开，具体有以下几种：

1. 市场改革策略

努力开拓新的目标市场，拓展市场需求的深度和广度。通常有三种形式：①寻找新的目标市场；②刺激汽车消费者增加使用频率；③重新树立汽车产品形象，寻找新的买主。

2. 产品改革策略

提高汽车产品质量，改变汽车产品的特色和款式，向汽车消费者提供新的利益，从而争取新的汽车消费者。

3. 市场营销组合改革策略

改变某些市场组合因素，以刺激销售量。如上海汽车销售总公司为推进桑塔纳轿车的销售，设立地区分销中心，引进了特许经营的营销方式，以改进营销组合。

（四）衰退期的特点和营销策略

如果产品销售量的下降速度开始加剧，企业利润水平变得很低，通常就可以认为这种产品已经进入衰退期。这个阶段的主要特点是：

（1）销售量急剧下降　由于产品逐渐老化，具有类似功能的新产品开始进入市场并逐渐代替老产品，转移了市场需求，购买者的急剧减少导致销售量的严重下滑。

（2）企业利润明显下降，可能出现亏损　由于经过成熟期的激烈竞争，产品价格已降到极低的水平，再加上销售量减少，资金周转减慢，使企业从这种产品中能获得的利润变得很低，甚至可能出现亏损。

（3）大量竞争者退出市场。

> 在这一阶段，营销策略要突出一个"转"字，即除了坚守少数确实有利可图的细分市场外，迅速转入新产品或新市场。企业要有计划地"撤"，有预见地"转"，有目标地"改"。具体有以下几种策略可供选择：

1. 维持策略

即继续沿用原有的营销组合策略，保持原有的细分市场，使用相同的分销渠道、定价及促销方式，直到这种产品完全退出市场为止。

2. 收割策略

利用剩余的生产能力，在保证获得边际利润的条件下，有限地生产一定数量的汽车产品，适应市场上一般保守性消费者的需要，或者只生产某些零部件满足用户的维修需要。

3. 榨取策略

大力降低销售费用，精简促销人员，增加当前利润。

4. 集中策略

把人力、物力集中到最有利的细分市场和销售渠道。

5. 撤退策略

撤退老产品，组织汽车新产品上马。撤退时，企业可以把生产该种汽车产品的工艺以及设备转移给未处在衰退期的其他地区的汽车企业。

第四节　汽车产品品牌与商标策略

一、汽车产品品牌策略

（一）品牌概念

品牌是一个名字、术语、符号或设计，或者是以上四种组合，用以识别一个或一群出售者的产品或劳务，并以此区别于其他竞争者。品牌不同于招牌。招牌是工厂、商店的名称，一个企业只能有一个名称。而一个企业的产品，可以有一个品牌，也可以有若干个品牌。

品牌包括品牌名称和品牌标志。品牌名称为品牌中可以称呼的部分，如"劳斯莱斯""林肯""奔驰"等。品牌标志是品牌中易于识别，但无法以口语称呼的部分，如记号、图案、颜色等。

（二）品牌作用

1. 品牌对汽车消费者的作用

（1）便于汽车消费者购买　品牌使汽车消费者易于辨认所需的汽车产品与劳务。

（2）便于保护汽车消费者的利益　品牌能表明汽车产品所达到的质量水平以及其他各项标准。同时，便于消费者进行汽车产品的维修及零配件的更换。

（3）有利于促进汽车产品质量的提高　汽车企业的产品一旦在汽车消费者心目中树立了良好的声誉，汽车企业就会设法提高汽车产品的质量，保住名声。

2. 品牌对生产者的作用

（1）有利于汽车企业增加产品的市场占有率　品牌可引起汽车消费者的重复购买，并保证不被其他同类产品所替代。具有优良品牌的汽车产品，易于获得较好的市场信誉。

（2）有利于进行广告促销活动　品牌有助于人们建立对企业的印象，企业宣传品牌远比介绍企业名称或生产技术方便。

（三）品牌含义

品牌的基本含义是销售商向消费者长期提供的一组特定的特点、利益和服务。除此之外，品牌还是一个复杂的符号。一个品牌能表达出六层含义，包括：

1. 属性

一个品牌首先要具有特定的属性。例如，奔驰品牌表现出高贵、优良制造、高声誉的等特定属性。

2. 利益

一个品牌的含义不仅仅局限于一组属性。汽车消费者不是购买属性，而是购买利益，因此，属性需要转换成功能和情感利益。

3. 价值

品牌体现了制造商的某些价值感。劳斯莱斯公司生产的劳斯莱斯豪华轿车不仅是一种交通工具，还是全球富豪生活方式的一种标志。

4. 文化

品牌可能附加象征一定的文化。例如：奔驰品牌体现了德国文化的精髓：有组织、高效率、高品质。

5. 个性

品牌还代表一定的个性。例如提到奔驰品牌就会使人联想起风度翩翩的绅士。

6. 使用者

品牌还体现了购买或使用这种产品的消费者的身份和地位。例如劳斯莱斯的使用者多是身份显赫的贵族，而福特的使用者多是中产阶级白领。

总之，一个品牌既可以存在于企业中，又可以独立于企业之外。像劳斯莱斯，即使在被宝马并购之后，其核心价值也没有发生改变。

(四) 品牌策略

1. 生产者品牌与销售者品牌

企业既可以采用生产者自己的品牌,也可以采用销售者品牌,或是采用混合式品牌进行决策。

(1) 将全部产品置于生产者自己的品牌之下 采取这种策略是为了获得自立品牌所带来的利益。同时,许多销售者也比较愿意经销生产者已经确立了品牌的商品。

(2) 将全部产品置于销售者品牌之下 采取这种策略往往是一些小型企业,它们自身无力发展品牌,为便于销售,会乐于接受销售者的品牌。

(3) 将销售者品牌与生产者品牌混合使用 有些大型商业企业,想建立自己的品牌,以便能更有效地控制价格,控制生产者。但为了获得汽车消费者的信任,维持高水平的品质,不得不使用生产者的品牌,将两种品牌混用。如上海大众和一汽一大众。

2. 统一品牌与个别品牌

(1) 统一品牌 指一个企业的各种产品都以同一品牌推入市场,也称家族品牌。采取这种策略不仅可以大大节约促销费用,还可以利用统一的品牌建立广告传播体系,声势浩大地将企业精神和产品特点传播给消费者,使消费者产生强烈和深刻的印象。此外,可以借助已成功的品牌推出新产品,使产品较快地打开销路。只有在家族品牌已在市场上享有盛誉,而且各种产品有相同的质量水平时,该策略才能行之有效。否则,某一产品的问题会危及整个企业的信誉。

(2) 个别品牌 指一个企业的不同产品采用不同的品牌。如德国大众有大众、奥迪、斯柯达等多个品牌的轿车。这种策略的主要优点在于不致将企业声誉过于紧密地与个别产品相联系,如该产品失败,亦不致对企业整体形象造成不良影响。同时,个别品牌策略还便于为新产品寻求一个最好的名称,新的名称也有助于建立新的信心。

(3) 个别或统一品牌 按产品系列或产品大类划分,同一产品系列的产品采用统一品牌,不同系列的产品采用不同品牌,因为不同产品系列之间关联性较低,而同一产品系列之内的产品关联性较高。在这种品牌策略下,消费者很容易接受每种品牌所带有的特定意义。

(4) 将企业名称与个别品牌相结合 这是汽车行业中常见的一种品牌策略,即在企业各种产品的个别品牌名称之前冠以企业名称,可以使产品正统化,获得企业已有的信誉,而个别品牌又可使产品各具特色。

3. 多重品牌

多重品牌策略是指一种产品使用两个或两个以上的品牌,使不同品牌的同一产品在市场上彼此开展竞争,有时会使两者销售量之和大于原先单一品牌的先期产品总销售量。不同质量等级的同一产品也可采用不同品牌或商标,以示两者的区别。采用多重品牌的主要目的在于扩大市场份额。

(五) 品牌策略在汽车行业的运用

1. 汽车品牌的特征

第一,汽车品牌多以创始人名字命名。世界级汽车品牌的命名通常在与公司理念相结合的同时,带上公司创始人的烙印。如美国的福特、英国的劳斯莱斯、法国的雪铁龙和日本的丰田,这些品牌都是以创始人的名字命名的。这些汽车公司无不承袭了各自创始人的经营理念。1999年福特T型车被评为"世纪名车",原因就在于公司创始人亨利·福特服务于大众，千方百计降低成本，让所有人拥有汽车的理念。

第二，汽车品牌和汽车标志的人格化。汽车标志具有品质、身份、地位和时代的象征意义。奔驰象征着成功人士；劳斯莱斯象征着贵族；福特象征着中产阶级白领。这种人格化的品牌特征成为车主的第二身份特征。

第三，汽车公司往往都实行多品牌策略。德国大众拥有大众、奥迪、斯柯达、西亚特等9个品牌。通用拥有凯迪拉克、雪佛兰、别克、土星等8个品牌。

第四，汽车品牌都针对特定的细分市场。

2. 汽车品牌的意义

第一，汽车品牌是汽车价值的象征。劳斯莱斯代表着高贵，奔驰是高质量的代名词，沃尔沃是安全的保证。

第二，汽车品牌是企业经营理念的象征，代表了企业品牌。如今，汽车品牌已经向企业品牌过渡。奔驰品牌是德国奔驰公司追求质量、创新、服务的象征，丰田品牌则代表了日本丰田公司顾客第一、销售第二的经营理念。

第三，汽车品牌是使用者身份和地位的象征。很多汽车生产厂已经从制造汽车过渡到制造品牌、创造价值。汽车经销商也已经由销售汽车向销售品牌、传递价值转变。

（六）世界汽车品牌策略的新动向

1. 标志品牌

标志品牌在整车厂的品牌结构中处于最重要的地位。欧洲和美国的许多著名整车厂都有自己的标志品牌（见图6-4）。

差别化的重点		欧洲					美国				
公司品牌		大众			宝马/罗孚		福特			通用	
标志品牌	大众	奥迪	西亚特	宝马	罗孚	奥斯汀	福特	水星	林肯	别克	奥兹莫比尔	凯迪拉克
产品品牌（举例）	波罗	A3	...	3系	200	...	Escort	Tracer	...	Skylark	Achieva	...
	高尔夫	A4		5系	400		Mustang	Mystique		Century	Cutlass	
	Vento	A6		7系	600		Contour	Congarr		Regal	Aurora	
	帕萨特	A8		Z3	800		Taurus	Sable		Riviera	Cutlass	
		TT Coupe					Windstar	Villager		Le Sabre	Bravada	

图6-4 汽车产品的标志品牌

2. 持续的品牌运作

持续的品牌运作对建立品牌至关重要。汽车企业要进行持续的品牌运作需要注意以下五个方面：

（1）描绘强有力的品牌蓝图　品牌建立要基于宏观经济发展、市场趋势、以需求为基础的细分市场的变化，以及产品的社会价值。

（2）使核心产品或服务因素与品牌蓝图相吻合　要将品牌尤其是核心品牌的宣传转变为能实施的事件。

(3) 将品牌价值传递给消费者　发展一个能与核心品牌价值合为一体的协调一致的长期沟通战略。

(4) 扩充核心产品的提供量　企业可以通过增加新的产品线，或者为产品开拓新的细分市场来实现这一要求。

(5) 在其他领域利用品牌资产　认真把握机会把品牌价值传递给传统渠道之外的消费者。如组织赛车队，将品牌标志印在广告衫或体育设备上。

> 德国大众公司在持续品牌运作上，采取了一系列的措施。德国大众公司通过建立汽车城（大型主题公园）来提高大众的品牌形象，每年吸引1200万人次，给人们留下了良好的印象。另外，大众通过设定外部目标来加强品牌管理，为大众的每一个品牌设定竞争对手。例如，大众 VS 奔驰；奥迪 VS 宝马。在战略措施上将大众的经销商和奥迪的经销商分开，为每一个品牌设计了新的展厅。

二、汽车产品的商标策略

（一）汽车商标的概念

汽车商标就是利用文字和图画等符号，向人们表达它所象征的意义，帮助消费者理解产品生产者所诉求的内容（质量标准或其他特性），并分辨不同的商品。

（二）汽车商标的产生

消费者不得不面对市场上众多的功能、价格、款式相近的汽车。为了帮助消费者有效地区别这些汽车，生产者便利用汽车商标，无声地向目标消费者传达汽车生产商的保证和其他营销信息。汽车商标是汽车公司特定的信息载体，消费者根据这些符号能方便地识别出不同的汽车，并能逐步将这些特定符号与特定的汽车评价（如豪华、安全、节油等）联系起来。

（三）汽车商标的作用

1. 传播汽车信息

研究表明，消费者习惯以汽车商标中词汇的发音和图像的意义来区分汽车的品牌，所以世界上近30%的汽车商标是文字商标。汽车企业常常通过各种传播媒介宣传商标及其意义，力图让消费者在记住商标的同时能够联想到企业的"宣言"或"保证"。

2. 识别和记忆汽车品牌

消费者比较容易记住相对简单的商标，因此，商标本身的可识别性具有特别重要的意义。汽车商标所表现的各种客体影响着人们对标有该商标的汽车的兴趣和购买欲望。从传播学的角度讲，汽车商标在帮助消费者理解不同品牌的差别甚至创造差别的过程中，还必须借助其他手段，如外部造型、颜色等。

3. 刺激购买欲望

汽车企业或产品的商标能够通过一定的形象，向消费者传达直接或间接的汽车商品信息，以刺激购买。所以，著名汽车企业总是努力寻找出能够准确反映企业思想和汽车商品属性的词汇或图画形象，以使这些词汇或形象在消费者的脑海中产生企业所希望的关于特定汽车产品的印象，同时尽可能使词汇或形象所代表的属性与消费者所期望的产品属性保持一致，防止产生歪曲理解而不利于产品销售。

4. 指明汽车门第

一般情况下，汽车商标不一定要表明出处或产地，但是事实证明，目前世界上知名的汽车商标总是不可避免地要带有某个特定的文化背景，而消费者也常常认为汽车商标与其所代表的汽车产生于相同的文化背景。

（四）汽车商标的特征

1. 用人们了解的客体来表现

大部分汽车商标是用人们广泛了解的客体来表现的。例如，美国通用汽车公司的"凯迪拉克"商标，是利用底特律城市发展史上有卓越贡献的安东尼·门斯·凯迪拉克的名字命名的，英文是"Cadilac"，该标志由皇冠和盾牌组成，皇冠与皇冠上的7颗珍珠象征着凯迪拉克家族的贵族血统，比喻凯迪拉克汽车的华贵与高雅，盾牌象征凯迪拉克先生英勇善战的品性，比喻凯迪拉克汽车拥有强大的市场竞争能力。

2. 间接提供产品信息

有的汽车商标间接提供了产品的信息，这些间接信息能帮助消费者很快联想到汽车的特点。例如，捷豹路虎公司生产的捷豹牌汽车的标志是一只向前猛扑的雄壮的美洲豹，图案形神兼备，既点出生产者的名称，又表现出该汽车出色的动力性能。

3. 反映汽车的人文精神

有的汽车商标（在表面上与汽车产品无关，它们或是使用创始人的名字，或是使用公众熟悉的事物，效果也很好。例如，德国大众集团生产的奥迪牌汽车，其标志是4个相连圆圈，它们表示当初公司是由4家公司合并而成的。从该标志的图形看，似乎与汽车产品毫无关系，但它象征了公司平等、互利和协作的敬业精神，这同样会起到很好的宣传效果。

世界汽车商标一方面有共同的规律可循，但是另一方面又因受到不同文化背景的影响而具有一定的差异性。从千差万别的商标词汇和图案中，我们可以窥探出迥然不同的企业经营理念。

案例分析：通用汽车公司的品牌策略

2005年不仅成为通用汽车在中国新品推出创纪录的一年，也成为通用汽车在中国多品牌矩阵凸现全貌的一年。以其全球销量最大的品牌——雪佛兰在中国的发展为序幕，通用汽车宣布：2005年将以凯迪拉克、萨博、欧宝、别克、雪佛兰和五菱等六大品牌齐齐发力的多品牌战略为主导，敏锐把握国内高、中、低各主要细分市场的不同特点，推出更为完整的产品系列，以更好满足日趋细化与个性化的中国消费者的独特需求。

通用汽车中国公司董事长兼首席执行官墨斐表示：随着中国汽车市场的快速发展，中国已经成为全球第三大汽车消费市场，中国的消费者对于汽车产品的需求与日俱增。基于此，通用汽车认为单一的名牌已远远不能满足这个市场所表现出来的潜力，而只有以多个针对各类细分市场的不同品牌协同作战，才能真正为不断成长快速成熟的中国消费者提供"不容错过"的产品。

因此，虽然作为一种市场规律，2004年的中国车市经历了短期波动，但通用汽车仍然坚持看好中国汽车市场的长远发展，并将多品牌发展战略作为今年的发展重点，以期未来在中国市场有更出色的表现。通用汽车目前在国内市场的这六大品牌个性鲜明，并分别针对需求区别明晰的不同消费对象群，从基础品牌到高档豪华品牌形成了金字塔型品牌构架。

处于在"金字塔"顶部的是凯迪拉克所代表的高档豪华车品牌。凯迪拉克传承其全球品牌的创新理念,以"敢为天下先"的品牌精神突围国内传统的豪华车市场,明确定位于具有胆识、远见、开拓领先的高收入消费群。个性化的 Saab 萨博品牌则一如其全球定位,为高档进口车消费者群中强调个性且崇尚内敛生活方式的消费者提供另一种选择。而通用汽车旗下另一进口品牌——欧宝,则以德国传统的精湛技术深受具有独特价值观的中产阶级消费者的青睐,与萨博一起成为这一塔尖不可或缺的补充。

在"金字塔"的中上部,则是为主流社会精英推出的高档别克品牌,也是通用汽车最早引入国内,并最能体现"全球品牌精神如何融入本地市场"的精髓。其融合中西文化,"沉稳大气""积极进取"的公商务车的主流形象深深扎根于国内消费者心中。它是目前通用汽车旗下在中国品牌中产品系列最丰富的一个,几乎涵盖了乘用车的所有细分市场。

立足于"金字塔"基础部分的当属雪佛兰。最新纳入上海通用汽车旗下的雪佛兰品牌定位于"值得信赖"的大众化国际品牌,以具有高度性价比的产品满足希望不断提高生活品质的主流大众消费者的私人及家庭用车需求,并以此与定位稍高的别克品牌进行区隔。而"金字塔"的底端则为上汽通用五菱旗下的五菱品牌所覆盖,五菱品牌这一中国本土品牌依托通用汽车雄厚的全球实力,立在整合国际资源,以高品质的大众微车为广大的中小型城市消费者提供优质优价的产品。

墨斐表示,针对中国快速发展的汽车市场适时推出的多品牌构架战略,是通用汽车对不断发展变化消费需求的前瞻和把握能力的充分体现。在以"推新品"为特色的2005年,通用汽车将以更敏锐的洞察力对于国内消费者的需求变化作出快速反应,更将"领先一步",充分利用其领先的全球资源,在各个细分市场推出优质丰富的产品选择,更好地满足中国用户的需求。

通用汽车公司成立于1908年,是全球最大的汽车公司。目前,通用汽车已在中国建立了五家合资生产企业、一个合资汽车设计中心、一家合资汽车金融服务中心及两家全资企业,员工总数近13000名。通用汽车在中国进口、生产和销售凯迪拉克、萨博、欧宝、别克、雪佛兰及五菱等产品。2012年,通用汽车在中国共销售汽车283.6万辆,同比增长11.3%,再创通用汽车在中国的年销量历史新高。

讨论题:

1. 通用汽车公司如何把握我国高、中、低各主要细分市场的特点,推出完整的产品系列?

2. 试分析通用汽车公司是如何构建多品牌策略,来满足中国消费者的需求?

本 章 小 结

汽车产品策略是汽车企业获得良好经济效益的基础,也是汽车市场营销策略组合的首要问题。

本章介绍了汽车产品整体概念和汽车产品组合策略,阐述了汽车产品不同寿命周期特点及应对策略,探讨了汽车产品的品牌和商标策略对于提升汽车产品价值,扩大市场份额的积极作用。

思 考 题

1. 如何理解汽车产品整体概念及其各层次间的关系？
2. 产品组合的调整主要有哪些策略？以你熟悉的汽车品牌为例，运用波士顿矩阵评价其产品组合。
3. 汽车产品寿命周期各阶段的主要特征是什么？可采用哪些主要策略？
4. 汽车品牌和商标的内涵、特征包括哪些内容？汽车企业如何正确运用品牌和商标策略？

第七章 汽车定价策略

学习目标

了解汽车价格的构成、影响因素、定价程序及体系；理解汽车定价的各种不同目标；掌握汽车定价方法，并能够运用本章所学的理论知识在具体项目中制定切合实际的汽车定价策略。

市场营销由四个基本要素组成，即产品、促销、分销和定价。企业通过前三个要素在市场中创造价值，通过定价从创造的价值中获取收益。在营销组合中，价格是唯一能产生收入的因素，其他因素均表现为成本。价格也是营销组合中最灵活的因素，它与产品特征和分销渠道不同，它的变化是异常迅速的。因此，定价策略是企业营销组合的重要因素之一，它直接决定着企业市场份额和盈利水平。

第一节 汽车定价概述

一、汽车定价概念

进行汽车的定价，首先，要了解汽车产品的目标市场规模、经济景气度、消费结构、消费需求层次、消费者的经济状况、人均购买力、人均可自由支配资金，以及竞争结构、竞争强度、竞争产品的价格；其次，要分析汽车产品自身在市场中的竞争地位、品牌影响力，以及产品所处的寿命周期，还要了解消费者对这一产品的认知度、可接受度和需求价格弹性；最后，通过区分汽车产品属性、寿命周期以及所处的市场地位，找出目标市场的平均价格曲线，该曲线即是该市场中消费者普遍愿意接受的汽车价格。

二、汽车价格的构成

汽车价格的构成，指组成汽车价格的各个要素及其组成情况。汽车价值决定汽车价格，汽车价格是汽车价值的货币表现。但在现实汽车市场营销中，由于受汽车市场供应等因素的影响，汽车价格表现得异常活跃，价格时常与价值的运动表现不一致：有时价格高于价值，有时价格低于价值。在价格形态上的汽车价值转化为汽车价格，其构成取决于四个要素：汽车生产成本、汽车流通费用、国家税金和汽车企业利润。

（一）**汽车生产成本**

汽车生产成本是指在汽车生产领域生产一定数量汽车产品时所消耗的物质资料和劳动报酬的货币形态，是在汽车价值构成中的物化劳动价值和劳动者新创造的用以补偿劳动力价值的转化形态。它是汽车价值的重要组成部分，也是制订汽车价格的重要依据。

（二）**汽车流通费用**

汽车流通费用指汽车产品从汽车生产领域到流通领域，再到消费领域所耗用的物化劳动等的货币表现，它包括汽车生产企业为了推销产品而发生的销售费用和在汽车流通领域发生的商业流通费用，后者占了该费用的大部分。汽车流通费用是汽车价格的重要构成因素，它发生在汽车从生产企业向最终消费者移动过程的各个环节之中，并与移动的时间、距离相关，因此它是正确制定同种汽车差价的基础。

（三）国家税金

国家税金是生产者为社会创造的价值及其占有的价值的表现形式，是汽车价格的构成因素之一。国家通过法律规定汽车的税率，并强制征收。税率直接影响汽车的价格，是国家宏观调控汽车生产经营活动的重要经济手段。

（四）汽车企业利润

汽车企业利润是汽车生产者和汽车经销者为社会创造的价值及其占有的价值的表现形态，是汽车价格的构成因素之一，是企业扩大再生产的重要资金来源。

从汽车市场营销角度来看，汽车价格的具体构成为：

汽车生产成本＋汽车生产企业的利税＝汽车出厂价格；

汽车出厂价格＋汽车批发流通费用＋汽车批发企业的利税＝汽车批发价格；

汽车批发价格＋汽车直售费用＋汽车直售企业的利税＝汽车直售价格。

三、汽车定价程序

汽车企业在汽车新产品投放市场，或在市场环境发生变化时，需要制定或调整汽车价格，以利于汽车企业营销目标的实现。由于汽车价格涉及汽车企业自身、竞争者、汽车消费者三者之间的利益，因而为汽车定价既重要又困难。掌握汽车定价的一般程序，对于制定合理的汽车价格是十分重要的。

（一）明确汽车目标市场

在汽车定价时首先要明确汽车目标市场。汽车目标市场不同，汽车定价的水平就不同。分析汽车目标市场一般要先了解该汽车市场消费者的基本特征、需求目标、需求强度、需求潜量、购买力水平和风俗习惯等情况。

（二）分析影响汽车定价的因素

1. 汽车产品特征

汽车产品是汽车企业整个营销活动的基础，在对汽车定价前，必须对其进行具体分析。主要分析汽车产品的寿命周期、性能、质量、对购买者的吸引力、成本水平和需求弹性等。

2. 市场竞争状况

在汽车市场中，任何汽车企业为汽车定价或调价时，必然会引起竞争者的关注，为使汽车价格具有竞争力和盈利能力，企业在对汽车定价或调价前，要先对竞争者进行分析，明确同类汽车市场中的主要竞争者，及其汽车产品特征与汽车价格水平等。

3. 货币价值

汽车价格是汽车价值的货币表现，汽车价格不仅取决于汽车价值量的大小，还取决于货币价值量的大小。

汽车价格与货币价值量成反比例关系。在分析货币价值量对汽车定价的影响时，需要考虑通货膨胀的情况，一般是根据社会通货膨胀率来对汽车价格进行调整，通货膨胀率高，汽车价格也应随之调高。

4. 政策和法规

国家的经济政策和法规对汽车企业定价有约束作用，因此，汽车企业在定价前一定要了解政府在汽车定价方面的有关政策和法规。

为汽车定价不仅要了解一般的影响因素，更重要的是要善于分析不同经营环境下，影响汽车定价的主要因素的变化状况。

（三）确定汽车定价目标

汽车定价目标是在对汽车目标市场和影响汽车定价因素进行综合分析的基础上确定的。汽车定价目标是合理定价的关键。不同汽车企业、不同汽车经营环境和不同汽车经营时期，其汽车定价目标是不同的。在某个时期，对汽车企业生存与发展影响最大的因素，通常会被作为汽车定价目标。

（四）选择汽车定价方法

汽车定价方法是在特定的汽车定价目标指导下，根据对成本、供求关系、汽车企业产销能力等一系列基本因素的研究，运用价格决策理论，对汽车产品价格进行计算的具体方法。汽车定价方法一般有三种，即以成本为中心的汽车定价方法、以需求为中心的汽车定价方法和以竞争为中心的汽车定价方法。这三种方法能适应不同的汽车定价目标，汽车企业应根据实际情况择优使用。

（五）最后确定汽车价格

确定汽车价格要以汽车定价目标为指导，选择合理的汽车定价方法，同时也要考虑其他因素，如汽车消费者心理因素，汽车产品新老程度等。最后经分析、判断以及计算活动，为汽车产品确定合理的价格。

综上所述，汽车定价的一般程序如图 7-1 所示。

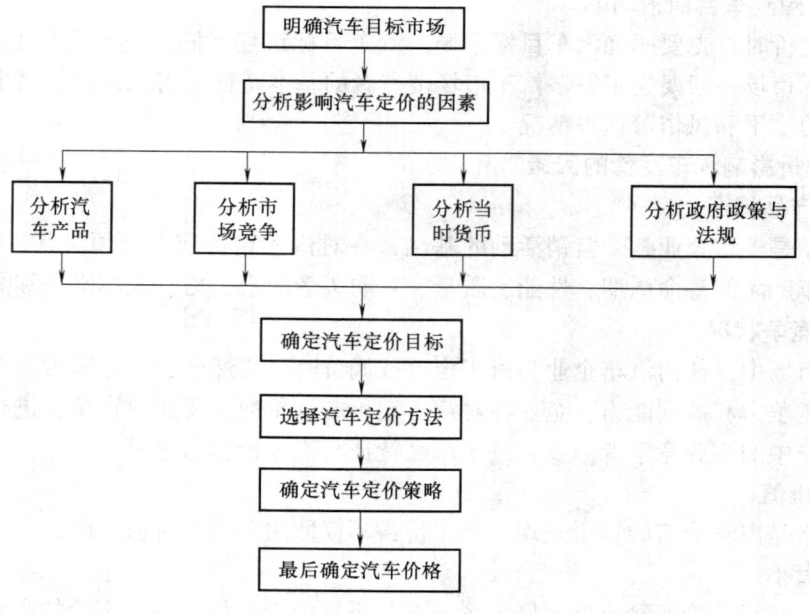

图 7-1 汽车定价的一般程序

四、汽车价格体系

汽车价格体系是指在整个汽车市场中，各种汽车价格之间相互关系的总和。

从价格学的角度来看，价格体系一般分为三个分体系，即比价体系、差价体系和体现我国价格管理体制的各种价格形式体系。从汽车市场营销学的角度来看，汽车市场营销中的汽车价格体系主要指差价体系。汽车差价是指同种汽车因为购销环节、购销地区、购销季节以及汽车质量不同而形成的价格差异，它可以由此分为汽车购销差价、汽车批零差价、汽车地区差价、汽车季节差价和汽车质量差价等几种差价。正确认识和掌握汽车产品的差价体系，对于促进汽车生产发展，扩大汽车产品流通，减少汽车流通环节，降低汽车流通费用，提高汽车经济效益，有着非常积极的作用。

第二节 影响汽车价格的因素

汽车价格的高低，主要是由汽车包含的价值量的大小决定的。但是，从市场营销角度来看，汽车的价格除了受价值量的影响之外，还要受以下十种因素的影响和制约。

一、汽车成本

汽车在生产与流通过程中要耗费一定数量的物化劳动和活劳动，并最终构成汽车的成本。成本是影响汽车价格的实体因素。汽车成本包括汽车生产成本、汽车销售成本和汽车储运成本。汽车企业为了保证再生产的实现，通过市场销售，既要收回汽车成本，同时也要形成一定的盈利。在汽车市场竞争中，汽车产品成本低的企业，对汽车价格制定就拥有较大的灵活性，在市场竞争中就将占据有利地位，并可能获得较好的经济效益。

二、汽车消费者需求

汽车价格的高低直接反映了汽车买卖双方的利益关系。汽车消费者的需求对汽车定价的影响，主要通过汽车消费者的需求能力、需求强度和需求层次反映出来。汽车定价要考虑汽车价格是否适应汽车消费者的需求能力。需求强度是指消费者想获取某品牌汽车的迫切程度，如果消费者对某品牌汽车的需求比较迫切，则其对价格相对不敏感，企业在定价时便拥有较大的灵活性。不同需求层次对汽车定价也有影响，对于能满足较高层次需求的汽车，其价格可定得高一些。

三、汽车特征

汽车特征是汽车自身构造所形成的特色。一般指汽车造型、质量、性能、服务、商标和装饰等，它能反映汽车对消费者的吸引力。特征显著的汽车就有可能成为畅销产品，并在定价上占据有利地位。

四、竞争者行为

汽车价格是竞争者关注的焦点和竞争的主要手段，任何一次汽车价格的制定与调整都会引起竞争者的关注，并刺激竞争者采取相应的对策。竞争力强的汽车企业有较大的定价自由，竞争力弱的汽车企业通常会追随市场领先者进行定价。

五、汽车市场结构

根据汽车市场的竞争程度，其结构可分为完全竞争、完全垄断、垄断竞争和寡头垄断四种不同的类型。

（一）完全竞争市场

完全竞争市场，又称自由竞争市场。在完全竞争市场中，汽车企业不可能通过提高汽车价格的方法来获得更多的利润，只能靠提高生产效率或降低汽车成本来获得更多的利润。这种汽车市场在现实生活中是不存在的。

（二）完全垄断市场

完全垄断市场，又称独占市场。这是指汽车市场完全被某个品牌或某几个品牌汽车所垄断和控制，在现实生活中比较少见。

（三）垄断竞争市场

垄断竞争市场，指既有独占倾向又有竞争成分的汽车市场。这种汽车市场类型比较符合现实情况，其主要特点是：①同类汽车在市场上有较多的生产者，市场竞争激烈；②新加入者进入汽车市场比较容易；③不同企业生产的同类汽车存在着差异性，消费者对某种品牌的汽车产生了偏好，垄断企业由于某种优势而具备了一定的垄断因素。在垄断竞争的市场中，少数汽车企业由于拥有较优越的竞争条件，其竞争行为可能会对汽车市场上的汽车价格产生较大的影响。

（四）寡头垄断市场

寡头垄断市场是指某类汽车的绝大部分市场由少数几家汽车企业垄断的市场，它是介于完全垄断和垄断竞争之间的一种汽车市场类型。在现实生活中，这种类型的汽车市场比较普遍。在寡头垄断汽车市场中，汽车的市场价格不是通过市场供求关系决定的，而是由几家大型汽车企业通过协议或默契规定的。这种汽车价格一旦确定，一般不会轻易地发生改变。

由于不同类型的市场有着不同的运行机制和特点，并对汽车企业的行为具有不同的约束力，因而不同类型的市场在汽车定价方面表现出显著的差异性。

六、货币价值

价格是价值的货币表现。汽车价格不仅取决于汽车自身价值量的大小，还取决于货币价值量的大小。汽车价格是汽车与货币交换的比例关系。

七、政府干预

为了维护国家与消费者利益，维护正常的汽车市场秩序，国家采取制定法规的方法，来约束汽车企业的定价行为。这种约束反映在汽车定价的种类、价格水平等方面。

八、社会经济状况

社会经济状况的周期性变化直接影响着汽车市场的运行状况，并决定了汽车价格总水平的变化幅度。如果一个国家或地区的经济发展水平高，发展速度快，人民收入水平增长快，购买力强，价格敏感性弱，便有利于汽车企业较自由地为汽车定价。

九、汽车企业销售渠道和促销宣传

汽车企业销售渠道的建设和选择以及中间环节的复杂程度直接决定了汽车销售费用,并直接影响着汽车的价格。汽车企业的促销宣传需要大量资金的支持,促销费用最终也要进入汽车的销售价格之中。总的来说,营销能力强的企业,更善于在既定汽车价格水平下完成销售任务,且在制定汽车价格时拥有较大的回旋余地。

十、汽车企业的整体营销战略与策略

各类汽车市场营销决策协调配合,构成一个汽车市场营销决策体系。汽车价格策略作为汽车市场营销决策体系的重要组成部分,既要服从于汽车市场营销的战略目标,又要配合诸如汽车产品策略、汽车销售渠道策略等各项决策的制定与实施。

总的来说,企业只有在充分了解各因素对汽车定价的影响之后,才能制定出具有竞争力的汽车价格策略。

第三节 汽车定价目标

汽车企业在对产品定价以前,首先要制定一个与汽车企业总目标、汽车市场营销目标相一致的汽车定价目标,作为确定汽车价格策略和定价方法的依据。

一般来讲,可供汽车企业选择的汽车定价目标有以下六大类。

一、以利润为导向的汽车定价目标

利润是汽车企业存在和发展的必要条件,也是汽车企业营销活动所追求的基本目标之一,汽车企业一般都把利润作为重要的汽车定价目标,这样的目标主要有三种:

(一) 利润最大化目标

以利润最大化为汽车定价目标,指的是汽车企业期望获取最大限度的销售利润。已经成功打开销路的中小型汽车企业通常采用这种目标。利润最大化目标可能会促使汽车企业采取高价策略,但追求最大利润并不等于追求最高汽车价格。最大利润既有长期和短期之分,又有全部产品和单个产品之别。一般来说,汽车企业追求的是长期利润的最大化,在某些特定的情况下,汽车企业也有可能会通过提高汽车价格而追求汽车企业短期的最大利润。

(二) 目标利润

以预期的利润作为汽车定价目标,就是汽车企业把某项汽车产品或投资的预期利润水平,规定为汽车销售额或投资额的一定百分比,即汽车销售利润率或汽车投资利润率。

汽车新品种的开发和上市等汽车企业活动都将引起投资的增加,因而新近投资的回收和报酬则是汽车企业定价时所必须要考虑到的因素。汽车定价就是在汽车成本的基础上加上目标利润。根据实现目标利润的要求,汽车企业要估算汽车按什么价格销售、销售多少才能达到目标利润。一般来说,预期汽车销售利润率或汽车投资利润率要高于银行存款利率。

以目标利润作为汽车定价目标的汽车企业,应具备两个条件:①该汽车企业具有较强的实力,竞争力比较强,在汽车行业中处于领导地位;②采用这种汽车定价目标的多为汽车新产品、汽车独家产品以及低价高质量的汽车产品。

（三）适当利润目标

有些汽车企业为了在激烈的市场竞争中保全自己，减少市场风险，或者限于实力不足，会以满足适当利润作为汽车定价目标。处于市场追随者地位的中小型汽车企业通常会采取这种方法。适当利润目标的限度可以随着汽车产销量的变化、投资者的要求和汽车市场可以接受的程度变化等因素变化。

二、以销量为导向的汽车定价目标

这种汽车定价目标指汽车企业希望获得某种水平的汽车销售量或汽车市场占有率而确定的目标。

（一）保持或扩大汽车市场占有率

汽车市场占有率是汽车企业经营状况及其产品竞争能力的直接反映，对于汽车企业的生存和发展具有重要意义。因为汽车的市场占有率与汽车企业的利润有着很强的关联性，而汽车市场占有率一般比最大利润更容易测定，也更能体现汽车企业的努力方向，因此，汽车企业有时把保持或扩大汽车市场占有率看得非常重要。

但是，汽车市场占有率的提高并不一定会带来汽车企业利润的增加，因而，只有当汽车企业处于以下几种情况时，才适合采用该种汽车定价目标：①该汽车的价格需求弹性较大，低价会促使汽车市场份额扩大；②汽车成本随着销量增加呈现逐渐下降的趋势，而利润有逐渐上升的可能；③低价能遏制现有和可能出现的竞争者；④拥有雄厚的实力能承受低价所造成的经济损失；⑤采用进攻型经营策略。

（二）增加汽车销售量

这是指以增加或扩大现有汽车销售量为汽车定价目标。这种方法一般适用于汽车的价格需求弹性较大，只要降低汽车价格，就能扩大销售，使汽车企业总利润增加的情况。

三、以竞争为导向的汽车定价目标

指汽车企业主要着眼于竞争激烈的汽车市场，以应付或避免竞争为导向的汽车定价目标。在汽车市场竞争中，大多数企业对汽车价格都很敏感，在汽车定价以前，一般要广泛收集市场信息，把自己生产的汽车的性能、质量和成本与竞争者的汽车进行比较，然后以对汽车价格有决定性影响的竞争对手或汽车市场领导者的价格为基础，来制订本企业的汽车价格。

汽车企业在遇到同行价格竞争时，常常会被迫采取相应对策。如：竞相降价、压倒对方；及时调价、价位对等；提高价格、树立威望。在现代市场竞争中，价格战容易使双方两败俱伤，所以，很多企业往往会开展非价格竞争，如在汽车质量、促销和服务等方面下功夫，以巩固和扩大自己的市场份额。

四、以汽车质量为导向的汽车定价目标

指汽车企业要在市场上树立质量领先地位的目标，而首先在汽车价格上作出的反应。优质优价是一般的市场供求准则，研发优质汽车必然要付出较高的成本，这就需要以高的汽车价格作为回报。从长远来看，在一个完善的汽车市场体系中，高价格的汽车自然代表或反映着汽车的高性能、高质量及汽车企业所提供的优质服务。采取汽车质量导向定价目标的汽车

企业必须具备以下两个条件：①有能力生产高性能、高质量的汽车；②有能力提供优质的服务。

五、以汽车企业生存为导向的汽车定价目标

当汽车企业遇到生存能力过剩或激烈的市场竞争时，就要把维持生存作为自己的主要目标。这时的汽车企业往往会采取大规模的价格折扣来保持活力和生命力。对于这类汽车企业来讲，只要他们的汽车价格能够弥补变动成本和一部分固定成本，便能够维持经营。

六、以汽车销售渠道为导向的汽车定价目标

对于需要中间商销售产品的汽车企业来说，保持销售渠道畅通无阻，是保证其获得良好经营效果的重要条件之一。

为了使销售渠道畅通，汽车企业必须研究汽车价格对中间商的影响，充分考虑中间商的利益，保证中间商有合理的利润，使中间商有充分的积极性去销售汽车。

在现代汽车市场经济中，中间商是汽车企业营销活动的延伸，对宣传汽车产品、提高汽车企业知名度有十分重要的作用。汽车企业在激烈的市场竞争中，为保住完整的汽车销售渠道，促进汽车销售，甚至不得不让利于中间商。

例如，1974 年的世界石油危机期间，汽车市场竞争异常激烈，日本的马自达公司为了维持生存，规定每推销一辆汽车给中间商 500 美元的回扣奖励。这一举措使该公司保住了完整的汽车销售渠道，受益匪浅。

综上所述，汽车企业可供选择的汽车定价目标类型如图 7-2 所示。

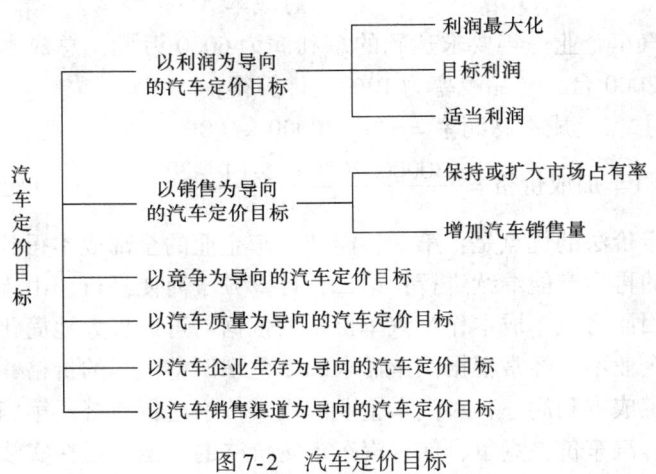

图 7-2　汽车定价目标

第四节　汽车定价方法

汽车定价方法，指汽车企业为了在目标市场上实现定价目标，给汽车产品制订基本价格或价格浮动范围的方法。影响汽车价格的因素比较多，但在制订汽车价格时主要考虑的因素

是汽车产品的成本、汽车市场的需求和竞争对手的价格。汽车产品的成本决定了汽车价格的最低基数,汽车市场的需求决定了汽车价格的弹性,竞争对手的价格提供了参照点。汽车企业在实际操作中,往往以一个或几个影响因素来选定汽车定价方法,以解决汽车定价问题。由此产生了汽车成本导向定价法、汽车需求导向定价法和汽车竞争导向定价法这三种汽车定价方法。

一、汽车成本导向定价法

顾名思义,汽车成本导向定价法就是以汽车成本为基础,加上一定的利润和应纳税金来制订汽车价格的方法。这是一种按汽车卖方意图定价的方法。汽车的成本包括汽车企业在汽车生产经营过程中所发生的一切费用。

常用的以汽车成本为基础的定价方法主要有以下四种:

(一) 汽车成本加成定价法

汽车成本加成定价法是一种最简单的汽车定价方法。即在单台汽车成本的基础上,加上一定比例的预期利润作为汽车产品的售价。售价与成本之间的差额,就是利润。由于利润的多少是按其占成本的一定比例反映的,而这种比例习惯上称为"几成",所以这种方法被称为汽车成本加成定价法。

其计算公式如下:

$$汽车加成价格 = \frac{单台汽车成本 \times (1 + 汽车成本利润率)}{1 - 税率}$$

式中

$$汽车成本利润率 = \frac{要求达到的总利润}{总成本} \times 100\%$$

例如,设某个汽车企业一年要求达到的总利润为 6000 万元,总成本是 30000 万元,只生产某种汽车产品 2000 台,产品税率为 10%,计算得:

$$成本利润率 = 6000/30000 \times 100\% = 20\%$$

$$汽车加成价格 = \frac{(30000/2000) \times (1 + 20\%)}{1 - 10\%} = 20 \text{ 万元}$$

汽车成本加成定价法的优点是:第一,能使汽车企业的全部成本得到补偿,并有一定的盈利,使汽车企业的再生产能继续进行;第二,计算方法简便易行,由于确定汽车成本比确定汽车需求容易,因而将汽车成本作为汽车价格的依据,可以极大地简化汽车企业的定价程序,同时也使汽车企业不必经常根据汽车需求的变化来调整汽车的价格;第三,有利于国家和有关部门通过规定成本利润率,对汽车企业的汽车价格进行监督;第四,如果汽车行业都采用此法,就可缓解汽车价格竞争,保持汽车市场价格的稳定。但在实践运用过程中,这种方法也存在着一些问题:首先,由于汽车成本加成定价法忽视了汽车市场的需求和竞争对手的价格等因素,只能反映生产经营中的劳动耗费,因此,根据这种方法制订的汽车价格必然缺乏对汽车市场供求关系变化的适应能力,不利于增强汽车企业的市场竞争力;其次,汽车企业成本纯属是企业的个别成本,而不是正常生产与合理经营下的社会成本,因此,有可能包含不正常、不合理的费用开支;再次,这种定价方法以卖方的利益为出发点,不利于汽车企业降低成本;最后,加成率是一个估计值,缺乏科学性。可见,此定价法主要适用于汽车生产经营处于合理状态下的企业和供求大致平衡、成本较稳定的汽车产品。

(二) 汽车加工成本定价法

汽车加工成本定价法是将汽车企业成本分为外购成本与新增成本后分别处理，并根据汽车企业新增成本来加成定价的方法。对于外购成本，企业只垫付资金，只有企业内部生产过程中的新增成本才是企业自身的劳动耗费。因此，按汽车企业内部新增成本的一定比例计算自身劳动耗费和利润，按汽车企业新增价值部分缴纳增值税，使汽车价格中的盈利与汽车企业自身的劳动耗费成正比，是汽车加工成本定价法的要求。

其计算公式如下：

$$汽车价格 = 外购成本 + \frac{汽车加工新增成本 \times (1 + 汽车加工成本利润率)}{1 - 加工增值税率}$$

式中

$$汽车加工成本利润率 = \frac{要求达到的总利润}{加工新增成本总额} \times 100\%$$

$$加工增值税率 = \frac{应纳增值税金总额}{销售总额 - 外购成本总额} \times 100\%$$

这种定价法主要适用于加工型汽车企业和专业化协作型汽车企业。它既能补偿汽车企业的全部成本，又能使协作企业之间的利润分配和税收负担合理化，避免汽车成本加成法定价造成的行业之间和协作企业之间利益分配不均的弊病。

(三) 汽车目标成本定价法

汽车目标成本定价法指汽车企业以预期能够达到的目标成本为定价依据，加上一定的目标利润和应纳税金来制订汽车价格的方法。其中，目标成本与定价时的实际成本不同，它是企业在充分考虑未来营销环境变化的基础上，为实现企业的经营目标而拟定的一种"预期成本"，一般都低于定价时的实际成本。

其计算公式如下：

$$汽车价格 = \frac{汽车目标成本 \times (1 + 汽车目标成本利润率)}{1 - 税率}$$

式中

$$汽车目标成本利润率 = \frac{要求达到的总利润}{目标成本 \times 目标产销量} \times 100\%$$

综上所述，汽车目标成本的确定要同时受到价格、税率和利润要求的多重制约，即汽车价格应确保市场能容纳目标产销量，且扣税后的销售总收入在补偿按目标产销量计算的全部成本后能为汽车企业提供预期的利润。此外，汽车目标成本还要充分考虑原材料、工资等成本价格变化的因素。

汽车目标成本定价法是为谋求企业长远和总体利益服务的，适用于经济实力雄厚，生产和经营有较大发展前途的汽车企业，尤其适用于新产品的定价。采用汽车目标成本定价法有助于汽车企业开拓市场，降低成本，提高设备利用率，从而提高自身的经济效益和社会效益。

二、汽车需求导向定价法

汽车需求导向定价法是一种以需求为中心，依据汽车消费者对汽车价值的理解和对汽车需求的差别来定价的方法。

（一）对汽车价值的理解定价法

所谓对汽车价值的理解定价法，就是汽车企业按照汽车消费者对汽车价值的理解来制订汽车价格，而不是根据汽车企业生产汽车的实际价值来定价。因此，在对汽车定价时，要先估测出由汽车营销组合中的非价格因素在顾客心目中建立起来的对该汽车的认知价值。

对汽车价值的理解定价法与汽车在市场上的定位是相联系的。其具体方法是：①从汽车的质量、企业提供的服务等方面为汽车在目标市场上定价；②决定汽车所能达到的售价；③估计在已制订的汽车价格下该汽车的销量；④由汽车销量算出相应的汽车生产量、投资额及单台汽车成本；⑤估算销售该汽车是否能获得预期的利润，以此来确定该汽车价格是否合理，并可进一步判明该汽车在市场上的销售状况。

运用对汽车价值的理解定价法的关键，是要把自己的汽车产品与竞争者的汽车产品相比较，正确估计本企业的汽车产品在汽车消费者心目中的形象，找到比较准确的理解价值。因此，企业在汽车定价前要搞好市场调研，通过广泛的市场调研，判定消费者对汽车的理解价值，并由此来制订汽车的初始价格。目前常用的评议方法主要有直接评议法、相对评议法和诊断评议法等。

（二）对汽车需求的差别定价法

即根据对汽车需求方面的差别来制订汽车价格的方法。这种定价方法首先是要注重适应消费者的不同特性，而将汽车成本的补偿置于次要位置。采用这种定价方法，可以使汽车的定价最大限度地符合汽车市场的需求，从而促进汽车销售。

在这种汽车定价方法下，主要有以下三种情况：

1. 按汽车的不同目标消费者采取不同价格

因为同一商品对于不同消费者，其需求弹性不一样，有的消费者对价格敏感，适当给予价格优惠便可诱其购买；有的消费者对价格不敏感，可按定价销售。

2. 按汽车的不同花色、样式采取不同价格

因为对同一品牌、规格汽车的不同花色、样式，消费者的偏好程度不同，需求量也不同，因此，不同的定价能吸引不同需求的消费者。

3. 按汽车的不同销售时间采取不同价格

同一种汽车因销售时间不同，其需求量也不同，汽车企业可据此制订不同的价格，争取最大销售量。

总之，对汽车需求的差异定价法能反映汽车消费者对汽车需求的差别及变化，有助于提高汽车企业的市场占有率，并增强其汽车产品的渗透率。但这种定价法不利于成本控制，且需求的差别不易精确估计。

三、汽车竞争导向定价法

汽车竞争导向定价法是依据竞争者的价格来定价，使本企业的汽车价格与竞争者的价格相类似或保持一定的距离。这是一种汽车企业为了应付汽车市场竞争而采取的特殊的定价方法。这种汽车定价方法的特点在于汽车的价格不与汽车的成本或需求发生直接关系。

汽车竞争导向定价法主要包含以下四种方法：

(一) 随行就市定价法

随行就市定价法，即以同类汽车产品的平均价格作为本企业汽车定价的基础。这种方法适合汽车企业在既难于对消费者和竞争者的反应作出准确估计，又难于另行定价时运用。在实践中，有些汽车产品的价格难以计算，采用随行就市定价法一般可较准确地体现汽车价值和供求情况，保证获得合理收益，同时，也有利于协调同行业的企业间关系，保持与竞争者的融洽关系。

在垄断性较强的汽车市场上，汽车企业往往会倾向于制订相近的汽车价格。若干个汽车企业竞相降价，则每家汽车企业均难以确立绝对的优势地位，此时，得渔翁之利的是汽车消费者。

此外，如果企业采用随行就市定价法，其汽车产品的成本与利润要受同行业平均成本的制约。因此，企业只有努力降低成本，才能获得更多的利润。

但采取随行就市定价法并不是要汽车企业采取与竞争对手完全一样的汽车定价策略，而是要有别于其他竞争对手，并使市场营销策略与之相协调，以应付竞争对手的价格竞争。

(二) 相关商品比价定价法

相关商品比价定价法，即以同类汽车产品中已获消费者认可的某品牌汽车的价格作为依据，结合本企业汽车产品与消费者认可的汽车成本或质量差率来制订汽车价格。它有以下三种计算方式：

1) 当汽车产品与消费者认可的汽车相比，成本变化与质量变化的方向及程度大体相当时，可按成本变化，实行"按值论价"，其公式为：

$$汽车价格 = 消费者认可的汽车价格 \times (1 + 成本差率)$$

2) 当汽车产品与消费者认可的汽车相比，成本上升不多而质量有较大提高时，可根据"按质论价、优质优价"原则，综合考虑供求关系，在下列区间中定价：

$$消费者认可的汽车价格 \times (1 + 成本差率) < 汽车价格 \leq 消费者认可的汽车价格 \times (1 + 质量差率)$$

式中，质量差率要通过对汽车质量效用的综合评估来确定。

3) 当汽车产品与消费者认可的汽车相比，成本下降不多而质量下降较多时，则应严格执行"按质论价"原则，实行低质廉价，其公式为：

$$汽车价格 = 消费者认可的汽车价格 \times (1 - 质量差率)$$

采用这种定价法制定的汽车价格常与消费者认可的汽车价格因信誉、质量和成本等方面的差别而形成的一定距离，因此，这是一种以避免竞争为主要意图的定价方法。

(三) 竞争投标定价法

在汽车易主交易中，可采用招标、投标的方式。由一个卖主（或买主）对两个以上且相互竞争的潜在买主（或卖主）出价（或要价），并择优成交的定价方法称为竞争投标定价法。其显著特点是招标方只有一个，处于相对垄断的地位，而投标方有多个，处于相互竞争的地位。

此定价法主要在政府处理没收的走私汽车和企业处理多余汽车时采用。

(四) 拍卖定价法

采用这种定价法，即由汽车卖方委托拍卖行，以公开叫卖的方式来引导汽车买方报价，利用汽车买方竞争求购的心理，在所有报价中选择最高价格来完成交易。汽车的拍卖定价法一般用于二手车交易中。

综合上述方法，我们还可以描绘某型汽车的定价轨迹（见图7-3），把市场环境的变化糅合到定价策略中去。

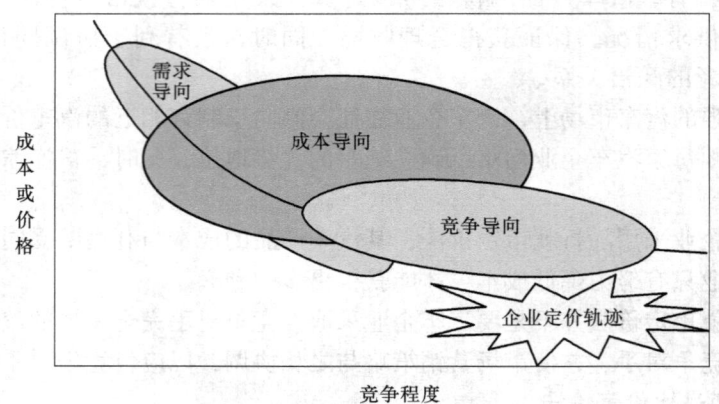

图7-3 轿车定价轨迹图

第五节 汽车定价策略

汽车价格竞争是一种十分重要的汽车营销手段，在激烈的汽车市场竞争中，汽车企业为了实现自己的营销战略和目标，必须根据产品特点、市场需求及竞争情况，采取各种灵活多变的汽车定价策略，使汽车定价策略与汽车市场营销组合中的其他策略更好地结合，扩大汽车销售，提高汽车企业的整体效益。因此，正确采用汽车定价策略是汽车企业取得汽车市场竞争优势地位的重要手段。

一、汽车新产品定价策略

在激烈的汽车市场竞争中，汽车企业开发的汽车新产品能否及时打开销路、占领市场并获得预期的利润，除了汽车新产品本身的性能、质量及必要的汽车市场营销手段和策略之外，还取决于汽车企业是否能选择正确的定价策略。

汽车新产品定价得当，就可能使该产品顺利进入市场，打开销路，占领市场，给企业带来利润；反之，若汽车新产品定价不当，就可能使该产品销售业绩不佳，从而影响汽车生产企业的效益。

汽车新产品定价有三种基本策略：

（一）撇脂定价策略

这是一种汽车高价保利策略，指在汽车新产品投放市场的初期，将汽车价格定得较高，以便在较短的时期内获得较高的利润，尽快收回投资。这种定价策略就好像将鲜奶表层的奶油撇出来一样，故而得名。采用这种汽车定价策略制订的汽车价格称为汽车撇脂价格，或汽车撇油价格。

这种汽车定价策略的优点是：①只要汽车新产品性能超群、质量过硬，就可以采取高价,来满足一些汽车消费者求新、求异的消费心理;②可以使汽车企业在较短时期内取得较大利润;③便于在竞争者大量进入市场时主动降价,增强竞争能力,同时,也符合消费者对价格由高到低的心理预期。

这种汽车定价策略的缺点是:①高价不利于打开市场,一旦销售不利,汽车新产品就有夭折的风险;②很容易引来竞争者,从而使汽车新产品的销路受到影响。因而,在采用这种汽车定价策略时要注意它的适应条件,包括以下几种:

1)汽车新产品要具有较高的技术水平,即使用高价也不怕竞争者迅速进入市场。
2)汽车新产品要有较大市场需求。
3)汽车企业自身生产能力有限或无意扩大汽车产量。

(二)渗透定价策略

指在汽车新产品投放市场时,将汽车价格定得较低,以便使汽车消费者更容易接受,很快打开和占领市场。这种策略就好像将水倒入沙泥中一样,水可以从沙泥的缝隙里很快渗透到底,因而得名。

这种汽车定价策略的优点是,一方面可以利用低价迅速打开新产品的销路,占领市场,多销得利;另一方面可以利用低价阻止竞争者进入,有利于控制市场。

这种汽车定价策略的缺点是投资的回收期较长,风险大,一旦渗透失利,企业就会一败涂地。

这种汽车定价策略一般适于以下几种情况:

1)制造这种汽车新产品所采用的技术已经公开,或者易于仿制,竞争者容易进入该市场。
2)投放市场的汽车新产品,在市场上已有同类竞争品,但是生产汽车新产品的企业比竞争企业拥有更大的生产能力,并且该产品的大量生产能有效降低成本,且收益有上升趋势。
3)该类汽车产品在市场中供求基本平衡,且市场需求对价格比较敏感。
4)汽车企业想尽快占领某块汽车市场以求在同行业中占据领先地位。

上述两种汽车定价策略各有利弊,选择哪一种策略更为合适,汽车企业应通过对市场需求、竞争情况、市场潜力、生产能力和汽车成本等因素的综合考虑,来合理地选择和组合,使这两种策略能在最有利的条件下发挥最好的效果。各种因素的特性及影响作用,如表7-1所示。

表7-1 汽车撇脂定价策略与渗透定价策略选择标准

汽车定价策略选择标准	撇脂定价策略	渗透定价策略
汽车市场需求水平	高	低
与同类竞争汽车产品的差别性	较大	不大
汽车价格需求弹性	小	大
汽车企业生产能力扩大的可能性	小	大
汽车消费者购买力水平	高	低
汽车产品目标市场潜力	不大	大
汽车产品仿制的难易程度	难	易
汽车企业投资回收期长短	较短	较长

（三）满意定价策略

这是一种介于撇脂定价策略和渗透定价策略之间的汽车定价策略。它以获取社会平均利润为目标，所定的价格比撇脂价格低，比渗透价格高，是一种中间价格。其风险小，成功的可能性大。

这种汽车定价策略的优点在于，一方面能使汽车新产品较快为市场所接受，且不会引起竞争对手的对抗；另一方面可以适当延长汽车新产品的寿命周期，有助于汽车企业树立信誉，稳步调价，并使顾客满意。

上述三种汽车新产品定价策略的汽车价格和汽车销量的关系如图7-4所示。

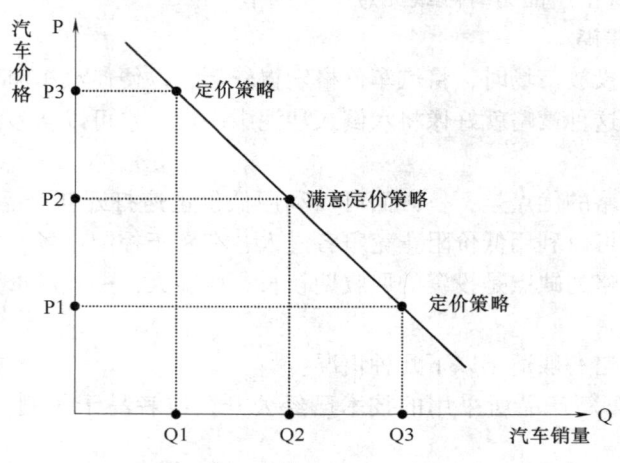

图7-4　汽车价格和汽车销量的关系

二、按汽车产品寿命周期定价策略

在产品寿命周期的不同阶段，汽车定价的三个要素（成本、消费者和竞争者）都会发生变化，因此，汽车定价策略也要与时俱进随时调整。

（一）导入期定价策略

在导入期，大多数消费者对新产品的价格敏感性相对较低，因为他们倾向于把汽车价格作为衡量汽车质量的标志，而且，此时缺少可作对比的其他新产品。但不同的汽车新产品进入市场，消费者的反应是有很大差异的。

（二）成长期定价策略

在成长期，消费者的注意力不再单纯停留在汽车产品的效用上，转而开始比较不同品牌汽车的性能和价格，这时，汽车企业可以采取汽车产品差别化和成本领先的策略。一般来说，成长期的汽车价格最好比导入期的价格低。因为随着消费者对产品了解程度的增加，其价格敏感性会逐渐提高。但对于那些对价格并不敏感的市场，不应使用渗透定价。这一阶段竞争加剧，行业市场的扩张能有效防止价格战的出现，然而有时汽车企业为了赶走竞争者，也可能会展开价格战。如美、日、韩三国的汽车企业就是在美国汽车市场走向成长期时才爆发价格战的。

(三) 成熟期定价策略

对成熟期的汽车进行定价的着眼点不是努力挣得市场份额，而是尽可能地创造竞争优势。这时候不应使用捆绑式的销售策略。因为这只会使组合汽车产品中一个或几个性能更好的产品难以打开市场。在成熟期市场为基本汽车产品定价的可调范围缩小，但可以通过销售更有利可图的辅助产品或优质服务来提高自己的竞争地位。

(四) 衰退期定价策略

很多汽车企业会在衰退期选择降价，但这样往往不能刺激起足够的需求，反而会降低企业的盈利能力。衰退期的汽车定价目标是在损失最小的情况下退出市场，或者是保护甚至加强自己的竞争地位。一般有三种策略可供选择：紧缩策略、收缩策略和巩固策略。它们的含义分别是：将资金紧缩到自己汽车生产能力最强大的生产线上；通过汽车定价获得最大现金收入，然后退出市场；通过削价打败弱小的竞争者，占领他们的市场。

三、折扣和折让定价策略

在汽车市场营销中，汽车企业为了应对竞争和实现经营战略，经常对汽车价格采取折扣和折让的优惠政策，直接或间接地降低汽车价格，以争取消费者，扩大汽车销量。灵活运用折扣和折让策略，使汽车价格与汽车市场营销组合中的其他因素更好地配合，是提高汽车企业经济效益的重要途径。

具体来说，折扣和折让分为以下五种：

(一) 数量折扣

数量折扣是根据买方购买的汽车数量多少，分别给予不同的折扣。数量折扣是用来鼓励买方集中购买或大批量购买汽车的定价策略，买方购买的汽车数量越多，折扣越大。

数量折扣可分为累计数量折扣和非累计数量折扣。前者规定买方在一定时期内，购买汽车达到一定数量或一定金额时，按总量给予一定折扣的优惠，目的在于使买方与汽车企业保持长期的合作，为汽车企业培养忠实消费者，维持汽车企业的市场占有率。后者是只按每次购买汽车数量的多少给予折扣的优惠。目的在于刺激买方大量购买，促进汽车多销、快销，减少库存和资金占压，从而降低汽车企业的销售费用。这两种折扣方式都能有效地吸引买主，使汽车企业从大量的销售中获得较高的利润。

(二) 现金折扣

现金折扣是给按约定日期提前付款或按期付款的买主给予一定的折扣，目的是鼓励买主尽早付款以利于企业资金周转，减少财务风险。运用现金折扣应考虑三个因素：一是折扣率；二是给予折扣的限制时间；三是付清货款的期限。

(三) 交易折扣

交易折扣是汽车企业根据各个中间商在市场营销活动中，所担负的功能不同，而给予的不同折扣，所以也称功能折扣。

确定交易折扣的折扣比例，需要考虑汽车中间商在汽车销售渠道中的地位、购买汽车的批量、所具备的汽车促销功能、所能承担的风险以及汽车产品在市场上的最终售价等。

(四) 季节折扣

季节折扣是指在汽车销售淡季时，给予购买者一定的价格优惠。目的在于鼓励中间商和消费者购买汽车，减少库存，节约管理费，加速资金周转。需要注意的是，季节折扣率不应低于银行存款利率。

(五) 运费让价

运费是构成汽车价值的重要部分,为了调动中间商或消费者的积极性,汽车企业会按一定比例补偿他们的运输花费。

企业是否要采取折扣和折让定价的策略,折扣的限度为多少,要综合考虑市场上各方面的因素。特别是当市场上同行业竞争对手实力很强时,一旦实施了折扣定价,可能会遭到竞争对手更大折扣采取反击,一旦形成了竞相折价的市场局面,则要么导致市场总价格水平下降,在本企业仍无法扩大市场占有率的情况下将利益转给了消费者,与竞争对手两败俱伤,要么就会因与竞争对手实力的差距而被迫退出竞争市场。

综上所述,企业在实行折扣和折让定价策略时要考虑竞争者实力、折扣成本、企业流动资金成本、消费者的折扣心理等多方面的因素,并注意避免市场内同种商品折扣标准的混乱,才能有效地实现经销目标。

四、针对汽车消费者心理的定价策略

这是一种根据汽车消费者心理要求所采用的定价策略。汽车价值与消费者的心理感受有很大的关系,这就为汽车心理定价策略的运用提供了基础,使得汽车企业在定价时可以利用汽车消费者心理因素,有意识地调整汽车价格,以满足汽车消费者心理和物质上的多方面需求,诱导消费者增加购买,扩大市场,获得最大效益。

心理定价的具体策略如下:

(一) 整数定价策略

在高档汽车定价时,往往把汽车价格定成整数,不带尾数。凭借整数价格来给汽车消费者造成汽车属于高档消费品的印象,提高汽车品牌形象,满足汽车消费者某种心理需求。

整数定价策略适用于:汽车档次较高、需求的价格弹性比较小、价格高低不会对需求产生较大影响的汽车产品。

(二) 尾数定价策略

尾数定价策略指汽车企业利用汽车消费者求廉的心理,在汽车定价时,在整数价格后附带尾数的定价策略。带尾数的汽车价格在直观上给汽车消费者一种便宜的感觉,还可以提高消费者对该定价的信任度,从而激起消费者的购买欲望。比如,把一款汽车的价格定为9.97万元,而不定为10万元,差价很小,但可以给消费者一种更为廉价的感觉。

尾数定价策略一般适用于档次较低的经济型汽车,因为其价格高低会对需求量产生较大影响。

提示:

在实践中,无论是整数定价还是尾数定价,都必须根据不同的地域而加以仔细斟酌。比如,美国、加拿大等国的消费者普遍认为单数比双数少,奇数比偶数显得便宜,所以,在北美地区,零售价为4.9万美元的商品,其销量远远大于价格为5万美元的商品,甚至比4万美元的商品也要多一些。但是,日本企业却多以偶数,特别是"零"作结尾,这是因为偶数在日本体现着对称、和谐、吉祥、平衡和美满。

(三) 声望定价策略

声望定价策略是根据汽车产品在消费者心目中的声望、信任度和社会地位来确定汽车价格的一种定价策略。声望定价策略可以满足某些汽车消费者的特殊欲望，如地位、身份、财富、名望和自我形象等。

声望定价策略一般适用于具有较高知名度和较大市场影响力的著名品牌的汽车。例如劳斯莱斯、宾利等具有悠久历史的高端品牌。

(四) 招徕定价策略

招徕定价策略指将某种汽车产品的价格定得非常高，或者非常低，以引起消费者的好奇心理和观望行为，来带动其他汽车产品的销售的一种汽车定价策略。如某些汽车企业在某一时期推出某一款车型降价出售，过一段时期又换另一种车型，以此来吸引消费者时常关注该企业的汽车，促进降价产品的销售，同时也带动同品牌其他正常价格的汽车产品的销售。

招徕定价策略常为汽车超市、汽车专卖店所采用。例如，江南奥拓将其车价定为 2.98 万元，成为国内市场上唯一一款低于 3 万元的轿车，吸引了消费者的眼光与购买兴趣。

(五) 分级定价策略

分级定价策略指在定价时，把同类汽车分为几个等级，不同等级的汽车采用不同价格的一种汽车定价策略。这种定价策略能使消费者产生货真价实、按质论价的感觉，因而容易被其接受。而且不同等级的汽车若同时提价，对消费者的质价观冲击也不会太大。

分级定价策略，等级的划分要适当，级差不能太大或太少，否则起不到应有的分级效果。

(六) 习惯定价策略

有些汽车产品已经在消费者的心目中形成了一个较稳定的习惯价格，这类汽车产品的价格若稍有变动（尤其是提高价格），就会引起消费者的不满，容易使消费者产生抵触心理。对于这类汽车产品，汽车企业不宜经常调价。

(七) 幸运数字定价策略

幸运数字定价策略指根据汽车消费者对某些数字的偏好进行定价的策略，如中国人认为"8"字可以带来财运等，以恰当的幸运数字作为定价的依据，容易使消费者对汽车产品产生一种心理上的好感，从而诱使其购买汽车。

这种定价策略常常被用于节日促销活动，幸运数字与节日的美好气氛相结合，更容易促进汽车的销售。

五、针对汽车产品组合的定价策略

一个汽车企业所生产和销售的全部汽车产品系列和项目的组合被称作是汽车产品组合。一个汽车产品组合中的不同种汽车产品之间的需求和成本是相互联系的，但同时它们之间又存在着一定程度的"自相竞争"，因此，这时候的企业定价就不能只针对某一产品独立进行，而要结合相关联的一系列的产品组合制定出一系列的价格，使整个产品组合的利润实现最大化。这种定价策略主要包含以下两种情况：

(一) 同系列汽车产品组合定价策略

这种定价策略是把一个企业生产的同一系列的汽车作为一个产品组合来定价。在产品系列中确定某一车型的价格为最低价格，这种低价车可以在该系列汽车产品中充当明星产品，以吸引消费者购买这一系列中的各种汽车产品；同时再确定某一车型的价格为最高价格，这种高价车可以在该系列汽车产品中充当品牌产品，以提高该系列汽车的品牌效应。

同系列汽车产品组合定价策略与分级定价策略有部分相似之处，但它更注重与系列汽车产品作为产品组合的整体化，强调产品组合中各汽车产品的内在关联性。

（二）附带选装配置的汽车产品组合定价策略

这种定价策略指将一个企业生产的汽车产品与其附带的一些可供选装配置的产品看作一个产品组合来定价。比如汽车消费者可以选装该汽车企业的电子开窗控制器、扫雾器和减光器等配置。汽车企业首先要确定产品组合中应包含的可选装配置产品，再对汽车及选装配置产品进行统一合理的定价。如汽车价格相对较低，那么选装配置的价格就应该定得相对稍高一些，这样既可吸引汽车消费者，又可通过高价的选装配置获取利润，来弥补汽车的低价损失，增加企业利润。

附带选装配置的产品组合定价策略一般适用于有特殊或专用附带选装配置的汽车。

六、汽车的价格调整

汽车企业在完成对汽车产品的定价以后，由于企业自身、竞争对手或汽车市场的情况发生了变化，需要经常对汽车的价格进行调整。汽车的价格调整主要有两种原因：一是汽车市场的供求环境发生了变化，汽车企业认为有必要对自己汽车产品的价格作出调整，这种汽车的价格调整被称为主动调整；二是竞争者的汽车价格发生了变动，使汽车企业不得不作出反应，以适应汽车市场竞争的需要，这种汽车的价格调整被称为被动调整。

（一）汽车价格的主动调整

汽车企业对汽车价格主动加以调整，可以采取两种策略，即调高或调低汽车价格。

1. 调高汽车价格

指汽车企业为了适应汽车市场环境和企业内部条件的变化，把原有的汽车价格调高。

调高汽车价格的主要原因有：①汽车成本上升；②通货膨胀；③汽车产品供不应求；④汽车产品的改进；⑤汽车竞争策略的需要。

2. 调低汽车价格

指汽车企业为了适应汽车市场环境和企业内部条件的变化，把原有的汽车价格调低。

调低汽车价格的主要原因有：①汽车企业竞争压力增大；②汽车企业生产能力过剩，需要扩大汽车销售，但又不能通过产品改进或加强销售等措施来扩大汽车销售；③汽车成本降低；④经济形势变化。在经济紧缩的形势下，由于货币价值的上升，汽车总价格水平下降，汽车企业会因此相应地调低汽车的价格。

另外，汽车企业在主动调整汽车价格时，还应该对汽车竞争者的反应加以考虑，了解竞争对手目前的财务状况及企业目标等。

（二）汽车价格的被动调整

汽车价格的被动调整指在竞争对手率先调整汽车价格之后，汽车企业在汽车价格方面作出的反应。汽车企业在进行汽车价格的被动调整之前，必须先对竞争者和自身的情况进行深入分析和研究。

对汽车企业本身情况的研究主要包括：①本企业的竞争实力，包括汽车质量、汽车售后服务、所占有的汽车市场份额及财力状况等；②本企业汽车产品的生命周期以及需求的价格弹性；③竞争对手汽车价格的调整对本企业所能产生的影响。

对竞争对手的研究主要包括：①竞争者价格变动的目的；②竞争者价格变动的持续时间；③其他竞争者可能作出的反应；④本企业对竞争者的汽车价格调整作出反应后，竞争者和其他汽车企业可能采取的措施。

> **提示：**
>
> 一般来说，在竞争对手调高汽车价格时进行汽车价格被动调整的主要方法有跟随提价和价格不变两种。在竞争对手调低汽车价格时的主要方法有置之不理、价格不变（采用另外的非价格手段进行反击）和跟着降价三种方式。其中，跟着降价的方式要慎用，一般用于价格敏感度较高的车型。至于汽车价格的调整幅度该为多少，则要根据具体情况来进行具体的分析。

七、汽车的价格竞争与非价格竞争

竞争是现代商品经济的基本特征之一，汽车企业在运营过程中，也必不可少地要遇到竞争。汽车企业竞争的方式有两种，分别为价格竞争与非价格竞争。

（一）汽车价格竞争

汽车的价格竞争是汽车企业为了实现一定的经营目标或营销战略，适应汽车市场环境的变化，把汽车价格调整到正常价格水平以下或以上（多为以下）以排斥竞争对手，赢得市场的一种汽车竞争策略。

价格竞争是一种有效的竞争手段。汽车的价格竞争比其他竞争见效更快，也最为明显。

但是，汽车的价格竞争也存在一些弊病，主要包括：

① 容易招致竞争对手的报复而导致汽车市场中汽车企业的相继降价，引起"价格战"，最终导致两败俱伤；

② 汽车的价格一旦下降，就很难再恢复原有水平，因此会影响到汽车企业的利润水平；

③ 不利于汽车企业进行广泛的、全面的汽车市场竞争，只适用于经济实力强大的大型汽车企业。

正是由于以上这些弊端，汽车企业应谨慎运用汽车价格竞争策略，不能轻易地发起汽车"价格战"，以免引火烧身，甚至殃及整个汽车市场。

（二）汽车非价格竞争

汽车非价格竞争是汽车企业为了实现一定的经营目标或营销战略，适应汽车市场环境的变化，运用汽车价格以外的其他汽车营销手段，来赢得市场的一种汽车竞争策略。它主要包括汽车产品差异化、汽车促销宣传和汽车服务多样化等策略。

在现代汽车市场营销中，理论与实践都已充分证明，成功的汽车市场竞争依赖于汽车市场营销组合，及汽车产品、汽车价格、汽车销售渠道和汽车促销手段的综合运用，而不是单独采用汽车价格竞争或非价格竞争。我们应在具体运用时，根据当时的具体情况和不同的竞争环境，有所侧重地开展竞争。

案例分析：本田飞度和奥迪 A6L 的定价策略分析

【案例一】 本田飞度——渗透定价策略

在国内经济型轿车市场上，像广州本田的飞度一样几乎是全球同步推出的车型还有上海大众的 POLO。但与飞度相比，POLO 的价格要高得多。飞度 1.3L 五速手动档的全国统一销售价格为 9.98 万元，1.3L 无级变速自动档销售价格为 10.98 万元。而三厢 POLO 上市时的价格为 13.09 万元～16.19 万元。飞度上市后，POLO 及时进行了价格调整，三厢 POLO 基本型的最低报价是 11.11 万元。即使这样，POLO 的价格还是高于飞度。虽然飞度 9.98 万元的价格超过了部分消费者的心理预期，但在行家眼里，这是对其竞争对手致命的定价。

飞度的定价体现了广州本田的营销技巧。对于一般汽车企业来说，往往从利润最大化的角度考虑定价，想办法最大程度地获得第一桶金。这体现在新车上市时的定价总是高走高开，等到市场环境发生变化时才考虑降价。但这种方式存在一定的问题，即在降价时，因为没办法传递明确的信号，消费者往往更加犹豫，因为他们不知道企业是否已经将价格降到谷底。

飞度的做法则不同，它虽然是一个技术领先的产品，但采取的是一步到位的定价。虽然这种做法会使消费者往往要向经销商交一定费用才能够快速取得汽车，增加了消费者的负担。但供不应求的现象会让更多的消费者产生悬念。如果产量屏障被打破以后，消费者能够在不加价的情况下就可以买到车，满意度会有很大的提高，因为它给予了消费者荣誉上的附加值。对于飞度为什么能够实现如此低的定价这个问题，广州本田方面的解释是，飞度起步时国产化就已经超过 80%。而国产化比例是决定国内轿车成本的两大因素之一。

整体来看，飞度良好的市场表现最重要的原因之一是广州本田采用了一步到位的低价策略。汽车性能和价格在短期内都难以被对手突破。这就使得长期徘徊观望的经济型轿车潜在消费者打消了顾虑，放弃了持币待购的心理，纷纷选择了飞度。

点评 1

广州本田采用了一步到位的低价策略，也可称为渗透定价策略，是指汽车企业以较低的成本利润率为汽车定价，以求通过"薄利多销"来实现利润指标的定价策略。这是一种比较常用的促销手段，利用人的求实、求廉的心理，一般只用于消费者对价格反应敏感的汽车产品，如中低档的经济型汽车。

从产品的生命周期来看，属于产品投入期和衰退期的汽车，常常会用低价策略。前者的目的是为了迅速占领市场，后者是为了加快更新换代。但同时低价策略使厂家获取微利，用于市场推广的预算不足，给人以价低质次的不良感觉。

【案例二】 大众奥迪——撇脂定价策略

2005 年，作为国内中高档车标杆的奥迪 A6 的换代车型 A6 系列——新奥迪 A6，其国产 3.0 版正式售价，除了核心配置和美国版有差异外，比美国版高出了逾 20 万元。

此外，一汽大众正式公布了全新奥迪 A6/L2.4 和 A6/L3.0 共 6 款车型的价格和详细装备表。其中 A6/L2.4 三款车型的厂家指导价格区间为 46.22 万元至 57.02 万元；A6/L3.0 三款车型的价格区间为 56.18 万元至 64.96 万元。

据了解，自1999年投产以来，上一代国产奥迪A6经历了五次升级，在不到5年的时间里销量超过20多万辆，在国内豪华车市场多年来可谓是"一枝独秀"，直到2004年市场份额仍维持在60%左右。

按照这个价格，新奥迪A6的最高价格已经超过了当时国产豪华轿车最贵的一款宝马530i。国产宝马5系价格是53万元至61万元，市场报价还更低；日产的价格是24.98万元至34.98万元、丰田的报价是32.8万元至48万元，新奥迪A6等于"让出"了原来销量最大的价格区间。

奥迪采取高价策略，也可称为撇脂定价策略，指企业以较高的成本利润率为汽车定价，以求通过"厚利稳销"来实现利润最大化。这种策略也是一种较特殊的促销手段，利用了人的求名、求美心理。一般运用于价格弹性小的产品，或消费者对价格反应迟钝的产品。比如具有新款式和新功能的中档汽车，以及高档豪华汽车。比如，奥迪A8加长型3.0在中国上市时卖118万元，同级别的奔驰S350售价为120万元，宝马730Li售价为110万元，而这些车在国外市场的定价也就10万美元左右。

点评

高价策略的优点是：新车上市之初，顾客对其尚无理性的认识，此时的购买动机多属于求新求奇。利用这一心理，企业通过制订较高价格，以提高产品身份，创造高价、优质的品牌形象；上市初的高价，使企业在汽车产品进入成熟期时可以拥有较大的调价余地，以保持企业的竞争力，而且可以吸引价格敏感的顾客。利用高价限制需求的过快增长，获取利润尽行投资，扩大生产。

高价策略的缺点是：过高的价格不利于市场开拓，会在一定程度上抑制销量，导致大量竞争者涌入，仿制品、替代品大量出现，迫使企业降价。价格过分高于价值，易造成消费者的反对和抵制，引发大量批评和一系列的公关问题。

讨论题：
1. 本田飞度使用了什么样的定价策略？
2. 本田飞度使用这一策略的原因是什么？
3. 结合案例分析本田飞度使用这一战略的优缺点。
4. 大众奥迪使用了什么样的定价策略？
5. 大众奥迪使用这一策略的原因是什么？
6. 结合案例分析大众奥迪使用这一战略的优缺点。

本章小结

汽车价格策略是汽车市场营销组合中非常重要的部分，它的运用直接关系到汽车企业的盈利水平。

通过本章的学习，重点掌握汽车定价的方法和策略，从而科学地选择不同的汽车价格策略。同时，应能对汽车市场上不同的汽车定价现象作出分析和判断，通过汽车的价格了解其背后汽车企业的销售目标和营销策略。

思 考 题

1. 影响汽车价格的主要因素有哪些？汽车企业的定价目标有哪些？
2. 汽车企业的定价方法有哪些？汽车成本加成定价法的优点是什么？
3. 汽车新产品的定价策略有哪些？汽车企业争取最高利润是否等于制订最高价格？为什么？
4. 什么叫做汽车撇脂定价法，该如何操作？
5. 汽车消费者心理定价策略有哪些？请举例说明。

第八章　汽车销售渠道策略

学习目标

了解汽车销售渠道的性质以及建立汽车销售渠道的作用；理解汽车销售渠道的模式和中间商的类型，以及不同类型中间商在汽车销售渠道中的定位及其功能；掌握汽车销售渠道管理的主要内容和原则。

汽车销售渠道是汽车产品实现其价值过程中的一个重要环节，它包括：科学地确定汽车销售路线，合理地规划汽车销售网络，认真地选择汽车经销商，高效地组织汽车储运，及时地将品质完好的汽车提供给消费者以满足消费者的需求。汽车销售渠道策略是汽车企业经营管理的重要组成部分，是汽车市场营销组合中的一个关键因素，它的宗旨是加快汽车产品的流通和销售资金的周转，提高汽车企业和中间商的经济效益。

第一节　汽车销售渠道概述

一、汽车销售渠道的含义

汽车销售渠道是汽车产品从汽车生产企业向最终消费者直接或间接转移汽车所有权所经过的途径，是联系汽车生产者和消费者的纽带。汽车销售渠道的环节主要包括：汽车销售渠道的起点生产企业、中间商和终点消费者。汽车销售渠道包括以下五层含义：

（一）汽车销售渠道是汽车流通的全过程

汽车销售渠道的起点是汽车生产企业，终点是汽车用户（消费者），它所包含的是从汽车生产企业到消费者之间的完整的汽车流通过程，而不是汽车流通过程中的某一阶段。

（二）推动汽车流通过程进程的是中间商

汽车产品在从生产企业向最终消费者转移的过程中，会发生多次交易，而每次交易都是买卖行为。该过程可表示为：汽车生产企业→中间商（总经销商→分销商→经销商）→消费者。由中间商（即各层次经销商）组织汽车批发、销售、运输、储存等活动，一个环节接着一个环节，把汽车源源不断地由生产者向消费者转移。

（三）构成汽车销售渠道的前提是汽车所有权的转移

在汽车销售渠道中，汽车生产者向消费者转移汽车产品，应以汽车所有权的转移为前提。汽车流通过程首先反映的是汽车作为商品的价值形态变换的经济过程，只有导致汽车所有权更迭的买卖过程，才能构成汽车销售渠道。

（四）汽车销售渠道是汽车产品从生产者到消费者所经历的流程

汽车销售渠道不仅反映了汽车价值形态变换的经济过程，也反映了汽车实体的移动路线。

（五）汽车销售渠道是汽车市场信息流传递的过程

通过中间商，汽车生产企业可以了解到消费者的需求状况，收集竞争对手的营销资料，发布企业新产品的信息。

二、汽车销售渠道的作用

（一）对国民经济的作用

汽车工业是国民经济的支柱产业，汽车销售渠道连接着汽车生产与消费，是整个汽车工业再生产过程中的一个重要环节。

汽车销售渠道在汽车工业发展过程中，起着调节产、供、销平衡的作用，同时，它对拉动内需、增加税收、积累资金、扩大就业也有着不可忽略的作用。

（二）对汽车生产企业的作用

1. 汽车销售渠道是汽车生产企业及其产品进入市场的必由之路

汽车产品只有通过销售渠道进入消费领域完成所有权的更迭，才能实现其价值。

2. 汽车销售渠道是汽车企业的重要资源

现代企业的生产经营活动，必须依赖于人、财、物、管理、信息、时间、市场等七大资源。其中，销售渠道是市场资源的重要组成部分。对汽车企业来说，汽车销售渠道数量多，汽车销售的途径就广，市场占有率就高；汽车销售渠道质量高，中间商声誉好、能力强，对汽车产品营销尽心尽责，汽车则会以较高的价格、较好的声誉、更多的销量为汽车企业带来更好的收益。

3. 汽车销售渠道是汽车企业节省市场营销费用，加快汽车产品流通的重要措施

汽车销售渠道的存在，有助于汽车产品加快流通，并节约流通环节中的人力、物力、财力，减少汽车产品的库存，加快资金的周转。

4. 汽车销售渠道具有融资功能

中间商不仅为本渠道所开展的各项汽车销售工作筹集了使用资金，同时，还通过支付订货货款，为企业进行下一轮汽车生产提供了生产资金。

（三）对汽车消费者的作用

汽车销售渠道为汽车消费者提供了便利，它节省了汽车流通费用，降低了汽车流通过程中的销售成本，从而减轻了汽车消费者的负担，最终为消费者提供了更大的价值。

三、汽车销售渠道的参数

按照汽车销售渠道的特征，可确定以下几个参数。

（一）销售渠道的层次

汽车销售渠道的层次是指在汽车从生产企业转移到消费者的过程中，对汽车拥有所有权或拥有销售权的机构的层次数量。

零层渠道也叫直接市场营销渠道，指汽车从生产企业流向消费者的过程中，不经过任何中间商，直接将汽车产品提供给消费者的销售渠道；一层渠道是含有一个中间商的销售渠道，二层渠道是含有两个中间商的销售渠道，并依此类推。

（二）销售渠道的长度

汽车销售渠道的长度指汽车从生产企业流向最终消费者的过程中，所经过的中间层次或环节数。中间层次或环节越多，则渠道的长度越长。

(三) 销售渠道的宽度

汽车销售渠道的宽度指组成销售渠道的每个层次或环节中，相同类型中间商的数量，同类型中间商越多，渠道就越宽。

(四) 销售渠道的多重性

汽车销售渠道的多重性指汽车企业根据目标市场的具体情况，使用多种销售渠道销售其汽车。

即汽车企业通过一条以上的渠道，使同一汽车产品进入两个以上的目标市场。例如，轿车可以通过某一渠道卖给政府部门、企事业单位作为公务用车，也可以通过另一渠道卖给出租公司、汽车租赁公司作为出租用车或租赁用车。

四、汽车销售渠道的类型

汽车从生产企业出发，经过一定的中间销售环节，才能到达最终消费者手中。在庞大的汽车流通领域，汽车销售渠道的类型多种多样。不同的汽车企业，从自身的特点出发，采取了各不相同的汽车销售渠道。

汽车销售渠道可以分成以下五种类型，如图8-1所示。

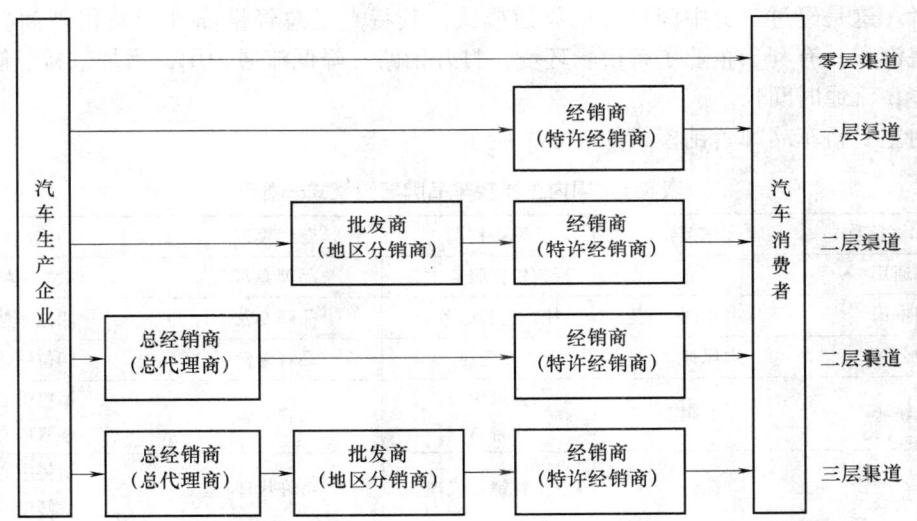

图8-1 汽车销售渠道的类型

(一) 由汽车生产企业直售型 (零层渠道模式)

汽车生产企业不通过任何中间环节，直接将汽车销售给消费者。这是最简单、最直接的销售渠道。其特点是产销直接接轨，环节少，有利于降低流通费用，使企业及时了解市场行情，迅速开发与投放满足消费者需求的汽车产品。但这种销售模式需要生产企业自设销售机构，因此不利于专业化分工，且难以广泛分销，不利于企业拓展市场。然而，随着电子商务的发展、普及和完善，这种模式会逐渐成为汽车企业重要的销售渠道之一。

(二) 由汽车生产企业转经销商直售型 (一层渠道模式)

汽车生产企业先将汽车卖给经销商，再由经销商直接销售给消费者。这是经过一层中间环节的渠道模式。其特点是，中间环节少、渠道短，有利于生产企业充分利用经销商的力量,扩大汽车销路,提高经济效益。我国许多专用汽车生产企业、重型车生产企业都采用这种分销方式。

(三) 由汽车生产企业经批发商转经销商直售型(二层渠道模式)

汽车生产企业先把汽车以批发形式销售给批发商(或地区分销商),再由其转卖给经销商,最后由经销商将汽车直接销售给消费者。这是经过两道中间环节的渠道模式,也是销售渠道中的传统模式。其特点是中间环节较多,渠道较长,既有利于生产企业大批量生产,节省销售费用,也有利于经销商节约进货时间和费用。

(四) 由汽车生产企业经总经销商转经销商直售型(二层渠道模式)

汽车生产企业先把汽车提供给总经销商(或总代理商),由其销售给经销商,最后由经销商将汽车直接销售给消费者。这也是经过两层中间环节的渠道模式。其特点是中间环节较多,但总经销商(或总代理商)不需承担经营风险,积极性较强,且有利于开拓市场,打开销路。这种分销渠道在我国的大、中型汽车生产企业的市场营销中较常见。

(五) 由汽车生产企业经总经销商与批发商后转经销商直售型(三层渠道模式)

汽车生产企业先把汽车提供给总经销商(或总代理商),由其向批发商(或地区分销商)销售汽车,批发商(或地区分销商)再转卖给经销商,最后由经销商将汽车直接销售给消费者。这是经过三道中间环节的渠道模式。其特点是总经销商(或总代理商)为生产企业销售汽车,有利于企业了解市场环境,打开销路,降低流通费用,增加效益。缺点是中间环节多,流通时间长。

国内主要轿车品牌营销模式如表 8-1 所示。

表 8-1 国内主要轿车品牌营销模式一览表

厂家名称(简称)	品牌(车型)名称	网点称谓	营销模式	功能组合
上海通用	别克	授权销售服务中心	品牌专营	四位一体[①]
广州本田	雅阁	特约销售服务店	品牌专营	四位一体
风神公司	风神	专营店	品牌专营	四位一体
一汽轿车	红旗	分销中心(自营)	品牌专营	销售中心 维修中心
一汽大众	捷达	特约销售代理	特许代理	销售中心 维修中心
	奥迪 A6	销售服务中心	品牌专营	四位一体
上海大众	桑塔纳	特许专卖店	品牌专营	四位一体
	帕萨特	特许专卖店	品牌专营	四位一体
神龙公司	富康	经销商(分等级)	品牌专营	三位一体[②]
一汽天津	夏利	分销中心	自营与代理双轨制	销售中心 维修中心
重庆长安	奥拓	分销中心	自营与代理双轨制	销售中心 维修中心

注:1. 四位一体系指整车销售、配件供应、维修服务、信息反馈四项业务功能,简称 4S 品牌专营。
 2. 三位一体系指整车销售、配件供应、信息反馈三项业务功能,简称 3S 品牌专营。

五、中国汽车销售渠道存在的问题

（一）汽车销售渠道未充分开发

汽车销售渠道的销售能力指汽车销售渠道所具备的能有效销售汽车产品的能力，包括整体销售能力、区域销售能力和单点销售能力。目前，国内汽车企业的销售渠道还没有真正发挥出应有的销售能力，同一品牌的经销商销售能力相差很大，规模大的经销商一年能够销售数千台汽车，而规模小的经销商则销售水平参差不齐，甚至拉低了整个渠道的销售能力。

（二）汽车销售渠道忠诚度低

目前，无论国内还是国外汽车厂家的销售渠道体系一般都是以本企业为中心，强调对渠道的控制。以前的汽车市场中，汽车厂家靠给予经销商高额利润来维持其忠诚度。目前，随着国外汽车品牌大举进入中国，汽车市场竞争日趋激烈，经销商的利润率不断降低，导致经销商对汽车厂家的忠诚度也逐渐降低。

（三）汽车销售渠道服务能力不足

目前，中国的汽车销售渠道以品牌4S店为主，在经销商的盈利中，整车销售、配件供应、维修服务之比为2∶1∶4，因此，售后服务是经销商的主要利润来源。但是，国内汽车企业普遍存在重销售轻服务的现象，销售渠道的服务能力不足，效率低下，这三要表现在：①备件供应不及时、供货率不足甚至缺货。②一些高档车的进口备件，普遍缺货，且供应不及时；③对于专营店无法解决的技术难题，目前一些厂家的技术支持尚不能满足其需求；④厂家缺少服务营销广告的投入。

（四）汽车销售渠道管控体系不完善

由于缺乏必要的控制和管理，特别是销售渠道商务政策不完善、返利制度不合理以及激励体系低效，销售渠道网络管理常常失效，致使商家竞相降低，影响整体品牌和价格政策的统一执行，进而导致经销商微利甚至亏损，结果是造成销售渠道忠诚度下降。

（五）汽车销售渠道布局失衡

国内汽车厂家长期以来对大城市高度重视，而对中小城市不够重视，从而导致销售渠道布局的失衡。对大城市的过度重视导致各汽车厂商的竞争在某些市场趋于白热化，盈利能力逐渐下降，而对中小城市的忽视使汽车厂商丢失了大量市场。

（六）汽车销售渠道协同效应还没有形成

汽车销售渠道的协同效应指厂家、经销商和消费者之间的互相合作。目前，国内的汽车厂家与经销商为各自不同的利益争执不休，营销方案和政策执行困难，导致厂家和最终消费者之间的距离越来越远，对客户的把握能力逐渐下降，最终导致整个销售服务价值链的价值下降。

（七）汽车销售渠道中间层次过多

汽车销售渠道中间层次过多会导致产品终端价格过高，且上游制造商不能及时得到市场销售信息的反馈。虽然多层渠道可以将一部分销售风险转移到分销商身上，但同时也会降低渠道的效率，延长产品到达消费者手中的时间，导致厂家对终端消费者信息掌控不力，对销售量和服务质量难以监控，并且增加了销售成本，最终可能威胁渠道自身的形象。

第二节　汽车销售渠道中的中间商

汽车销售渠道中的中间商指介于汽车生产企业与消费者之间，参与汽车流通、交易业务，促使汽车买卖行为发生和实现的经济组织和个人。中间商是汽车生产企业向消费者销售汽车时的中介环节，它具有平衡市场需求、集中和扩散汽车产品的功能，在汽车销售渠道中起着十分重要的作用。

一、中间商的类型

汽车销售渠道中的中间商按其在汽车流通、交易业务过程中所起的作用，可分为总经销商（或总代理商）、批发商（或地区分销商）和经销商（或特许经销商）。

（一）总经销商（或总代理商）

总经销商指受汽车生产企业的委托，从事汽车总经销业务，并拥有汽车所有权的中间商。而总代理商是受汽车生产企业的委托，从事汽车总代理销售业务，但不拥有汽车所有权的中间商。

（二）批发商（或地区分销商）

批发商处于汽车流通的中间阶段，是实现汽车的批量转移，使经销商达到销售目的的中间商。它一头连着生产企业或总经销商（总代理商），一头连着经销商，并不直接服务于最终消费者。通过批发商转销汽车的交易行为，汽车生产企业或总经销商（总代理商）能够迅速、大量地转售汽车，减少汽车库存，加速资金周转。地区分销商处于某地区汽车流通的中间阶段，它帮助生产企业或总经销商（总代理商）在某地区促销汽车，并该地区的汽车市场信息，承担该地区汽车的转销业务。

（三）经销商（或特许经销商）

经销商在汽车流通领域中处于最后阶段，它是直接将汽车销售给最终消费者的中间商。它是联系汽车生产企业、总经销商、批发商与消费者之间的桥梁，在汽车销售渠道中具有突出的作用。特许经销商（亦称受许人）是从特许人（一般是总经销商）处获得授权在某一特定区域内直接将特定品牌汽车销售给最终消费者的中间商，按照特许经营合同，受许人可以享用特许人的商誉和品牌，获得其支持和帮助，参与统一运行，分享规模效益，是一种新型的汽车销售渠道模式。

二、中间商的功能

在汽车销售渠道中，中间商的基本功能有两个方面：第一是调节汽车生产企业与最终消费者之间在汽车供需数量上的差异。这种差异指汽车生产企业所生产的汽车数量与最终消费者所需要的汽车数量之间的差别。第二是调整汽车生产企业和最终消费者之间在汽车品种、规格和等级方面的差异。

中间商的具体功能有以下几个方面：

（一）中间商在汽车生产企业与最终消费者间建立了沟通渠道

由于供需双方在地域、时间、信息沟通、价值评估及汽车所有权等方面存在着差异及不同的认识，使供需双方自行完成汽车交易存在一定的困难。而中间商的存在，可以消除上述差异与分歧，在生产企业与最终消费者间建立起沟通的桥梁，使汽车顺利地从生产领域转移到消费领域。

（二）中间商代替汽车生产企业完成市场营销职能

中间商可以代替汽车生产企业进行市场调查、宣传产品、安排汽车储运、开展汽车销售以及售后服务工作。同时，中间商还能为生产企业提供商业信贷，催收债款，帮助汽车生产企业在消费者中树立信誉，拓宽市场，为汽车生产企业节省资源。

（三）中间商的服务增加了汽车的价值

由于中间商进行汽车运输和仓储，提供汽车销售的全程服务，从而增加了汽车的价值。本田、通用汽车公司与其中间商的关系示意图分别如图 8-2、图 8-3 所示。

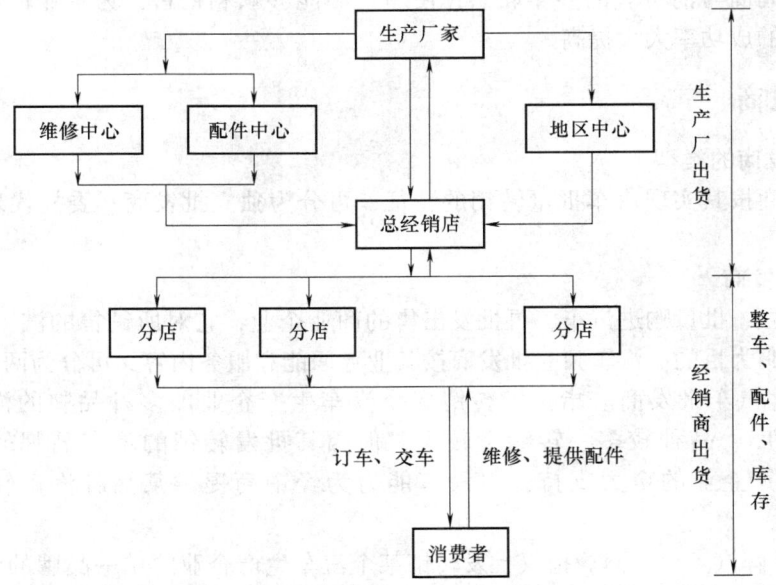

图 8-2 本田汽车公司与其中间商的关系示意图

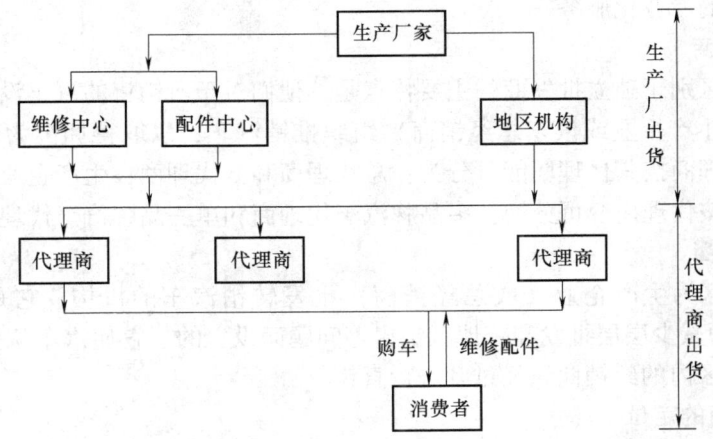

图 8-3 通用汽车公司与其中间商的关系示意图

（四）中间商是汽车生产企业的信息来源

中间商比汽车生产企业更了解汽车市场情况，可以及时地把信息反馈给汽车生产企业，使汽车生产企业能够根据汽车市场的情况组织生产，避免盲目生产。

（五）中间商有利于汽车企业进入新市场

汽车企业在自行开发新市场时，往往由于缺乏经验和不了解新市场的情况，导致开发工作进展缓慢。而中间商一方面市场营销经验丰富，另一方面更贴近汽车市场，了解新市场行情，如果汽车企业依靠其开发新市场，可以减少风险。

（六）中间商有利于汽车企业销售新产品

当汽车生产企业依靠中间商向市场推出新产品时，既可以节省新产品营销工作的资金，又可以利用中间商与消费者的多年联系，使新产品能够顺利销售，为企业占领市场赢得时间，使新产品的成功率大大提高。

三、批发商

（一）批发商的类型

汽车批发商按其实现汽车批量转销的特征，可分为独立批发商、委托代理商和地区分销商。

1. 独立批发商

指自己独立、批量购进汽车，再批发出售的商业企业，它对所销售的汽车拥有所有权，以获取批发利润为目的。汽车独立批发商按其业务职能和服务内容又可分为两种类型：

1）多品牌汽车批发商。指批发转销多个汽车生产企业的多种品牌的汽车，它批发转销的范围较广、品种较多、转销量较大，但因其批发转销的汽车品牌较杂，无法获得诸多汽车生产企业的全力支持，也没有能力为经销商提供某品牌汽车转销中的专业化服务。

2）单一品牌汽车批发商。指仅批发转销某个汽车生产企业的单一品牌的汽车，它批发转销的范围较窄、品种单一、转销量有限，但因其批发转销的汽车品牌单一，能够获得此品牌汽车生产企业的直接支持和帮助，因而它具备此品牌汽车转销的专业能力，能为经销商提供此品牌转销中的专业化服务。

2. 委托代理商

委托代理商区别于独立批发商的主要特点是，他们对于所销售的汽车没有所有权，只是替委托人（汽车生产企业或汽车总经销商）组织推销汽车，以取得佣金为目的，促进买卖的实现。委托代理商按其代理职能可分为：总代理商和分代理商；生产企业的代理商和总经销商的代理商。按代理内容可分为：多品牌汽车代理商和单一品牌汽车代理商。

3. 地区分销商

指在某一地区为生产企业（或总经销商）批发转销汽车的机构，它是汽车生产企业（或总经销商）为减少层层批发和跨地区销售等问题而设立的。它使汽车从生产企业（或总经销商）到某地区内的经销商只经过其进行直销。

（二）批发商的定位

汽车销售渠道由汽车生产企业、总经销商、批发商、经销商、运输商和汽车消费者组成（见图8-4）。

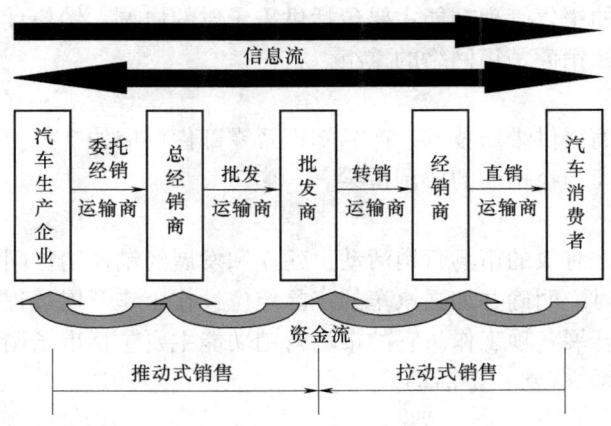

图 8-4　批发商在汽车销售渠道中的定位

在这条销售渠道中，批发商处于传统的推动式销售和以市场为导向的拉动式销售之间的过渡位置。在消费者、经销商和总经销商之间，批发商更大程度上是由消费需求拉动着经销商的销售活动和批发商转销业务的开展，又是由汽车生产企业（总经销商）年度目标和销售任务的要求推动着批发商批发业务的进行。因此，批发商最主要的功能是在目前买方市场条件下，通过发展营销网络，改进转销方式，提高转销能力，来协调供需矛盾，平衡销售计划和市场需求。

同时，批发商应有效地协调管理总经销商与经销商、消费者之间连续的物流、信息流和资金流，建立总经销商和经销商、消费者之间紧密的合作伙伴关系，提高汽车的市场竞争能力（见图 8-5）。

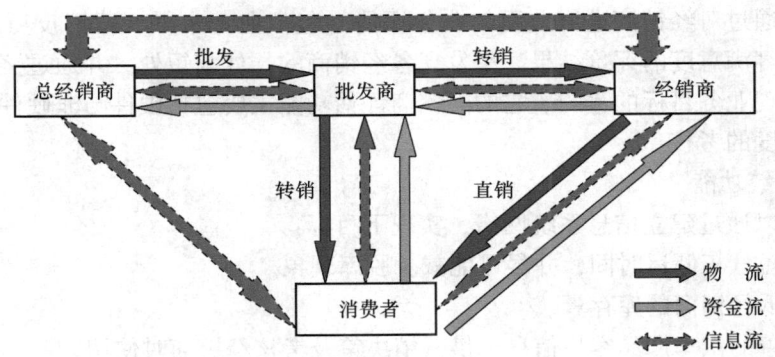

图 8-5　批发商在销售网络系统中的地位

（三）批发商的功能

由于汽车批发商在汽车销售渠道和销售网络系统中处于十分重要的地位，因此，它应具有以下几个方面的功能：

1. 销售管理功能

批发商应通过销售管理，使经销商在自己的领域内规范销售，减少经销商之间的内耗，合理处置渠道冲突（水平渠道冲突及垂直渠道冲突），稳定销售价格，集中精力去开拓市场和开展服务营销。它的销售管理功能主要包括供需矛盾的协调,销售计划的制订和执行,销售模式的转换以及对经销商销售网络的重组。

2. 售后支持功能

批发商应对经销商提供维修技术、产品知识及零部件供应的支持,提高经销商的职业化水平,并充当总经销商与经销商的协调桥梁。

3. 市场营销功能

批发商应通过行之有效的市场营销活动,建立和发展经销商销售网络系统,促使经销商销售体系正规化。同时,明确并加强汽车的产品定位,在工作开展过程中,有效扶植并利用已建立的市场共同体开展各项工作。它的市场营销功能主要包括市场调研、开展营销和促销以及建立公司标识体系(CIS)等活动。

4. 储运分流功能

批发商应及时、准确地把汽车送至经销商处,减少甚至免除经销商在收车环节的投入。它的储运分流功能主要包括质量把关、二次配送以及中转库的管理。

5. 资金结算与管理功能

批发商应免除经销商为购车频繁奔波于销售地与总经销商之间而浪费的时间和精力,让经销商将注意力集中于销售及服务。它的资金结算与管理功能主要包括经销商购车结算、资金管理和业绩评估。

6. 经销商培训功能

批发商应通过对经销商的培训,改变经销商的传统经营理念,并提高经销商的业务素质,使汽车生产企业对经销商的控制通过培训落实。它的经销商培训功能主要包括熟悉所管辖地区的现状、制订培训计划以及开展多方面培训。

7. 经销商评估功能

批发商应通过对经销商进行全面的业务评估(包括业务水平、营销技巧及最终成绩),并综合参考顾客满意度的评价结果,来发现各经销商的长处与短处,并通过奖惩制度,达到帮助经销商实现业务目标的目的。它的经销商评估功能主要包括硬件与非硬件指标体系的评估、用户满意度的考核。

8. 信息系统功能

批发商可以通过建立信息系统网络,实现下目标:
- 大幅缩短汽车储运时间,并尽可能减少脱库现象。
- 合理降低经销商的库存量。
- 拥有完善的汽车产品客户信息,供营销决策及考核经销商时使用。
- 及时准确地获得经销商经营状况的主要指标,供评估使用。

它的信息系统功能主要包括系统安装、操作人员培训和信息系统的扩展。

四、经销商

(一)经销商的类型

在汽车销售渠道中,经销商的形式多种多样,通常按其经营特征可以分为特许经销商和普通经销商两大类。现将某品牌汽车销售渠道中的经销商分类标准,列于表8-2。

表 8-2　某品牌汽车销售渠道中的经销商分类标准

经销商类别	经营特征	业务范围	硬件设备	资金能力/万元	年销售量/辆	服务质量	公共关系	人力资源
特许经销商	品牌专营	整车销售、配件供应、维修服务、信息反馈	有统一标识的展示厅、有设施完备的营销场所	>300	>500	高	好	优
准特许经销商	品牌专营	整车销售、配件供应、信息反馈	有优良的展示厅、有完好的营销场所	>250	>400	较高	较好	良
普通经销商	非品牌专营	整车销售、信息反馈	有一般的展示厅、有一般的营销场所	>200	>300	一般	一般	一般
准普通经销商	非品牌专营	整车销售	无展示厅、有营销场所	>150	>200	一般	较弱	差

(二) 特许经销商

1. 汽车特许经销商的含义

汽车特许经销商指由汽车总经销商（或汽车生产企业）作为特许授予人（简称特许人，franchiser），按照汽车特许经营合同要求以及约束条件授予经营销售某种特定品牌汽车的汽车经销商（作为特许被授予人，简称受许人，franchisee）。

2. 汽车特许经销商的条件

对于汽车经销商来说，只有具备以下条件才可以成为汽车特许经销商：

1）独立的企业法人，能自负盈亏地进行汽车营销活动。
2）有一定的汽车营销经验和良好的汽车营销业绩。
3）能拿出足够的资金来开设具有统一标识的特许经营店面，具备汽车市场营销所需的周转资金。
4）达到特许人所要求的特许经销商硬、软件标准。

普通经销商符合以上条件就可以通过履行特许经销商申请和受许人审核等手续，并经双方签署汽车特许经营合同（或协议），正式成为某品牌汽车的特许经销商。

3. 汽车特许经销商的优势

普通汽车经销商一旦成为某品牌汽车的特许经销商，将会使其在今后的汽车市场营销活动中具有以下几方面的优势：

1）可以享受特许人的汽车品牌及该品牌所带来的商誉，使其在汽车市场营销活动过程中拥有良好的企业形象，给消费者以亲切感和信任感。
2）可以借助特许人的商号、技术和服务等，提高竞争实力，降低进入市场的风险。
3）可以加入特许经营的统一运营体系，即拥有统一的企业识别系统和统一的服务设施和统一的服务标准，分享由采购分销规模化、广告宣传规模化、技术发展规模化等所带来的规模效益。
4）可以从特许人处得到业务、人员培训、信息、资金等方面的支持和服务。

4. 汽车特许经销商的权利

作为汽车特许经销商，可享有以下权利：

1）特许经营权。有权使用特许人统一制作的标记、商标、司标和标牌；有权在特许经营系统的统一招牌下经营，从而享受由著名品牌带来的利益；有权获得特许人的经营秘诀，并加入统一运作（包括：统一进货，以享受大量进货的折扣；统一促销；统一的市场营销策略等）；有权依照特许人的统一运作系统分享利益；有权按特许人的规定取得优惠政策，对特许人经销的新产品享有优先销售权。

2）地区专营权。有权要求特许人给予在一定特许区域内的专营权，以避免在同一地区内各经销商相互竞争。

3）取得特许人帮助的权利。有权得到特许人的经营指导援助、技术指导援助及其他相关服务，包括：参加特许人的各种定期培训，使用特许人的各种信息资料和市场运作情报；在经营中遇到问题时，随时和特许人的专职指导员联系；资金缺乏时，可以采取连带担保等方式取得贷款。

5. 汽车特许经销商的义务

作为汽车特许经销商，还应承担以下义务：

1）必须维护特许人的商标形象。在使用特许人的经营制度、秘诀以及与其相关的标记、商标、司标和标牌时，应当积极维护特许人的品牌声誉和商标形象，不得有降低特许人商标形象和损害统一经营制度的行为。

2）在参加特许经营系统统一运营时，只能销售特许人的合同产品；只能将合同产品销售给直接消费者，不得批发；必须按特许人要求的价格出售；必须从特许人处取得货源；不得跨越特许区域销售；不得自行转让特许经营权。

3）应当履行与特许经营业务相关的事项，包括：随时和特许人保持联系，接受特许人的指导和监督；按特许人的要求，购入特许人的商品；积极配合特许人的统一促销工作；负责店面装潢的保持和定期维修。

4）应当承担相关的费用，如：加盟金、年金、加盟店包装费等。目前，世界著名的汽车企业都建立了自己的特许经销商网络。通过品牌专营店和特许经营店的建设，不仅大大推动了公司汽车的销量，而且能够及时地为消费者提供各种服务，提高了渠道管理的水平，塑造了良好的公司形象。

日本丰田汽车公司重组经销商后所建立的销售渠道结构如图 8-6 所示。

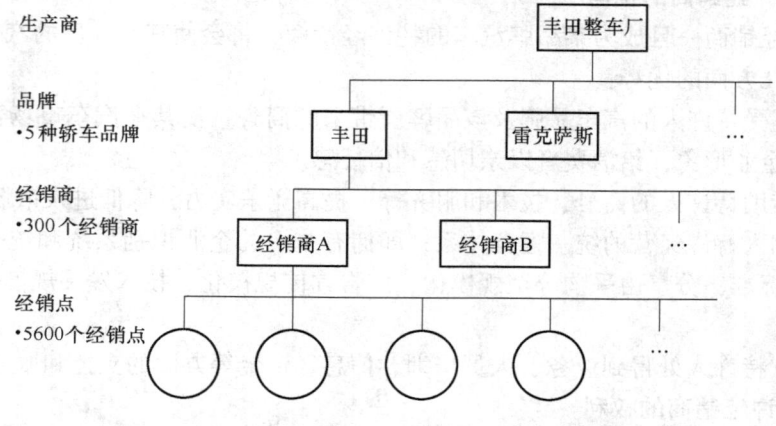

图 8-6　日本丰田汽车公司销售渠道结构示意图

第三节 汽车销售渠道的管理

对汽车销售渠道实施管理，主要是由汽车企业对物流、资金流和信息流实施管理，加速汽车产品的流通和资金的周转，提高汽车企业和中间商的经济效益。

一、汽车销售渠道的物流管理

汽车产品由汽车生产企业最终到达消费者手中，不仅是汽车所有权的转移，还要经过订货、运输、仓储、存货等管理活动，才能实现汽车产品实体的空间转移。其中，最为重要的是运输和仓储，它们和企业的销售渠道相辅相成，构成了汽车销售渠道的物流系统。汽车企业制订正确的物流策略，对于降低成本，增强竞争实力，提高企业效益具有重要的意义。

（一）物流的定义

物流译自英文 physical distribution，又称实体分配，指通过有效地安排商品仓储、转移和管理，使商品在需要的时间到达需要的地点的经营活动。物流管理的任务，包括汽车生产所需原料及最终汽车产品从起点到最终使用点或消费点的实体移动的规划和执行，以及在取得一定利润的前提下，更好地满足消费者的需求。

物流作为市场营销的一部分，不仅包括汽车产品的运输、保管、包装，还包括在开展这些活动的过程中所伴随的资金的流通和信息的传播。它以企业销售预测为开端，在此基础上来制定生产计划和存货水平。生产计划规定了采购部门为满足汽车生产需求必须订购的原料，并作为原材料存入仓库。原料经生产加工再转变成汽车产品，而汽车产品存货则是消费者订购与汽车企业制造活动的连接点。消费者订购使汽车产品的存货水平降低，而汽车制造活动则使之上升。

（二）物流成本

每一个特定的汽车物流系统都由仓库数目、库址、规模、运输策略以及存货策略等构成，因此，每一个汽车物流系统都存在着一套总成本，可用数学公式表示为：

$$D = T + FW + VW + S \tag{8-1}$$

式中 D——汽车物流系统总成本；
　　　T——该系统的总运输成本；
　　　FW——该系统的总固定仓储成本；
　　　VW——该系统的总变动仓储成本；
　　　S——因延迟销售所造成的销售损失的总机会成本。

在设计和选择汽车物流系统时，要考虑各种系统的总成本，然后从中选择总成本最低的物流系统。

（三）汽车的储存

汽车的储存指汽车产品离开生产领域而尚未进入消费领域之前，在汽车销售渠道流通过程中的合理停留。它把采购、生产、销售等企业经营的各个环节有效地连接起来。为了保证汽车企业再生产的顺利进行和满足消费者的消费需求，必须保持一定数量的汽车储存。汽车的储存策略主要包括：汽车仓库的选择、汽车存货水平的控制和订货时间的确定。

1. 汽车仓库的选择

汽车仓库是汽车产品储存的主要场所，是组织汽车产品流通的必要设施。汽车仓库地址的选择是一个较难处理的问题，选择汽车仓库地址的主要标准是要有利于增加汽车生产企业的经济效益。主要应考虑两个因素：一是向消费者发货的运输费用；二是消费者对服务水平的要求。目的是加速汽车产品的运输，降低汽车储存费用，提高服务质量。

2. 汽车库存容量的控制

汽车库存容量的大小与消费者的需求量密切相关。库存容量太小，可能造成脱销，不能满足消费者的需求，失去商机；库存容量太大，又会增加成本，降低经济效益。因此，必须按照消费者需求的变化情况，及时确定当前某一时期内的汽车需求量，采取有效的调控方式，使汽车库存容量保持在适中水平，在及时满足消费者需求的同时，使其总成本保持最低水平。

3. 订货时间的确定

为了及时满足消费者的需求，经销商要时时检查库存，掌握库存车辆的款式、型号、颜色及数量等信息，科学、合理地确定订货时间。经销商应采取定量订货方式，根据市场需求状况，当库存量下降到预定的最低库存数量（订货点）时，及时进行订货补充，从而达到用户满意度最大化和库存成本最低化的目标。其中，订货点计算公式为：

$$R = LT \times D/365 \tag{8-2}$$

式中　R——最低库存数量；

　　　LT——送货天数；

　　　D——全年用货量。

（四）汽车的运输

汽车的运输指借助各种运输工具实现汽车产品由生产地到消费地的空间位置上的转移。

1. 汽车的运输方式

汽车的运输方式（工具）是实现汽车产品地区之间移动的物资条件，常用的运输方式有铁路运输、水运和公路运输。方式的选择主要取决于运输成本、地理因素和消费者需要服务的内容。

2. 汽车的运输路线

选定的运输路线要力求做到把货物交给消费者的时间最短，以提高服务质量，要减少总的运输里程，以降低企业的运输成本。

3. 汽车的运输策略

汽车的运输策略，即汽车生产企业选择何种运输方式和运输路线，将汽车产品运送到销售地点。在选择汽车运输策略时，必须对各种汽车运输方式之间复杂的利害关系加以平衡，同时还须考虑其他销售要素的潜在影响，诸如仓储和存货水平。由于不同运输方式的相对成本会随着时间的推移而发生变化，所以，企业在探索最佳物流计划时，必须坚持营销目标，充分分析市场的实际状况，做出适当的运输决策。

二、汽车销售渠道的资金流管理

汽车产品的整个流动过程，不仅包括物流，还包括资金流。所谓资金流，指汽车产品在从汽车生产企业到达最终消费者的过程中发生的一系列的资金转移和流动。中间商的财务部是进行资金结算的管理部门和执行内部会计、财务功能的职能部门。由于资金全部由其规划和控制,因此必须建立严格的财务管理制度,以确保资金结算、融资业务、财务评估等资金流工作的合理、有效地进行。财务管理制度的内容包括:

(一) 资金结算管理

地区分销商在总经销商的汽车销售体系中担负的主要使命是从总经销商购进汽车,通过其所管辖的经销商将汽车销售给最终消费者。地区分销商的其他一切活动均是为此目的服务的。售车过程中的资金结算管理工作流程,如图8-7所示。

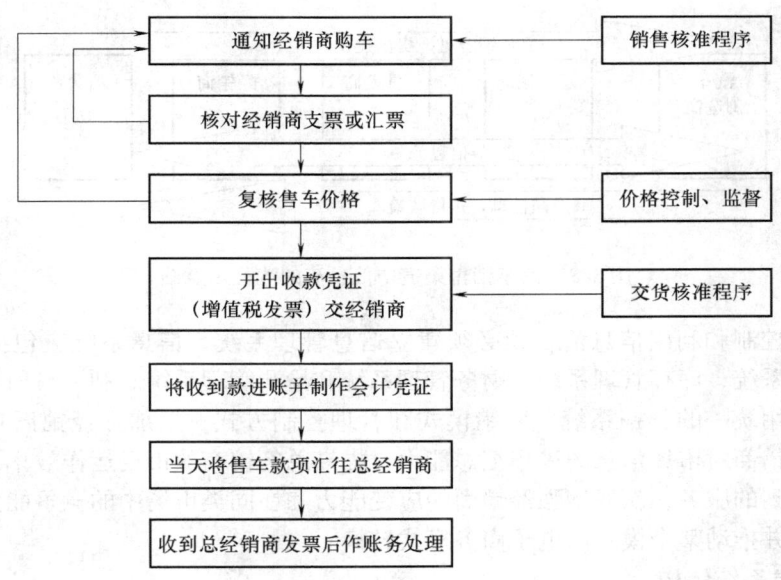

图8-7 资金结算管理工作流程

(二) 内部财务管理

内部财务管理的内容包括:制订分销商内部财务、会计管理实施办法;编制销售收入、费用、利润、税金计划以及财务考核计划;统一管理分销商的固定资产、流动资金;对分销商进行财务分析,提交财务分析报告;核算分销商的实际成本和费用,控制和监督成本和费用的开支范围;进行税务管理和账务管理;进行库存盘点;按要求编制会计报表。

(三) 对经销商的财务评估

对经销商的财务评估内容包括:编制对经销商的财务评估计划;参与对经销商售车业务的审查,重点检查经销商售车时对售车价格政策的执行情况;评估、复核固定资产投资的账务处理及其公允价值,提出支付"投资毛利"的数额、支付方式与计划等的建议;通过财务电算网络,分析经销商的财务状况,帮助其改进财务管理;采取必要的考核手段,评定经销商的经营业绩、财务指标等;评价经销商的信用记录和资信状况,为总部对合格经销商进行移库销售提供决策依据;拟定对各经销商的奖励方案。

(四) 融资售车业务管理

融资售车业务管理的内容包括:向进行融资售车业务合作的承办银行和协办银行提供经销商的财务状况等有关资料;将分销商的信贷需求计划与销售部提供的汽车计划报告给总经

销商和承办银行、协办银行;协助承办银行和协办银行做好汽车销售收入划转、筹资结算和资金清算;在承办银行、协办银行开立结算账户;参与建立共管账户管理,并对共管账户涉及的汽车资源进行专项管理。

三、汽车销售渠道的信息流管理

信息流几乎渗透到汽车销售渠道中的每一个环节(见图8-8),控制和利用好这些信息流,可以及时制订合理的销售计划,并依此完善内部管理,扩大汽车企业的业务规模。

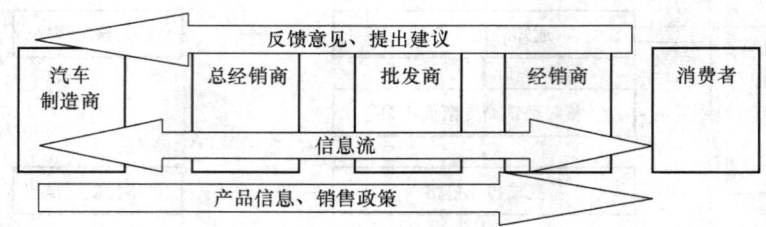

图8-8 汽车销售渠道中信息流的流程示意图

要有效地控制和利用信息流,就必须建立信息管理系统。信息系统应包括营销管理系统、条码管理系统、库存管理系统、财务管理系统和检测管理系统。利用目前流行的互联网通信线路,使用统一的分销系统、营销模式和管理控制方式,来加强经销商自身的营销管理,加强总经销商对市场信息的采集汇总能力,提高总经销商的市场运作效率,为经销商提供更加及时周到的服务,从而增强经销商的应变能力和在同类市场中的竞争能力,力求获得最大的效益,并推动整个模式向电子商务模式转换。

(一) 信息系统结构

信息系统的模块结构和运作结构分别如图8-9和图8-10所示。

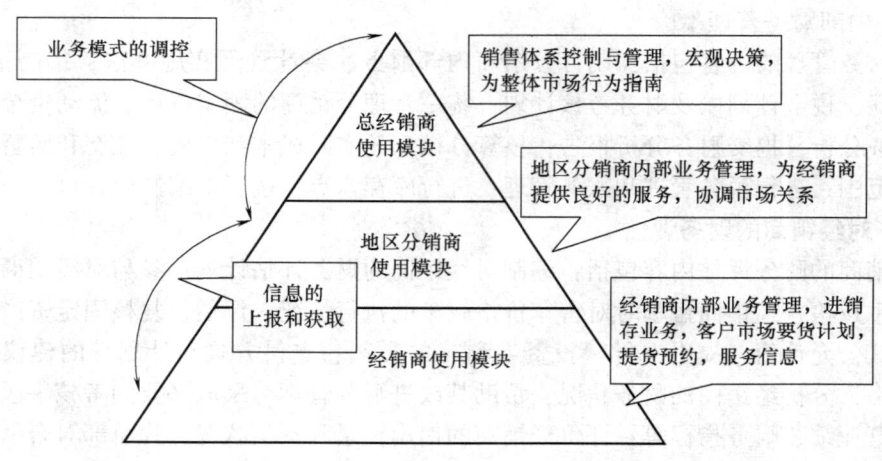

图8-9 信息系统的模块结构

(二) 信息系统的优势

1)具有可靠的安全机制,以及方便、实用、廉价的通信方式。

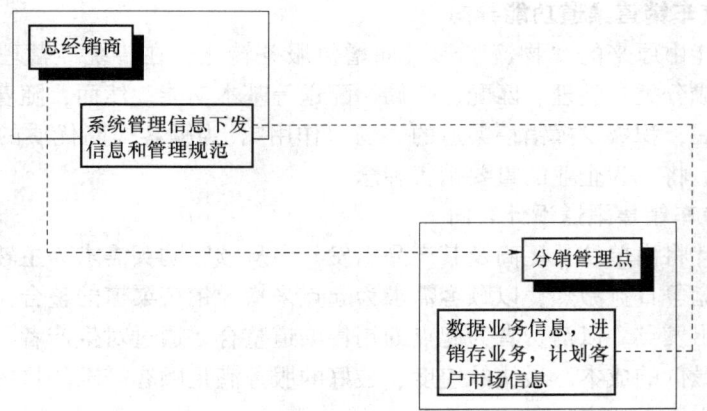

图 8-10　信息系统的运作结构

2）同办公软件实现无缝连接，定义报表格式及打印更为灵活方便。
3）各地工作不会因线路问题而受到影响，数据的保存、查询及安全能得到充分的保障。
4）系统应用界面美观、简捷，易操作易培训。
5）系统只需要简单的安装即可实施运作。

（三）对现有业务模式的影响

1. 利益

1）信息的沟通将变得迅速而容易。
2）管理将逐步迈向正规。
3）获得更高的工作效率。

2. 问题

1）新的管理模式会给目前的经营模式带来风险。
2）系统试运行期间工作量将会增加。
3）系统的模式与现有模式之间存在一定的差异和冲突，需要适应和调整。可能让你困惑。

第四节　汽车销售渠道发展策略

我国汽车产业在经过几十年的保护和发展后，建立了一整套比较完善的销售渠道体系。然而，在加入 WTO 以后，政策给中国汽车产业所带来的销售优势已经由于市场开放、外资介入而逐渐消失。如何把握汽车行业销售渠道的变化趋势，建立有竞争优势的销售渠道将成为我国汽车企业生存和发展的关键所在。

一、转变汽车销售渠道理念

（一）转变汽车销售渠道定位导向

销售渠道已成为汽车企业建立和发展核心竞争力的重要源泉。随着我国加入 WTO，众多汽车寡头纷纷抢滩中国市场，厂商间竞争的激烈性和对抗性逐渐加剧，对厂商来说，能够有效覆盖和控制整个目标市场的销售网络，及保证该销售网络有效运转的销售管理体制已经成为最宝贵、最重要的资本。因此，企业必须从确立竞争优势的战略高度进行销售渠道体系的建设。

(二) 转变汽车销售渠道功能导向

销售渠道功能由原来的"物流"形式向增值服务转化。在传统经营理念中，汽车的销售渠道主要是完成分类、整理、匹配、仓储、配送等基本功能。然而，随着买方市场的出现和销售观念的发展，积极发挥销售渠道的"窗口作用"，为顾客提高优质的服务，发挥渠道的公共形象展示，将成为企业的重要销售理念。

(三) 转变汽车销售渠道设计导向

销售渠道设计将由单纯从厂商及其产品出发，向从顾客购买需求为主转换。随着汽车市场的逐步开放，竞争日益激烈，以顾客需求为起点来指导销售渠道的整合，将成为汽车销售渠道设计的主要出发点。以消费者为起点的销售渠道整合，通过对生产者、经销商各自活动的整合，达到以最低的成本、最快的速度、最好的服务满足顾客需求的目的，进而确保企业在激烈的竞争中立于不败之地。

二、创新汽车销售渠道操作模式

(一) 汽车销售网络由"金字塔"式转向扁平化

传统的汽车销售渠道网络呈"金字塔"式（见图8-11），具有较强大的辐射能力，曾经为汽车厂商的产品占领市场发挥了巨大的作用。但是，随着市场竞争的加剧，传统销售渠道的弊病已暴露无遗，这主要表现在：厂商对销售渠道的辐射和控制能力逐渐削弱。销售政策不能得到有效执行，渠道成员间的恶意竞争（杀价和窜货）现象频现，对厂商的发展产生极大的危害；多层结构导致企业效率降低和成本剧增，进而导致销售费用逐级叠加，车价攀升，成本最终都将转嫁到用户身上，另外，臃肿的销售渠道也不利于厂商争取产品的价格竞争优势；多层结构使信息不能准确、及时地反馈给汽车生产企业，这样不但会使汽车生产企业失去商机，还会造成多重资源浪费。

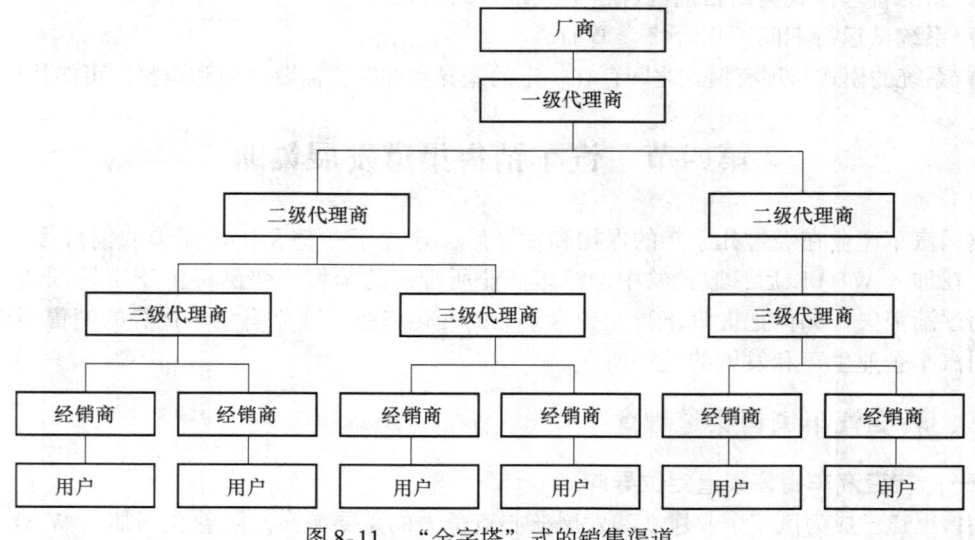

图 8-11 "金字塔"式的销售渠道

随着信息化的发展和竞争的需要，许多厂商正将销售渠道改造为扁平化结构（见图8-12），以缩短厂家与用户之间的距离，降低销售成本，让利于用户，同时，也有利于控制价格。例如，广州本田、一汽大众、上海通用等公司直接建立汽车品牌专营店，以前店后厂的方式直接面向最终用户。扁平化的销售渠道网络变为一级批发模式，缩短了与最终消费者的距离，增强了企业对市场的了解，提高了产品价格的竞争能力，对企业长远发展意义重大。

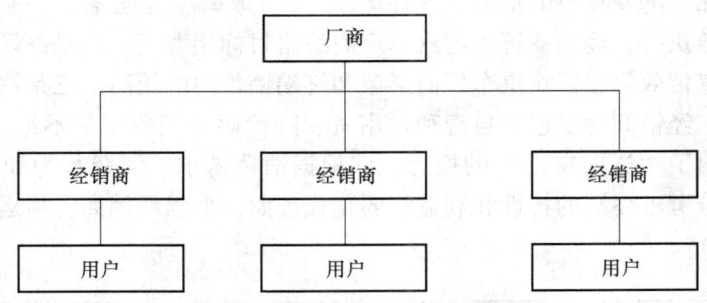

图 8-12　扁平化的销售渠道

（二）汽车厂商与经销商由交易型关系向战略伙伴关系转变

在传统的销售渠道关系中，汽车厂商和经销商之间是交易型关系，每一个渠道成员都是一个独立的经营实体，为了追求个体利益最大化，甚至不惜牺牲渠道和汽车厂商的整体利益。而在战略伙伴关系中，汽车厂商与经销商一体化经营，共同致力于提高销售网络的运行效率、降低费用、管控市场，实现汽车厂商对销售渠道的集团控制，使分散的经销商形成一个整合体系，最终实现双赢乃至多赢。

案例

2001 年，江铃汽车集团公司能够成功打入轻型车市场，并创造销量递增 43.3% 的奇迹，正是得益于与代理商建立了良好的战略伙伴关系。在此之前的两年，经销江铃汽车的代理商有 300 多家，销售情况很混乱，窜货现象频现，给企业造成了巨大的损失。面对激烈的市场竞争和混乱的销售体系，江铃汽车大刀阔斧地改革了销售体系。根据代理商的资金实力、市场开拓能力和服务意识等方面的情况，将代理商裁减为 56 家，并抛弃传统观念，选择民营企业、股份制企业结成战略伙伴关系。虽然江铃汽车公司的代理商相对少了，但销售网络真正发挥了作用，厂商和经销商之间真正实现了"双赢"。

点评

这种战略伙伴关系的特点：一是对代理商实行"买断、限价、限区域"的专营制度，这使得汽车厂商能够有效地控制销售市场秩序，极大地减少了代理商的窜货和杀价等恶性行为；二是推行保护代理商毛利的有效方式，确保商家的利润空间。只要经销商每年完成不低于 2000 万元的销售收入，那么他们将稳获 120 万元以上的毛利；三是江铃集团财务公司和销售公司联手对信誉实力俱佳的代理商提供信贷业务，既支持了代理商，保证了商家的热情，又避免了经营风险；四是要求代理商扩大和强化功能，必须执行销售、配件、服务和信息反馈四位一体的要求。

（三）汽车销售渠道运作方式由以总代理商为中心向以终端建设为中心转变

在传统的汽车销售渠道构建中，汽车厂商多站在销售通路的顶端，以自身为出发点选择一级代理商、次级代理商，逐级控制管理，推行大户政策，对终端几乎没有控制能力，使渠道的功能大打折扣。随着竞争的加剧，这种运作方式的弊端日益显著：一是汽车厂商的促销政策无法得到有效执行，经销商行为与汽车厂商战略目标相背离；二是终端的有形展示无法达到汽车厂商的宣传效果，影响汽车厂商形象和终端销售力的提高；三是汽车厂商与经销商的利益冲突不断，经销商为了追求自身利益窜货、降价倾销现象屡禁不绝。针对以上弊病，有些汽车厂商提出了"逆向渠道"的概念，即根据消费需求、消费行为和汽车产品特性选择销售终端，充分考虑终端的特性和利益，弱化代理商，加强经销商，将运作重心转向终端市场（见图8-13）。

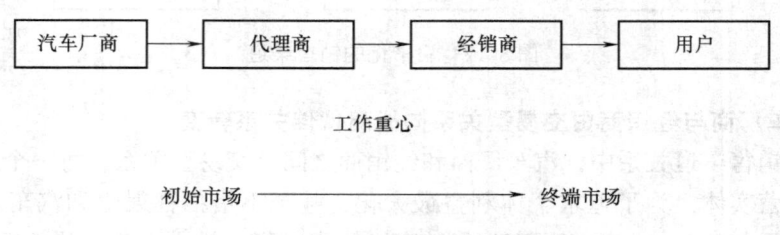

图8-13　销售渠道运作方式转变图

（四）汽车销售渠道由单一渠道向多元渠道转变

对于某一产品的某一区域市场而言，传统汽车厂商只通过一个渠道进入。而如今，由于我国汽车市场的广度和地域深度逐渐增加，以及潜在渠道的增加，使汽车厂商在进行通路整合时，往往根据自身条件及各个汽车市场的不同情况，针对不同的汽车产品，灵活地采用与之相适应的汽车销售渠道模式。通过增加渠道方式及发展多元化渠道组合，可以弥补单一渠道形式的不足，提高市场覆盖率，降低渠道成本，更好地满足顾客的需求。

案例分析：宝马汽车营销的成功之道

宝马公司在世界各地有16个大型销售网络和无数的销售商，其80%的新产品是通过这些网络和中间商推向市场的。有人估算过，全世界每天平均有数以万计的人就宝马汽车的买卖与其销售网络的成员进行联系、洽谈。宝马公司通过它的这些销售渠道与客户建立起密切的联系，并随时掌握市场消费心理和需求变化。

宝马公司选择中间商的标准首先是了解其背景、资金和信用情况，其次是考察中间商的经营水平和业务能力，具体包括以下几方面：

1. 中间商的市场经验和市场反馈能力

宝马公司认为只有通晓市场销售业务，具有丰富的市场经验的中间商，才可能扩大宝马车的销售量。同时，中间商的市场信息搜集能力，对于宝马公司改进产品的设计和生产至关重要。例如，宝马公司根据中间商的信息反馈，特别制作和安装了保护汽车后座乘客的安全系统，并受到消费者的欢迎。

2. 中间商提供服务的能力

宝马公司需要通过中间商向用户提供售前和售后服务，其中涉及汽车的性能、成本、保险、维修等细节问题,中间商都必须能够提供内容广泛而深入细致的咨询和服务。为此,宝马公司在美洲、亚洲等地都设立了培训点,对中间商进行培训。

3. 中间商的经营设施和规模

中间商所处的地点必须合适,必须拥有现代化的运输工具和储存设施,以及样品陈列设施等,这些是宝马公司在挑选中间商时要考虑的主要因素。

宝马公司在对营销渠道的管理上也极具特色。它设有专门负责中间商管理的机构,随时进行监督管理。除此之外,宝马公司还经常走访用户或发放问卷调查,以了解用户对销售商的评价。

宝马公司还大力发展销售信息交换系统,这对于现代国际企业应付日趋激烈的市场竞争是不可缺少的。这可以使销售商与生产厂家的信息交流更快捷、方便,而用户的一些临时要求也能最大限度地得到满足。

讨论题:
1. 通过案例了解宝马公司管理中间商的方式。
2. 结合案例分析中间商在宝马的成功之道中扮演的角色。
3. 宝马公司成功的案例给我们带来哪些有用的启示?

本章小结

本章界定了汽车销售渠道的含义,列举了其主要作用,介绍了它的相关参数和主要类型。同时,说明了使用销售中介机构的目的在于使产品更及时地到达目标市场。销售渠道的主要功能是把汽车从生产企业送到消费者手中。本章详细讲述了汽车销售渠道的体系及其科学的管理方法,表明了选择和建设汽车销售渠道对于汽车生产企业至关重要,加强对销售渠道的管理能保证销售渠道的正常运转,降低渠道运营成本,从而为消费者提供更大的价值。

思 考 题

1. 请选取一个国内轿车品牌来分析该品牌汽车的销售渠道策略。
2. 为什么特许经营会在汽车销售渠道策略中得到广泛应用和迅速发展?
3. 简要分析批发商(或地区分销商)在汽车销售渠道中的地位和作用。
4. 如何加强对汽车销售渠道的管理?

第九章　汽车促销策略

学习目标

了解汽车促销的含义和四种主要方式；理解在制订汽车促销组合策略时应考虑的各种因素；掌握人员促销、广告、销售促进和公共关系这四种汽车促销方式的具体实施细节及其执行、评价方式；学会制订有效的汽车促销策略。

现代汽车市场营销要求汽车企业与现有及潜在的消费者沟通，激发消费者的购买欲望，实现汽车产品销售，这需要通过汽车企业制订并执行有效的汽车促销策略来完成。因此，汽车促销策略已成为汽车企业整个营销策略中最重要的一环。

第一节　汽车促销概述

一、汽车促销的含义

汽车促销就是促进汽车销售的简称，指汽车企业对汽车消费者所进行的信息沟通活动，通过向消费者传递汽车企业和汽车产品的有关信息，使消费者全面了解汽车生产企业和销售企业，了解感兴趣的汽车产品，产生购买的欲望。促销的方式多种多样，包括：通过人员促销，面对面地向消费者介绍，帮助消费者选购汽车；通过广告，传播有关汽车企业和汽车产品的信息；通过销售促进，加深消费者对汽车产品的了解，促进其购买汽车；通过各种公共关系及宣传手段，提高或改善汽车企业和汽车产品在公众心目中的形象。

（一）汽车促销的原则

1. 汽车促销策略要具有目的性

制订汽车促销策略的主要目的就是促进销售与提升品牌形象。

2. 汽车促销目标要具有针对性

所有的汽车促销行为，都必须针对目标市场。要通过把握目标消费者的消费形态、消费习惯、消费心理及消费需求来开展促销活动。

3. 汽车促销形式要具有创新性

由于汽车市场竞争激烈，汽车促销必须要有一定的创新性。

4. 汽车促销内容要具有系统性

汽车促销是一个科学的系统，每一个促销阶段都需要达成一个目的，并整合起来形成一个系统来发挥作用。

（二）汽车促销的作用

1. 主动沟通

企业应主动与汽车消费者沟通，加强消费者对促销活动的理解，加强品牌本身与消费者的互动，促进品牌信息传递的准确性及广泛性。

2. 品牌推广

成功的促销活动可以直接促进汽车品牌推广，建立起消费者对品牌的忠诚依赖关系，并在此基础上直接促进销售。

3. 促进销售

汽车促销的原始目的就是促进汽车销售。

4. 提升企业竞争力

一个好的汽车促销策略，不仅可以提升汽车销售业绩，促进汽车品牌传播，还能提升汽车品牌的竞争。

5. 整合资源

成功的促销一定是一次资源整合的过程，在这一过程中，既利用了各种社会资源，又使投入最小化，进而达到最佳的促销目的。

6. 促进品牌传播

成功的汽车促销活动，除了促进汽车销售之外，同时也是一次成功的汽车品牌传播过程，这一过程甚至能通过新闻、广播等传播形式，把汽车促销活动的效果无限放大。

7. 建立品牌忠诚

科学的、系统的汽车促销活动，可以使消费者建立起对汽车品牌的忠诚。

8. 长期互动

成功的汽车促销活动一定是能够与汽车消费者长期互动的。比如各种汽车俱乐部、会员优惠等，都是比较好的长期互动的汽车促销形式。

9. 营造氛围

成功的汽车促销活动，不但可以提升汽车销售，同时也会使汽车品牌形成强势氛围，进而更大范围地提升汽车品牌知名度，促进销售。

二、汽车促销的方式

汽车促销的方式主要有两类，即人员促销和非人员促销。人员促销指企业派出汽车销售人员进行汽车销售活动；非人员促销包含广告、销售促进、公共关系等多种方式。各种汽车促销方式的主要特点如下：

（一）人员促销

人员促销是经销商与消费者的直接沟通，即销售人员面对面地向消费者传达汽车信息。这种推销方式灵活，针对性强，容易促成即时成交。而且，通过人与人之间的沟通，可以培养经销商与消费者之间的感情，以建立个人友谊及长期的合作关系，亦可迅速反馈消费者的意见及要求。

（二）广告

汽车广告是一种高度大众化的汽车信息传播方式，其传播面广，形式多样，渗透力强，可多次重复传递同一汽车信息，便于消费者记忆。

（三）销售促进

销售促进也称营业推广，是一种沟通性极好的促销方式。通过提供汽车信息，诱导消费者接近汽车产品；通过提供优惠，对消费者产生招徕效应；通过提供奖励，对消费者产生激励作用。

（四）公共关系

公共关系具有较高的可信度，其传达力较强，吸引力较大，容易使消费者接受，可提高企业的知名度，树立汽车企业良好的社会形象。

三、汽车促销组合应考虑的因素

所谓汽车促销组合就是把人员促销、广告、销售促进和公共关系等各种不同的汽车促销方式有目的、有计划地结合起来，并加以综合运用，以达到特定的促销目标。这种组合既可包括全部上述四种方式，也可包括其中的两种或三种。由于各种汽车促销方式分别具有不同的特点、使用范围和效果，因此要结合起来综合运用，才能更好地突出汽车产品的特点，加强汽车企业在市场中的竞争力。

在制订汽车促销组合时应考虑下述因素：

（一）汽车促销目标

要确定最佳的汽车促销组合，首先需考虑汽车促销目标。如果汽车促销目标是为了提高汽车产品的知名度，那么汽车促销组合的重点就应放在广告和销售促进上，并辅以公共关系宣传；如果汽车促销目标是为了让消费者了解汽车产品的性能和使用方法，那么汽车促销组合就应采用适量的广告、大量的人员促销和某些销售促进方案。

（二）汽车"推动式"销售与"拉动式"销售

在汽车销售渠道中，采用"推动式"销售还是"拉动式"销售，对汽车促销组合有较大的影响。"推动式"销售是一种传统式的销售方式，指汽车企业将汽车产品推销给总经销商或批发商；而"拉动式"销售则是以市场为导向的销售方式，指汽车企业（或中间商）针对最终消费者，利用广告、公共关系等促销方式，激发消费需求，经过反复强烈的刺激，把汽车产品拉进汽车销售渠道。

（三）汽车市场性质

不同的汽车市场，由于规模、类型、潜在消费者数量不同，应该采用不同的促销组合策略。规模大、地域广的汽车市场，应以投放广告为主，辅以公共关系宣传。汽车消费者众多、却又零星分散的汽车市场，应以广告为主，辅之以销售促进、公共关系宣传；汽车消费者少、购买量大的汽车市场，应以人员促销为主，辅以销售促进、广告和公共关系宣传。潜在汽车消费者数量多的汽车市场，应采用广告促销，有利于开发需求；反之，则应采用人员促销，有利于深入接触汽车消费者，促成交易。

（四）汽车产品档次

不同档次的汽车产品，应采取不同的促销组合策略。一般来说，广告是各种档次汽车市场营销的主要促销工具。

（五）汽车产品寿命周期

汽车产品寿命周期的阶段不同，促销目标也不同，因此要相应地选择、匹配不同的促销组合策略，见图9-1。在导入期，多数消费者对新产品不了解，促销目标是使消费者认识汽车产品，因此应主要采用广告宣传来介绍汽车产品，选派促销人员深入特定消费群体详细介绍汽车产品，并采取展销等方法刺激消费者购买。在成长期，促销目标是吸引消费者购买，培养其汽车品牌偏好，继续提高汽车市场占有率，仍然要以广告为主，但广告内容应突出宣传汽车品牌和汽车特色，同时也不要忽略人员促销和销售促进，以强化产品的市场优势，提高市场占有率。在成熟期,促销目标是战胜竞争对手,巩固现有市场地位,需综合运用促销组合各要素,以提示性广告和公共关系为主,并辅以人员促销和销售促进,以提高汽车企业和汽车产品的声誉,巩固并不断拓展市场。在衰退期,应把促销规模降到最低限度,尽量节省促销费用,保证维持一定的利润水平,可采用各种销售促进方式来优惠销售汽车存货,尽快处理库存。

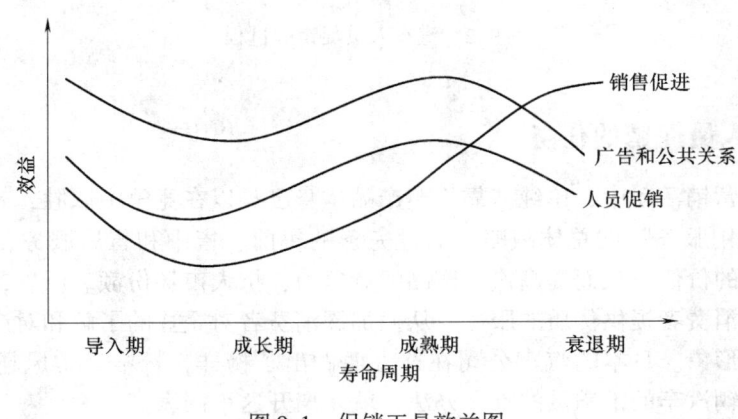

图 9-1 促销工具效益图

第二节 汽车人员促销策略

一、汽车人员促销的特点及过程

(一) 汽车人员促销的特点

汽车人员促销指汽车企业的推销人员利用各种技巧和方法,帮助或劝说消费者购买该品牌汽车产品的促销活动。由于汽车具有技术含量高、价值较大等特点,人员促销在汽车销售中占有很重要的地位。与广告宣传和销售促进相比,人员促销有五个明显的特征:

1) 人员促销是两个或更多的人,在一种生动的、直接的和相互影响的关系中进行的,是一种面对面的接触。

2) 人员促销要求建立各种关系,从销售关系直至个人友谊。

3) 人员促销要求促销人员具备较高的综合素质,并在对消费者进行销售访问时做出积极的反应。

4) 人员促销承担着长期的义务,改变人员促销的预算规模比较困难。

5) 人员促销不仅可以将企业的信息及时、准确、全面地传递给消费者,还能将消费者的意见及时反馈给企业,通过这种双向的信息交流,为企业改进经营管理和营销活动提供依据。

(二) 汽车人员促销的过程

汽车人员促销的过程如图 9-2 所示。

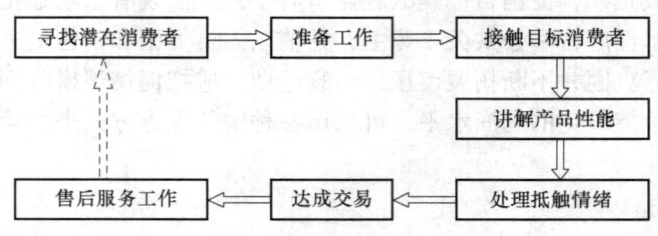

图 9-2 汽车人员促销的过程

二、汽车人员促销的任务

在现代汽车营销活动中,单纯依靠汽车产品本身已难以在竞争中取胜,越来越多的汽车企业采取了"营销服务"的总体战略。通过完善的售前、售中和售后服务,最大限度地提高提供给消费者的价值,从而提高汽车产品的竞争力,扩大市场份额。所以,人员促销的关键任务,就是向消费者提供优质的服务,从而加深消费者对企业的了解和对产品的信赖,树立起良好的企业形象。日本的汽车公司在这方面做出了榜样,日本人常风趣地说"要想摆脱曾经卖给你一辆汽车的推销员的唯一办法,就是离开这个国家。"

(一) 售前服务

售前服务即企业与潜在用户的沟通。企业的促销人员要有计划地、主动地收集消费需求信息,及时将企业及汽车产品的情况传递给潜在用户(如企业的宗旨、规模、行业地位,产品的性能、规格、销售方式及售后服务的内容等),并了解其反应,更好地满足用户的要求,达到引导消费,坚定潜在用户购买信心和决心的目的。

(二) 售中服务

售中服务即企业与现实消费者的沟通。企业的促销人员要将自己产品的优势及其能给消费者带来的特殊利益传达给消费者,协助消费者使用本品牌的汽车。如散发汽车宣传资料,介绍汽车的有关技术指标,讲解新车的性能特点等,这些工作一般都由推销人员完成。

(三) 售后服务

售后服务即企业与产品用户的沟通。及时征询用户的意见,提供优质的维修服务,了解用户的反馈信息,改进服务方式,建立持久的合作关系,树立良好的服务形象。有人说:第一辆汽车是靠推销人员卖出去的,第二辆、第三辆则是靠售后服务卖出去的,可见售后服务对汽车销售的影响。法国的雷诺和雪铁龙公司通过 24 小时全天候接受和受理用户的售后服务要求,培养了自己忠实的顾客群体。

综上所述,可以将汽车人员促销的主要任务归纳为以下几项:

- 寻找消费者。寻找新的潜在消费者,培养主要的消费者。
- 设定目标。在工作和寻找消费者之间合理分配有限的时间。
- 信息传播。熟练地将汽车产品和服务的信息传递出去。
- 推销产品。与消费者进行售前沟通,向消费者介绍汽车产品,提供汽车报价,回答消费者的疑问并达成交易。

- 提供服务。提供售中、售后服务。例如：提供咨询意见，给予技术帮助，进行维护培训等。
- 收集信息。进行市场调查和调研工作，建立消费者信息档案，整理反馈意见。
- 分配产品。对消费者的信誉进行评价，汽车产品供不应求时进行合理分配。

三、确定促销人员的结构

（一）按区域结构

按区域结构来安排促销人员，即对市场进行区域划分后，每个促销人员被指派负责一个区域。

其优点是：促销人员"定岗负责"，责任明确；有利于促销人员与消费者建立长期联系，提高促销成功率；促销人员仅在某一区域工作，可减少差旅费等管理费用。

（二）按消费者结构

经销商可以按照消费者细分市场，即出租车公司、公商务用户和私人用户这三个市场来安排促销人员。

其优点是促销人员对特定消费群体的消费习惯和特定需要十分熟悉。但如果消费者分散范围广，则会增加相应的管理费用。

（三）按产品结构

经销商按销售的汽车产品的不同来安排促销人员。如整车销售和零部件销售需要不同类型的促销人员。这种促销人员十分熟悉所促销的汽车产品，可以更好地与消费者沟通，向消费者传递产品信息，进行专业化的销售。

（四）复合结构

当汽车公司在一个广阔的地理区域内向许多不同类型的消费者推销多种汽车产品时，可以将以上三种促销人员结构根据不同情况综合采用，充分发挥各种结构的优点。

四、确定汽车促销人员的规模

确定汽车促销人员的结构后，需要安排促销人员的规模。促销人员是经销商极具生产力和最宝贵的资产之一。扩大促销人员的规模，虽然会使销售量增加，但同时也会增加管理成本。因此，应该使促销人员保持在合理的规模。

一般可以采取工作量法和销售百分比法来确定促销人员的规模。

（一）工作量法

1）按年销量大小将消费者分类。
2）确定每类消费者所需访问的次数（即对每个消费者每年的促销访问次数）。通常，可参考竞争对手的水平，也可以根据过去的经验确定。
3）计算推销访问的总次数，即将消费者数量乘以各自所需促销访问的次数。
4）确定一个促销人员每年可进行的平均访问数。
5）计算所需促销人员数量。即将访问总次数除以一位促销人员的年平均访问数。

例如：某汽车销售企业将消费者分为 A、B 两类，每类消费者的数量及访问次数如表9-1所示。

表 9-1　A、B 两类消费者的数量及访问次数

消费者类别	消费者数目	年访问次数	总访问次数
A 类	30	20	600
B 类	90	10	900
合计	120		1500

从表 9-1 可知，该企业每年对消费者进行 1500 次访问，如果一个促销人员每年平均访问 300 次，则该企业需要促销员 5 人。

（二）销售百分比法

汽车企业根据一个特定的销售量或销售额（现行或预测）的百分比计算促销人员的耗费，从而确定促销人员的数量。汽车生产企业往往以计划的汽车价格为基础，按固定的百分比决定促销人员的规模预算。

这种方法的优点是可根据公司的承担能力来改变促销人员规模，缺点是没有考虑到市场机会对促销人员规模的影响。

五、汽车促销人员的管理

（一）招聘和挑选

促销工作要获得成功，关键在于选择高效率的促销人员。

首先要制订招聘标准。对消费者来说，好的促销人员要具备诚实可靠和热心助人的品质，并且对产品十分了解。对经销商来说，促销人员应该能承受风险、认真对待工作，具备市场学、行为心理学、口头表达等综合知识与能力的人。

对于具体的招聘工作，经销商可以通过各种途径来开展，包括由现有促销人员推荐，利用人才市场，通过媒体刊登招聘广告等。

（二）培训

招聘到合格的促销人员后，企业应对他们进行必要的培训。培训方法主要有授课、讨论、示范等。例如，日本丰田汽车公司将已录用的促销人员送到设在丰田市的公司培训中心接受为期三天的培训，且以后每年 4~6 月份都会定期开展培训。培训期内，新促销员会接受从促销入门开始的全部促销过程的培训。由于丰田汽车公司的促销人员工作十分出色，被日本企业界誉为最有促销能力的丰田"销售军团"。

对促销人员的培训内容应包括：

1）公司的历史、经营目标、组织机构设置、财务状况等各方面的情况。
2）公司汽车产品的型号、性能、制造过程、技术工艺特点、产品配置等情况。
3）各种类型的消费者的购买动机、购买习惯、购买行为特点等情况。
4）竞争对手的战略、政策、实力等情况。
5）促销要点、促销说明及促销术的基本原理。
6）促销的工作程序和职责。
7）促销人员的气质、风度、礼仪、社交能力等综合素质的培训。

（三）激励

尽管有的促销人员不需要公司的监督就会自发地竭尽全力地工作，但是如果公司能采取

适当的激励措施，则会更好地调动大多数促销人员的工作积极性，激发他们的工作潜力。激励措施包括报酬激励措施和辅助激励措施两种。

报酬激励措施包含促销员的薪金和佣金，以及其他的福利，如带薪假期、无偿用车等。

辅助激励措施多种多样，没有具体的形式。定期的销售会议为销售人员提供了一个社交场所，一次摆脱繁琐日常工作的休息机会，是一个重要的激励方法。销售竞赛通过提供旅游、现金等奖品激励促销人员比平常更努力地工作。

（四）评价

公司必须对促销人员的工作业绩进行考核和评价，以作为激励促销人员的标准，也可为企业制订营销战略提供必要的依据。另外，公司应及时向促销人员反馈对其评价的标准和结果，以使他们能尽力按照公司的目标和要求去改进工作。

1. 评价的信息来源

公司获取促销人员工作业绩信息的来源主要是销售报告，如促销员工作计划、区域营销计划和访问报告等，其他来源还包括消费者与其他促销人员的评价意见，主管领导的综合考察等。

2. 评价的方法

1）现实与过往销售额的比较。即将促销人员目前的成绩与过去的成绩进行比较，从而获得该促销人员工作进展的直接指标。

2）消费者满意评价。即通过信件调查或电话访问等方式收集消费者对促销人员服务的意见。

3）促销人员品质评价。包括促销人员对公司、产品、消费者及竞争对手的了解程度，对自身职责、有关法规的执行情况等，例如，促销人员的宣传内容必须与公司广告内容一致，不能误导消费者和诽谤竞争对手。

第三节 汽车广告策略

一、汽车广告的作用

汽车广告是汽车企业用以对目标消费者和公众进行说服性传播的工具之一。汽车广告要体现汽车企业和汽车产品的形象，从而吸引、刺激、诱导消费者购买该品牌汽车。

（一）建立知名度

通过各种媒介的组合，向汽车消费者传达新车上市的信息，吸引目标消费者的注意，汽车广告宣传可节省企业的人力和时间成本，快速建立知名度，迅速占领市场。

（二）促进理解

企业通过广告，可以向目标消费者有效地传递新车的外观、性能和使用方法等方面的信息，引起他们对新车的好感，并激发其进一步了解新车的兴趣。

（三）有效提醒

如果潜在消费者已经对新车型有所了解，但还未准备购买，广告能不断地提醒他们，刺激其购买欲望，这比人员促销要经济得多。

（四）再保证

广告能提醒消费者如何使用、维修、保养汽车，为他们再度购买提供保证。

（五）树立企业形象

对于汽车这样一种高档的耐用消费品，消费者在购买时，会十分重视汽车企业的形象（包括信誉、名称、商标等），广告可以提高汽车生产企业的知名度和美誉度，扩大其市场占有率。

二、确定汽车广告目标

制订汽车广告策略的第一步是确定汽车广告目标。汽车广告目标指在一个特定时期内，对某个特定的公众所要完成的特定传播任务。这些目标必须服从先前制订的有关汽车目标市场、汽车市场定位和汽车营销组合等决策。汽车广告按其目标可分为通知性、说服性和提醒性广告三种。

（一）通知性广告

通知性广告主要用于汽车新产品开拓市场阶段，旨在为汽车产品建立市场需求。例如，日本丰田汽车公司在进入中国市场时，打出"车到山前必有路，有路必有丰田车"的广告，颇具震撼效应。

（二）说服性广告

说服性广告主要用于市场竞争阶段，目的在于使消费者建立对某一特定汽车品牌的选择性需求。在使用这类广告时，企业应确信自己处于优势地位，并且不会遭到更强大的其他汽车品牌的反击。

（三）提醒性广告

提醒性广告用于汽车产品寿命周期的成熟期，目的是保持消费者对汽车产品的记忆。例如，上海大众仍经常为已经处于成熟期的桑塔纳轿车做广告，提醒消费者关注桑塔纳轿车。

三、制订汽车广告预算

汽车广告具有一定的延期效应。虽然汽车广告费用被当做当期开支来处理，但其中一部分实际上是用来逐渐建立汽车品牌与产品商誉这类无形价值的投资。因此，要根据汽车企业实际需要和实际财务状况制订汽车广告预算。此外，还要考虑五个因素：

1）产品寿命周期阶段。在推出新车型时，一般需要花费大量广告预算，才能建立其市场知名度。

2）市场份额和消费者基础。想增加市场销售或从竞争者手中夺取市场份额，需要大量的广告费用。

3）竞争程度。在竞争者众多和广告开支很大的汽车市场上，企业必须加大品牌宣传力度，才能引起目标消费者的注意。

4）广告频率。把汽车产品传达给消费者的重复次数，即广告频率，也会决定广告预算的多少。

5）产品替代性。当一家整车厂打算在众多品牌中树立自己与众不同的形象，以及自己可以提供的独特物质利益和服务时，广告预算也要相应增加。

四、设计汽车广告内容

汽车广告的有效性比广告花费的金额更为重要。一则汽车广告只有获得消费者的注意才能增加汽车产品的销量。

标题和文稿的选择能对汽车广告的效果产生不同的影响。例如：一个汽车广告标题为"一辆新轿车"，另一个广告标题为"这辆轿车是为你设计的吗？"，第二个标题运用了"贴标签"的广告策略，在这种策略中，消费者被动成为对这类汽车产品感兴趣的人。两幅汽车广告的区别在于，第一则广告描述了汽车的特点，而第二则描述了汽车可能提供给消费者的利益。实验表明，第二则广告的效果远胜于第一幅广告，消费者更容易对该产品产生兴趣。

【案例】 成功的汽车广告

"福特永远关心您"系列性广告寓企业于公益，包括"为了您和您的孩子，请遵守交通规则""在高速公路上只有福特关心您""在高速公路上您不再孤立无援""在高速公路上福特帮您再上路"等，颇能赢得信赖与好感。

德国大众的甲壳虫车，曾有一则广告是这样写的："如果有人发现我们的甲壳虫车发生故障，被修理厂拖走，我们将送你一万元美金。"充分表现它对品质和性能的自信。甲壳虫车的另一则广告也很有意思，该广告是针对一般人误认为甲壳虫车无法在高速公路上超车加以澄清。广告标题是："他们说它根本就办不到。"画面则是一位骑摩托车的警察，正在高速公路上给一位驾甲壳虫车的青年开超速的罚单。

劳斯莱斯汽车的广告手法更高一筹：有位富翁在非洲人烟绝迹的沙漠上，他所驾的劳斯莱斯汽车发生故障进退不得，只好徒步回城市，打电报给英国总公司的工厂，该厂当天就派直升机前往修理。数天之后，这位富翁又打电报给该公司问修理费多少，该公司打回来的电报，电文是："我们并没有修理过你的车子，也许是你搞错了吧！"

五、选择汽车广告媒体

（一）汽车广告媒体的种类

广告媒体种类繁多，功能多样，只有选择适当的汽车广告媒体，才能使汽车企业以最低的成本达到最佳的宣传效果，对汽车的销售起到积极作用。表9-2介绍了几类广告媒体的情况。

表9-2 各类主要广告媒体情况

媒体	优点	局限性
电视	色彩、声音、图像并存，最有效且最直观，有较强吸引力、震撼力，触及面广。	成本高，媒介干扰多，竞争激烈，信息瞬间即逝，观众选择性少。
报纸	灵活、及时，本地市场覆盖面大，信息容量大，提供完整的产品信息，可使用特别设计的版面来展示产品细节。	保存性差，复制质量低，传阅者少，印刷质量不高。

(续)

媒体	优点	局限性
杂志	地理和目标顾客可选性强,可信并有一定权威性,复制率高,保存期长,传阅者多,精良的印刷品质增强了视觉冲击力。	版面无保证,发行周期长,不适合刊登时效性很强的告知广告。
广播	大众化宣传,地理和目标顾客的选择性强,收听灵活,成本低。	只有声音,不如电视那样引人注意,对音效设计和处理要求高。
户外广告	灵活,广告展露时间长,费用低,竞争少,视觉冲击力强。	信息单一,目标顾客没有选择,内容不能经常更新,对画面品质、灯光处理要求高。
售点广告	营造现场气氛,调动消费者对以往广告的认知。售点的灯箱和大幅海报能引发购物冲动。	覆盖面不高,需要与良好的销售服务相配合。

(二) 选择汽车广告媒体应考虑的因素

1. 目标消费者的媒体习惯

即目标消费者通常通过何种媒体来关注汽车产品信息。

2. 汽车产品

对汽车来说,电视和印刷精美的杂志是最有效的媒体。但也有一些汽车产品不适合在杂志上做广告。

3. 广告信息

包含大量技术资料的汽车广告一般要以专业性杂志作媒介,包含大量时效性信息的广告一般用广播或报纸作媒介。

4. 费用

即做广告所要耗费的成本。

六、评价汽车广告效果

将广告信息传递给受众后,企业还要及时地对广告效果进行评价,以修正和改进广告目标和预算。广告效果的评价一般有两种方法:一是传播效果评价,二是销售效果评价。

(一) 传播效果评价

汽车广告的传播效果,即汽车广告对消费者、认知和偏好的影响,是衡量汽车广告效果的重要方面。传播效果的评价可在广告发布之前或广告发布之后进行。其方法有:

1. 直接评分法

这种方法要求消费者对广告依次打分。表9-3 提供了广告评分的一种方法。

表9-3 广告评分表

广告等级	最佳广告	好的广告	普通广告	中等广告	劣等广告
分值	100~80	80~60	60~40	40~20	20~0

注:评分办法

以下五项各为 20 分:
① 此广告吸引消费者注意力的程度;
② 此广告促使消费者进一步细读的可能性;
③ 此广告的中心内容是否交代清楚;
④ 此广告诉求的有效性;
⑤ 此广告激起购买行为的可能性。

2. 组合测试法

这种方法是请消费者观看一组广告,然后请他们回忆所看过的内容,以他们记住内容的多少,来评价一个广告是否突出主题及其信息是否易懂易记。

3. 实验室测试法

这种方法是利用仪器来测量消费者对广告的心理反应情况,如心跳、血压、瞳孔的变化情况等,以此来评价广告的吸引力。不过,此类试验只能评价广告的吸引力,而无法评价受众对广告的信任情况及所持态度。

(二) 销售效果评价

一般来说,汽车广告的销售效果比其传播效果更难于评价。因为除了广告之外,销售还受到许多因素的影响,如产品性能、价格、售后服务、竞争对手的行为等。通常用历史分析法和试验分析法来评价汽车广告的销售效果。

1. 历史分析法

这种方法是运用统计技术将过去的销售情况和广告支出与当前的销售情况和广告支出联系起来分析,以此来评价广告的效果。

2. 试验分析法

即初期在某些地区广告开支高些,在另一些地区低些,如果高开支试验导致销量大增,则说明整体广告开支过少;如果高开支试验没有增加销量或者低开支试验没有导致销量下降,说明整体广告开支过大。这种方法必须持续足够长的时间,以观察改变广告开支水平后的滞后效应。

第四节 汽车销售促进策略

一、汽车销售促进的概念和目标

(一) 汽车销售促进的概念

汽车销售促进是汽车市场营销活动的一个关键因素。汽车销售促进包括各种短期性的刺激工具,用以刺激汽车消费者和经销商较迅速或较大量地购买某一品牌的汽车产品或服务。汽车销售促进在汽车行业中被广泛使用,是刺激销售增长,尤其是短期增长的有效工具。

(二) 汽车销售促进的目标

汽车销售促进的具体目标要根据汽车目标市场的类型变化而改变。

① 对消费者来说,汽车销售促进的目标包括鼓励消费者购买汽车和促使其重复购买,争取未使用者购买,吸引竞争者品牌的使用者购买。

② 对经销商来说,汽车销售促进的目标包括吸引经销商经营新的汽车品牌,鼓励他们购买非流行的汽车产品;抵消竞争性的促销影响,建立经销商的品牌忠诚度和进入新的经销网点的机会;促使经销商参与制造商的促销活动。

③ 对促销人员来说,汽车销售促进的目标包括鼓励他们支持一种新的汽车产品,激励他们寻找更多的潜在消费者。

二、选择汽车销售促进的工具

选择汽车销售促进的工具时,要综合考虑汽车市场营销环境、目标市场特征、竞争者状况、销售促进的对象与目标、每一种工具的成本效益等因素,还要注意将汽车销售促进同其他促销工具,如人员促销、广告、公共关系等配合使用。

（一）用于消费者市场的工具

1. 分期付款

由于汽车价格一般比较高,普通消费者一次付款较难接受,因此世界各汽车公司都有分期付款业务。

分期付款通过压缩首期付款的方式,把产品的价格降下来,提高了较低消费层次消费者的现实购买力,并以余款延期缴纳的方式,解决了购销双方资金和资源的双重闲置问题。但对汽车生产企业来说,分期付款占用资金大,周转回收慢,需要承担较高的风险。因此,政府监管机构需要制定分期付款的法规,明确各方的权利和责任,建立信用评估机构,使"分期付款购车"健康发展。

2. 汽车租赁销售

汽车租赁销售指承租方向出租方定期交纳一定的租金,以获得汽车使用权的一种消费方式。汽车专业租赁市场,是继出租用车市场后的又一大主体市场,是汽车生产企业长期、稳定的用户之一。租赁销售是刺激潜在需求向现实需求转化的有效手段。据美国市场调查机构公布的数字表明,1993年以租赁方式售出的轿车和卡车占汽车总销量的1/4,销售总额达43亿美元,是1984年的4倍,其中高级轿车中有超过半数以上的被租售。

租赁销售促进了整体的汽车销售,使汽车工业获得了自我发展的资金来源,为汽车生产企业技术更新提供了资金保证。另外,租赁销售促使经销商不断改进服务,大大提高了用户的满意度。

3. 汽车置换业务

汽车置换业务包括汽车以旧换新、二手汽车整新及跟踪服务、二手汽车再销售等项目的一系列业务组合。汽车置换业务已成为全球流行的销售方式。1997年,美国新车销量不足1500万辆,二手汽车销量却高达1850万辆。

汽车置换业务加速了汽车的更新改造。汽车置换业务不仅投资回报很快,其加速折旧及置换,还可使企业在税赋方面享有实惠。

4. 赠品

购买汽车附带赠送某些礼品,如印有产品标识的打火机、手表、真皮笔记本等小型纪念品,以及不同年限的汽车维修卡,不同里程的汽车免费保养卡等。对汽车这样的产品来说,尽管一般的小礼品对销售促进的影响不大,但可以提高消费者满意度,在一定程度上刺激消费者的购买欲望,提高某些汽车产品品种,比如家用经济型轿车在局部地区的销售量。

5. 免费试车

邀请潜在消费者免费试开汽车,为消费者提供亲身体验,刺激其购买欲望。

6. 售点陈列和商品示范

在汽车展厅,结合汽车的陈列,通过布置统一标准的室内装饰画、广告陈列架等,向消费者进行展示。

7. 使用奖励

企业为了促进汽车销售,对使用其汽车产品的优秀用户给予精神和物质上的奖励。例如：一汽-大众曾对哈尔滨地区30万~40万千米未进行重大修理的汽车车主给予在德国参观学习的重奖；东风汽车公司对使用其汽车达到数万公里，且从未出过事故的车主给予物质奖励，举行庆功表彰大会。

（二）用于经销商的工具

1. 价格折扣

对经销商给予直接折扣，如果经销商提前付款，还可以给予一定的现金折扣等，从而刺激其销售的积极性。

2. 折让

汽车生产企业的折让用作经销商宣传其产品特点的补偿。例如：广告折让用以补偿为产品做广告宣传的经销商；陈列折让用以补偿对产品进行特别陈列的经销商。

3. 免费商品

对销售特定车型，或销量达到一定水平的经销商，生产企业额外赠送其一定数量的汽车产品，或促销资金等。

（三）用于人员促销的工具

1. 贸易展览会和集会

企业通过参加年度汽车展览会，来展示概念车和新车的优点和性能。

在北京、上海等地举办的国际汽车展览会，云集了国内外各大汽车企业，成为其展示产品风采的舞台。

2. 销售竞赛

汽车生产企业出资赞助经销商举行促销人员的年度业务水平竞赛，并对完成销售目标的中间商给予一定的奖励，刺激他们增加进货量。

3. 纪念品广告

促销人员向潜在消费者赠送标有产品信息纪念品，换取消费者的姓名及联系方式。

三、汽销售促进的实施及评价

（一）制订汽车销售促进方案

制订汽车销售促进方案可以按以下过程来进行。

1. 确定汽车促销所提供优惠的幅度

一般来说，优惠越高，产生的销售反应越明显，但前提是销售反应的增加要大于优惠的增加。同时，促销优惠的作用还受到需求弹性的影响。

2. 确定汽车促销的对象

汽车促销的优惠只向符合特定条件的个人或团体提供。

3. 决定汽车促销持续的时间

一般来说，促销时间每季度持续3周左右最为理想，其时间长度即消费者平均购买周期的长度。当然，合理的汽车促销周期长度还要根据不同类型的汽车产品来确定，以发挥最佳效力。

4. 选择汽车促销时机

企业应当制订出全年的汽车促销活动的日程安排，有计划、有准备地开展，以配合汽车产品的生产、销售和分销。另外，在需要安排临时的汽车促销活动时，企业还需要作出短期内的组织协作。

5. 确定汽车促销预算

确定汽车促销预算有两种方法：一种是根据所选用的各种促销办法来估计它们的总费用；另一种是按习惯比例来确定各类促销预算占总促销预算的百分比，进而推算出总促销预算。

（二）汽车销售促进的实施

汽车销售促进方案制订后，必须经过试用，再向市场投放。企业可以邀请消费者对备选的几种不同的优惠办法作出评价，也可以在有限的地区范围内进行试用测试，以此明确促销工具选用是否适当及刺激效果是否最佳。

汽车销售促进方案的实施必须包括销售准备阶段和销售延续阶段。销售准备阶段包括：最初的计划、设计工作，配合广告的准备工作和销售点的材料准备等。销售延续阶段指从开始实施优惠办法起，到大约95%的采取此优惠办法的汽车产品已在消费者手里为止的这一段时间。

（三）汽车销售促进的评价

一般用两种方法对汽车销售促进的效果进行评价，即销售数据和消费者调查。

1. 销售数据

通过销售数据的对比可以看出消费者在促销前后的购买行为差异，分析出各种类型的消费者对促销的态度。图9-3表现的是某汽车企业在促销前后其产品在市场上的份额变化情况。显然，促销成功吸引了新的消费者，长期市场份额效果表明这个促销活动为该企业赢得了更多的市场份额。

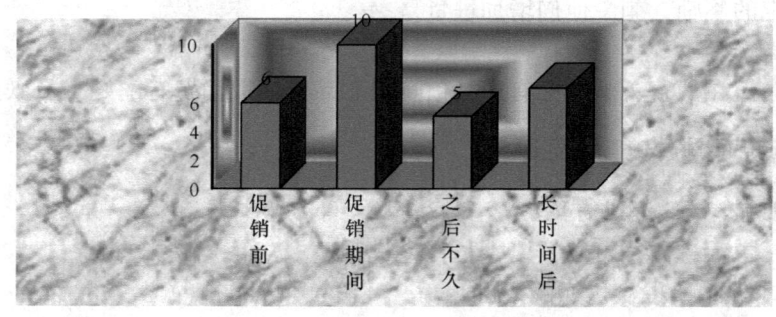

图9-3　某品牌汽车产品市场份额变化情况

2. 消费者调查

企业通过调查可以了解促销活动对潜在消费者的影响力，并收集他们的意见，并了解促销活动对于他们品牌倾向的影响。

第五节　汽车公共关系策略

一、汽车公共关系的概念

与广告和销售促进一样，汽车公共关系是另一个重要的汽车促销工具。汽车公共关系指汽车企业在个人、公司、政府机构或其他组织间传递信息，以改善公众态度的政策和活动。

(一) 汽车公共关系的含义

汽车公共关系包括以下含义：

1) 公共关系不仅在于汽车产品的公共宣传，还在于汽车企业形象及汽车产品品牌形象的树立。

2) 公共关系有助于妥善处理企业与公众的关系，为其发展创造一个良好的外部环境。

3) 公共关系通过媒体或其他直接传播的方式传播信息。

(二) 汽车公共关系的作用

1. 建立知晓度

公共关系利用媒体进行宣传，激发公众对汽车企业及产品的兴趣。

2. 树立可信性

公共关系有必要的情况下可通过社论性的报道来传播信息以增加可信性。例如：某媒体对一汽集团举办的"一汽汽车质量万里行"的报道，获得了公众的认可和信任，提高了一汽集团的企业形象。

3. 激励促销人员和经销商

公共关系有助于提高促销人员和经销商的积极性。例如，企业可在新车投放市场之前先以公共宣传的方式对其进行披露，便于经销商对目标消费者进行新车促销。

4. 降低促销成本

公共关系的成本比广告的成本要低得多，适宜促销预算少的企业采用，以获得更好的宣传效果。

二、汽车公共关系的工具

越来越多的汽车生产企业和销售企业应用汽车公共关系策略来支持他们的营销部门树立和推广品牌形象，并接近和影响目标市场。

汽车公共关系策略的主要工具有：

(一) 公开出版物

与汽车行业相关的公开出版物包括汽车企业年度报告、企业宣传册、产品文案和汽车杂志等。例如《中国汽车报》《中国交通报》等，都是较权威的汽车行业杂志，易获得消费者的信赖。

(二) 事件

汽车企业通过安排一些特殊的事件来吸引人们的注意力，使人们对其新产品或企业信息产生兴趣。这些事件包括记者招待会、周年庆祝会、运动会和各类赞助活动等。

(三) 新闻

即公关人员撰写对汽车公司及其汽车产品有利的新闻，并争取大众媒体采用该新闻稿并参加相关的记者招待会。

(四) 演讲

公关人员和企业领导富于鼓动性的演讲能提高企业和产品的知名度，大大推动汽车产品的销售。

(五) 公益服务活动

企业可以通过参加某些公益活动，来提高自身的信誉。

日本丰田公司采用了一些"以迂为直"的公关策略。具体做法是：

1）从解决城市的汽车与道路问题入手，成立"丰田交通环境保护委员会"。通过投资修路和建过街天桥直接缓解了城市交通拥挤的现象。

2）为儿童修建汽车游戏场，从小培养他们对汽车的兴趣。

3）开办汽车学校。1957年丰田公司投资4亿多日元，创办日本汽车学校，让更多的人学会开汽车。

以上这些公关策略，帮助丰田公司逐渐达到了开拓市场、增加销售、提高效益的目的。

（六）形象识别媒体

通过公司的持久性媒体，如：广告标识、招牌、业务名片、建筑物、制服标记等来创造一个公众能迅速辨认的视觉形象，赢得目标消费者的关注。

三、汽车公关活动的内容

汽车公共关系的主要任务是协调汽车企业与社会公众的关系，以争取公众对企业的理解、支持、信任和合作，从而扩大汽车销售。根据汽车企业公共关系的对象和汽车企业的发展过程，汽车公共关系的内容主要包括：

（一）汽车企业与消费者的关系

在市场经济体制下，顾客就是上帝。汽车企业要加强与消费者的沟通，促使消费者对其品牌及产品产生良好的印象，提高企业和产品在社会公众中的知名度与美誉度。

（二）汽车企业与相关企业的关系

汽车作为一种集机械、电子、化工等产品为一体的商品，汽车生产企业是不可能独立完成从自然原料生产到产品销售的整个过程，它无时无刻不与中间商、供应商及竞争企业发生着各种各样的关系。

（三）汽车企业与政府及社区的关系

汽车企业必须处理好与政府相关职能部门的关系，赢得政府的信赖和支持。另外，必须建立起融洽的社区关系，树立起企业在社区居民中的良好形象，为企业发展创造良好的周围环境。

（四）企业与新闻界的关系

在现代社会中，新闻媒体和新闻工作者的作用日益突出。他们不仅可以创造出社会舆论，还会引导消费，从而间接影响企业行为。汽车企业要想争取社会公众的关注与信任，必须处理好与新闻媒体的关系。

（五）企业内部公共关系

企业通过完善自身的规章制度，加强企业文化建设，满足员工的物质和精神要求，加强内部团结，协调好企业、员工及投资者的关系，进而生产出优质的汽车产品，实现汽车企业的经营目标。

四、汽车公共关系计划的执行与评价

（一）公共关系计划的执行

执行公共关系计划要求企业具备认真谨慎的态度，当公共宣传包括了各种层次的特别事件时，例如纪念性宴会、记者招待会、全国性竞赛等，就需要企业格外认真。公共宣传人员需要有细致认真的态度以及灵活处理各种可能情况的能力。

（二）公共关系计划的评价

由于公共关系常与其他促销工具一起使用，故其使用效果很难衡量。汽车公共关系的效果常通过展露度、公众态度及理解情况、销售额和利润贡献三个方面来衡量。

1. 展露度

展露度指计算相关公关活动出现在媒体上的次数。这种方法简单易行，但无法真正衡量出到底有多少人接受了这一信息，以及公关活动对他们购买行为的影响。

2. 公众态度及理解情况

指由于公共宣传活动而引起公众对企业品牌的态度及理解情况的前后变化。

3. 销售额和利润贡献

公共关系通过刺激市场以及与消费者建立联系，把对产品满意的消费者转变成品牌忠诚者，进而提高了企业的销售额和利润。计算销售额和利润贡献率，是衡量公共关系效果的最科学的方法。

案例分析：汽车产品同质化竞争激烈 新型营销策略层出不穷

随着中国汽车市场的繁荣和产品同质化竞争的日益激烈，各种营销策略层出不穷，可以说五花八门。但是，企业费尽心机的营销，效果并不是个个"给力"，甚至有时还起到了适得其反的作用。可见，企业营销必须针对自己的产品，找到与消费者需求的契合点，否则只能让白花花的银子打了水漂儿。

营销策略之狂轰滥炸型

企业通过在电视、网络、报纸等媒体上频繁打广告，给消费者带来视觉和听觉的不断刺激，这种营销策略能在一定程度上提高产品及品牌知名度，但并不是长久之计。

以北京现代第八代索纳塔为例，其承担着提升北京现代品牌形象的重任。为在中国市场取得成功，北京现代准备了充足的资金进行多种媒体的推广。一时间，第八代索纳塔的广告频繁出现在报纸、电视和网络中。

前期猛烈的广告进攻并没有使第八代索纳塔的销量得到稳定的提升。在经历了热闹非常的上市宣传期后，媒体传播力度有所下降。北京现代不得不采取更实惠的办法来维持销量。

随即，北京现代推出了"原值回购"活动。在2008年1月1日之后购买伊兰特1.6L手动舒适型的车主置换第八代索纳塔，可按当时购车发票，原价回购。这种对于潜在消费者来说更加实惠的办法收到了切实的效果。一家北京现代4S店在"原值回购"活动开展后一个月的时间内，置换了40多辆第八代索纳塔，这相当于第八代索纳塔往常一个月的销量。

营销策略之品质营销

在消费者厌倦了华而不实的宣传和广告之后，一些车企开始回归本质，开展品质营销。

一汽丰田对于花冠的一次推广活动，就被媒体认为很成功。

在花冠车系在中国历经7载，成就100万用户的时刻，一汽丰田在2011年4月至8月期间，举办了"花冠王终极节油耐力测试"活动。该活动首先回收了2004年售出的第一辆花冠车，并用15万元原价回购。然后用这辆已经使用了7年的老花冠开启为期20天的挑战之旅。

活动自北京出发，途经石家庄、临汾、西安、兰州、西宁、青海湖、格尔木、那曲和当雄，行程5000多千米，最终抵达拉萨。途中要经过多种路段和路况其中包括翻越海拔5231米的唐古拉山口，穿越4.5万平方千米的可可西里无人区。该车最终完成了"终极节油耐力测试",在极限环境中验证了其超越时间的品质。

营销策略之名人代言

近两年,企业请明星代言新车的宣传方式越来越多。虽然明星代言汽车能在最短时间内提升品牌的知名度,但终究改变不了一辆车的内在品质和性能。因此,明星代言汽车的效果始终不尽如人意。

明星代言得当,则皆大欢喜;代言不当,则人财两空。例如,周杰伦和莫文蔚的帅哥加美女组合,没能让丰田雅力士一炮走红,最终使得这款小车折戟沉沙;一汽马自达请来游泳神将菲尔普斯担当品牌形象代言人,可并没有让销量提升;奇瑞集团的中高端品牌瑞麒,请来闻名世界的足球小子梅西代言G5轿车,一款好车,配上这样一个顶级的球星,理应大红大紫,但没想到梅西在世界杯中一球未进,瑞麒G5也销量大跌⋯⋯

近几年比较成功的案例是张曼玉代言奥迪TT,姜文代言新帕萨特。明星的个人气质要与汽车所要表达的诉求相契合,才能达到良好的宣传效果。

营销策略之品牌营销

对于处在发展阶段的品牌来说,品牌营销是非常必要的。

人们对于《变形金刚3》植入广告的做法争论不休。从汽车品牌营销的角度来看,凭借对《变形金刚》系列电影的深度参与,通用集团获益匪浅,让其在申请破产保护后迅速"变身",重新焕发活力。以通用集团旗下的雪佛兰品牌为例,《变形金刚3》的热播让一度在中国市场默默无闻的雪佛兰品牌逐渐打开局面,关注度明显提高。

讨论题:

1. 根据案例,分析狂轰滥炸型营销方式的利弊。
2. 根据案例,分析品质营销型营销方式的利弊。
3. 根据案例,分析名人代言型营销方式的利弊。
4. 根据案例,分析品牌营销型营销方式的利弊。
5. 比较上述营销方式,提出自己认为最好的营销组合策略。

本章小结

汽车促销策略是连接汽车产品和消费者之间的桥梁,已成为汽车企业整个营销策略中最重要的一环。有效的汽车促销策略是对人员促销、广告、销售促进、公共关系等促销方式的最佳选择、组合和运用。本章结合大量生动的实际案例详细介绍了汽车企业主要促销方式的特点、适用范围、主要工具及效果评价等内容,具有一定的理论指导性和可操作性。

思 考 题

1. 汽车促销组合主要包括哪些方式?简单概括各种促销方式的特点。
2. 在进行人员促销时,怎样合理确定促销人员的构成和规模?有哪些常用方法?
3. 请介绍并评价你认为最精彩的一则汽车广告。
4. 你认为在当前的中国汽车市场,哪些销售促进的方法和工具对消费者是最有吸引力的?
5. 汽车经销商进行营销公关的主要目标是什么?

第十章 汽车市场营销战略

学习目标

了解汽车市场营销战略的概念、特征和主要内容；了解汽车服务已成为现代汽车企业竞争的焦点，理解汽车企业只有通过提高服务质量，才能在市场竞争中获胜；了解汽车市场营销必须以满足顾客为中心；掌握通过价值链管理来提高顾客让渡价值，通过顾客关系管理来实现顾客满意；理解汽车企业必须通过分析竞争环境和竞争对手来确立市场竞争地位和基本竞争战略。

当今的汽车企业面临着比以往更为激烈的竞争，汽车企业只有通过不断地提高服务质量，满足顾客需求和战胜竞争对手才能加快发展。

本章简要叙述了汽车市场营销战略的概念、特征和主要内容，并将重点讨论汽车企业如何通过服务质量管理来提高服务质量，增强核心竞争能力；如何通过价值链管理和顾客关系管理来提高顾客让渡价值，实现顾客满意；如何分析竞争环境和竞争对手，来确立自身的市场竞争地位和基本竞争战略。

第一节 汽车市场营销战略概述

树立正确的市场营销观念，并对市场营销活动进行有效的战略规划，是一个企业在变动和发展的动态环境中成功经营的两大基础。

一、公司战略的内容和管理

战略是实现长期目标的方法。对于现代公司而言，营销战略往往是其公司战略的核心内容。因此，要理解营销战略，首先就需要了解有关公司战略的基本知识。

(一) 公司战略的内容

从战略内容来看，公司战略一般包括以下几个方面：

1. 公司使命

公司使命表达的是有关公司存在价值和意义之类的一些基本的、根本性的问题。

2. 公司目标

公司使命必须转化成各个管理层和部门的具体目标。最常见的目标有盈利、销售增长、市场份额扩大、风险分散及创新等。为了便于实施，组织目标应具备层次化、数量化、现实性和协调性等条件。

3. 公司业务组合战略

公司战略必须明确需要建立、扩大、维持、收缩和淘汰的业务。规划公司业务组合的一个重要步骤是识别和区分公司的战略业务单位，并对所有战略业务单位的盈利潜力进行评价。一般来说，战略业务单位应满足以下条件：由一项业务或几项相关业务组合而成；有明确的任务；有竞争对手；有专门负责的经理；由一个或多个计划单位和职能单位组成；能够从战略计划中获得利益；能够独立于其他业务单位自主地制订计划。至于战略业务单位的评价方法，有著名的波士顿咨询公司成长——份额矩阵和通用电气公司的多因素业务经营组合矩阵。

4. 新业务战略

一家公司不仅要管理好现有的业务，还要考虑通过发展新业务，实现自身的成长。目前有三种成长战略可供选择：一是密集型成长战略，即在公司现有的业务领域寻找发展机会；二是一体化成长战略，即建立或并购与目前业务有关的其他公司的业务；三是多元化成长战略，即寻找与公司目前业务范围无关，但富有吸引力的新业务。

（二）公司战略的管理

从过程来看，公司战略管理可以划分为制订、执行和控制三个阶段。

1. 战略制订

战略制订包括：确定企业的使命和任务；识别企业的外部机会与威胁；识别企业内部的优势和劣势；建立长期目标；制订可选择战略以及选择特定的执行战略。战略制订过程所要解决的问题就是战略计划的内容。

2. 战略执行

战略执行要求公司建立年度目标，制订政策，激励雇员和配置资源，以便使制订完的战略得以贯彻执行。战略执行包括：培育符合战略要求的企业文化；建立有效的组织结构；调整经营方向；制订预算；建立和使用管理信息系统等。

3. 战略控制

战略控制就是跟踪企业环境变化和战略执行情况，发现问题，找出原因，并及时采取纠正措施。基本的战略控制活动包括：重新审视企业内外环境因素；度量组织业绩以及采取纠正措施。

公司战略界定了营销战略的基本理念、原则和行动框架。换言之，营销战略必须以公司战略为指导。同时，公司战略的落实也离不开营销战略的制订、实施与控制。

二、汽车市场营销战略的概念和特征

（一）汽车市场营销战略的概念

汽车市场营销战略是汽车企业在现代市场营销观念的指导下，为了实现自身的经营目标，对较长时间内的市场营销策略进行总体设想和综合规划。

汽车市场营销战略是汽车企业总战略的重要组成部分，它的制订和规划受汽车企业整体战略思想的制约，不同的经营思想、营销观念和战略任务，会催生不同的汽车市场营销战略。因此，汽车市场营销战略必须与汽车企业整体经营战略相吻合。

（二）汽车市场营销战略的特征

汽车市场营销战略具有以下特征：

1. 全局性

市场营销战略是汽车企业营销活动的纲领，对各项具体的营销工作都具有权威性的指导作用。这种全局性包括两层含义：一是指汽车企业对市场营销的总体设计手段；二是指汽车企业在市场营销中做出的事关企业全局和未来发展的关键性决策。

2. 长远性

长远性指营销战略要指导和影响未来一个较长时期的企业营销活动。因此，企业要立足当前，放眼未来，协调好当前和未来发展的关系。

3. 风险性

营销战略的重点是决策，但企业的外部环境是变化不定的，较难把握，因此，企业要做出正确的决策，往往带有一定的风险性。但有些时候，风险本身又是一种机会，高风险可能意味着高回报。

4. 相对稳定性和适应性

汽车企业的营销战略是在对其自身条件和客观环境长期发展趋势进行科学分析和预测的基础上制订的。从整体看，它具有相对稳定性。同时，它还要随着外部环境的变化进行调整和完善，与环境保持良好的动态适应性。

5. 系统性

汽车市场营销战略本身是一个系统，它包括了战略思想、战略目标、战略重点、战略措施等相互联系的要素，同时，它又处于汽车企业经营战略这一更大的系统之中。

三、汽车市场营销战略的内容

（一）营销战略思想

营销战略思想是指导战略制订和实施的基本思想。它是确定营销战略目标、营销战略重点和营销战略对策的纲领。

就汽车企业的整体市场营销活动而言，我国汽车企业市场营销战略的指导思想就是"以适销对路的产品，适当的营销组合策略，满足社会和人们不断增长的需求，并为国家和企业创造好的效益"。除此之外，汽车企业还要树立全局观念、竞争观念、发展创新观念、信息观念、效益观念等。不同汽车企业或同一汽车企业在不同的时期，需将上述营销战略思想逐步具体化，形成营销战略决策应遵循的一系列准则。例如，某内燃机总厂在进行1990～1995年的市场营销战略决策时，提出如下的指导思想"要充分发挥大型骨干企业的作用，满足国内市场需要，开发国际市场，为国家财政收入多作贡献，同时促使企业的腾飞。"这一战略思想指出了它所要体现的企业性质，规定了企业在社会中应起的作用，明确了企业所要努力奋斗的方向。把这一战略具体化，即明确该厂的战略目标、战略重点和战略措施等，就形成了企业在战略决策时应遵循的一系列准则。

（二）营销战略目标

营销战略目标指汽车企业在营销战略思想指导下，在战略时期其全部市场营销活动所要达到的总体要求。营销战略目标规定了汽车企业全部市场营销活动的总任务，界定了汽车企业发展的方向。汽车企业的市场营销战略，依据不同的战略问题，有不同的营销战略目标，但最终目标可归纳为市场开拓目标、利润目标、销售增长率目标和市场占有率目标等。企业战略的总体目标按照某一方式逐级展开后，便产生了许多子目标，进而构成了有序的目标体系。汽车企业在制订营销战略目标时应该遵循以下原则：

1. 主次性

在存在多种目标的情况下，汽车企业必须按照目标的重要程度，分清主次。

2. 定量性

目标不仅要定性，还要尽可能定量，以便于实施和控制。

3. 先进性

所提出的目标要具有先进性，对企业员工能起到鼓舞与激励作用。

4. 可行性

企业对于已提出的目标，要进行可行性论证，即经过企业员工共同努力，保证营销战略目标可以完成，甚至可以略为提前和超额完成。

确定营销战略目标，是制订汽车企业市场营销战略的一个重要环节。因此，要采取专家、领导与员工相结合的原则，在汽车企业内部组织专门机关负责并动员广大员工参加，还应从汽车企业外部邀请有关专家帮助调查研究，并进行系统分析。

（三）营销战略重点

围绕营销战略目标的实现，通过对汽车企业各项条件的分析，找出各阶段影响市场营销的主要问题，把它作为营销战略重点。只有重点突出，才能有所突破，从而有效地实现战略目标。

（四）营销战略措施

营销战略措施是为了实现营销战略目标所采取的措施和手段。当汽车企业的市场营销战略方案确定以后，还要将总体目标分解到战略实施的各个阶段，制订相应的措施和手段，确保汽车企业战略总体目标的实现。

第二节 汽车服务战略

汽车市场营销的重要特点就是汽车产品与汽车服务的联系越来越紧密，汽车服务已成为汽车企业竞争的焦点。谁能为广大汽车用户提供优质服务，谁就能在市场竞争中克敌制胜。

一、汽车服务的含义与特征

（一）汽车服务的含义

关于服务的概念，菲利普·科特勒认为："服务是一方能够向另一方提供的基本上是无形的任何活动或利益，并且不导致任何所有权的产生。它的生产可能与某种有形产品联系在一起，也可能无关联。"另一位学者弗雷德里克认为，服务是"为满足购买者某些需要而暂时提供的产品或从事的活动。"而埃·佩恩则认为："服务是一种涉及某些无形因素的活动，它包括与顾客或他们拥有财产的相互活动，它不会造成所有权的变更。条件可能发生变化，服务产出可能或不可能与物质产品紧密相连。"

由此可见，汽车服务的含义应当包含以下要点：①汽车服务提供的基本上是一种活动，活动的结果可能是无形的，但有时也与有形汽车产品联系在一起；②汽车服务提供的是汽车产品的使用权，并不涉及所有权的转移，如提供了汽车维修服务，并不产生汽车所有权的改变；③汽车服务对其需求者的重要性，并不亚于汽车产品。例如，汽车发生故障后，对维修服务的需求比对汽车产品的需求还要重要。

（二）汽车服务的特征

对制订汽车服务战略影响较大的汽车服务特征主要有以下四点：

1. 无形性

也称不可触摸性。顾客在购买汽车服务之前，一般不能通过感观感受到汽车服务。实际上，真正无形的汽车服务极少，很多汽车服务需要借助有形的汽车实物才可以产生。顾客购买某些汽车产品只不过因为它们是一些有效功能的物质载体，这些载体所承载的汽车服务才是最重要的。

2. 同步性

也称同一性。汽车服务过程与汽车消费过程是同步进行的，两个过程是不可分离的。如汽车销售过程，对汽车购买者而言是消费过程，对汽车营销人员而言是服务过程，两个过程必然同步进行。

3. 差异性

也称异质性。汽车服务是以人为中心来提供汽车顾客所需要的服务项目，如汽车销售、汽车维修、汽车装饰等，由于汽车服务人员的文化、修养、能力与专业水平存在差异，不同的汽车服务人员操作同一汽车服务项目，汽车服务的质量很难达到完全相同；即使同一个服务人员做同样的汽车服务项目，因时间、地点、环境与心态的不同，汽车服务的质量也难以完全一致。

4. 即时性

也称不可储存性。由于汽车服务具有同步性及无形性，因此不能进行储存和退换，也不能对其实施"售后服务"。而且很多汽车服务的使用价值，如不及时加以利用，就会作废。如汽车维修人员的等待和汽车维修设备的闲置等，均给汽车服务业带来不可补偿的损失。因此，汽车服务业的规模、定价与推广，必须力求人力和物力的充分利用。

二、汽车服务质量的内涵与评价

（一）汽车服务质量的内涵

汽车服务质量与顾客的感受关系很大，它取决于顾客对汽车服务质量的期望与其实际感知的对比差距。另外，还取决于汽车服务的技术质量和职能质量的水平。技术质量指汽车服务过程的产出，即顾客从汽车服务过程中所得到的东西。对此，顾客容易感知，也便于评价。职能质量则指汽车服务推广过程，即顾客与汽车服务人员打交道的过程，汽车服务人员的行为、态度、穿着等都直接影响顾客的感知。

（二）汽车服务质量的评价

通常，可以从以下五个方面评价汽车服务质量：

1. 感知性

指提供汽车服务的有形部分，如各种设施、设备、服务人员等。有形部分提供了有关汽车服务质量本身的线索，同时也直接影响到顾客对汽车服务质量的感知。

2. 可靠性

指汽车服务供应者完成所承诺的汽车服务的可能性。顾客认可的可靠性是最重要的衡量汽车服务质量的指标，它与核心的汽车服务密切相关。许多以优质服务著称的汽车服务企业，正是通过强化可靠性来建立声誉的。

3. 适应性

主要指反应能力，即随时准确为顾客提供汽车服务的能力。

4. 保证性

主要指汽车服务人员的工作态度与胜任能力。拥有较高知识技能和良好服务态度的汽车服务人员，能增强顾客对汽车服务企业的信任度和安全感。

5. 移情性

指汽车服务企业和汽车服务人员能设身处地为顾客着想，努力满足顾客的要求。

按上述评价标准，可通过问卷调查或其他方式对汽车企业的服务质量进行调查。调查应包括顾客的期望质量和感知质量两个方面，以便进行分析研究。汽车服务企业每年都应定期进行汽车服务质量的调查和评估。

三、汽车服务质量的管理

如上所述，消费者的期望和感知是否一致已经成为汽车服务质量评估的决定性因素。因此，汽车服务质量管理的首要任务就是能够对顾客期望进行正确的管理，并在实际汽车服务过程中做到接近或超出顾客期望。为了达到这一目的，汽车服务企业可以从以下五个方面进行工作：

1. 确保承诺的实现性

明确性的汽车服务承诺（如广告和人员推销）和暗示性的汽车服务承诺（如服务设施外观、服务价格），都是汽车服务企业可以控制的。汽车服务企业应集中精力于基本的汽车服务项目，通过切实可行的措施，确保对顾客所作的承诺能够圆满兑现。过分的承诺将会失去顾客的信任，对汽车服务企业是不利的。

2. 重视服务的可靠性

在顾客对汽车服务质量进行评估的多项标准中可靠性是最为重要的。汽车服务企业通过提高服务的可靠性能实现较高的现有顾客保持率，增加积极的顾客口碑，减少招徕新顾客的压力和再次汽车服务的开支。可靠的汽车服务有助于减少优质汽车服务重视的需要，从而合理限制顾客期望。

3. 坚持沟通的经常性

经常与顾客进行沟通，理解他们的期望，对汽车服务加以说明，或是对顾客光临表示感激，能更多地获得顾客的谅解。汽车服务企业通过与顾客经常对话，加强与顾客的联系，可以在问题发生时处于相对主动的地位。汽车服务企业积极地发起沟通以及对顾客发起的沟通表示关切，都传达了和谐、合作的愿望，而这又是顾客经常希望而又很少得到的。有效的沟通有助于在出现工作失误时，减少或消除顾客的失望，从而树立顾客对汽车服务企业的信心和理解。

4. 传送优质汽车服务

在汽车服务过程中，顾客亲身体验了提供的汽车服务技能和汽车服务态度，有利于保持更切合实际的期望和更多的理解。汽车服务企业每一次与顾客的接触都是一次潜在的机会，如果能使顾客感到享受了超出期望的汽车服务，则对提高企业信誉有相当大的助益。

5. 组织重现汽车服务

虽然对完美的汽车服务的追求是优质汽车服务的特征，但在第一次汽车服务出现失误时，一流的汽车服务的重现显得十分重要。汽车服务的重现是一个使服务水平超出顾客期望的绝好机会，也为汽车服务企业提供了重新赢得顾客信任的机会。汽车服务企业必须加强力量组织好重现汽车服务，使汽车服务中的问题得到令人满意的解决。虽然在汽车服务重现期间顾客对过程和结果的期望都会比平时更高，但顾客将比往常更加注意汽车服务的传递过程，以全身心投入来对待顾客的有效重现，能使顾客顺心惬意，并为精心组织的汽车服务重现超出期望而感到惊喜。

第三节　顾客满意战略

CS 是英文 Customer Satisfaction 的缩写，意为顾客满意。它是商业经营中一个普遍使用的生活概念。1986 年，一位美国心理学家借用 CS 这个词来界定消费者在商品消费过程中需求满足的状态，使 CS 由一个生活概念演变为一个科学概念。企业界在心理学家定义的基础上，对 CS 的内涵进行了扩展，把它从一种界定指标发展成一套营销战略，直接指导企业的营销，甚至经营活动，并将其称为 CS 战略。CS 战略的出现不是偶然的，它是在追求市场占有率战略 PIMS（Profit Impact of Market Share）和 3Rs 战略（Retention，Relation sales，Referral）的基础上发展而来的。

一、从 PIMS 到 CS

（一）追求市场占有率（PIMS）战略

传统的营销学理论中，企业营销活动的主要目的是扩大市场份额，企业围绕4P（产品、价格、促销、渠道）营销因素组合，开展营销活动，尽力扩大市场份额。传统的营销是一种交易营销，强调将尽可能多的产品或服务提供给尽可能多的顾客，以提高市场占有率为目标。1972 年，美国战略规划研究所对 450 多家企业近 3000 个战略业务单位进行了多年的追踪研究，形成了 PIMS 研究报告。PIMS 研究结果表明：市场占有率是影响投资收益率最重要的变数之一，市场占有率越高，投资收益率越大。市场占有率高于 40% 的企业，其平均投资收益率相当于市场占有率低于 10% 的企业的 3 倍。

同时，不是在任何情况下市场占有率的提高都意味着收益率的增长，这还取决于为提高市场占有率所采取的营销策略。有时为提高市场占有率所付出的代价会高于它所获得的收益，因此，企业在提高市场占有率时应考虑以下三个因素：①引起反垄断诉讼的可能性；②经济成本，当市场份额已达到一定水平时，再提高的边际成本非常大，甚至得不偿失；③在争夺市场占有率时所采用的营销组合策略。

（二）关系营销（3Rs）战略

20 世纪 90 年代初，美国哈佛大学商学院的研究结果表明，服务性企业的市场份额对利润并没有明显影响。企业不应追求最大市场份额，而应尽力提高市场份额质量（主要指忠诚的顾客比率）。因此，企业应采用 3Rs 关系营销战略，尽力留住老顾客（Retention），向老顾客销售相关的新产品和新服务（Relation sales），鼓励老顾客向亲友介绍他们满意的消费经历（Referral）。

1. 留住老顾客

留住老顾客指企业与顾客保持持久、密切的关系，不断地向顾客销售他们原先购买的产品和服务。老顾客对企业的产品和服务已形成正确的期望，了解企业的服务程序，企业为老顾客服务，可逐渐降低服务成本和费用。

2. 销售相关的新产品和新服务

与新顾客相比，向老顾客销售产品和服务，企业更能赢利。有些新顾客会讨价还价，而老顾客对新产品和新服务的售价却往往并不敏感。

3. 顾客口头宣传

为了降低购买风险，许多潜在顾客会向亲友收集信息，听取亲友的意见。服务性企业管理人员都应充分理解顾客的口头宣传对其他顾客购买行为与企业经济收益的重大影响。

（三）顾客满意（CS）战略

美国市场营销大师菲力普·科特勒在《市场营销管理》一书中明确指出："企业的整个经营活动要以顾客满意度为指针，要从顾客角度，用顾客的观点而非企业自身利益的观点来分析考虑消费者的需求。"从某种意义上说，只有使顾客感到满意的企业才是不可战胜的。

CS营销战略开辟了企业经营战略的新视野、新观点和新方法。对于我国汽车销售企业而言，充分认识、研究和培育汽车营销的CS理念，将推动汽车消费，使汽车消费市场趋于完善。

美国哈佛商业评论杂志发表的一项研究报告指出："再次惠顾的人比初次光临的人，可为公司多带来25%~85%的利润，而吸引他们再来的因素中，首先是服务质量，其次是产品，最后才是价格。"另外，据美国汽车业的调查，一个满意的顾客会引发8笔潜在生意，其中至少有1笔成交；一个不满意的顾客会影响25个人的购买意愿。争取一位新顾客所花的成本是保住一位老顾客所花成本的6倍。

CS营销战略产生与日益加剧的市场竞争密切相关。早期的企业竞争取决于产品的价格。随着技术的不断进步和技术市场的发展，同一行业的生产工艺水平日趋接近，各竞争企业之间的技术差距缩小。企业竞争环境发生了变化，买方市场的特征逐渐明显，消费者的经验和消费心理素质也日趋成熟，消费者对产品和服务的需求已从"价廉物美"转向"满足需求"，于是综合服务质量成了企业竞争的关键，以服务营销为手段提高顾客满意度是企业在竞争激烈的市场中的理性选择。

二、顾客让渡价值与提升顾客满意水平

（一）顾客让渡价值与顾客满意

1. 顾客让渡价值

顾客让渡价值是顾客总价值与顾客总成本的差额。顾客总价值包括产品价值、服务价值、人员价值和形象价值；顾客总成本包括货币成本、时间成本、体力成本和精力成本。如图10-1所示。

2. 顾客让渡价值的分析

（1）顾客总价值是产品价值（product value）、服务价值（services value）、人员价值（person value）和形象价值（image value）等因素的函数，其中任何一项价值因素的变化都会影响顾客总价值。顾客总成本是包括货币成本（money price）、时间成本（time cost）、精力成本（energy cost）等因素的函数，其中任何一项成本因素的变化均会影响顾客总成本。

顾客总价值与顾客总成本的变化及其作用不是各自独立的，而是相互影响的。因此，企

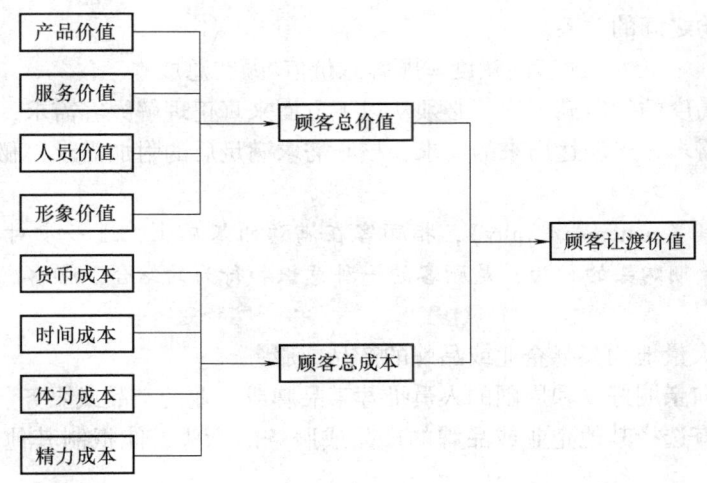

图 10-1 顾客让渡价值

业在制订营销策略时,应综合考虑构成顾客总价值与顾客总成本的各项因素之间的相互关系,从而用较低的成本为顾客提供具有更多顾客让渡价值的产品。

(2) 不同顾客群体对产品价值的期望与对各项成本的重视程度是不同的。例如,对于工作繁忙的顾客而言,时间成本是最重要的因素;对于收入较低的顾客而言,货币成本是首先考虑的因素。因此,企业应根据不同顾客群的需求特点,有针对性地设计增加顾客总价值、降低顾客总成本的方法,以提高顾客的满意水平。

(3) 采取"顾客让渡价值最大化"策略应掌握一个合理的"度"。片面追求"顾客让渡价值最大化",其结果往往会导致成本增加,利润减少。

3. 顾客满意

营销大师菲力普·科特勒认为:"满意是一种感觉状态的水平,它来源于对一件产品所设想的绩效或产出与人们的期望所进行的比较"。顾客对产品或服务的期望来源于以往的经验、他人经验的影响以及营销人员或竞争者的信息承诺。而绩效来源于整体顾客价值与整体顾客成本之间的差异。

顾客满意的定义指一个人通过对一个产品的可感知的效果(或结果)与他的期望值相比较后所形成的感觉状态。用公式表达为:

$$顾客满意 = 可感知效果/期望值$$

满意水平是可感知效果和期望值之间的差异函数。能否实现顾客满意有三个重要因素:①顾客对产品的先期期望;②产品的实际表现;③产品表现与顾客期望的比较。

今天,大多数成功的公司将顾客期望值和其可感知的效果相对应,追求"全面顾客满意(total customer satisfaction,TCS)"。例如:施乐公司为保证顾客的"全面满意",承诺在顾客购买产品后三年内,如有任何不满意,公司将为其更换相同或类似产品,一切费用由公司承担,施乐多年来一直坚持运用顾客满意测评系统,不断改进服务质量,及时解决顾客抱怨。

4. 顾客满意度

顾客满意度就是量化了的顾客满意。顾客满意度指人们对所购买的产品或服务的满意程度,以及由此产生的决定他们今后是否继续购买的可能性。顾客满意度的高低取决于购前期望与购后实际体验之间的关系。

$$顾客满意度 = 顾客总价值/顾客总成本$$

企业要实现高度的顾客满意度，必须从以下方面来真正理解顾客需求，即顾客表达出来的需求、真正的需求、未表达出来的需求、核心需求满足后的附加需求、秘密需求。

5. 顾客忠诚

所谓顾客忠诚（customer loyalty），指顾客在满意的基础上，进一步对某品牌或企业的产品或服务作出长期购买的行为，是顾客的一种意识和行为的结合。顾客忠诚表现的特征主要有以下四点：

（1）再次或大量地购买某企业或品牌的产品或服务。

（2）主动地向亲朋好友和周围的人员推荐某品牌或企业的产品或服务。

（3）几乎没有选择其他企业或品牌的产品或服务的念头，能抵制其他企业或品牌的促销诱惑。

（4）发现某企业或品牌产品或服务的某些缺陷，能以谅解的心情主动向企业反馈信息，求得解决，而且不影响再次购买。

高度忠诚的顾客层是企业最宝贵的财富。建立顾客忠诚对企业非常重要。

6. 顾客满意与忠诚的关系

满意与忠诚是两个完全不同的概念，满意度不断增加并不代表顾客对企业或品牌的忠诚度也在增加。满意本身具有多个层次，声称满意的顾客，其满意的水平和原因可能是大相径庭的：其中有些顾客会对产品产生高度的满意，如惊喜的感受，并再次购买，从而表现出忠诚行为；而有些顾客所表现的满意程度，则不足以产生这种效果。因此，顾客满意先于顾客忠诚并且有可能直接引起忠诚，但是并不必然如此。所以，CS 战略的最高目标是提升顾客的忠诚度，而不是满意度。

（二）价值链与价值让渡系统

1. 企业内部价值链

价值链作为公司分析诊断的一种工具，是用以识别创造更多的顾客让渡价值的各种途径，如图 10-2 所示。每一个公司集合了设计、生产、销售、送货和为支持其产品而采取的一系列活动。价值链把某一特定行业中创造价值和产生成本的诸活动分解为在战略上相互关联的九项活动。这九项价值创造活动又分为五项基础活动和四项支持性活动。

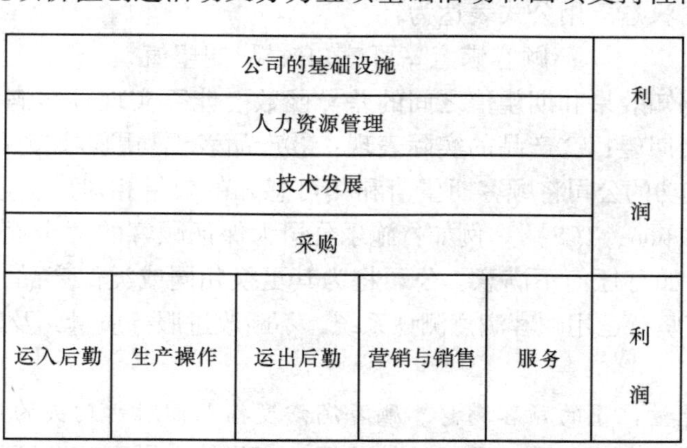

	公司的基础设施				利
	人力资源管理				
	技术发展				润
	采购				
运入后勤	生产操作	运出后勤	营销与销售	服务	利润

图 10-2 企业内部价值链

基础活动是指企业购进原材料、加工生产、将产品运出企业、上市销售到售后服务等依次进行的活动；支持性活动则始终贯穿在这些主要活动中。采购是指各项基础活动所需各种投入物的购买，而其中只有一小部分是由采购部门办理的；每项基础活动都搞技术开发，而其中只有小部分是由研究开发部门进行的；所有的部门也都需要人力资源管理；公司的基础设施涉及全部基础活动和支持性活动，以及与一般管理、计划、财务、会计、法律和政府有关事务所需要的日常开支。

2. 价值链的扩展

除了自身价值链以外，公司还会进入其供应商、分销商和最终顾客这一价值链中寻求竞争优势。以往，公司总是将其供应商和经销商视为成本中心，甚至视为对头。而今天，越来越多的公司通过慎重选择合作伙伴，制订互利的战略，并与其供应链上的其他成员联合，以改善顾客让渡价值系统的绩效。新的竞争不再只是个别竞争者之间的事，而是由若干竞争者所组成的战略网的价值让渡系统之间的竞争，如图 10-3 所示。

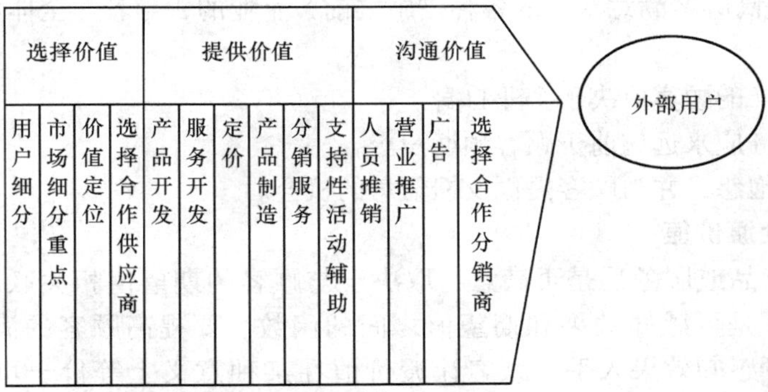

图 10-3　企业系统价值链

营销经理不仅要考虑推销公司现有的产品，还要考虑如何去刺激改进产品。部门领导者要考虑如何与其他部门进行合作，共同管理核心业务流程，并发展强有力的外部合作伙伴，以建立企业系统的价值链。

企业系统的价值链，其业务过程由选择价值、提供价值和沟通价值组成。第一阶段为选择价值。企业在生产任何产品前，必须先做营销工作。营销工作即细分市场，选择适当的市场目标，并对开发产品进行价值定位。在这一阶段，企业还必须扩大自身价值链，选择合作的供应商。第二阶段为提供价值。企业要明确有形产品和服务，建立目标价格，制造产品并分销给市场，同时，利用各种支持性活动（如管理、财会、人力）来辅助提供价值。第三阶段为沟通价值。企业要组织销售、促销、公关、广告和其他推广工作，以将产品推向市场。

3. 通过价值链管理提高顾客让渡价值

（1）企业运用价值链分析方法对自身进行诊断，以"优胜基准"（benchmarking）作为标准工具，提高竞争优势。公司的任务是检查每项价值创造活动的成本和经营情况，并寻求改进措施。

（2）公司进行核心业务流程的平滑管理，需要跨职能部门的投入和合作。公司的成功不仅取决于每个部门做得如何，还取决于不同部门之间如何协调。通常，公司各部门强调部门利益最大化，而不是公司和顾客利益最大化。解决问题的途径就是加强对核心业务过程的平滑管理，核心的业务程序有：

① 新产品实现过程：在快速、高质和按目标成本开发新产品中涉及的所有活动，包括识别、研究、发展和成功地推出新产品；

② 存货管理过程：在原材料、中间产品和制成品的存货管理中所涉及的所有活动；

③ 订货-汇兑过程：从接受订单、按时送货到收取货款中所涉及的全部活动；

④ 顾客服务流程：在为顾客提供各种便利的过程中所涉及的所有活动。

（三）提高顾客让渡价值并提升顾客满意水平

1. 提升顾客满意的基本理念

如何使顾客满意是一个永不过时的话题。现在大多数的企业领导者已经认识到顾客满意的重要性，并着手实施顾客满意度调研，以探究企业目前的顾客满意状况，希望找出企业目前在顾客满意方面存在的问题，提升本企业的顾客满意水平。

在具体实施提高顾客满意水平的各种措施之前，企业的领导者与全体员工应当首先确立以下理念：

1）拥有什么样的顾客取决于企业自身。
2）产品与服务应永远超前于顾客预期。
3）鼓励顾客抱怨，并为顾客提供反馈信息的机会。

2. 提高顾客让渡价值

顾客在购买产品或服务后是否满意，取决于与顾客的期望值相关联的供应品的功效，可以说，满意水平是可感知效果和期望值之间的函数。要提高顾客的满意水平，应从提高产品与服务的可感知效果入手，顾客让渡价值在某种意义上等价于可感知效果。顾客在选购商品或服务时，往往从价值与成本两个方面进行考虑，从中选出价值最高、成本最低，即顾客让渡价值最大的产品或服务。因此，提高顾客让渡价值是提高顾客满意水平的主要手段。

提高顾客让渡价值有两个途径：增加总的顾客价值或减少总的顾客成本。由于总的顾客成本具有一定的刚性，不可能无限制地缩减，作用有限，因此，更积极的方法是增加总的顾客价值。具体的做法有：

1）增加产品价值。
2）提高服务价值。
3）提高人员价值。
4）提高形象价值。
5）降低货币成本。
6）降低时间成本。
7）降低精力成本与体力成本。

企业领导者与全体员工都应充分认识到顾客满意的重要性，并积极参与到提升顾客满意水平的各项举措中去。在成本控制得当的前提下，企业为使顾客满意所做的各种努力，不仅可以增加企业的利润，提高短期效益，还能为企业获得长远利益奠定良好的基础。

三、顾客关系管理（CRM）

（一）顾客关系管理的内容

顾客关系管理（CRM，Customer Relationship Management），即企业与顾客之间建立的管理双方接触活动的信息系统。

顾客关系管理系统的建立虽然需要技术上的支持，但是在顾客关系管理中，管理机制永远是主要的，技术只是实现管理机制的手段而已。实施顾客关系管理，要求企业进行组织、流程以及文化方面的变革。

一个相对完整的 CRM 至少要包括三大内容：触发中心、挖掘中心、以及 CRM 与企业资源规划（ERP，Enterprise Resource Planning）的集成。

1. 触发中心

触发中心是畅通有效的顾客交流渠道，有电话、网络、传真、电子邮件等触发手段，典型的应用是呼叫中心（call center）。触发中心也可以看作企业和顾客的交流界面。

顾客交流界面的畅顺对企业来说是很重要的，这是企业和顾客接触的窗口，要设计一个令顾客满意的交流界面可以采用以下措施：

1）让营销人员参与顾客交流界面的设计。
2）坚持以顾客为中心，而非以企业为中心。
3）交流界面的设计应坚持柔性与灵活性。

2. 挖掘中心

挖掘中心是对所获信息的有效分析，即数据挖掘技术（data mining）。CRM 所包含的内容要比顾客数据库丰富得多，而顾客数据库是 CRM 中必备的一个内容。

3. CRM 与 ERP 的集成

要提供让顾客满意的服务或产品，企业首先要了解顾客的需求。数据库中的信息中就包含了这些内容，企业的挖掘中心就是根据这些已经获得的数据，对顾客和顾客群进行分析。研究企业最终顾客的特点，这些特点是企业进行市场定位的依据，研究顾客的购买倾向，可以成为企业设计产品或服务的依据，同时，企业可以对失败销售的分析了解自身所存在的问题，据此加以改善。

（二）顾客资料的范围

汽车销售行业是直接面向最终顾客的，所要搜集的顾客资料也以最终消费者的资料为主，这里所指的最终消费者除了个人之外还包括企业。

1. 内部顾客资料

内部顾客的个人信息在企业中通常都具备成型的资料，企业所要做的是使其更为详细，并且重视对这些资料的运用。企业要定期进行内部顾客的满意调查，并且对结果进行保管。

2. 外部个人顾客资料

外部个人顾客的资料一般包括以下几个方面：

（1）与个人有关的资料。包括性别、年龄、家庭构成、职业、学历、喜好等，这些资料的项目应当符合企业的需要。

（2）与顾客购买行为有关的资料。顾客资料库的重点对象是企业的现实顾客，要尽可能详尽收集有关顾客购买行为的资料。

3. 企业顾客资料

企业顾客资料包括企业的名称、类型、性质、地址、通信方式等基本信息，还包括企业领导人的信息，特别是关键人物的资料。

（三）顾客资料的收集

随着信息通信技术的发展，收集顾客资料的方法也不断丰富，在很大程度上，这些方法与顾客满意度调查的方法有所重合，因此，企业在实际操作中可以将这两项工作统一进行。收集顾客资料的方法主要有：问卷调查；面谈；观察法；组织相关活动。

第四节　汽车市场竞争战略

一、汽车市场竞争环境与竞争者分析

（一）汽车市场竞争环境

不断发展的社会环境是汽车企业一切活动的约束条件，汽车企业制订竞争战略必须与其所处的具体环境联系起来。汽车企业竞争环境的范围很广，既有社会因素又有经济的因素。一个汽车企业所面临的最直接、最关键的环境因素是汽车企业参与竞争的行业。汽车企业所在行业的竞争状态或竞争结构对于汽车企业确定自己的竞争原则和竞争战略等有着深刻的影响。因此，行业的"竞争状态"或"竞争结构"的分析是汽车企业竞争环境分析的核心内容。

1. 企业面临的五种竞争力量

美国著名管理学家迈克尔·波特（Michael Porter）的研究表明，有五种基本力量是影响行业竞争态势的关键，它们分别是行业内的现有竞争者、供应商、潜在的入侵者、替代品及购买者。对于汽车行业来说，这五种力量表现为：生产汽车发动机、底盘、车身、内饰、电子系统等的供应商，大量现有的汽车生产商，准备进入汽车行业的潜在竞争者，能够替代汽车满足人们出行所需的其他交通工具以及汽车经销商、代理商或最终消费者。这五种竞争力量的状态及集体强度，决定了行业的竞争态势。

汽车企业竞争战略的目标是在行业中确立自己的地位，抵抗各竞争力量，或影响这些势力使其对本汽车企业有利。汽车企业制订竞争战略的关键在于透过各种竞争势力的表象，探究并分析每种竞争力量的来源。通过对各竞争力量根源的了解，将有助于汽车企业识别自身的优势与劣势，确立自己在本行业内的有利地位，有助于汽车企业发现通过战略变迁可能带来最大收益的领域，把握获利的良机。

2. 竞争力量分析

对行业竞争力量的具体分析是汽车企业制订竞争战略的基础。

（1）潜在入侵者的威胁　新进入者为行业带来新的生产能力，具有获取一定市场份额的强烈愿望，会对本行业原有企业构成很大威胁。入侵者的威胁取决于行业进入壁垒的高低，进入壁垒高则威胁小。下面列举了决定行业进入壁垒高低的主要因素：

1）规模经济。规模经济指产品的单位成本随产品产量的增加而下降。规模经济的存在表明行业进入壁垒增高，潜在入侵者或者大规模进入，承担现存企业强烈还击的风险，或者小规模进入，长期忍受高成本带来的痛苦。这两种情形都对入侵者不利，使其不敢贸然

行动。

2）产品差异。产品差异指原有企业拥有受到认可的品牌和忠诚的顾客。这是企业通过长期的广告、服务、产品多样化等建立起来的。产品差异所形成的行业进入壁垒，将迫使进入者用很大的代价来树立自己的形象和信誉去征服现有企业的忠诚顾客，这种投资具有特殊的风险，不仅难以成功，而且一旦失败，便要损失全部投资。

3）资本要求。当进入某一行业需要有大量的资金支持时，则该行业进入壁垒高。

4）转换成本。转换成本指购买者变换供应者所面临的一次性成本，包括重新培训业务人员的费用，增加新设备、调整检测新工具等引起的费用，这可能导致购买者对变更供应者的抵制，进而构成了入侵者的行业进入高壁垒。

5）销售渠道。新进入者必须通过价格折让或大量的营销推广活动来说服现有的销售渠道接受其产品，这种做法显然会减少利润。

6）不受规模支配的成本劣势。由于各种各样的因素，有时无论进入者的规模如何以及是否达到规模经济的程度，都无法拥有现有企业可能拥有的成本优势。这些因素主要有：专有的产品工艺、取得原材料的有利途径、有利的市场位置（地位）、政府补贴、经验曲线等。进入者在诸多方面的劣势构成了行业进入高壁垒。

7）政府政策。通过对发放许可证的控制及对获取原材料的限制，政府能够限制或阻止某个行业的进入者。另外，政府也可以借助环境保护标准或安全法规等控制手段，对进入者加以限制。政府限制通常是最难逾越的行业壁垒。

（2）现有行业内竞争者间的抗衡　行业内现有企业间总是存在着竞争，不同的行业，由于行业结构不同，竞争激烈程度也不同。企业之间的抗衡采取的往往是诸如价格竞争、广告战、产品介绍以及增加顾客服务项目等战术。抗衡之所以会发生是因为一个或更多的竞争者感到了压力或看到改善其地位的机会。在绝大多数行业内，某企业采取的竞争行动会强烈地影响其他竞争者，从而会触发报复或抵制该项行动的行为，这些行为也许会使发起行动的企业及整个行业的情况有所好转。但如果行动和抵制逐步升级，那么，该行业内所有的企业会蒙受损失，以致处境比过去更糟。具体如下：

1）众多势均力敌的竞争者。当一个行业内的企业为数众多时，企业各行其是的可能性很大，一些企业会自以为他们能够随意行动而不被人察觉，结果造成现有企业间的激烈抗衡。

2）行业增长缓慢。当行业处于缓慢发展时，有限的发展空间势必促使企业将力量放在争夺现有市场的占有率上，从而使行业内现有企业间的竞争白热化。

3）高固定成本和库存成本。当一个行业固定成本较高时，企业势必希望通过增加产量来降低单位产品中固定成本的分摊。这种发展趋势会使生产能力过剩，最可能导致价格大战。

4）产品差异或转换成本的缺乏。当一个行业内企业间产品的差异性较小，且购买者的转换成本较低时，购买者选择的将是价格和服务，这就会使企业在价格和服务上展开竞争。

5）追求规模经济。如果某行业存在规模经济，就要求企业必须大量增加生产能力，这样会破坏行业的供求平衡，迫使企业不断降价销售，加剧现有竞争者间的竞争。

6）退出障碍。一个企业在某行业中可能只获得较低甚至是负的利润，但由于存在很高的退出障碍，只得继续经营下去，从而使现有行业的竞争更加激烈。

（3）来自替代品的压力　一个行业内的所有企业都在与生产替代品的行业进行竞争。轿车作为一种成熟的产品，替代品的竞争压力不是来自一种全新的轿车，而是来自发展迅速的科技，科技的发展使轿车的配置、电子技术的应用都在发生迅猛的变化。这些变化都会对现有的轿车形成替代的竞争压力。替代品的出现往往使本行业产品的价格上限只能处于较低水平，从而限制了本行业的潜在收益。替代品所提供的可供选择的价格指标越是吸引人，对本行业利润的限制就会越严格，构成的压力也就越大。因此，本行业与生产替代品的其他行业进行的对抗，常常是本行业内所有企业采取的共同措施，是一场集体行为。通过行业所有企业进行的大量而持久的广告活动、产品质量改进等领域内的集体反应，完全有可能改善该行业的集体地位。然而，当一项替代品是在顺应发展趋势且不可抗拒和不可避免时，企业完全采取排斥的竞争战略将是不明智的，引进的战略更为可取。

（4）购买者和供应者的讨价还价能力　决定一个购买者或供应者讨价还价能力的主要因素有：

1）行业集中度。行业集中度高会提高企业自身的地位，使对方不得不接受自己的成交条件。

2）交易量。若购买者的购买量占供应者的销量的比例很大，结果将提高该购买者的重要性，其讨价还价的余地随之加大。同样，供应者的销量占购买者的购买量的比例很大，将提高供应者的重要性以及它的讨价还价能力。

3）产品差异程度。对于标准化的产品，购买者会占据交易中的主动地位；对于差异性的产品，供应者就会在交易中占据主动。

4）转换供货单位的费用。转换供货单位的费用大，购货方讨价还价的余地自然就小。

5）信息的充分程度。企业对有关需求、价格等方面的信息掌握越充分，就越能使自己处于有利地位，拥有更大的讨价还价余地。

（二）竞争者分析

对行业竞争环境的分析表明，有效的营销战略和计划需要在制订之前对竞争者做充分的了解，竞争者的经历可以作为企业的前车之鉴，竞争者的现状可以作为企业市场定位的依据，竞争者的发展战略可以作为企业的参考。企业需要了解有关竞争者的五件事：谁是我们的竞争者？他们的战略是什么？他们的目标是什么？他们的优势与劣势是什么？他们的反应模式是什么？

1. 识别竞争者

一个企业的竞争范围是非常广泛的，识别竞争者不是一项简单的工作。如果一个企业只看到当前最接近的竞争者，而对潜在的竞争者没有给予足够的注意就会给自己的发展埋下隐患。经验表明，潜在竞争者常常会给企业带来更大的威胁。一个企业的竞争者可以分为以下四个层次：

1）品牌竞争者。指以相似的价格向相同的顾客提供类似产品及服务的企业。

2）行业竞争者。指制造同样或同类产品的企业。

3）形式竞争者。指以不同产品提供相同服务的企业。

4）通常竞争者。指以不同的产品争取同类消费者购买的企业。此种竞争又称为"预算竞争"。

2. 辨识竞争者的战略

企业必须具有辨别竞争对手战略及其战略变化的能力。在多数行业，竞争者可以分为实行不同战略的群体，每个群体由那些实行相同或相似战略的企业组成。

企业在辨别与它竞争的战略群体前，需要了解每个竞争者的信息，从多方面辨别，包括质量形象、纵向一体化、技术先进水平、地区范围、制造方法等。区分不同的战略群体，有助于企业识别竞争对手，采取恰当的进攻战略或有效地避开不利的冲突，以求稳中取胜。

3. 判定竞争者的目标

企业在辨别了主要竞争者及他们的战略后，紧接着要了解的问题是：每个竞争者在市场上追求的是什么？每个竞争者的行为推动力是什么？这对采取怎样的手段与对手开展竞争是至关重要的。

了解竞争者的目标组合及各部分目标的权重，我们便可了解竞争者对目前的财力状况的满意程度，以及它对各种类型的竞争性攻击会作出的反应。比如，一个追求低成本领先的企业，对于竞争者在制造过程中的技术突破所作出的反应，远比对同一位竞争者增加广告预算所作出的反应强烈。

4. 评估竞争者的优势与劣势

各种竞争者能否执行他们的战略并达到目标，取决于其自身拥有的资源和能力。企业需要进一步评估每个竞争者的优势与劣势。企业应收集每个竞争者业务上的重要数据，如销量、市场份额、投资回报率、现金流量、毛利润等。企业还可以进行顾客认识价值分析，即要求顾客按不同的属性及重要程度来评价本企业与竞争者提供的产品或服务的价值。从中也可看到竞争者的弱点，有利于企业在进攻竞争者时避实击虚。

5. 评估竞争者的反应模式

企业的经营者需要深入了解竞争者的心理状态，以求准确预见竞争者可能作出的反应。下面是竞争者的一些常见反应类型：

1）从容型。对某一特定竞争者的行动没有迅速反应或反应不强烈。
2）选择型。只对某些类型的攻击作出反应，而对其他类型的攻击无动于衷。
3）凶狠型。对向其所占领域发动的任何进攻都会作出迅速而强烈的反应。
4）随机型。不表露出固定的反应模式。

6. 选择竞争者

企业为了更好地获得竞争对手的信息，往往要设立专门的竞争信息系统来收集信息。在获得了充分的竞争信息之后，企业的经营人员就能够较为容易地制订竞争战略，并能更好地确定竞争对手。

1）强竞争者和弱竞争者。企业选择实力较弱的竞争者，能以较少的代价赢得一定的收益，但能力方面不会有很大提高。企业与强有力的竞争者进行竞争，将迫使自己赶超目前的技术水平，但只要策略选择得当，也能够取得成功。

2）近竞争者与远竞争者。近竞争者指与企业相似的竞争者，反之即远竞争者。多数企业会与近竞争者竞争。但企业不必试图"摧毁"与其最接近的竞争者，以免引来更难对付的竞争者，使原来的"胜利"变得毫无意义。

3）良性竞争者与恶性竞争者。每个行业都有良性与恶性竞争者。一个明智的企业应支持良性的竞争者，攻击恶性的竞争者，因为前者会使自己受益，而后者将给自己带来损失。

良性竞争者的存在会给企业带来一些战略益处，如增加总需求，可以为一些吸引力不大的细分市场提供服务，并分担市场与产品开发的成本。

二、汽车市场竞争地位

在对主要的竞争者进行了充分的分析之后，汽车企业必须着手设计克敌制胜的竞争战略，以运用自身的竞争优势赢得市场。实际上，没有哪一种战略会适合所有的汽车企业，不同的竞争优势会催生不同的竞争战略，这取决于汽车企业自身的具体情况。汽车企业必须认清自己在汽车行业的真实位置，并以此为基础，制订有效的竞争战略。

汽车企业作为市场活动的参与者，其实力和资源会有不同程度的差距。为便于分类分析，根据各个企业在市场上占据的不同竞争位置，可以将汽车企业概括地分为市场领导者、市场挑战者、市场追随者及市场补缺者四种类型。这四种类型竞争者的市场份额如图 10-4 所示。

市场领先者	市场挑战者	市场追随者	市场补缺者
40%	30%	20%	10%

图 10-4　四种类型竞争者的市场份额

（一）市场领导者战略

对于绝大多数行业来说，总有被公认为是市场领导者的企业。该企业在相关的产品市场中占有最大的市场份额。它通常在价格变动、新产品引入、分销覆盖及促销强度上，对本行业起着领导作用。领导者可能受本行业中其他企业的赞赏或尊重，也可能不会，但其他企业都承认它的统治地位。

处于统治地位的企业想要继续保持第一位的优势，应当采取强有力的行动。这可从三方面进行努力：其一，设法扩大总市场；其二，运用恰当的防御和进攻策略保持现有的市场份额；其三，努力扩大市场占有率。

1. 扩大总市场

市场领导企业占有巨大的市场份额，它通常在总市场扩大时获益最大。一般来说，领导企业可通过寻找产品的新顾客、新用途等来扩大总市场。

2. 保护市场份额

在努力扩张总市场规模的同时，领导企业还必须保持警惕，时刻注意保护自己现有业务不受侵犯。市场领导者处于显赫的位置，随时会有挑战者发起攻击。

市场领导者保护自身的利益，最有效的方法是不断创新，成为本行业新产品构思、顾客服务及成本降低等方面的先驱，从而不断增加竞争效益和提供给顾客的价值。在汽车行业中，各大公司都十分重视研究和开发，特别是处于领先地位的公司就更是不吝金玉。

3. 扩大市场份额

市场领导者也可以通过增加市场份额来进一步成长。根据美国战略规划研究所的 PIMS 研究报告，企业经营中利润与市场份额之间有重要的关系，许多企业希望通过扩大市场份额来促进利润的增长。

实践与研究表明，只有具备下面两个条件，高市场份额才会带来高利润：

1）单位成本随着市场份额的增加而减少。市场领导者由于规模经济，经验曲线下降较快，单位成本更具优势。为了使市场份额有力地增加，一个有效的营销战略是竭力追求行业中最低成本，并以较低的价格销售，把成本节约的好处转让给顾客。亨利·福特在20世纪20年代实行的就是这一战略。

2）公司提供优质产品，收取超出提供高质量所花费用的溢价。"质量运动"发起人克罗斯比在《质量是免费的》一书中说，提高产品质量并不增加公司太多的费用，公司可在较少的报废单、售后服务等上得到节约。同时，由于它的产品十分合乎消费者的需要，消费者愿意支付较高溢价，这就是能得到较高利润率的基础。美国国际商用机器公司、米其林公司等大型跨国企业都执行了这种有利可图的市场份额成长战略。

（二）市场挑战者战略

在行业中居第二或稍后位次的企业，可称为居次企业。这些企业在行业中的势力非常大，一般可采取两种战略：攻击市场领导者和其他竞争者，向它们提出挑战，以夺取更多的市场份额；参与竞争但不扰乱市场的竞争格局，做一个市场追随者。

下面的竞争性攻击战略适用于市场挑战者。

1. 确定战略目标和竞争对手

市场挑战者首先要明确战略目标，目标可能是增加市场份额，也可能是扩大自己的规模和势力，但关键是确定竞争者。

1）攻击市场领导者。这一战略具有高度风险，同时也有潜在的高回报。当市场领导者名不符实或存在明显的弱点和漏洞时，攻击它就会产生非常大的意义。日本汽车在欧美汽车市场上取胜就是最好的例证。

2）攻击与自己规模相当，但目前经营不善、财力拮据的企业。

3）攻击目前经营困难、资金不足的本地小企业。

2. 选择进攻战略

可供市场挑战者选择的进攻战略有以下五种：

1）正面进攻。集中精力直接攻击竞争对手，一般是针对对手的产品、广告、价格等方面发起攻击，这种较量只有在势力明显超过对手时才可能取胜。

2）侧翼进攻。如果挑战者自身资源较少，实力上不能压倒竞争对手，可以采取侧翼进攻的战略，避实就虚，集中优势兵力打击敌方弱点，这样往往会克敌制胜。

侧翼进攻可以从两个战略角度展开：一是地理角度，即进攻在全国乃至全世界竞争对手经营不善的领域；二是细分市场角度，即寻找竞争者的产品尚未覆盖的市场缺口，并迅速填补这个缺口，将其发展为强大的细分市场。

3）包围进攻。从几条战线上同时发起攻击，使竞争对手必须同时保卫自己的各个方向。挑战者需有比对手强的资源优势，并坚信包围能够完成及足够快地击垮对方的抵抗意志，这时包围战略才有意义。

4）迂回进攻。这是一种间接的进攻战略，它避开任何直接的竞争对手，向较容易进入的市场发动进攻，以扩大自己的资源基础。通常的方法有：①多样化经营无关联产品；②将现有产品打入新地区的市场来进行多样经营；③跳跃式地利用新技术生产新产品以取代现有产品，建立自己的占优领域。

5）游击式进攻。游击战常常是由较小的企业向较大的企业发起。该战略是进攻者在不同的领域向对手发动小的断断续续的攻击,目的是骚扰对方,使之疲于应付,士气衰落,并最终使自己在市场上站稳脚跟。

在实践中,挑战者必须把几个特定的战略组成一个总体战略。下面列举了几种特定的进攻战略:

① 价格折扣战略:用较低的价格,向购买者提供可与领导者的产品相较量的产品。

② 廉价品战略:用低得多的价格向市场提供一般质量或低质量产品。

③ 名牌商品战略:推出较高质量的产品和收取比领导者高的价格。

④ 产品扩散战略:推出大量的产品品种给购买者,以更多的选择来与领导者竞争。

⑤ 产品创新战略:推行产品创新的战略来攻击领导者的地位。

⑥ 改进服务战略:找到一些为顾客提供新的或更好服务的方法。

⑦ 分销创新战略:发现或发展一个新的分销渠道。

⑧ 制造成本降低战略:靠有效的材料采购、较低的人工成本和更现代化的生产设备,来求得较竞争对手更低的制造成本。

⑨ 密集广告促销:靠增加广告和促销费用向领导者发动进攻。

(三) 市场追随者战略

居于次位的企业紧紧追随市场领导者,有时会比向其发动挑战获得更多的收益。市场领导者一般要承担开发新产品、分销、向市场提供信息和引导市场等巨额开支。若居次企业紧紧跟上,模仿或改进市场领导者推出的新产品,由于不必承担任何创新费用,这个追随者可能会获得高额利润。相反,若居次企业向市场领导者发起进攻,市场领导者对其失去的市场份额决不会善罢甘休,势必很快找到对策来反击并瓦解这一攻击。由于市场领导者实力强大,在一场战役中可能有更强的持久力,恶战结果可能会两败俱伤。

市场追随者不能一味地追随而没有自己的战略,它必须清楚如何保持现有的顾客及如何赢得新增市场份额。追随者要努力在地点、服务及融资方面给它的目标市场带来有特色的优势,同时,应努力保持低制造成本和高产品质量及服务,以抵御挑战者的攻击。当新的市场被开发时,也应积极进入。总之,追随者需要确定一条不会引起竞争性报复又能获得可观利润的成本路线。可选择的战略角色有以下三类:

1) 紧跟者。模仿领导者的产品、分销和广告等,但品牌名称稍有区别,寄生于市场领导者的投资之下。

2) 模仿者。在某些事情上仿效领导者,但在广告、价格等方面又有所不同。领导者并不注意模仿者,同时模仿者也不进攻领导者。

3) 改变者。改变领导者的产品并经常加以改进。改变者可以选择将产品销售给其他市场,以避免与领导者的直接冲突。

(四) 市场补缺战略

市场补缺战略即小企业为避免与大企业竞争,把目标定在小市场或大企业不感兴趣的市场,借助专业化为这些市场提供有效的服务。

出色的市场补缺战略可以获得高额利润。要使市场补缺战略取得成功,还必须谨慎选择市场补缺点,寻找那些既安全又能获利的细小市场,一般说来,一个理想的补缺点具有的特征是:①足够的规模和购买力;②成长的潜力;③被大的竞争者所忽视;④专门化的技能和资源;⑤能够建立顾客信誉。

为了保卫自身的地位，一些大企业现在也开始采用市场补缺战略。市场补缺战略包含一个关键性的概念——专门化，即企业以专门的产品和方式服务于专门的顾客。

需要指出的是，补缺者必须认识到自己往往是弱小者，必须不断地创造补缺市场，扩展补缺市场。这样，当较多的补缺基点实力增强后，企业才能增加生存的机会和能力。

补缺战略对许多企业具有很大的吸引力。人们的研究也发现，众多的中型企业实际上都在补缺，并且补缺是其成功的重要因素。一些企业进入市场一开始并不是瞄准整个市场，而是瞄准补缺机会，选择补缺的可行战略。

三、汽车市场基本竞争战略

对任何一个汽车企业来说，面对竞争对手，都要有一个总的目标和竞争法宝，即汽车市场竞争战略，著名管理学家迈克尔·波特提出了三种基本竞争战略，成为众多汽车企业借鉴的理论。本节我们将围绕这三种基本竞争战略的优势、适用性以及风险进行讨论。

（一）基本竞争战略

对于汽车企业来说，竞争战略指汽车企业在竞争中的总目标和制胜策略。迈克尔·波特提出的三种为企业提供成功机会的战略是：①总成本领先战略（overall cost leadership）；②标歧立异战略（differentiation）；③目标集聚战略（focus）。

这三种战略具有内部一致性，企业可以选用一种，也可以结合使用，但因为有效地贯彻任何一种基本战略都需全力以赴，如果选择几个基本目标，力量容易分散。因此，通常企业应选取一个基本战略为主，其余两个可作参考或辅助。

1. 总成本领先战略

这种战略着眼于通过降低总成本，以取得更大的价格灵活性和利润空间。成本领先要求积极地建立起达到有效规模的生产设施，全力以赴降低成本，抓紧成本与管理费用的控制，最大限度地减小研发、服务、推销、广告等方面的成本费用。为了达到这些目标，企业有必要在管理方面对成本控制给予高度重视。

（1）成本领先是企业的保护伞。尽管可能存在着强大的竞争作用力，但是处于低成本地位的公司可以获得高于产业平均水平的收益，其成本优势可以使公司在与行业内竞争对手的争斗中获得保护。买方的调价压力对总成本领先的公司影响极小，因为买方的压力最多只能将价格压到效率居于其次的竞争对手的水平。低成本也构成对强大卖方威胁的防卫，因为低成本在对付卖方产品涨价中也有较高的灵活性。导致低成本的诸因素通常以规模经济或成本优势的形式建立起行业进入壁垒，抵制潜在进攻者和替代品的威胁。总之，总成本领先可以在五种竞争者作用力的威胁中为企业撑起坚实的保护伞。

（2）总成本领先的取得与保持。赢得总成本最低的地位通常要求企业具有较高的相对市场份额或其他优势，诸如良好的原材料供应等；要求产品的设计要便于制造生产，保持一个较宽的相关产品系列以分散成本。由此，实行低成本战略就可能要有很高的购买先进设备的前期投资，激进的定价和承受初始亏损的充分准备，以攫取市场份额。高市场份额可获得采购经济性而使成本进一步降低。企业一旦赢得了成本领先地位，其所获得的较高利润又可对新设备、现代化设施进行再投资以维护成本上的领先地位。这种再投资往往是保持低成本地位的先决条件。

总成本领先战略对于汽车行业中以生产经济型汽车为主的汽车生产商尤为有价值，因为对于经济型汽车的买主来说，汽车价格是其关注的重点。总成本领先的汽车生产商可以通过降低价格来提高性价比，争取更多顾客和更大的市场份额。

2. 标歧立异战略

即将公司提供的产品或服务标歧立异，形成一些在全行业范围中具有独特性的东西。实现标歧立异战略的着手点有许多，包括品牌形象、技术特点、外观特点、客户服务、经销网络等。最理想的状况是企业在多个方面都标歧立异。标歧立异战略并不意味着企业可以忽略成本，但此时成本不是公司的首要战略目标。

案例：可爱的甲壳虫

1934 年，德国政府委托著名的汽车设计师波尔舍生产大众买得起的国民车，1936 年他完成了设计，这款汽车外形小巧可爱，被很多守旧的德国人贬称为"甲壳虫"，说它是丑陋的怪物。然而，正是这"丑陋的甲壳虫"，以其滑稽的名称、可爱的外观设计，成为了战后一代德国青年的时尚宠儿，并在世界汽车业创造了奇迹。1946 年以后，甲壳虫的产量连年暴涨，1950 年年产量 10 万辆，1951 年就达到 15 万辆。当时，欧洲汽车业相当保守，缺乏外向竞争意识，甲壳虫是第一个例外，它把手伸向了北美大陆，但是被派出的第一个北美推广小组却无功而返，因为经销商们对这种又丑又小的玩意不感兴趣。但其总裁诺尔多夫不肯死心，决定在美国成立子公司，负责产品的销售和服务。随后 1000 多个统一使用德国大众蓝白标志的经销点遍布美国各地，广告攻势就像陡涨的潮水。结果短短几年间售出 100 多万辆，年销量超过美国汽车大王福特，美国人亲切地称它为 Beetle。20 世纪 80 年代，当德国本土最后一辆甲壳虫下线时，大众共生产了 2600 万辆甲壳虫，创单一车型产量的世界最高纪录，大众公司一跃成为德国第一大汽车公司，居世界第五位。

标歧立异战略利用了顾客对品牌的忠诚，使企业避开竞争，在产业中赢得超常收益，建立起了对付五种竞争者的防御体系。采取标歧立异战略赢得顾客忠诚的公司，在面对替代品威胁时，所处地位比其他竞争对手更为有利。

实现产品歧异有时会与争取更大的市场份额相矛盾。建立歧异会提高成本，产品的研发、设计，以及高质量的材料或周密的顾客服务等都以高成本为代价。此外，即使全行业范围的顾客都了解公司的独特优点，也并不意味着所有的顾客都愿意或有能力支付公司要求的较高价格，这时，企业就要权衡歧异带来的利润与市场份额之间孰轻孰重了。

3. 目标集聚战略

即主攻某个特定的顾客群，某产品系列的一个细分区段或某一个地区市场。2001 年，浙江一个名不见经传的公司——吉利，以每辆 3 万元的价格将自己的汽车推向市场。吉利的竞争战略十分明确，以低廉的价格，集中力量占领"平民市场"。集聚战略是围绕着很好地为某一特定目标服务这一中心建立的，它所制订的每一项职能性方针都要考虑这一目标。这一战略的前提是：公司能够以更高的效率、更好的效果为某一狭窄的战略对象服务，从而超过更广阔范围内的竞争对手。

公司通过较好满足特定对象的需要可能会实现标歧立异，或在为这一对象服务时实现低成本，也可能两者兼得。尽管在整个市场范围内，集聚战略不一定能取得低成本或歧异优势，但在特定市场上是容易获得优势的。三者关系如图 10-5 所示。

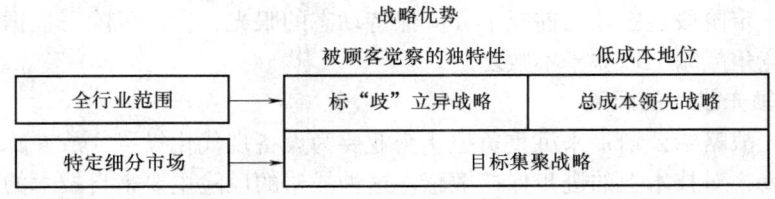

图 10-5 三种基本竞争战略的关系

采用目标集聚战略的公司也有赢得超过产业平均水平收益的潜力。正像表 10-1 所示，目标集中意味着公司对于其战略实施对象或处于低成本地位，或具有歧异优势，或两者兼得。它将具有我们前面所提到的两种战略的优点，保护公司不受各种竞争力量的威胁。

当然，目标集聚战略也常常意味着对获取市场份额的限制，因此企业必然要权衡利润率与销售量之间的代价关系，正如标歧立异战略、目标集聚战略可能会以丧失总成本优势为代价。

4. 三种基本竞争战略的适用对象

三种基本竞争战略各有千秋，企业在选用战略时，除了考虑其对企业的功用外，还应考虑自身的资源和技能，以及组织安排与相应战略的匹配情况（见表 10-1）。

表 10-1 三种基本竞争战略的适用条件

基 本 战 略	通常需要的基本技能和资源	基本组织要求
总成本领先战略	● 持续的资本投资和良好的融资能力 ● 工艺加工技能 ● 对工人严格监督 ● 所设计的产品易于制造 ● 低成本的分销系统	● 结构分明的组织和责任 ● 以满足严格的定量目标为基础的激励 ● 严格的成本控制 ● 经常、详细的控制报告
标歧立异战略	● 强大的生产营销能力 ● 产品加工能力 ● 对创造性的鉴别能力 ● 很强的基础研究能力 ● 在质量或技术上领先的公司 ● 在产业中有悠久的传统或具有从其他业务中得到的独特技能组合 ● 销售渠道的高度合作	● 研发和市场营销部门之间的密切协作 ● 重视主观评价和激励 ● 轻松愉快的气氛，以吸引高技能工人、科学家和创造性人才
目标集聚战略	● 针对具体战略目标，由上述各项组合构成	● 针对具体战略目标，由上述各项组合构成

（二）三种基本竞争战略的风险

三种基本竞争战略对汽车企业成功的贡献是不可替代的，但是，其前提是汽车企业能够根据自身特点正确地选择。同时即使是汽车企业在其发展的某一阶段选择了正确的竞争战略，但随着汽车企业的发展，汽车行业大环境的变化，在某一阶段适用并给汽车企业带来巨大成功的战略也可能不再适用，甚至会成为汽车企业发展的绊脚石。

从根本上看，采用基本竞争战略的风险有两种：其一，未能形成或未能保持这种战略；其二，既定战略带来的战略优势会随着产业演变而发生变化。因此，汽车企业在形成正确战略并保持其在一定阶段稳定性的前提下，应保持动态的眼光，发现风险，根据竞争环境的变化，及时调整竞争战略，以立于不败之地。

1. 总成本领先战略的风险

总成本领先战略给公司带来沉重负担。企业要为设备现代化投资，放弃陈旧的资产，避免产品系列扩展，对技术上的进步保持敏感。这种战略的风险主要来自技术的变化、竞争者的模仿或成本膨胀等。

2. 标歧立异战略的风险

标歧立异战略包含以下风险：

1）实行低成本的企业与实行标歧立异的企业之间的成本差距过大，以至于标歧立异不再能笼络顾客。在这种情况下，买方会舍弃由标歧立异的企业提供的某些特性或服务以节省开支。

2）买主需要的标歧立异程度下降。

3）竞争者模仿使企业已建立的差别缩小。

3. 目标集聚战略的风险

目标集聚战略包含以下风险：

1）大范围提供服务的企业与目标集聚企业间的成本差距变大，从而使针对一个狭窄目标市场的服务丧失成本优势或是目标集聚战略产生的歧异优势被抵消。

2）战略目标市场与整体市场之间对所期待的产品或服务的差距缩小。

3）竞争对手在战略目标市场中又找到细分市场，因而使目标集聚公司的原有战略不够集聚。

案例分析：宝马的定位从"舒适"转向"驾驶"

1974年，为了拓展美国市场，宝马汽车公司投下巨资，在美国建立自己的销售渠道，并同时开展大量的广告活动。埃米雷提—普利斯（Ammirati & Puris）广告公司参与了宝马汽车公司的广告招标，并获得了这份90万美元的合同。当时美国市场上，凯迪拉克牌（Cadillac）汽车的销售量为15万辆，林肯牌（LINCON）为9万辆，奔驰牌（Benz）为4万辆。宝马要在美国市场上获得成功，势必要从这些竞争对手手中夺取市场。为测试宝马汽车在消费者心目中的形象地位，埃—普广告公司在美国西部进行了一项调查活动。活动中，埃—普广告公司把一辆宝马汽车与凯迪拉克、林肯等品牌汽车停放在一起，试探人们的反应。调查结果表明，几乎所有的人对宝马汽车都没有好感。他们嘲笑宝马汽车的外形笨拙得像个铁盒，轮轴露在外面有损雅观。他们为自己的车有电动车窗、真皮座椅、镀铬车身而自豪，而宝马汽车在这些方面却一样没有提供。宝马汽车优异的驾驶性能和精心的内部设计却没有引起人们的注意。

面对这种情况，埃—普广告公司决定把目标市场定位于美国战后新一代人身上。这一代人出生于美国的生育高峰期，与习惯于坐凯迪拉克汽车的父辈相比，他们有自己独特的个性、追求和偏好，他们渴求有一种新的品牌来标志他们的价值观。宝马汽车优异的驾驶性能和精心的内部设计正好吻合这一代人的需求。因此，在这个新的市场上，宝马汽车要充分利用其优异的驾驶性能做文章，而不是简单地在电动车窗、皮革座椅、镀铬车身上和其他品牌竞争。埃—普广告公司如此描述这种新的定位：

"我们要力图改变人们以往的豪华轿车价值观念，今后，性能是否优异是豪华轿车的新标准。按照这个新的标准，现有的轿车没有一辆称得上真正的豪华轿车。由于过于追求舒适，现有的轿车几乎变成了起居室的等价物，使人们完全失去了驾车的感受。"

以"驾驶极品车（The Ultimate Driving Machine）"为主题的广告宣传及定位取得了巨大成功，因为它与其他强调"坐车享受"的豪华轿车完全区分开来，突出了宝马汽车的差异和优势，吸引了人数虽少但极具活力的新一代。

讨论题：

1. 根据案例，分析当时宝马汽车在美国的豪华轿车市场中的竞争环境和竞争地位。

2. 从汽车市场基本竞争战略角度，分析当时宝马汽车采用的标新定位的优势、适用性以及风险。

本 章 小 结

本章从引入汽车市场营销战略的概念入手，分别介绍了汽车服务战略、顾客满意战略和市场竞争战略等三种不同类型的汽车市场营销战略；介绍了通过服务质量管理来增强汽车企业的核心竞争能力，通过顾客关系管理来实现顾客满意，通过竞争环境和竞争对手分析来确立市场竞争地位和基本竞争战略的方法；最后，着重介绍了三种基本竞争战略，并详细讨论了它们的优势、适用性以及风险。

思 考 题

1. 请简述汽车市场营销战略的特征和主要内容？
2. 如何通过提高服务质量来增强汽车企业的核心竞争能力？
3. 提高顾客满意已成为企业进行竞争的有效战略，为什么现在比较公司是否成功的主要指标还是市场份额？
4. 满意的老顾客，就是忠诚的顾客吗？
5. 如何理解顾客让渡价值？举例说明提高顾客让渡价值的途径。
6. 一个企业应该怎样识别自己的竞争对手？
7. 试举例说明汽车市场中企业的基本竞争战略。

下篇

汽车营销应用

第十一章　汽车企业战略规划的制订和营销管理

学习目标

了解汽车企业战略规划的制定过程、考虑因素及基本原则;理解营销管理所包括的分析市场机会、选择目标市场、设计营销战略和管理营销活动等四个基本阶段的主要任务,理解汽车管理营销活动应具有连续性、整体性和程序性等特点;掌握汽车市场营销计划的制订、实施和控制过程;理解汽车企业必须建立合理的汽车营销系统及组织形式。

汽车企业要想取得持久发展,必须要正确地预测汽车市场中长期的发展变化,并制订与汽车市场走势和汽车企业能力相适应的战略规划,在营销活动中坚定不移地将战略规划有条不紊地付诸实施,管理好营销活动。这是汽车企业获得长远发展的根本,也是汽车企业经营管理的大计。

第一节　汽车企业战略规划的制订

汽车企业的战略规划是汽车企业为了使自己的资源和能力与汽车市场营销环境相适应,加强自身的应变能力和竞争能力而制订的长期性、全面性、方向性的规划。它指明了汽车企业在一个较长时期内的发展方向,对汽车企业的生存和发展具有决定性意义。为此,汽车企业必须在充分分析企业发展机会和企业能力的基础上,依据科学原则,制订出汽车企业的发展目标、战略计划、可行措施和实施步骤。

一、制订战略规划的过程

(一) 明确企业使命

明确使命是企业制订战略规划的第一步,它是确定经营重点和分配工作的基础,是设计管理工作岗位及管理组织结构的起点。一个完善的企业使命应阐明企业的经营目的、用户、产品或服务、市场、宗旨及采用的基本技术。企业使命应当具备以下特征:①对企业进行定义并表明企业的追求;②企业使命内容要窄到足以排除某些风险,宽到足以使企业有创造性的增长;③将本企业与其他企业相区别;④可作为评价现时及将来活动的基准体系;⑤叙述足够清楚,以便在组织内部被广泛理解。

(二) 建立战略业务单位

大多数汽车企业通常管理着几项不同的业务,而每项业务都有自己的战略,这些业务称为"战略业务单位",它一般有3个特征:

① 它是一项独立业务或相关业务的集合体,在计划工作中能与企业其他业务分开而独立运行。

② 它有自己的竞争者。

③ 它有一位专职人员负责战略计划和利润业绩的管理,并且该专职人员要有能力控制

影响利润的大多数因素。

很多汽车企业将战略业务单位限定在某项产品的范围内。实际上,汽车企业的经营必须被看成是一个顾客满足过程,而不是一个汽车产品生产过程。汽车产品是短暂的,而用户和需求则是永恒的。因此,汽车企业在建立战略业务单位时要避免两种倾向,即过于狭隘,或过于泛泛。过于狭隘会导致汽车企业丧失经营发展机会,不能充分发挥企业的潜能。例如在20世纪80年代前期,国内大型汽车企业在诸多因素的影响下,没有及时发展国内市场需求量很大的轻型汽车项目,造成国内轻型汽车厂家严重分散、重复,形不成规模经济,"散、乱"的局面长期困扰着我国的汽车工业。过于泛泛会造成汽车企业的基建战线过长,资金过于分散,财务负担加重,管理失控等问题。

(三) 分配资源,进行业务组合

在确定战略业务单位后,还必须对这些业务进行分析和安排,合理分配汽车企业的资源,优化业务组合,以充分发挥汽车企业的优势。下文将对波士顿咨询公司和通用电气公司创立的两种评估方法进行介绍。

1. 波士顿咨询公司 (BCG) 模式

该种方法是波士顿咨询集团创立的,它选择市场增长率 η 和相对市场占有率 η'' 两个指标。根据各产品品种的这两个指标值的排列组合情况,可将汽车企业现有汽车产品划分为以下四种类型(见图11-1),汽车企业对处于不同类别的汽车产品应采用不同的投资战略:

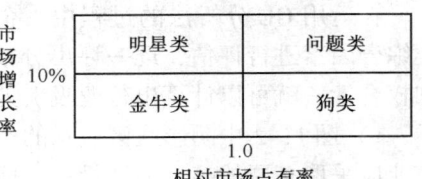

图 11-1 BCG 分析图

① 明星类产品 ($\eta > 10\%$,$\eta'' > 1.0$)。此类产品最具前景,一般是处于迅速成长期的产品,汽车企业应大力投入资金,支持其快速发展。

② 金牛类产品 ($\eta < 10\%$,$\eta'' > 1.0$)。此类产品一般是汽车企业的成熟产品,是汽车企业利润的主要来源,宜采用维持政策,以使其向汽车企业提供利润。

③ 问题类产品 ($\eta > 10\%$,$\eta'' < 1.0$)。此类产品一般是处于导入期的产品,市场风险较大,汽车企业应力求将此类产品转化成明星类产品。如果这种可能性不大,应考虑降为狗类产品,并将其淘汰,对此类产品应进行慎重分析。

④ 狗类产品 ($\eta < 10\%$,$\eta'' < 1.0$)。此类产品一般是处于衰退期或开发失败的产品,它不会成为汽车企业的大量利润源泉,不宜过多地追加投入,宜采用放弃战略。

把业务在BCG分析图上定位后,汽车企业可确定它的业务组合是否健康。一个失衡的业务组合就是有太多的狗类或问题类产品,或缺乏明星类和金牛类产品。

随着时间的推移,战略业务单位在BCG分析图中的位置也会发生变化。成功的战略业务单位有一个生命周期,它们从问题类开始,转向明星类,然后成为金牛类,最终成为狗类,并走向其生命周期的终点。因此,企业不能仅仅关注业务在BCG分析图上现有的位置,还要注意它的变化趋势。以南京依维柯公司为例,20世纪90年代初期,当高速公路成为人们出行的重要路径后,依维柯柴油车以速度快、油耗低的优势成为高速公路客运车辆的首选,其在客运市场的占有率曾高达40%~50%,柴油客车在当时依维柯的各项战略业务单位中属于典型的明星产品,在经历了快速发展后,转化为给企业带来大量利润的金牛产品。近几年,在高速公路上运行的豪华大型车逐年增加,逐渐挤占中小型客车的市场,因此在货车底盘上改装出来的依维柯客车因座位少等原因市场占有率下降到20%~30%，给企业创造的效益也迅速下降，此时的依维柯客车变成了狗类产品。城市环境建设和高速公路的发展推动了专用车市场和特种车市场的迅速扩大，它们被广泛应用于医疗、邮政、化工、金融、工程抢险、救灾、公安、国防等部门。在充分分析市场形势和对自身发展重新定位后，南京依维柯放弃了曾经包揽一半的客车市场，把目标市场定位在批量小、品种繁多的专用车、特种车市场以及150公里以下的短途客运市场。专用车和特种车成为南京依维柯公司当前大力发展的明星产品。

2. 通用电气公司（GE）模式

该方法是通用电气公司创立的，它认为分析产品组合应选用更为全面的指标。该方法选用了两类指标：一是行业吸引力，包括市场容量、销售增长率、利润率、竞争者实力、商业周期性、规模经济等因素；二是竞争能力，包括市场占有率、价格竞争力、产品质量、用户熟悉程度、推销效率和市场地理位置等因素。上述两类指标各分三级，排列组合后共九个方面，如图11-2所示。

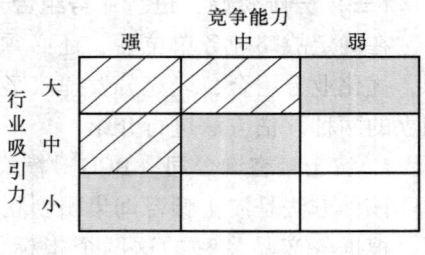

图11-2　GE分析法

在运用GE分析法的过程中，企业只要对上述两类综合因素进行评估，逐一评出分数，再按其重要性加权合计，就可以计算出行业吸引力和产品竞争力的数据，进而将现有产品分为以下三类：

1）图11-2中阴影线区表示的产品。这类产品具有很强的行业吸引力和竞争能力，汽车企业应采取拓展战略，追加投资，促其发展。

2）图11-2中灰色方格所代表的产品。这类产品不能同时具备较强的行业吸引力和竞争力，是存在缺陷的产品。汽车企业应采取维持战略。

3）图11-2中白色方格所代表的产品。这类产品的行业吸引力和竞争力都较弱，是没有前途的产品。汽车企业应不再追加投资或采取放弃战略。

（四）确定企业战略成长模式

汽车企业现有各战略业务与其期望目标通常有一定的差距，汽车企业首先必须制订一个获得新增业务的计划来消除这一差距，一般有三种途径：第一，在汽车企业现有的业务领域里寻找发展机会（密集型成长机会）；第二，建立或收买与目前业务有关的业务（一体化成长机会）；第三，增加与汽车企业目前业务无关的富有吸引力的业务（多样化成长机会）。

1. 密集型成长

密集型成长企业要审视一下是否存在改进其现有业务成效的机会。在选择市场战略时，汽车企业首先应考虑市场渗透战略，即通过更大的市场营销努力，在现有市场上，争取以现有产品取得更多的市场份额；其次应考虑市场开发战略，即为现有产品开发一些新市场；再次应考虑产品开发战略，即为现有的市场发展若干有潜在利益的新产品；最后还应考虑多样化战略，即为新市场开发新产品的种种机会，如图11-3所示。

2. 一体化成长

企业要增加某项业务的销量和利润，常常可以通过后向一体化、前向一体化或者本行业水平一体化这三种策略。

1）前向一体化战略：获得分销商、零售商的所有权或加强对它们的控制。汽车企业自

	现有产品	新产品
现有市场	1.市场渗透战略	3.产品开发战略
新市场	2.市场开发战略	4.多样化战略

图 11-3　四种密集型成长战略的产品/市场扩展方格图

设一套分销体系，或通过合资、参股等形式对非自销渠道加强控制，即是前向一体化。这是我国汽车企业，尤其是大型汽车企业目前的发展方向之一。

2）后向一体化战略：获得供货方公司的所有权或加强对它的控制。当汽车企业目前的供货方不可靠，供货成本太高或不能满足其需要时，尤其适合采取后向一体化战略。

3）本行业水平一体化（横向一体化）战略：获得竞争公司所有权或加强对它的控制。例如，在汽车工业产业政策的引导下，上汽集团与一汽集团合资建设了轿车新型发动机项目，同时，与江铃汽车集团达成协议，在产品生产与开发方面展开合作，实行相互持股的资产联合经营模式，这揭开了我国汽车工业史上"强强"和"强弱"联合的新篇章。

3. 多样化成长

如果汽车企业在目前业务范围以外的领域发现了好机会，就可以采用多样化成长战略。多样化成长有三种类型，包括：同心多样化战略，即企业开发与现有产品线的技术和营销有协同关系的新产品，以吸引新顾客；水平多样化战略，即企业研究某种能满足现有顾客需要的新产品，且这种产品与企业现有产品在技术上关系不大；跨行业多样化战略，即企业开发某种与现有技术、产品或市场毫无关联的新业务。

目前，大型国际汽车公司几乎都是多样化经营，如菲亚特集团就经营汽车、钢铁、房地产、金融等，涉及第二、三产业的很多行业，占了意大利工业生产份额的一半以上。

随着我国汽车市场趋向成熟，以及行业竞争的加剧，汽车企业将会越来越重视采用多样化增长战略，以谋求更大发展。

（五）制订业务战略计划

1. SWOT 分析

SWOT 分析指对企业外部环境的机会和威胁以及内部环境的优势和劣势进行全面评估的方法。

（1）外部环境分析（机会与威胁分析）　为达到经营目标，业务单位应监测影响其业务的主要环境因素，包括经济、技术、政治、法律、社会文化等，还必须监测重要的微观参与者，包括顾客、竞争者、分销渠道、供应商等，因为它们会影响企业在这些市场上的盈利能力。

① 机会分析。环境扫描的一个主要目标就是辨别新机会，这些机会可以按吸引力或成功的概率来分类。企业在每一个特定机会中的成功概率不仅取决于它的业务实力与该行业成功所需条件的符合程度，还取决于其业务力量与竞争对手的对比情况。图 11-4a 为机会矩阵，企业应当关注左上角的机会，而右下角的机会可以不必考虑。

② 威胁分析。外部环境的某些变化预示着威胁。环境威胁指不利发展趋势所形成的挑战，如果缺乏果断的营销行动，这种不利趋势就会侵蚀企业的销量或利润。图 11-4b 为威胁矩阵，左上角的威胁是关键性的，因为它们会严重地危害企业利益，并且出现的可能性也最

大，企业需要为这样的威胁准备应变计划，右下角的威胁较弱，可以不加理会。

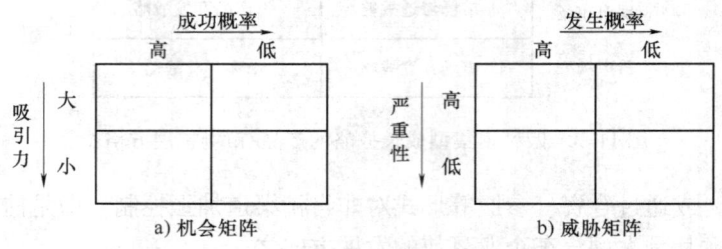

图 11-4　机会矩阵和威胁矩阵

综上所述，将企业某项业务面临的机会和威胁结合起来，有四种可能结果：
- 理想的业务是机会多、严重威胁少的业务
- 风险的业务是机会与威胁都多的业务
- 成熟的业务是机会与威胁都少的业务
- 麻烦的业务是机会少、威胁多的业务

（2）内部环境分析（优势与劣势分析）

识别环境中有吸引力的机会是一回事，拥有在机会中成功所必需的竞争能力是另一回事。每个企业都要定期分析自身内部环境，检查自己的优势与劣势，包括企业的营销、财务、制造和组织能力。

以日本的汽车企业为例，日本的汽车企业在技术上是一流的。它们在混合动力汽车的研制、汽车发动机的研究和改进等方面都是领先的，尤其是丰田、本田在燃料电池汽车的开发方面具有很强的力量，取得了很大发展。另外，日本汽车企业在生产制造方面具有竞争力，例如在运用"精益生产方式"进行全面质量管理等。与此相反，日本汽车企业在经营管理等方面与欧美企业相比处于劣势，企业在经营的灵活性和创新性方面活力不够，企业文化和内部机制也对提供效率和创新有消极影响。

国内汽车企业虽然经过二十年的发展，但与跨国企业相比，劣势是明显的，主要体现在：

① 缺乏长远的企业市场战略和品牌，不具备全球化的经营理念。
② 缺乏市场快速反应能力，不能满足多元化市场需求。
③ 缺乏技术开发创新机制，产品全系列化程度低。
④ 日益降低的产品价格与企业高经营成本产生经营冲突。
⑤ 不具备完整的产业链，缺乏金融领域管理经验，营销网络协同能力差。
⑥ 缺乏高效的管理水平和高品质的人力资源。

因此，国内汽车企业在制订战略时，一定要清楚地认识到自身的不足，跨国汽车制造商采取的是全球化战略。中国汽车企业目前不具备实施全球化战略的条件，因此，汽车企业战略应分两步走：一是立足于本国资源，实施区域发展战略；二是过渡到全球化战略，融入世界汽车产业分工体系。只有扬长避短，中国汽车企业才有可能取得成功。

2. 目标制订

企业在完成了 SWOT 分析后，就可以为该计划制订在一段时间内特定的目标，目标应可以衡量并能转化为具体的计划管理、执行和控制。大多数业务单位都是几个目标的组合，

包括：利润率、销售增长率、市场份额、风险分散、创新和声誉等。业务单位建立这些目标，然后进行目标管理。为了使目标管理正常进行，业务单位的目标必须满足四个条件：

1）目标必须按轻重缓急有层次地安排；
2）目标应尽可能量化表示；
3）目标水平应该切实可行；
4）各项目标之间应该协调一致。

另外一些需要权衡的关系有：短期利润与长期成长，现有市场渗透与新市场开发，利润目标与非利润目标，高增长与低风险。对各组目标的不同选择将会生成不同的营销战略。

3. 战略制订

目标说明企业的发展方向，战略则说明达到目标的方法。企业必须制订为达到目标而策划的战略态势和相应的资源配置总体布局。企业可以根据自身的实际情况选择恰当的战略方案，包括稳定发展战略、快速发展战略、兼并与合资发展战略和收缩战略等。

（1）稳定发展战略　顾名思义，稳定发展战略就是在稳定过去经营格局的基础上求发展的战略。采用这种战略的企业一般有以下一些考虑：①对于过去取得的成绩比较满意，决定继续追求与过去相同或相似的战略目标；②所期望的今后每年取得的成就，按大体相近的比率增长；③企业继续用与过去基本相同的产品或劳务为它的顾客服务。

采用稳定发展战略的最大好处是风险相对较小。对于那些处于上升期的产业和在稳定环境中取得成功的企业来说是极为有效的。像上海大众等处于国内领导地位的汽车厂商，面对国内外其他竞争对手凌厉的价格攻势时，按照既定的策略开展营销活动，在保持市场领先的同时获取了丰厚的利润。

（2）快速发展战略　快速发展战略指以超越常规的发展速度成长的战略，追求的是较快地取得显著成果，较快地壮大实力，而不受原来的经营领域和经营方式限制。奉行快速发展战略的企业往往基于以下的战略思考：①应该以比别的企业以及整个市场更快的速度成长；②应该取得高于社会平均值的利润率；③不能受传统的经营领域束缚，以致陷入无休止的同类企业及同类产品之间的降价竞争；④应该通过更新老产品，开发新市场，掌握高新技术求得快速发展；⑤不能仅限于消极地适应外部环境的变化，而应该通过创新来诱导外部环境的变化。吉利汽车之所以能在竞争激烈的市场中异军突起，就在于它没有采取一般汽车企业的发展思路，而是走超常规、快速发展的道路，同时辅之以超低的市场价格，吸引了消费者的注意，其市场份额也随之迅速上升，在中国的轿车市场占据了一席之地。

（3）兼并与合资发展战略　兼并与合资发展战略是从企业的财产组织形式变化的角度出发，通过改变财产组织形式，谋求企业的发展。

兼并指一家企业通过对另一家企业进行资本注入，改变其产权结构并取得所有权和经营权的支配地位，从而谋求企业更大发展的战略。兼并有如下几种不同的方式：

① 合并。指 A 公司购买 B 公司的所有股票，结果是 A 公司继续经营，接受 B 公司的全部资产和负债，B 公司则不再存在。

② 收购。指 A 公司购买 B 公司的资产和负债，B 公司不再存在。这种方式适用于对非上市公司的兼并。

③ 控股。指 A 公司通过购买 B 公司相当大部分的股票（不是全部），成为所有 B 公司的股东当中比重最大的一个。结果是 A 公司与 B 公司都继续存在，继续经营。但是，A 公

司实现了对 B 公司的产权控制，从而控制了 B 公司的经营大权。这时，A 公司被称为母公司，B 公司被称为子公司。

④ 联合。指 A 公司与 B 公司联合组成 C 公司，A 公司与 B 公司不再存在，但在 C 公司内部，原来 A 公司的股东取得了支配地位。

1995 年，一汽集团采用控股的方式，兼并沈阳金杯汽车股份有限公司，既是一种鲸鱼吃大鱼的兼并现象，又是双方优势互补，"金杯"补了"一汽"在面包车产品线上的巨大缺口，"一汽"弥补了"金杯"急需的巨额投资。

合资，也称合资经营，指两个以上的母公司，共同出资创建一个新公司，以利于出资母公司各自发展需要的战略方案。合资经营实际上是把合伙企业的特点与公司的特点融为一体。因此，合资经营这种组织形式可以达到一个企业独立经营难以达到的发展目标。

利用合资经营方式谋求发展，可能有以下几种原因：①许多国家对在其国内做生意的外商有正式和非正式的限制，为了避开这些限制，有些企业就与该国的企业合资经营。②有许多产业中存在着与经营规模有关的优势，如制造业、零售业、研发与开发事业等，若达不到一定的经营规模，则无竞争优势可言。几方共同出资组建合资企业，从而实现从规模经营中获利的目标。③因为某些工程项目风险太大，合资经营能起到分散风险的作用，对合资各方均有益处。④某些企业可能得不到某些经营资源（如资本、技术、管理等），而另一些企业缺乏另一些经营资源（如廉价劳动力、土地使用权、市场份额等），这两种企业通过合资经营能够产生互补效应，合资各方各有所得。

（4）收缩战略

收缩战略是一种缺乏吸引力的战略，因为人们通常认为收缩意味着不发展，甚至是企业战略上的失败。实际上企业自身也不愿采用这种战略，除非其外部遭受了难以承受的压力或自身出现了重大失误。收缩战略有以下四种方式：

① 转向或重组战略。转向指改变原来的经营方向，重组指重新组织经营结构。这不仅意味着企业原有的产品和市场要作重大调整，同时也意味着企业内部的管理体制、机构、人员和资源配置也要相应作重大调整，目的是给企业重新定向，助其渡过难关，为今后再度发展做好准备。

② 部分放弃的战略。当企业的局部问题导致全局被动，或者放弃局部并回收投资能切实帮助企业扭转被动局面时，就可以考虑采用部分放弃的战略。

③ 纳入优势企业的战略。这种战略指把本企业的发展纳入与本企业经营业务相关的优势企业的经营范围，成为优势企业纵向一体化或横向多元化的一个部分，从而使本企业的经营得到优势企业的保护。

④ 清偿战略。清偿战略是将整个企业卖掉，从而结束企业的生命。虽然清偿是企业最不愿意采取的战略，但较之破产，清偿能及时止损，避免更大的损失。

4. 计划制订

业务单位一旦形成主要战略思想，就必须制订执行这些战略的支持计划。因此，如果企业期望取得技术优势，它就应该通过相应的计划来支持其研发部门，以收集可能影响本企业的有关最新技术的信息，开发先进的尖端产品，训练销售人员，制订广告计划，宣传本企业的先进技术地位等。值得注意的是，在计划的形成阶段，营销人员必须估算计划成本，以判断成本与产生的效果是否匹配。

案例1：大众汽车集团的投资计划

大众汽车集团计划在5年内投资25亿欧元，以加强其在亚太地区的品牌建设，并进一步扩大经销网络，引进现代化的产品，以满足该地区消费者日益增长的需求，最终提高其在该地区的市场份额。为了保持在中国市场的领先地位，大众汽车集团在中国市场的策略是：

1) 与集团的全球产品战略相呼应，不断引进并推出新的现代化产品；
2) 扩大并建立现代化的市场营销网络；
3) 加强大众汽车在中国的品牌建设。

具体到市场营销策略方面，包括：

1) 进一步扩大销售和经销网络，即在该地区保有550家4S店。
2) 对经销商实施新的标准和要求，包括人员管理、设施、培训和业务等方面的资格认证，以改进市场和营销工作。
3) 实施全球统一的企业标识设计，以提高消费者对其品牌的认知度。

案例2：一汽集团的战略规划

1994年初，一汽集团在认真分析了我国汽车工业新时期的宏观环境和自身条件后，确定了其未来10～15年的发展战略，制订了实施战略规划的阶段步骤和主要措施。具体内容如下：

战略目标：到2005年或稍长一点的时间内，将一汽集团建成初步具有国际竞争力的汽车工业集团。届时，集团的汽车生产能力将达到100～110万辆，中型汽车、轻型汽车、轿车将构成1:1.6:4的产品格局，主导产品达到六大系列35个车型；产量在国内汽车市场的占有率达到25%；产品和生产技术水平基本达到90年代国际先进水平，在某些产品方面达到当时国际先进水平并稳步进入国际市场，届时这些产品的出口将占一汽集团汽车年销售总额的3%；初步形成能面向国际、国内两个市场的产品自主开发能力和一定的国际市场营销能力。为此，一汽集团为其各车型确立的发展方针是：中型车控制总量，调整结构，加速发动机柴油化、驾驶室平头化的发展进程，载质量适当向上发展，并提高产品技术水平，形成能参与国际竞争的主导产品；轻型车进一步拓宽产品系列，增加品种，并大幅度提高产量，达到规模经济；轿车在已有的高级、中高级和普及型产品系列基础上，自行研制经济型家用轿车，并尽快形成各类轿车的合理生产规模。

一汽集团在制订上述战略规划时，对企业外部经营环境的分析是，从1994年起至20世纪初，我国汽车工业将面临发展的历史性机遇与挑战。首先，中国经济在党的十四大后步入了持续、健康发展的新阶段，经济高速发展的现实和历史趋势预示了我国汽车市场的广阔前景。而我国汽车工业的现状与国民经济发展的要求相比，差距还很大。从这一点出发，高速发展的国民经济也给一汽集团带来了千载难逢的发展机遇；其次，社会主义市场经济建设又为汽车工业创造了新的竞争环境。市场经济制度的确立，有利于汽车企业得到一个公平竞争的环境，增强企业活力，同时，中国经济即将参与国际经济大循环，这也要求我国汽车企业必须尽快缩小与国际先进企业在实力上的差距,要迅速形成国际竞争力;再次,汽车工业在国民经济中支柱地位的确立及其产业政策的实施将为汽车工业加速健康发展创造条件,铺平道路;最后,在国内汽车市场竞争出现多极化格局和竞争日趋激烈的条件下,国内各主要汽车公司和集团为了赢得未来竞争和发展的主动,都在纷纷调整经营战略与目标。总之,外部环境的变化要求一汽集团必须适时地制订出自己的发展战略。

一汽集团制订上述战略规划所依据的内部条件包括:①一汽集团经过多年的建设与发展,基本上形成了集团化和集约化的企业组织体系,企业经营管理水平在国内工业企业中相对较为先进;②在汽车行业中,一汽集团具有相对雄厚的技术实力和较为丰富的多种车型的开发经验;③一汽集团的经济实力正在增强,且声誉在国内享有较高地位;④一汽集团形成了较为完备的销售和售后服务网络体系,基本能满足产品覆盖全国的需要;⑤一汽集团在国内率先形成了重型、中型、轻型和轿车等系列产品的生产基地,集团汽车产品车型的覆盖面宽,产品品种较为齐全,且中型车已经形成规模经济,其他车型也正在形成规模经济,集团内的汽车生产布局也大体上适应集团大发展的要求。

为实现上述战略目标,一汽集团制订的实施步骤包括:第一阶段,到"八五"期末,六吨平头柴油汽车形成批量生产能力,轻型车产量达年产 6 万辆能力,建成年产 3 万辆奥迪中高级轿车的先导工程,初步建成年产 15 万辆普及型轿车的生产基地;第二阶段,到"九五"期末,轻型车形成年产 15 万~20 万辆的生产能力,建成轿车零部件出口基地及经济型家用轿车基地,家用轿车生产能力大体达到 15 万辆的规模;第三阶段,到"十五"期末,在消化吸收中级轿车引进技术的基础上,自主开发出具有一定技术水平的各类轿车,初步形成轿车产品的自主开发能力,并扩大普及型和家用轿车的生产规模。

为保证规划如期实现,一汽集团制订的主要措施包括:①加大科技投入,形成独立的产品开发和科研能力,自行研制"大、中、小"红旗轿车;②进一步调整产品结构,加大轿车在总量中的比重,形成以轿车为主,中型、轻型、轿车全面发展的新格局;③建立各种车型生产基地,形成大连、延边、无锡的客车基地,长春、吉林、哈尔滨的轻型车基地,长春、凌源的中型车基地,一汽本部的轿车基地。开辟烟台、威海的经济型家用轿车基地,西北地区中型车基地,成都、芜湖的轻型车基地,广东轿车装配基地和广西特种车基地;④有重点地建成一批高水平的零部件总成基地;⑤广开渠道,筹措资金,创造条件,推进股份制改造进程,建立现代企业制度。

总之,企业战略规划的制订,应做到目标明确、切合实际,实施步骤与措施应具体、可行。同时,在实施过程中应加强控制和管理。

二、制订战略规划的考虑因素与基本原则

企业制订战略规划内容的关键在于遵循科学原则,并充分考虑各种因素的影响。汽车企业在制订战略规划时,首先必须考虑以下因素的影响:

(1) 企业能力　现代市场营销理论根据各企业在市场竞争中所处地位的不同,将同一行业的企业分为四种类型:

① 主导企业,指在市场上具有最高市场占有率的企业,在行业中处于主导地位。它在价格变动、新产品开发、分销渠道和促销力量等方面处于行业主宰地位。它是市场竞争的导

向者，也是其他企业挑战、效仿或回避的对象。如日本汽车市场的丰田公司，美国汽车市场上的通用和福特公司。

② 挑战企业，指市场竞争地位仅次于主导企业，并能够经常向主导企业或其他竞争者发起挑战的企业。如日产汽车公司在日本汽车市场上就属于挑战型企业。

③ 仿制企业，指市场竞争地位处于挑战企业之后，一般不向其他企业发起挑战的企业。他们主要是跟随在主导企业之后，模仿主导企业，并从事与之类似产品的生产与服务。

④ 特色企业，指竞争实力不强的中小企业或新企业，他们一般不与骨干企业竞争，而依靠精心服务于某一细分市场，并通过专业化经营来占领有利的市场位置。我国许多客车、专用车和特种汽车制造厂都属于这类企业。

应当说明的是，上述企业的地位是在市场竞争中形成的，但又不是固定不变的。就我国的整车企业而言，除了那些明显从事仿制他人产品（不同于假冒）和从事改装汽车生产的企业外，其他企业的类型往往不易辨别。例如我国汽车市场的主导企业，可以说有多家企业，也可以说一家也没有。

企业在制订自己的战略规划时应量力而行，脱离了现实基础的战略规划只能是"空中楼阁"。总之，企业类型及自身条件是制订战略规划的重要依据，不同类型的企业，战略规划的目标也应是不同的。

(2) 汽车工业产业政策　我国汽车工业在《汽车工业产业政策》的引导与扶植下得到了巨大发展，发展模式不同于以往。只有符合这个政策的战略规划才能得到较好的贯彻实施；否则，得不到产业政策支持的战略规划，在实践上是行不通的。

(3) 企业的发展机会　在立足自身条件和符合产业政策的基础上，企业还必须充分捕捉发展机会，提出的战略目标必须要富有挑战性。否则，战略目标过于保守，将丧失争取更大发展的机遇。

(4) 约束条件　企业的发展程度以及战略规划的实现，将受到各种约束条件的限制。除企业实力外，还受到多种因素制约。充分认识到限制本企业的因素，分清哪些因素是可以通过努力改变的，哪些是暂时难以改变的，是战略规划做到科学化的重要前提。就我国汽车企业而言，现阶段和未来阶段都将不同程度地存在着资金不足和人才缺乏的问题。对此，企业在制订战略规划前必须要有充分的思想准备。

科学的战略规划有赖于企业对各种因素的充分认识，不同的企业要考虑的因素也有差异。在制订战略规划时，应始终把握好以下各项基本原则：

1) 坚持企业能力与战略目标，有利条件与不利因素相统一的原则。企业在制订战略规划时，要充分利用有利因素和最大限度地限制不利因素，这样才能有效地找到企业能力与战略目标的最佳结合点。

2) 坚持一次规划、分步实施、突出重点的原则。为此，企业要处理好眼前与长远、改革与发展、已有基础与新事业拓展等关系，围绕总体战略目标，突出重点，分阶段付诸实施。

3) 坚持走专业化、社会化、高起点的道路，兼顾市场容量与经济规模相统一，培植产品开发能力和增强发展后劲等原则。在新形势下，任何企业在制订战略规划和实际工作中，都应遵循汽车工业发展的客观规律。

4) 坚持适时修订、补充和完善的原则。战略规划不是一经确定就固定不变的，它是随企业内部和外部环境的变化而不断修正的一种管理过程。企业家和管理者应经常根据外部条件和企业对比力量的变化来审查战略规划,并审时度势地做出战略调整,从而保证企业得到最大限度的发展。

第二节　汽车营销管理过程

市场营销管理是通过系统性的营销策略及方法去开发和创造价值,并将其传递给用户的过程。一般说来,营销程序包括四个基本阶段:①分析营销机会;②研究和选择目标市场;③设计营销战略;④管理营销活动。营销管理活动具有连续性、整体性和程序性,良好的营销管理活动必须有一个回馈检视程序,对每一步骤都需要进行评估,以保证前后一致。

一、分析营销机会

分析市场机会的前提是明确企业的任务,包括行业范围、产品适用范围、能力范围、市场细分范围、垂直范围和地理方位。市场机会分析主要包括外部环境分析和内部环境分析。

外部分析通常称为"4C"分析,即:消费者（Consumers）分析,环境（Circumstance）分析,竞争（Competitions）分析和市场流通（Channels）分析。消费者分析注重于市场情报收集,了解消费者的行为特征及他们对目前市场的需求偏好;环境分析包括人口结构的分析及消费趋势、社会变化、经济情况、科技进步、政治和法律等因素的分析;竞争分析主要是为了弄清市场结构、竞争对手、市场占有率以及主要产品及服务的营销手法等;市场流通分析的内容包括市场结构、流通渠道、成本效率、流通成员、批发商及零售商等。

外部分析可以帮助企业发现许多市场机会,但这并不意味着所有的机会都是最佳的选择,企业还必须考虑其内部的能力,即进行内部分析,以了解其内部的优势和弱点,扬长避短,这样才有可能取得成功。

为了辨认和评价市场机会,企业应建立一个可靠的营销信息系统。首先,企业应有一个完善的内部会计制度,该制度能及时、准确地报告目前的销售情况,包括产品类型、顾客情况、行业规模、销售人员情况和分销渠道。此外,销售人员还要收集有关顾客、竞争者和中间商的市场信息,对收集到的数据还应加以整理、分析,从中提取有用信息。

二、研究和选择目标市场

目标市场是企业集中其主要营销努力的细分市场。研究和选择目标市场就是要衡量和预测一个设定市场的吸引力。这要求估计市场的总体规模、盈利率和风险,营销人员必须了解可用于衡量潜在市场和预测未来需求的各种技术。确定目标市场通常有两种方法:①"市场总体",即把市场看作一个整体;②"市场细分",即把市场看作几个比较小的细分市场,将其中一个细分市场作为目标市场。

三、设计营销战略

目标市场选定后,企业需要为目标市场制订一个差别和定位战略,以提供更优良的产品与优质服务,或开发一种简单而廉价的产品。企业营销人员可以指定产品定位图以描述该市场竞争者的位置,见图11-5。

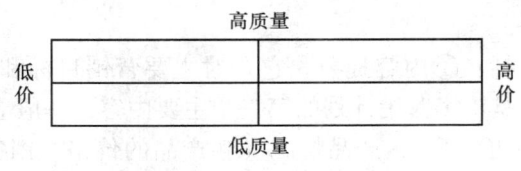

图 11-5　产品定位图

产品定位后，企业就必须进行新产品的开发、研制和生产，并且在产品生命周期的不同阶段，对其战略加以修正。

四、管理营销活动

企业的营销组织通常由销售人员、销售管理者、销售研究人员、广告人员、产品和品牌管理者、市场细分管理者以及顾客服务人员组成。营销经理应善于选择、培训、指导、激励和评估营销人员，同时还要通过市场营销调研、营销计划、营销实施和营销控制，对营销活动进行管理。

> 以上是营销管理过程的四个阶段，我们应该清醒地认识到，这些阶段是一个连续的整体，每个营销管理者都应有一个整合意识。这种整合意识要求营销管理者始终将消费者的需求作为贯穿整个营销过程的主线，通过研究他们的需求和欲求及他们愿意为此付出的成本，进行多角度、全方位的广告策划和媒体利用，以便在双向沟通和购买方便性上取得成效，最终实现利润、市场占有率、品牌、接近公众这四大成本效益，主动引导消费过程。这种以整合的观念指导的营销活动与简单的混合是不同的，整合需要长远的策划和创意，将营销过程和方式融合成一个有机的整体。在整合营销过程中，每一个步骤都有其需要实现的目标，别的不能超越；每个活动都有其需要发挥的功能，别的不能替代，它们相辅相成。

第三节　汽车营销计划、组织与控制

汽车市场营销是汽车企业围绕满足用户需要这个中心而展开的一系列有机活动。这些有机活动的展开必须要有一个活动计划，营销人员围绕计划实施营销活动，实施中可能会出现种种问题，这就要求企业加强实施中的控制。同时，汽车市场营销必须要有合理的组织机构，以便将汽车企业的整体营销活动按类别分配给各部门，部门再将具体职责分配给营销人员，做到分工与合作的统一。只有这样，所有营销人员的一系列活动才能形成有机的整体活动。

一、市场营销计划

市场营销计划是汽车企业整体战略规划在市场营销领域的具体化，是汽车企业的一种重要职能计划，它是在市场营销调研和分析研究基础上制订的，通常按年度进行。如果汽车企业的产品包括很多系列、多种品牌和多个市场，则市场营销计划必须分别按产品系列、品牌和市场进行编制。如一汽集团公司就拥有中型、轻型和重型载货汽车以及中高档和普及型轿车等多个产品系列。

市场营销计划通常包括：①内容提要。它是对主要营销目标和措施所作的简要概括说明；②当前营销状况。它是市场营销计划的第一个主要内容，一般应简要而明确地说明目前市场情况（目标市场、销售量等）、产品情况（各产品的价格、销售额、利润率等）、竞争情况（竞争者的营销策略、市场份额及发展趋势等）、分销渠道情况等主要问题；③风险与机会分析。它是年度计划的依据；④目标与课题。它是市场营销计划的核心内容之一，目标包括市场占有率，销售量或销售收入等。课题是要达到计划目标所应解决的主要问题和措施；⑤营销策略。它是达到营销目标的途径和手段，包括选择目标市场、市场定位、营销组合和营销费用等。⑥营销活动程序。它是营销活动的具体实施步骤。一般应详细编制，以便执行和检查。⑦营销预算，即盈亏分析报告。它是对销售收入，及生产、运输和营销成本的预算。⑧营销控制。它是营销计划执行的控制原则和方法，典型情况是将计划目标和预算按月分解，以便于检查、监督和及时调整。

市场营销计划一般由企业的计划部门会同各职能部门共同制订，一旦经企业领导审批后，就成为企业整个营销系统的年度行动纲领。

二、市场营销计划的实施

市场营销计划一旦确立，则营销系统和人员就必须依其实施市场营销行为。这个实施过程包括：①制订详细的行动方案。主要指安排具体行动，是营销活动程序的具体化和行动化。②建立合理有效的组织结构。市场营销活动必须是一种有组织的活动，个人活动都应服从组织的安排。③确立报酬制度。确立营销组织及个人的报酬制度及奖惩制度，一般应与业绩挂钩。④开发并合理调配人力资源；⑤营造企业文化和管理风格。企业的营销部门是企业对外的重要窗口，企业形象与营销人员的素质、态度和精神面貌有很大关系，因而企业应重视企业文化和管理风格在营销部门的体现，加强窗口部门的精神文明建设。

市场营销计划在实施中，难免会遇到各种问题。例如，计划脱离实际，长期目标与短期目标相矛盾，缺乏明确的实施方案等。这就要求企业在实施营销计划时，必须加强活动控制，对实施中暴露出的问题及时加以解决。

三、市场营销计划的控制

市场营销控制指这样一种过程：对营销战略和计划的效果进行衡量与评估，并采取修正措施以确保营销目标的实现。企业的营销控制包括年度计划控制、盈利控制和战略控制。

（一）年度计划控制

年度计划控制的主要内容是对销售额（量）、市场占有率、营销费用率等进行控制。

1. 销售额分析

销售额分析即衡量并评估实际销售额与计划销售额之间的差距。具体分析方法有两种：

1）销售差距分析。这种方法用于评估不同因素对销售差距的影响程度。通过这种分析可找出导致销售差距的主要影响因素。

2）产品和地区销售量分析。这种方法用来审核导致销售差距的具体产品和地区。营销管理者要密切关注本企业在各种产品和各个地区市场上占有率的变化情况，如果占有率上升，表明营销绩效在提高，企业在市场竞争中处于优势；反之，则表明企业在竞争中处于不利地位，从而必须针对此类产品或地区改善营销活动。

2. 市场占有率分析

市场占有率是企业的基本销售目标之一，通过对市场占有率的分析可以揭示出企业与其竞争者在市场中的相互关系。具体分析方法有以下三种：

1）全部市场占有率分析。这种方法是用企业的销售额（量）占行业销售额（量）的百分比来反映企业间在争取客户方面的竞争地位的变化。

2）目标市场占有率分析。这种方法是通过企业销售额（量）占其目标市场总销售额（量）的百分比来进行分析，企业可以通过新产品的开发等手段来提高该项目标市场占有率。

3）相对市场占有率分析。相对市场占有率指企业销售额（量）和几个最大竞争者的销售额（量）的百分比。一般来说，相对市场占有率高于33%的企业可以被认为是实力较强的企业。

3. 营销费用率分析

年度计划控制不但要保证销量和市场占有率达到计划指标，还要确保营销费用不超支。营销费用通常应按项目列出，例如人员推销费、广告费、营业推广费等。管理者应该对各项费用率加以分析，并将其控制在计划限度内。如果超出计划，就应认真分析，制订相应的对策。

企业通过上述各项分析，如果发现营销实际与年度计划指标差距太大，则必须采取调整措施。

（二）盈利控制

除年度计划控制外，企业还需要分析各种产品、地区、顾客群、分销渠道等的获利情况。获利的情况与营销组合决策有直接关系。

盈利控制的具体分析方法是通过对财务报表和数据的一系列处理，把所获利润分摊到产品、地区、分销渠道、顾客群等方面，从而衡量出每个因素对企业最终获利的贡献情况，并针对盈利能力不足的因素，采取相应措施，排除或削弱此类因素的影响。例如改进某种产品、调整某一销售渠道或者是针对某一市场加强广告宣传等。

（三）战略控制

战略控制即对企业目标、发展战略和主要措施进行审查与适时调整，以保证它们与不断变化的营销环境相适应。其控制方法通常称作"营销审计"，即对企业的营销环境、营销目标、营销战略、组织系统和营销组合诸方面进行独立、系统、综合的定期审查，以找出存在的问题，发现新的营销机会。

营销审计要覆盖营销环境。它不仅能为那些陷入困境的企业带来转机，还能使那些营销绩效卓著的企业锦上添花。

四、企业营销系统及其组织形式

企业对现代市场营销观念的不同理解，决定了其营销系统及部门的职能、地位及组织形式的差别。

（一）企业营销系统及其职能

企业营销系统是企业完成营销功能，实施与管理营销活动的综合系统。它既包括企业内部的营销职能部门,又包括企业外部的销售渠道体系以及营销服务机构(中介组织等),企业营销系统可用图 11-6 表示。

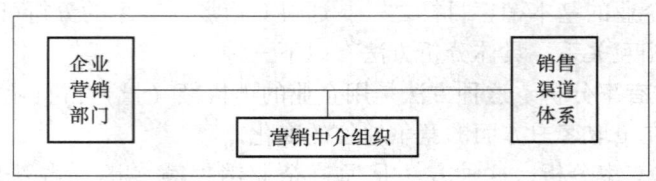

图 11-6 企业营销系统

该系统的主要职能包括:
1) 对企业战略规划的制定与调整提出依据,编制市场营销计划。
2) 分析和预测市场形势,找到市场机会并使企业避开环境威胁。
3) 对产品的技术改进和新产品开发提出总要求。
4) 实施和管理市场营销活动。包括确立目标市场和营销组合,具体地完成销售业务,并负责回笼货币,实现企业的利润目标。
5) 执行销售技术服务任务,保证产品在用户手中保持完好状态。

在企业的营销系统中,企业营销部门居于中心地位,是营销系统的发动机和领头羊。营销系统职能执行的情况,营销部门起着至关重要的作用。

(二) 营销部门的地位及其组织

现代市场营销理论认为,企业的市场营销部门不仅仅指传统的销售部门,还应包括产品开发、计划、财务、生产等职能部门。这个组织应富有效率、目标清楚、责任明确,并具有较好的工作质量。同时,这个组织还应对营销年度计划、盈利和企业战略具有较高的控制能力。

长期以来,我国相当多的汽车企业未解决好营销部门的职能设定,且存在着两种错误倾向:一是用传统的销售部门代替营销部门;二是将营销部门的综合营销职能割裂开来,缺乏有效地联系和协调。其实,销售部门只是营销综合系统的一个职能部门,销售部门的业务工作并不能包括企业的所有营销活动,而只是营销活动的一部分。

导致产生上述现象的原因是企业没有将现代营销观念贯彻到日常工作中,人为地割断了营销整体职能的有机联系,其结果当然是只有分工,没有协作或协作不力。这表明,企业营销整体职能的发挥,有赖于企业对营销职能在各种职能中所处地位的认识,也有赖于企业组织模式及营销部门组织形式的科学设置。

营销部门在企业中所处的地位,主要受到三个因素的影响:①宏观环境和国家的经济管理体制;②企业的营销指导思想和对营销的重视态度;③企业自身所处的发展阶段、业务范围、经营战略以及企业的传统习惯等。

在这些因素影响下,营销部门及其职能的决定,有以下三种情况:
1) 营销部门与财务、人事、生产等其他部门处于同等地位。
2) 营销部门是最重要的职能部门,其重要性主要体现在管理者的思想态度和行为强化上,而在组织结构上没有体现。
3) 营销部门是企业的核心职能部门,由它规定其他部门的任务。在这种组织结构中,营销部门负责向其他部门贯彻以顾客为中心的思想。

在市场经济条件下：上述营销职能与其他职能关系的不同，体现了企业对市场营销的重视程度，从而决定了企业的两种基本组织模式：一是传统模式，二是以营销为导向的模式。

传统模式可以概括为"产品开发→生产制造→营销部门销售"。这一模式在现代市场营销活动中的主要缺陷是，产品开发与市场需求容易脱节，销售部门被迫销售不对路的产品，而且还要对销售目标负责。显然，按这种模式建立的组织，当今是很难有高效率和高效益的。

按照现代市场营销观念，一切应从顾客需要出发。因此，"以市场营销为导向"的模式可以概括为："用户（市场）→营销部门→产品开发→生产制造→营销部门销售"。

经过多年的改革，我国的汽车企业组织模式也发生了重大变化。很多汽车企业已经完成由传统"工厂型"组织模式向现代"公司型"组织模式的转变。转变后的模式可以用图 11-7 表示。而大型汽车企业还存在着集团的组织模式，集团的组织模式可用图 11-8 表示。

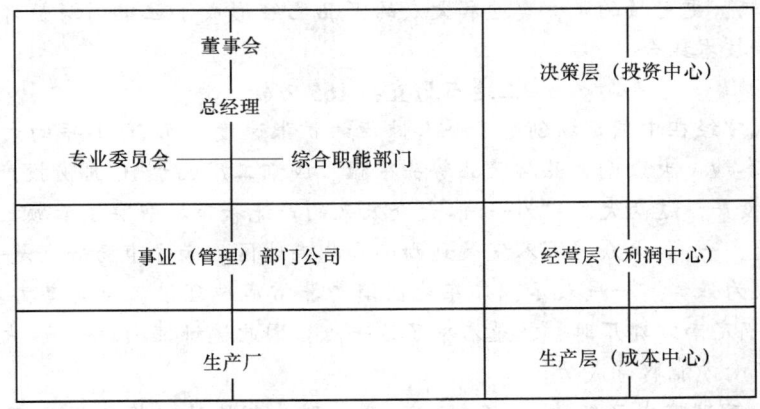

图 11-7　汽车企业"公司型"组织结构图

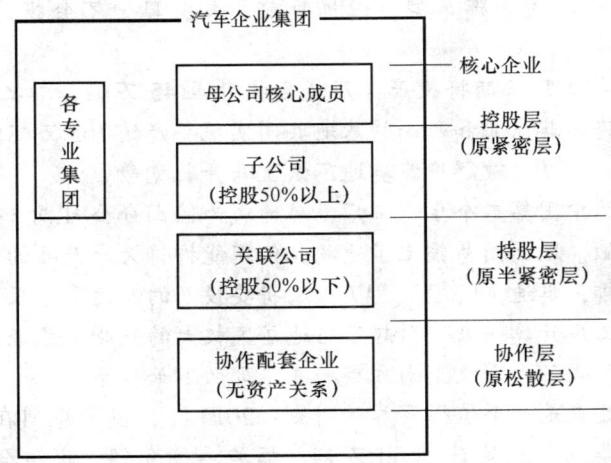

图 11-8　汽车企业集团组织结构图

随着社会主义市场经济制度建立和我国汽车企业改革的逐步深化，还将形成"集团套集团"的复杂格局，企业组织结构也日趋复杂。

案例分析：一汽-大众三地布局初成

2011年，一汽-大众实现销量达百万辆毫无悬念，未来长春、成都和佛山工厂将把目标锁定在产销165万辆的目标。其中，佛山和长春将承担奥迪国产全部产能，一汽-大众呈三角之势的布局，将为后续发展提供充足的动力。

仅仅距离成都工厂投产一月之余，一汽-大众南方工厂广东佛山分公司成立仪式，于12月1日在火热建设的工地上举行。

至此，一汽-大众彻底完成了3地4厂的布局，佛山分公司成立，南方战略终于落地。一汽透露，2013年投产的首款车型，将是大众MQB平台产品，奥迪A3则随后也将投放于此。

南北大众今年市场热销，主力产品都要排队提车，而一汽-大众含进口车在内，前11月份销量达96万辆，更可怕的是，奥迪和大众的产品已经形成了让中国消费者接受的各自鲜明形象的设计和技术组合。

三地布局直指165万辆

丰田、现代曾经在中国市场创造了令人惊讶的扩张速度，而2011年的大众是无出其右者。一汽-大众奥迪、大众两大品牌产品势头很猛。成都工厂已于10月份投产，佛山工厂将于2013年8月投产，这两大工厂为一汽-大众未来的产能和市场解决了后顾之忧。

更重要的是，一汽-大众将深入发展到西南和华南地区。南方市场一直是一汽-大众的弱势市场，日系较为强势。一汽表示，广东地区消费非常成熟理性，市场潜力非常大，一汽-大众在2006年确定南方建厂时，就是看中了这一点，因此选址佛山。一汽-大众将和日系展开竞争，自信在南方能取得成功。

成都工厂一二期建成产能为35万辆，投产车型为新捷达，将要投产新速腾，成都工厂除生产A级车和A0级车外，还将具备生产B级车、四驱轿车和混合动力车型的生产能力，并且也有条件生产奥迪品牌车型，但据目前所知，奥迪不会投产成都，而在长春和佛山。

据悉，2013年成都工厂三期将投产，产能会提升至45万辆，加之是年佛山30万辆的产能投产，佛山基地将与其东北和西南的基地共同实现年产销165万辆的宏伟目标。

破解产能奥迪不惧宝马奔驰竞争

作为除长春之外的中国第二个生产工厂，奥迪成为佛山分公司成立仪式上的主角。

尽管会场设施简陋，地面简易铺上了地毯，但不能掩饰大众产品的吸引力。会场后面大众和奥迪产品分成两排，奥迪A1、A3、A7以及将要投产的新速腾等吸引众多嘉宾围观。据一位供应商说，佛山工厂开建一来，引起了当地居民极大的兴趣，已经出现了一个购买奥迪的高潮。这也从侧面说明了大众攻克南方市场并非那么不如日系。

对于奥迪来说，这更是一个值得贺喜的时刻。2015年，奥迪规划在中国产能要达到70万辆，而今年奥迪在华销售铁定达到30万辆。据施泰德介绍，奥迪全球今年销量将超过130万辆，可见中国市场之重。

为了达到2015年中国市场的目标，奥迪准备了丰富的产品，以加强同宝马、奔驰的竞争。施泰德说，要实现 70 万辆的产销，佛山工厂先期 15 万辆的产能很重要，而且佛山工厂产能逐渐还会提升，同时根据南方市场的情况来决定佛山工厂的投产产品和产能规模。按照施泰德的设想，奥迪 A3、Q3 国产，并提高本土化生产率，是奥迪为期不远的可实现的任务。

其实不止奥迪，宝马和奔驰同样加大了在中国的投资，华晨宝马和北京奔驰都导入发动机生产，宝马、奔驰都力求把全系车型引入中国。施泰德则举例说，今年奥迪在全球的销量超过了奔驰，在欧洲取得了第一，未来会重点开拓中国和美国市场。

"也要看我们做了什么。我们永远比对手快一步，与合作伙伴的本地化，我们做得更好。"施泰德透露，奥迪未来几年将投入 120 亿欧元于新产品技术、轻量化、动力、导航以及车身部件关联，而在中国，这个数字是 30 亿欧元。

一汽-大众仍存挑战

工厂布局初成，仅仅是一汽-大众挑战 165 万辆的第一步，产能提升不等于解决了所有的问题。一汽-大众还有几大问题待解。

一是 3 大基地的协同管理问题。尽管如成都工厂一样，佛山工厂周围将密布大众的供应商，但一汽-大众初涉南方建厂，此前的佛山工厂在成立仪式上被定义为"佛山分公司"，成都工厂和佛山工厂都由长春总部统一管理，销售纳入一汽-大众，成都工厂、佛山工厂能否在投产后短期内达到长春总部的物流、管理以及供应水平，还有待观察。

二是南方市场还远未到深耕的阶段。日系汽车在华南耕耘很久，非常强大，一汽-大众如何形成南方市场的影响力，绝不是一蹴而就的事情。另外，高档车竞争非常激烈，奥迪品牌脱去官车形象让南方消费者普遍接受，也有一个过程，加之来自宝马、奔驰强大的竞争压力，奥迪需要快速拿出得力的产品。

三是中国车市下滑日系汽车受挫，南北大众却高歌猛进。日系汽车过去在中国市场不输于德系，进入调整期的日系汽车会首先巩固优势市场，一汽-大众好兆头是否能维持到未来几年，压制住日系汽车，情况虽然乐观，但不能完全肯定。

好在一汽-大众的大众和奥迪产品正在形成鲜明的设计和技术特色。包括新速腾、高尔夫在内，大众品牌新的产品前脸和尾部正统一体现出大众新一代设计的基因，而动力组合经过几年推广已经深得消费者喜爱；奥迪 A 系列和 Q 系列通过统一家族鲜明的设计。大众和奥迪品牌正在通过技术和设计打造整体非常强大的品牌形象。从产品角度将，一汽-大众已经为未来做好的应对准备。

讨论题：
1. 一汽-大众为实现 165 万辆产能目标，是如何进行战略布局的。
2. 一汽-大众制订的呈三角之势的布局，考虑了哪些主要的因素？

本章小结

制订与汽车市场走势和汽车企业能力相适应的战略规划，并管理好营销活动，是汽车企业长远发展的根本。本章着重介绍了汽车企业战略规划制订的过程、影响因素及基本原则。介绍了汽车市场营销管理过程的四个基本阶段，强调将消费者的需求作为贯穿整个营销过程的主线。最后，介绍了汽车市场营销计划的制订、实施和控制过程，以及汽车企业的营销系统及其组织形式。

思 考 题

1. 请简述汽车企业战略规划的制订过程。
2. 汽车企业应如何制订新增业务计划来消除现有业务与期望目标的差距？
3. 汽车企业在制订战略规划时必须考虑哪些影响因素？
4. 汽车企业应如何开展市场营销机会分析？
5. 如何建立汽车企业营销系统，并说明其主要职能。

第十二章 汽车营销策划

学习目标

理解汽车市场营销策划的基本概念和方法；熟悉汽车市场营销策划的主要内容；掌握制订汽车市场营销策划方案的基本步骤、策划书编制的原则以及策划方案的实施；掌握汽车市场营销策划方案的控制程序和评价方法；具备对汽车市场营销活动进行策划的基本能力。

汽车企业为达到预定的市场营销目标，需由专业人员对一系列汽车市场营销活动进行分析、构思和设计，制订可实施的汽车市场营销策划方案并组织实施，还要在实施中进行控制和评价。优秀的汽车市场营销策划方案将能实现顾客满意和企业利润最大化的目标。因此，汽车市场营销策划是汽车企业进行市场营销管理的重要内容，是汽车企业实现市场营销目标的有效手段。本章在麦肯锡"4P"理论的基础上，介绍了汽车市场营销策划的基本方法、策划方案的制订步骤以及控制和评价的方法。

第一节 汽车营销策划概述

在汽车市场营销活动中，为达到预定的市场营销目标，运用系统、科学的方法，对企业生存和发展的宏观和微观环境进行分析，寻找企业与目标市场顾客群的利益共鸣，以消费者满意为目标，重新组合和优化配置各种资源，对汽车市场营销活动进行分析、判断、构思、设计的系统过程，称为汽车市场营销策划。

一、汽车营销策划的作用

1. 避免营销的短期行为

汽车营销策划能够使汽车企业以市场为导向，以客户的消费心理为指导，综合考虑企业的外部和内部资源，从企业的长远利益出发，制订合理的营销目标以及战略、策略，从而使企业避免营销的短期行为。

2. 获得良好的营销效益

汽车企业要想获得理想的营销效果和营销效益，除了要有明确、合理的营销目标之外，还要保证企业的营销活动紧紧围绕其营销目标有计划、有步骤地开展。因此，汽车企业对营销活动的目标、策略以及具体实施方案必须进行系统的设计和规划，建立科学的程序和步骤，以系统的观念指导汽车营销活动有序进行。

3. 节省营销的费用支出

汽车营销策划能够对汽车营销费用的支出进行科学的安排，避免盲目活动给企业带来不必要的浪费，提高汽车营销行动的投资效益。

4. 逐步转化为策划竞争

汽车市场的竞争逐步从自然竞争转化到策划竞争的时代，激烈的市场竞争迫使汽车企业必须对所有汽车营销活动进行周密的计划和安排。自然竞争是无序的、被动的,而策划竞争具有目的性和进攻性,它具备高超的技巧,其发展方式是跳跃性的,并能起到后发制人的作用。采用策划竞争,能导致企业之间的实力对比发生变化,而这种变化如果仅靠自然竞争是做不到的。

二、汽车营销策划的原则

1. 目标清晰

汽车企业进行营销策划是一种企业价值观的传递,目的在于赢得顾客的信赖。策划目标的达成比某一指标的完成内容更丰富,因此,策划人员应对营销的目标进行系统策划。

2. 方针明确

方针是指导工作的纲领,汽车企业在策划过程中要认识到策划的目的在于规范汽车市场,培育消费人群,树立品牌形象。在营销策划方案的制订、实施和控制过程中,只有准确把握这一方针,才能保证营销策划的方向性。

3. 保证质量

汽车营销策划的前提是要保证汽车产品的核心价值与消费者的核心利益,这是企业进行营销活动的综合体现,能够让企业的整体形象在更广的范围内得到传播,如果汽车产品整体质量得不到保证,所带来的危害就很大。

4. 信息有效

充分的市场调查是进行汽车营销策划的前提。订立的目标能否实现,设定的方针是否有针对性,提供的汽车产品是否能满足目标消费群的需求等问题,都需要有有效的信息来印证。当前汽车市场虽然信息量大,但如何在海量信息中选择有效且有价值的信息,需要认真面对。

5. 策划可行

汽车营销策划需要创新,同时需要有科学的精神。要在可靠、严谨、可行、有益的条件下,检验营销策划方案的可操作性。

三、汽车营销策划的方法

1. 寻求第一

汽车企业要有寻求第一的市场定位,准确的市场定位是成功策划的核心。不论汽车产品还是汽车服务,首要问题是做到人无我有,人有我优,人优我新,人新我变,突出自己的优势,才能以最小的投入,取得最大的收获。企业策划时要注意"第一说法,第一时间,第一位置"的概念,因为只有创造第一,才能在消费者心中形成不易混淆且难以忘怀的深刻影响,体现企业的服务特色,这是汽车市场营销制胜的重要法则,如图12-1所示。

2. 概念先行

"概念"是汽车企业为推广自己的汽车产品或服务所创造的一种"新理念""新潮流"。因此,企业应先策划一种概念,待消费者的概念形成后,再进行市场营销的运作。

3. 借势造势

在开展汽车市场营销活动时,汽车企业必须善于"借势"与"造势"。

"借势"指借助具有相当影响力的事件、人物、产品、故事、传说、影视作品、社会潮流等,将汽车企业与这类新闻事件结合在一起,策划出对自己有利的新闻事件的策划方式,以此引起社会关注,达到提高宣传效果的目的。

"造势"指围绕企业营销的目标,制造受人关注的新闻事件、活动、舆论、概念等,让消费者在关注此新闻事件的同时关注本企业,借新闻事件的影响力让消费者了解企业。

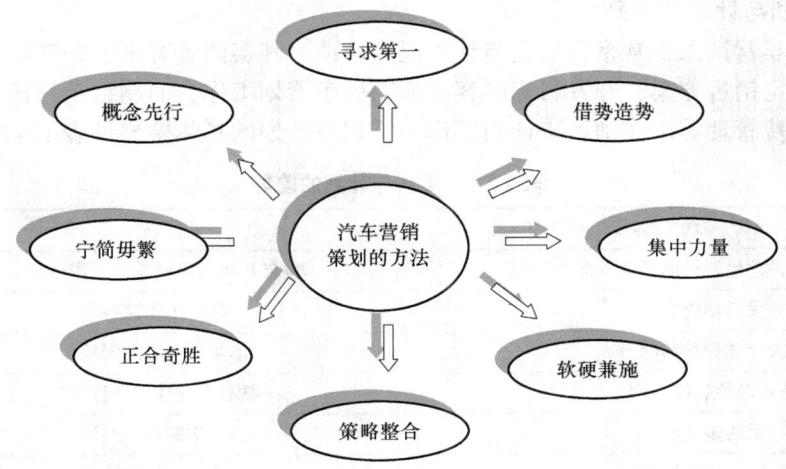

图 12-1　汽车市场营销策划的方法

4. 宁简毋繁

在汽车市场营销的策划中,"求全"是最大的一个陷阱。不论是汽车产品广告还是宣传资料,都有太多的信息充斥其中,但普通消费者不可能对方方面面的内容都感兴趣,他们只会注重和自己利益有关的东西。此时,简洁成为信息传递最有效的方法与手段。

5. 集中力量

在资源有限的情况下,专注做好一件事情胜过努力做好每一件事情。如果汽车营销策划人员违背了这个规律,只会顾此失彼,丧失竞争优势。企业只有通过合理地组合资源,针对竞争对手弱势环节进行全面系统的营销策划,才能在竞争过程中占据优势地位。为此,企业应注意以下几点:分辨出竞争的关键点;透彻了解竞争对手的优势与弱势;针对竞争对手的不足,展开猛烈的营销攻势与活动;集中优势资源决胜能够统领全局的局部市场。

6. "正"合"奇"胜

孙子兵法强调:以正合,以奇胜。"正"就是基础性和常规性的运作,是行业中很多企业通常所具备的。"奇"就是独到、有个性。汽车市场是不断向前发展的,任何汽车企业要想在市场上占有一席之地,单靠"正"是不足以拥有绝对优势的,还需要突破和创新。

7. 软硬兼施

汽车市场营销策划的软性方法,即通过软性广告、新闻报道、活动赞助等大众较能接受的方式,以客观公正的姿态树立汽车企业和汽车产品的形象。汽车市场营销策划的硬性方法,即通过硬性广告,通常采用广告促销等形式,如平面广告和电视广告,以更直观的方式向消费者展示汽车企业和汽车产品的风采。

8. 策略整合

系统化的汽车市场营销策划过程包括调查研究、目标定位、理念设计、资源整合、运作切入、形象塑造、实战操作、过程监控、策略调整、总结提高等。所以，在运作过程中必须进行各种策略的整合，这是汽车营销策划成功的基本保证。

四、汽车营销策划与相近概念的区别

（一）策划与计划的区别

非专业汽车营销人士常常将策划与计划混为一谈，其实两者有很大的差异。例如，选择经营方向、确定销售方案、开发目标顾客等活动属于策划工作，而制订销售任务、安排项目进度、进行经费管理等工作则属于计划工作。策划与计划的具体差异见表12-1。

表12-1 策划与计划的差异

策　　划	计　　划
制订全局性、经营性的活动方案	制订具体、可操作的工作项目
开发活动内容	执行工作流程
解决怎样做的问题	解决何时做的问题
具有创新性、超前性	具有常规性、可行性
灵活多变	按部就班
有风险，挑战性大	无风险，挑战性小
需要有创新精神的专业人员	需要有工作经验的专业人员

（二）策划与创意的区别

首先，创意指汽车营销人员针对实际工作的某些问题提出的创新性意见，它是一种独特的思维方式产生的灵感火花。而策划源于创意，是创新思维的系统化、程序化体现。其次，创意是随意的、无规律的，而策划是具体的、可执行的。再次，创意可以来自行业内外的各类成员，而营销策划必须由专业人员完成。最后，并非所有创意都可以转化为策划方案，企业要结合实际情况对提出的创意进行取舍，才能决定。

（三）策划与决策的区别

汽车企业的决策不等于营销策划。营销策划是汽车企业为达成某一营销目标而制订的方案。为了企业目标的实现，营销人员可能会提出多个方案供决策层挑选。决策是汽车企业在充分了解营销环境的基础上确立的企业意志，企业所有营销活动都需要围绕决策目标来实施。

（四）营销策划与营销管理的区别

1）汽车营销策划是汽车营销管理的内容之一，汽车营销管理是策划对象的土壤。汽车营销策划必须基于汽车营销管理，没有汽车营销管理，也就不存在汽车营销策划。

2）汽车营销策划是实现汽车营销管理任务和目标的特殊手段。汽车营销策划作为汽车营销管理的重要机能，其功能的充分发挥，可以促进汽车营销管理任务的顺利完成，并保证汽车营销目标的正确性。

3）汽车营销管理的范畴覆盖汽车营销活动的全过程，而汽车营销策划则着重于营销理念的创意、营销方案的构架和设计。汽车营销策划虽然从属于汽车营销管理，但又指导着汽车营销管理，可以说，策划是整个汽车营销管理过程的灵魂。

4）汽车营销策划与汽车营销管理具有一个共同的目标，就是顾客满意和实现企业最大利润。汽车营销策划的目标，即开拓市场或营造市场，最终要落实在汽车营销管理的目标和结果上，以满足消费者的需求和实现企业的生产经营目标。

第二节 汽车营销策划的内容

一、汽车企业形象策划

CIS 是英文 "Corporation Identity System" 的缩写，其含义为 "企业识别系统"，也称为企业形象策划。简单地说，CIS 是汽车企业用于市场竞争的一切设计所采用的统一形象，运用视觉设计和行为展现将企业的理念及特性视觉化、规范化、系统化，通过各种传播媒介加以扩散，塑造独特、鲜明的企业形象，使公众对企业产生一致的评价和认同，从而增强企业的整体竞争力。

二、汽车产品策划

汽车产品策划是汽车制造企业为赢得市场所必须做的一项经常性的工作，涉及汽车产品组合策划、汽车产品寿命周期策划、汽车产品品牌策划和汽车产品服务策划等。

（一）汽车产品组合策划

汽车产品组合策划通常包括：扩大或缩减产品组合的广度、长度及深度，增加或减少产品线的数量；提高或降低产品组合的密度，以及各产品线的相关程度。

（二）汽车产品寿命周期策划

（1）投入期。应采取高价快速促销、高价低费用、低价快速促销、逐步打入市场等四种策略。

（2）成长期。应善于利用大好形势，尽量维持销量的增长速度。

（3）成熟期。应采取改进市场、改进产品、改进市场营销组合等策略。

（4）衰退期。应采取维持、收割、榨取、放弃等策略。

（三）汽车产品品牌策划

汽车产品品牌策划主要由汽车制造企业完成，是汽车制造企业营销策略的一个重要组成部分，涉及品牌化决策、品牌归属决策、品牌质量决策、品牌数量决策、品牌延伸决策、多重品牌决策等。

除了公司品牌外，众多汽车制造企业还会以不同汽车产品消费群体来建立产品品牌，如奇瑞汽车曾在 "奇瑞" 这个公司品牌下根据消费主体的不同而设立了QQ、风云、旗云、东方之子、瑞虎等产品品牌。

（四）汽车产品服务策划

随着汽车产品消费群体的扩大，与汽车相关的服务（包括售后服务、外延服务等）成为消费者选择某品牌汽车产品的一个重要因素。因此，针对汽车服务产品的特点，企业策划与设计的汽车服务产品要注意以下方面：

1. 克服无形性特点

根据汽车服务产品的无形性特点，企业应将策划重点放在减少服务的不可触摸性上，其方法如下：

1）提供有形证据。目的是增进顾客对汽车服务产品的信任，企业可以以商标、品牌、权威机构的奖项、社会名流的评价等事实作为依据，帮助顾客建立购买信心。

2）增加有形要素。向顾客提供吸引人的卡片、证书、保险单等。

3）营造现场气氛。通过销售展厅的设计与布置，让顾客感受到高水平的服务。

4）利用人员形象。借助企业所拥有的知名人士、专家等人员形象，提高产品服务的知名度。

2. 克服同步性特点

根据汽车服务产品提供与消费不可分离的特点，汽车企业应配备足够的分支机构，根据各地区的消费能力设立各类服务网络，尽可能在地理位置上方便消费者，以克服汽车服务产品消费上的时间、空间限制。开展上门服务和预约服务，最大限度地方便消费者，降低他们获得优质汽车服务的成本。

3. 克服差异性特点

根据不同汽车服务人员提供的服务产品存在异质的特点，应培训和鼓励员工为顾客提供优质服务，克服由于员工素质低、缺乏工作热情和积极性而造成的服务质量的差别；实行服务质量标准化、数字化，从整体上控制服务质量的不稳定性；聘用服务水平高超的专业技术人员，保证服务质量，克服顾客对服务质量的不确定感；对服务质量与服务效果进行跟踪管理，并建立监督制度，对影响服务质量的关键性指标进行反复检查。

三、汽车价格策划

汽车价格策划指汽车企业为了实现一定的营销目标，协调处理企业内部各种价格关系的活动。它不仅包括价格的制订，还包括在一定的环境条件下，为了实现企业较长时期的营销目标，协调配合营销组合的其他各有关方面的构思和选择，并在实施过程中不断修正价格策略，进行价格决策的全过程。

汽车价格策划是汽车新产品进入市场前，以及成熟产品面对激烈市场竞争时应做好的一项重要工作。成功的价格策划不仅能够让企业快速赢得市场，还能够抑制竞争对手的进攻。如 2005 年，一汽丰田以 21.38 万元的超低价格将后轮驱动的锐志轿车推入市场，直指市场上具有很强消费基础的广州本田雅阁和上海大众帕萨特，获得了巨大的成功，在不到两个月的时间内，新车预订数超过了 15000 辆，大大超出了当时一汽丰田的生产能力。上海大众在 2005 年上半年销售情况不理想的情况下，在当年的 8 月 8 日推出了"飓风行动"，将主流车型帕萨特的价格直降 4.6 万元。之后的一段时间内，除了个别品牌的少数车型随之进行价格调整外，其他品牌都按兵不动，使上海大众这次价格策划达到并超出了预期目标，这次价格策划的"飓风行动"也成为中国汽车营销史上一个经典的案例。

四、汽车销售渠道策划

对于汽车制造企业而言，在具有开发潜力的市场通过销售渠道的建设，让品牌和产品获得更大范围与消费者直接接触的机会，有利于促进销售目标的实现。对于汽车经销商而言，在制造企业能力和资金不能到达的地方，设立自己的下级分销渠道是渠道策划必须做好的工作。汽车销售渠道策划工作主要包括：确定销售渠道的目标，销售渠道的目标与汽车企业的目标市场密切相关，目标市场就是销售渠道的最终目标；设计销售渠道策略的具体内容，包括销售渠道的网络设计及管理，以及销售渠道的实体分配。

汽车销售渠道策划主要遵循以下原则：

1. 经济性原则

经济性原则指从成本与效益的角度对不同的销售渠道进行评价，考量整个策划方案的经济性。

2. 最大化原则

不论是汽车制造企业还是区域代理商，在设立销售渠道时都必然会遇到各级渠道成员目标不一致的问题，有些渠道成员往往不能有效地配合整体营销策略。只有各渠道成员在积极合作的前提下追求自身利益最大化，渠道的优势与活力才能得到体现，但如果成员间的目标相差甚远，甚至相互抵触，企业就应及时调整。

3. 可调整原则

各渠道成员在确定合作以及上一级成员在确定销售渠道策略时，应为自己留有余地，以便在环境发生变化时进行调整。

五、汽车促销策划

1. 汽车广告策划

汽车广告策划是对汽车广告活动的运筹规划，是根据阶段性的汽车产品营销目标，在充分调查的基础上，制订出经济有效的策划方案，从人力、物力、时间、地区方面对广告的实施加以安排，并在实施后进行回馈评估。

2. 汽车销售促进策划

汽车销售促进策划是对汽车销售促进活动的运筹规划，是在汽车销售促进活动前所进行的创造性思维活动。汽车销售促进策划的重心是迅速促进当前的汽车销售，其关键是发掘新颖独特的创新思维。同时，汽车销售促进策划要与其他促销策划相配合，才能发挥更有效的作用。

3. 汽车公共关系策划

汽车公共关系策划是对公共关系活动的运筹规划，是在公共关系活动之前进行的创造性思维活动。公共关系策划的主要工作是调适汽车企业与社会公众的关系，目的是传播企业的良好形象，策划的重点是间接诱导。公共关系策划与其他促销策划不同，广告策划和汽车销售促进策划都是直接唤起消费者对产品的要求，激发购买动机，促成购买行为。而公共关系策划则不同，它是采取间接的方式，通过良好的企业形象，潜移默化地促成社会公众对企业的好感，间接达成促进销售的目的。

第三节 汽车营销策划方案的制订与实施

一、汽车营销策划方案的制订

为了保证汽车营销策划工作的顺利进行，汽车营销策划方案应该按照一定的程序或步骤来制订与实施，其全过程大致分为3个阶段和9个步骤。3个阶段即汽车营销策划的前期准备阶段、方案制订阶段和调整评估阶段，9个步骤分别归于这3个阶段。一般情况下，营销策划可以参照以下程序进行（见图12-2）。

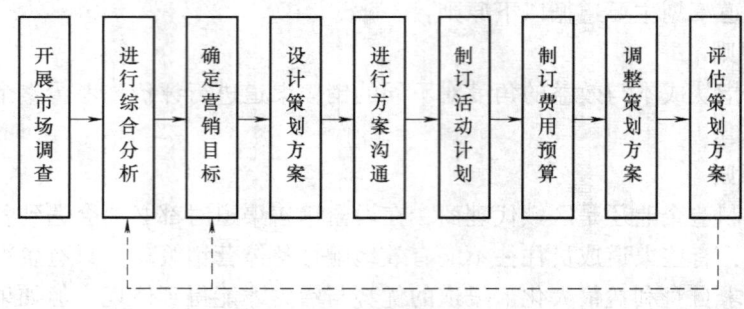

图 12-2　市场营销策划程序

（一）汽车营销策划的前期准备阶段

汽车营销策划的前期准备阶段主要有两个步骤：

1. 开展市场调查

即针对企业所处的市场营销环境进行调查，包括当地的市场经济状况、竞争对手情况、目标顾客群体等，这是制订汽车营销方案非常重要的一环。调查所收集的信息准确性，将直接影响营销策划的实施，所以应将其做细、做好。资料收集既包括对现状资料的收集，也包括对历史资料的收集。汽车市场状况调查的内容一般包括：汽车销售行业概况调查、汽车销售发展趋势调查和竞争情况调查。目标消费者调查的内容包括：目标消费者行为分析、购车者心理分析、购车者关注因素分析，企业资源能力分析（如：信贷能力、品牌代理能力、营销费用、人力资源、客户满意度、销售能力、分销能力）等。

2. 进行综合分析

将收集到的所有基础数据加以分析，同时对数据分析结果进行总结，并且提供确实有效而且规范的文本和图表资料，通过对企业的营销环境进行 SWOT 分析，找出问题，确定目标。

（二）汽车营销策划的方案制订阶段

1. 确定营销目标

通过市场调查与 SWOT 分析，汽车企业根据自身的资源组合，确定进行营销策划的整体目标，确定自己的营销战略。工作内容包括：确定未来发展的设想以及营销的方向；对企业营销目标的期望及论述；进行市场细分；寻找目标群体；市场定位；进行营销策划的假设和前提，如未来可能面对的问题以及不可控制前提下的假设或前提。其中最重要的是市场定位，即针对竞争进行差别化定位，让品牌的核心价值在消费者心中刻下深深的烙印，建立自己的个性品牌。围绕这一营销目标，企业才能制订策划方案，开展营销活动。

2. 设计策划方案

设计策划方案是汽车营销策划的关键步骤，它决定了营销策划的可行性与质量。方案设计可根据企业营销策划的主题来确定内容。围绕先行确定的营销目标，营销策划人员首先要进行整体的创意和构思，把握创新、可行、目标明确的原则；其次，要设计营销组合策略的整体策划方案，包括：车型、品牌、价格、渠道、管理、服务、促销、广告和公关等内容，以及未来营销方案中可能出现的种种问题。

3. 进行方案沟通

方案沟通是策划者、管理者、执行者对企业的营销实际与营销策划进行交流与磨合的过程。策划者应就营销策划方案与企业决策者及相关的经营管理人员进行沟通,听取他们的意见,通过沟通进一步了解最高决策者的意图,最准确、最具体地体现决策者的理念与风格,随后还要与一线的工作人员沟通。营销策划方案的沟通使营销策划的内容更符合实际,更容易得到贯彻和执行。

在多方反复沟通的基础上,营销策划人员就可以根据前期确定的营销目标,制订具体的营销工作方案,如新车型上市方案、全年广告计划方案、销售渠道的建设方案等。

4. 制订活动计划

营销策划人员应根据整体策划方案的要求,落实各项资源,明确规定由各个营销活动项目的实施细则,并进一步将营销策划方案的各项任务和内容,制成营销活动计划,标明营销活动的项目、范围、费用、责任人和完成的日期,使策划的每一个活动项目的步骤、措施或行动方案都一目了然,以便有效地实施营销策划。此外,必须提出营销活动的费用预算和风险防范措施,最终形成营销策划计划书。

5. 制订费用预算

预算也是汽车营销方案中重要的部分,除了人们日常所理解的资金预算(如媒体宣传、市场开发、人员工资及奖励、差旅费用等)外,还应包括完成这个营销方案所需的人员数量的预算。预算要根据方案设计的内容来测算,费用预算与前面的目标和方案设计有紧密联系,不能把两者割裂开来。费用预算要进行分解,计算出每一项营销活动的费用。如在计算促销费用时,除了列出总金额外,还要计算出广告费用、公关和人员推销的费用。在广告费用中,还要分解成电视广告费用、电台广告费用等。

(三)汽车营销策划的调整评估阶段

1. 调整策划方案

营销策划是以一定时间为基础的,在这一时间范围内,营销环境往往会发生变化,如果这一变化超出了原来营销策划中所预计的范围,营销方案实施的可行性就会降低。另外,通过与企业的决策人员或经营管理人员的沟通,原先设计的营销方案也可能会出现不合理的地方。因此,在计划时间内,要根据不断变化的营销环境对营销方案做出适时的调整,以确保营销方案的可行性。

2. 评估策划方案

在方案制订完成后,要组织人员进行评估,制订评估标准,建立评估体系以及反馈改进制度。开始执行后要随时监测方案运作的进展情况,注意总结和反省,从而获得营销策划的最佳效果。

二、编制汽车营销策划书的原则

1. 层次清楚

汽车营销策划的目的在于解决汽车营销中的问题,因此策划书必须层次清楚。首先要设定情况,交代策划背景,分析市场现状,再把策划中心目的全盘托出,其次要进行具体策划内容的详细阐述,最后要明确提出解决问题的对策。

2. 突出重点

策划书要突出重点，不要面面俱到。抓住汽车营销中所要解决的核心问题，深入分析，提出可行性的对策。优秀的汽车营销策划人员要善于把构想浓缩。

3. 便于操作

汽车营销策划书主要用于指导汽车营销活动，其指导性涉及汽车营销活动中每个细节的处理。因此，策划书的内容要具有良好的执行性，除了需要进行周密的思考外，详细的活动安排也是必不可少的。

4. 创意新颖

策划方案的内容与表现手法都要新，新颖的创意是策划书的核心内容。

5. 广受认可

任何汽车营销策划方案无论多么完美，如果只有策划者本人才能理解，都将无法付诸实施。优秀的营销策划必须要得到广泛的认可和支持，才能为企业所接受并付诸实施。

三、汽车营销策划方案的实施

汽车营销策划方案的实施是将计划转变为具体行动和任务的部署过程，是营销策划的重要组成部分。

（一）营销方案实施中可能出现的问题及其原因

汽车企业在实施战略和营销计划过程中会出现一些问题，即使正确的营销策划也不意味着肯定能带来出色的业绩，其原因在于：

1. 营销计划脱离实际

营销计划制订的基础是汽车市场营销的实际情况，如果脱离对自身情况的准确把握，缺乏对竞争对手的全面了解，以及对营销目标的准确判断与定位，企业所做的策划只能是空中楼阁，相应的行动计划不仅不能指导具体的汽车营销实践，还有可能使企业的巨额投入得不到应有的回报。

2. 长期目标和短期行为矛盾

营销策划通常着眼于企业的长期目标，但具体实施这些方案的营销人员的短期行为可能会与这一目标发生冲突。

3. 因循守旧的惰性

新方案实施过程中，常常需要打破企业原有的运作模式，因此必然会遇到重重阻力。

4. 缺乏具体明确的实施方案

汽车营销面临困局，往往是因为缺乏明确而具体的实施方案。只有制订详尽的实施方案，规定和协调与营销相关的各部门的活动，编制详细周密的项目时间表，明确相关人员的责任，汽车营销策划方案的实施才有保障。

（二）汽车营销策划方案实施过程

汽车营销策划方案的实施包括：

1. 制订行动方案

行动方案应明确营销策划方案实施的关键性决策和任务，并将执行这些决策和任务的责任落实到个人或小组。

2. 建立组织机构

首先要有明确的分工,将全部工作分解成便于管理的几个部分,并将它们分配给各有关部门和人员;其次要发挥协调作用,通过组织联系和信息沟通网络协调各部门和人员的行动。

3. 设计报酬制度

为实施汽车营销目标,还必须设计相应的决策和报酬制度,因为这些制度关系到营销策划方案实施的成败。

4. 开发人力资源

策划方案最终是由企业内部的相关工作人员来实施的,人力资源开发至关重要,要做好人员的考核、选拔、安置、培训和激励等工作。

5. 建设企业文化

企业文化指一个企业内部全体人员共同持有和遵循的价值标准、基本信念和行为准则。企业文化对企业经营思想和领导风格,以及职工的工作态度和作风均起着决定性的作用。

6. 相互协调配合

营销策划实施要求各要素间的协调配合。为了有效地实施营销策划方案,企业行动方案、组织结构、决策和报酬制度、人力资源、企业文化这五大要素必须协调一致,相互配合。

第四节　汽车营销策划方案的控制

汽车企业处在动态的营销环境中,任何完美无缺的营销策划方案在实施过程中都有可能因环境变化而失去或降低效力。同时,执行人员对计划或方案的理解程度和其个人能力也会对既定的目标产生影响。因此,营销管理人员在营销策划方案的实施过程中必须进行有效的营销控制,以保证目标实现。

一、汽车市场营销的控制

营销控制是通过测量和评价营销策略及计划实施的情况,提出改进措施和建议,促进营销目标有效实现的过程。营销控制是汽车企业在营销活动中必须进行的一项重要工作,许多企业因缺乏营销控制而导致营销目标无法完成,从而使前期的市场调查、营销策划等大量工作丧失作用。随着汽车市场环境的动态变化和市场竞争的加剧,营销控制显得越来越重要。成功的汽车企业往往把营销控制制度化,通过建立营销控制制度来加强营销管理。在营销控制管理中需明确的主要问题包括:

(一) 控制什么

营销控制可能涉及营销的很多方面,如人员、计划、费用(成本)、职能、策略等,这是最根本的营销控制。

1. 人员控制

人员控制指营销人员绩效的控制,尤其是市场推广人员绩效的控制。

2. 计划控制

计划控制指各项营销计划按进度进行的情况,包括年度营销计划、新产品开发计划、广告计划、促销计划、人员推销计划等。

3. 费用控制

费用控制指根据各项营销支出预算或对人员、活动、渠道等进行费用分析及获利性分析来实行控制。

4. 职能控制

职能控制指对各项营销职能进行控制，如市场调查、广告、促销、分销、仓储、运输等。

（二）谁来控制

在明确控制对象的前提下，控制人员必须能够发现实际情况与标准（目标）间的偏差，并有能力采取措施来纠正偏差。因此，中高层营销管理人员应是营销控制的主要执行人。有些汽车企业为了加强营销控制，还设立了专门的营销控制员或营销控制机构。

（三）如何控制

汽车营销方案的控制按其进行的顺序可分为预先控制、现场控制和反馈控制。例如，挑选营销人员就是一种典型的预先控制。营销管理人员要求市场推广人员访问客户、直接参与各项营销活动的实施则是现场控制方式。大多数营销控制需通过反馈的信息或数据来进行获利性分析、效率测量和绩效分析等。营销管理人员进行营销控制时，要合理使用各种控制方式。

二、汽车营销控制的程序

汽车营销控制应按照一定的步骤进行，通常包括 6 个环节，如图 12-3 所示。

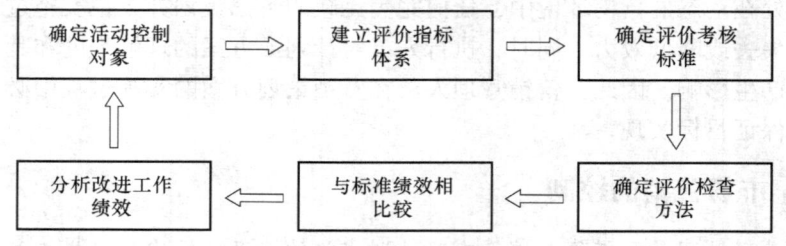

图 12-3　营销策划控制程序

（一）确定活动控制对象

确定市场营销活动控制的内容、范围和额度时，汽车企业管理者应注意使控制成本小于控制活动所带来的利益。最常见的控制内容是销售收入、销售成本和销售利润，同时对市场调查、推销员工作、消费者服务、广告等营销活动也应通过控制加以评价。

（二）建立评价指标体系

建立评价指标体系是将控制与计划联结起来的主要环节，汽车企业应根据营销策略制订系统的评价体系。

（三）确定评价考核标准

控制标准指以某种衡量尺度来表示控制对象的预期活动范围或可接受的活动范围，即对衡量尺度加以量化。在很多情况下，汽车企业的营销目标就决定了它的控制衡量尺度，如目标销售收入、利润率、市场占有率、销售增长率等。由于大多数企业都有若干管理目标，造成多数情况下营销控制的衡量尺度也较多。

（四）确定评价检查方法

1. 营销人员的选配

选配营销人员是营销控制的一部分，它是一种预先控制。新营销人员的挑选可根据职位要求，对应聘人员从姿容仪态、语言表达、分析判断、策划、计划、应变、人际协调、情绪稳定性等方面进行综合评价。如在原有营销人员中选拔，可以根据其以往业绩、能力、新职位要求等来决定。

2. 策划方案的控制

（1）年度计划控制　汽车营销策划方案的实施计划是方案的重要组成部分。年度计划控制的目的在于保证企业实现它在年度计划中所制订的销量、利润以及其他目标，是一种短期的即时控制。年度计划控制的中心是目标管理，包括：建立每月或每季度的目标；随时跟踪掌握市场上的执行情况；当营销实际业绩与计划发生偏差时，找出原因并做出判断；采取措施，弥合目标与实际业绩之间的缺口。这一控制模式适用于企业各层次，区别仅在于最高主管控制的是整个企业年度计划的执行结果，而各部门或地区经理只控制各个局部的计划执行结果。

（2）获利能力控制　在一般的财务处理中所列的营销费用，如营销人员工资、办公费用、包装费用、广告费、促销费、市场研究费用等，多为一个总数，没有按客户、地区、营销人员及营销职能来区分。通过获利能力分析，营销管理人员能够明确各分项的获利能力，并采取相应对策加以控制。

（3）费用预算控制　即控制方案实施过程中的各项费用支出。

（五）与标准绩效相比较

在将控制标准与实际报告结果进行比较时，需要决定比较的频率，即多长时间进行一次比较，这取决于控制对象的变动频率。如果比较的结果是实际绩效与标准一致，则控制过程结束。

（六）分析改进工作绩效

汽车营销方案产生偏差有两种情况，即实施中的问题与方案本身的问题。两种情况往往交织在一起，使分析偏差的工作成为控制过程中的一大难点。

第五节　汽车促销的营销策划

汽车销售企业通过开展各种促销活动，以达到企业的整体营销目标。汽车促销活动的过程可分解为6个步骤，如图12-4所示。

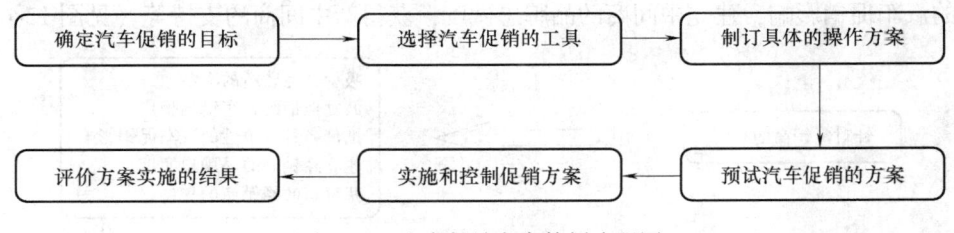

图12-4　汽车促销方案策划流程图

一、确定汽车促销的目标

确立正确的策划目标是企业促销策划的首要任务。企业只有在搞好市场综合行情分析的基础上找出问题,并在企业战略目标的指导下去发现营销机会,才能制订出切实可行的促销策划目标。

企业所希望实现的汽车促销目标就是目标市场对汽车促销活动所作出的反应。举办促销活动,可以为企业带来很多好处,如提升知名度、增加销售量等。

(一) 设定汽车促销目标

汽车促销的对象不同,则汽车促销的目标也不同。

1. 针对客户的促销目标

针对客户进行促销时,应考虑将鼓励客户购车、争取未知者以及吸引竞争者的客户作为促销目标(见图12-5)。

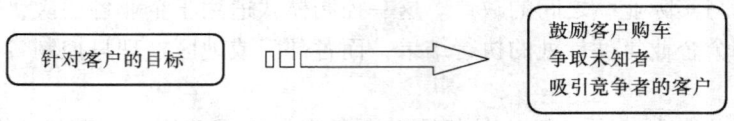

图 12-5　针对客户的促销目标示意图

(1)提升知名度　通过不同的传播渠道发布信息,可以提升品牌的知名度。品牌越熟悉,被消费者选购的概率也越高。

(2)吸引"人潮"　"人潮"和"业绩"有相当大的内在联系,尤其在展示厅,因此,促销活动的首要任务便是吸引更多的人潮。很多汽车经销企业的展示厅常在节日期间举办各种促销活动,就是希望借着各种活动。刺激消费而达到提升业绩的目的。

(3)增加销售量　促销会激发客户采取购买行动。由于促销的手法不同,不管是"诱使新客户购买",还是针对老客户的"促销",均会增加销售量。

(4)巩固老客户　初次交易的客户无法确保日后成为忠诚度高的老客户,因此,举办促销活动,激发客户继续消费购买,以巩固老客户,避免被其他品牌挖走。除了持续性的再消费,可利用老客户的影响力,吸引新客户前来消费,"亲朋好友推荐"是有效的促销方式。

(5)吸引客户试驾　分析客户的消费行为,若顾客对产品未深入了解,很难采取购买行动;为缩短他的评估时间,及早采取购买行动,可采用让消费者"试驾"的促销技巧,让客户亲自体会产品的价值。一旦"试驾"后,感觉不错,就可能成为未来的老客户。

2. 针对经销商的促销目标

针对经销商进行促销时,应考虑吸引其经营新的车型,鼓励其配合产品的推广,抵消各种竞争性的汽车促销影响,建立中间商的品牌忠诚度,获得新中间商的支持等(见图12-6)。

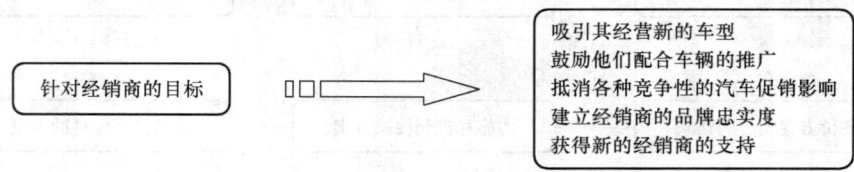

图 12-6　针对经销商的促销目标示意图

3. 针对汽车销售人员的促销目标

就销售人员而言，促销目标包括鼓励其支持一种新车型，激励其寻找更多的潜在顾客，刺激其推销滞销车辆等（见图12-7）。

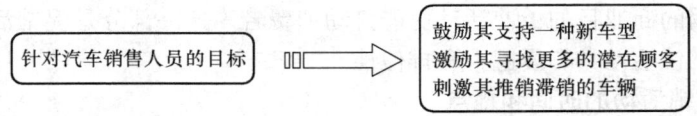

图12-7 针对汽车销售人员的促销目标示意图

(二) 量化汽车促销目标

汽车促销的目标必须可以量化。促销之前一定要先确定此次活动的目标，然后才能依目标进行管理，并将目标细分给各部门（人员）去实现。例如，在促销之前可先确定此次目标为"销售500台车"或"店铺知名度提升15％"。

活动目标必须符合两个基本原则：一是要符合汽车营销企业的整个营销目标，二是要适应目标市场类型的变化。活动目标的设定必须是可以量化的指标，如销量、市场份额、渗透率（即在目标市场上购车的百分比）、重复购车率（首次购车、再次购车或介绍熟人购车的百分比）、汽车促销广告的到达率、参加率（或兑换率）等，这些数据可以帮助界定汽车促销活动的成败。

(三) 选择汽车促销活动的时机

汽车促销活动的时机选择如图12-8所示。

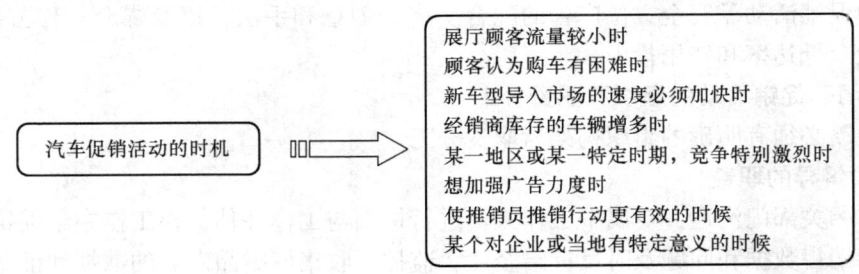

图12-8 汽车促销活动的时机选择

二、选择汽车促销的工具

不同的汽车促销工具可以用来实现不同的目标。选择汽车促销的工具，必须充分考虑市场类型、汽车促销目标、竞争情况以及各种汽车促销工具的成本效益等因素。

针对顾客的汽车促销工具有赠寄代价券、价格折扣、宣传卖点、赠送礼品、有奖销售、附加赠送、竞赛、特殊服务、公关赞助、奖励累计消费、俱乐部会员制等。

针对经销商的汽车促销工具有购车折让、推广津贴、合作广告、经销商销售竞赛等。

针对汽车推销人员的汽车促销工具有销售竞赛、销售红利、奖品等。

三、制订具体的操作方案

在制订活动目标及选定促销工具后，必须明确下列事项：

（一）确定促销活动的主题

这一部分主要解决两个问题，即确定活动主题和包装活动主题。促销工具和促销主题的选择，要考虑活动的目标、竞争条件和环境以及促销的费用预算和分配。在确定主题之后，要尽可能淡化促销的商业目的，使活动更能打动消费者。这一部分是促销活动方案的核心部分，应力求创新，使活动具有震撼力和排他性。

（二）选择促销活动的时间和地点

促销活动的时间和地点选择得当可以事半功倍。在时间上，要尽量让消费者有空闲参与。在地点上，要让消费者方便，而且要事前与城管、工商等部门沟通好。同时，活动持续的时间也要深入分析。持续时间过短，会导致在这一时间内无法实现重复购买，很多应获得的利益不能实现；持续时间过长，又会引起费用过高而且无法形成市场热度。

（三）考虑促销活动的方式

1. 确定合作伙伴

确定共同举办活动的对象，例如：和政府或媒体联合有助于借势和造势，和经销商或其他厂家联合，可整合资源，降低费用及风险。

2. 确定刺激程度

必须刺激目标对象的积极参与。刺激程度越高，促进销售的反应也越大。但这种刺激也存在边际效应，因此，必须根据促销实践进行分析和总结，并结合客观市场环境确定适当的刺激程度和相应的费用投入。

（四）选择广告的配合方式

成功的促销活动需要全方位广告的配合。广告创意和手法，以及媒介炒作方式的选择，都意味着受众抵达率和费用投入。

（五）明确促销活动的组织和职责分工

促销活动必须有明确的组织构架与职责分工。

1. 活动督导的职责

负责与相关部门沟通，对属下工作人员进行培训与工作评估，在工作中给促销小组明确的指导，将销售数据和问题及时反馈给企业，监控、收集好赠品发放的数据和证明。

2. 促销主管的职责

促销主管负责全面保证促销活动的良好运行。他对所属区域所有促销人员的工作状态负责，而且必须确保其区域内促销礼品、产品数量合适，既不能断货，也不能积压。促销主管还肩负与促销地主管沟通，帮助促销人员最大限度地保证促销运行的职责。

（六）汽车促销活动的费用预算

对促销活动的费用投入和产出应做出预算。促销费用包括实施促销活动本身的费用以及在活动中许诺给消费者的优惠条件所带来的利润损失，如果付出的费用大于促销活动带来的利润，又没有赢得更多的顾客，这个促销活动就是失败的。

1. 常用的汽车促销预算方法

（1）销售百分比法　以目前或预估的销售额为基准乘以一定的百分比作为汽车促销的预算。

（2）量入而出法　以企业负担得起的汽车促销费用为汽车促销预算。

（3）竞争对等法　以主要竞争对手的或行业平均的汽车促销费用支出作为汽车促销

预算。

(4) 目标任务法　汽车促销是根据营销推广目的决定的，营销人员首先设定市场目标，然后评估为达成此目标所需投入的汽车促销费用并将其作为预算。

(5) 调整法　此方法是先将计划采用的汽车促销手段列出一份清单，暂时不考虑资金问题，根据各个项目的收费标准，对清单列出的所有汽车促销项目进行总的预算，然后按实际情况对方案进行调整，直到调整的预算方案对企业而言可接受为止。

2. 汽车促销预算的步骤

1) 建立市场份额目标。
2) 建立新的汽车促销所要达到的市场百分比。
3) 确定被汽车促销手段所吸引的顾客比例。
4) 确定汽车促销行为的持续时间。
5) 确定不同汽车促销手段的运用总数。
6) 在支付不同汽车促销手段总额的平均成本水平下，确定汽车促销预算。

3. 制订汽车促销总预算

制订汽车促销总预算时，要避免出现的问题有：
1) 避免缺乏对成本效益的考虑。
2) 避免使用过分简化的决策规划。
3) 避免广告预算和汽车促销预算分开制订。

（七）编制汽车促销方案

即将汽车促销方案详细地罗列出来，具体事项见表12-2。

表12-2　汽车促销方案的具体事项

事　项	阐述内容的要点及注意事项
可提供的奖励幅度、数量及品种	赠品促销中的赠品价值与数量；抽奖中的事项设计与兑奖率
参与活动的条件限制	参与活动的条件务必明确易懂，尽可能说明清楚，以免引起顾客的误解。通过参与条件的设置，有助于界定目标消费群，达成活动的目标
活动的持续时间	如果时间太短，则一些顾客可能由于太忙而无法参加活动。如果汽车促销时间太长，则顾客可能认为这是长期降价，而使促销失去效力，甚至会使顾客对产品质量产生怀疑。总体而言，以促进销售为目的的短期激励性工具不宜使用过频，一般每季度使用3周
活动的传播途径	确定如何将汽车促销方案向目标市场贯彻。假设汽车促销方案是提供一张折价券，则至少有4种途径可使顾客获得折价券：一是放在售车现场，二是销售员分发，三是邮寄，四是附在广告媒体上。每一种途径的送达率和成本都不相同。在不同的地方开展活动，可吸引不同特征的消费群
活动预算分配	汽车促销成本的预算一般应考虑的因素有广告宣传费用、管理组织费用（如印刷费、邮寄费等）和附加利益费用（投入的奖励及回收率）等
协同任务分配	协同任务即制订出配合活动开展的日程安排，以便安排销售和分销，以及礼品供应商、社会力量等汽车公司外部成员的配合

(八) 汽车促销的前期准备

1. 人员安排

促销实施前要对人员进行相关的专项培训。在人员安排方面要做到"人人有事做，事事有人管"。各项工作都要有明确的负责人，各个环节都要考虑清楚。

2. 物资准备

在物资准备方面，要事无巨细，每一项都要罗列出来，然后按单清点，确保万无一失。

3. 试验方案

由于活动方案是在经验的基础上确定的，因此有必要进行试验来判断促销工具的选择是否正确，刺激程度是否合适，现有途径是否理想。试验方式有询问消费者、填调查表或在特定的区域试行方案等。

(九) 汽车促销变数管理

汽车促销管理变数环节很多，每次活动都可能出现未能预料的危机。促销主管和项目责任人到达出事地点的速度，对问题的解决及企业损失的降低作用显著，如政府部门干预、消费者投诉、天气突变导致户外促销活动无法继续等。另外，必须对各个可能出现的意外事件做必要的人力、物力和财力的准备。

常见问题有促销运作中，企业应对突发事件的能力比较差。主要原因是企业缺乏系统的危机处理程序，促销人员缺乏相应的培训。可以采取的改进措施是：企业建有标准的危机处理程序，通过岗前培训使每一位促销人员了解危机处理程序的内容。

四、预试汽车促销的方案

任何一次活动，都要在事前做预估的工作，先行预估每个阶段的效果同时在事后针对预估和实际的相关数值及各种缘由加以探讨，为下次活动积累经验。

五、实施和控制汽车促销方案

许多活动尽管有巧妙的构思和设计，却由于活动的组织与执行出现偏差而失败。所以，为了使策划人员的构思得以实现，就必须做到以下几点：

1）对促销管理工作的各个细节分别给予仔细筹划。
2）做出具体的行动安排。
3）对有关部门人员进行活动培训。
4）在整个活动中加强控制和监督。

对每一项汽车促销工作都应确定实施和控制计划。实施和控制计划必须包括汽车促销前控制、汽车促销活动现场控制和汽车促销后延续时间的控制。

(一) 汽车促销前的控制

1. 促销前的控制

汽车促销前控制是开始实施促销方案前所必需的准备，它包括最初的计划和设计工作，材料的邮寄和分送，广告的准备工作，销售现场的陈列，现场推销人员的培训，购买和印刷特别赠品，预期的车辆采购等。汽车促销前控制的具体内容见表 12-3。

第十二章 汽车营销策划

表12-3 汽车促销前控制表

	内容	责任人	完成时间	备注
最初的计划和设计工作				
材料的邮寄和分送				
广告的准备工作				
销售现场的陈列				
现场推销人员的培训				
购买和印刷特别赠品				
预期的车辆采购				

2. 促销人员的培训

在开展促销活动之前，要对参加活动的促销人员进行培训，主要包括以下几个方面：

（1）促销人员的标准培训内容　合格的促销人员必须要了解自己的企业。因此，培训内容应包括企业简介、企业文化简介、品牌简介、产品简介，以及促销人员的素质要求、行为规范、标准促销技巧、问题反馈程序、个人待遇、个人投诉程序、企业促销管理方式、促销管理内容、各种表格的用途及使用方法等。这对提高促销人员的促销技巧非常有效。

（2）与当期促销有关的内容　为了帮助促销人员全面且正确地了解促销活动，并在现场选择正确的应变措施，培训的内容应包括当期促销活动的目的、方式、主题、内容、事项、典型问题处理等（见表12-4）。

表12-4 参展人员准备工作培训表

培训事项	
培训事务	
人员	
仪表	
回答问题	
记录	
资料	
布置	
形象	

（二）汽车促销活动的现场控制

汽车促销活动的现场控制见表12-5。

表12-5 汽车促销活动现场控制表

注意事项	说明
提前到场巡视	销售人员、促销活动负责人和执行人员要提前到场，再次确认准备工作到位情况，整理广告宣传品的陈列及标价。主管要全程跟进，对准备不足和方案欠妥之处加以调整改善，并对汽车促销人员进行现场辅导
确保库存充足	汽车促销的时间越长，越容易出现断货现象，销售人员必须及时检查库存，以确保供应

(续)

注意事项	说　　明
明确汽车促销的目的和政策，掌握推销技巧	促销人员应明确促销的目的和政策，掌握推销技巧。促销目标不仅是销售车辆，还包括顾客参与度、品牌形象宣传，以及企业和竞争对手信息反馈。推销技巧包括推销形态和推销话术
管理	① 礼仪、服装、工作纪律、需填表单、薪资及奖惩制度 ② 主管不定期巡场，检查工作人员工作情况，并及时作出评价，通过公司管理渠道提出评价意见 ③ 主管在促销期间要每天召开工作人员会议，统计销量，评估业绩，宣读考核结果，了解问题，及时互动并寻求改进
活动现场发布信息	① 展示厅要有醒目的促销信息，可以使路过的人看到 ② 展示厅内有较详细的促销告知信息 ③ 广告宣传品尽可能简洁醒目地传达促销内容，让顾客获取易知易懂的信息

（三）汽车促销后续时间控制

后期延续控制主要涉及媒体宣传的问题，企业单凭活动期间的宣传是不够的，还要关注促销活动完成后的宣传，以最大限度地发挥促销的效果。

六、评价方案实施的结果

这一阶段的主要目的包括，对促销活动完成情况以及存在问题的评价。一般从以下方面进行综合评定：

（一）活动目标的达成

将活动中收集到的数据与促销活动前设定的数据进行比较，得出实际的效果，如吸引新顾客的数量、市场份额的变化情况、汽车促销的预算实际使用如何等。

（二）活动对销售的影响

评价活动对销售的影响有两种方法：

1. 纵向对比法

将活动前、中、后的销量进行比较，扣除季节等因素的自然增长率，即可得出活动实际对销量的帮助情况。

2. 横向对比法

选择与自己市场份额、品牌地位相当的竞争车型做同期销量对比。

（三）活动利润的评估

活动利润的评估主要是将活动的开支和预算相比，检查费用的使用情况，并根据实际销量增长数，得出活动的实际成本。

（四）改变顾客的态度

即通过评价活动，改变顾客对品牌的态度。

案例分析：通用赛欧的上市营销策划

通用赛欧系列在产品纷呈、竞争激烈的经济型轿车市场在上市不到两年的时间里，销量达 10 万辆，并连续 27 个月保持细分市场第一的业绩。

上市背景——机遇与挑战并存

在赛欧问世以前,中国的汽车厂商和消费者都缺乏"紧凑型轿车"的概念。多年来,对家用轿车的定位一直处于争论状态。以前谈到家用轿车时经常使用"经济型轿车"一词,但"经济性"在人们的印象当中往往是片面地抓住价格和使用成本,而忽略驾驶性能,甚至牺牲掉安全性能。在这样的背景下,2000年下半年,上海通用汽车公司计划向市场推出一款小型家用轿车。这无疑是一个广阔的、具有巨大潜力的细分市场,但如何将这款紧凑型家用轿车成功推向市场,在市场和公众对紧凑型家用轿车没有足够认知的情况下,如何与市场上低性能的廉价车以及低价落伍的公务车区分开来,如何明确地传达出这款紧凑型家用轿车的优异之处,这些都成为公司营销策划人员所面临的挑战。

1. 公关策略——建立家庭轿车标准

基于中国的市场环境,将赛欧与市场上现有的各类品牌家用轿车作比较,从中找出赛欧的优势所在,作为公关活动宣传的主要突破口。赛欧是比较适合走入家庭的紧凑型轿车。它已经具备了一些中高级轿车的配置,如ABS、双气囊、四门防侧撞钢梁等。另外,它的排放达到欧洲2号标准,这都是当时国内所谓的经济型轿车所达不到的。它的制造工艺和别克中高档轿车的制造工艺完全相同,并共享同一个质量保证体系,而它的价格却在10万元左右,非常有竞争力。同时,精明和理智的消费者也更关注厂商在售后服务和维修方面的承诺。赛欧将"性能价格比"概念进行了充分的表现,既体现较高的技术含量,又提供合理的价格。把"价格战"的恶性竞争导向"性能价格比"的良性轨道,与国际上现行的紧凑型轿车的一系列指标完全接轨。

在确定了以上宣传的主基调后,上海通用汽车公司拟定了以下几个公关策略:

1)以大量、多角度的公关宣传迅速树立赛欧提倡的"中国家用轿车新标准",包括"性能价格比""关注安全"等概念,占据竞争的主动。

2)建立与媒体之间畅通的沟通渠道,并提供充足的信息来源,以保证有效沟通并避免信息误传。

3)利用直接的传播活动,影响主要城市的新闻媒体或舆论领袖。

4)充分借助网络科技提供的传播手段,与二三线的城市媒体保持持续沟通。

5)在赛欧从下线到上市的过程中,以赛欧是为中国家庭度身定做的真正高品质、新标准的家庭用车为主线,在不同阶段选择不同的热点话题,形成持续关注。

6)建立预警和信息收集体制,关注市场和竞争对手的宣传诉求,避免遭受恶意攻击。

2. 公关执行——高潮迭起

以上这些公关要点,是通过一个长达8个月的公关活动来达成的,在此过程中,根据市场和舆论的变化,上海通用进行了相应的调整。

以下是赛欧从首次在上海国际工业博览会亮相到2001年在上海国际车展公开展出的8个月时间内主要的公关策划、主题和安排。

1)亮相工博会(2000年10月24日)——树立家用轿车新标准

第二届上海工博会开幕当天,赛欧以其极具震撼力的价格和优美的外形吸引了公众和媒体的眼球,赛欧一时成了当天几乎所有人的谈论话题。许多人拿着当天的报纸前往展会专门来看赛欧,在整个展会期间,赛欧每天都是各家媒体重点讨论的话题。赛欧首次亮相取得了成功,树立了配置齐全的10万元家庭轿车的新标准。

2)赛欧试车报告(2000年10~12月)——与赛欧的第一次亲密接触

从下线到上市这段时间里,赛欧成为许多媒体的重要报道对象之一。如何将赛欧所倡导的安全理念、充沛动力、舒适驾驶等对中国家用轿车的全新定义通过此次活动使媒体和公众有完整清晰的认识,都是需要解决的问题。

上海通用汽车公司首先邀请了一批国内汽车新闻报道的权威人士来上海试驾,试驾活动持续了将近两个月,媒体的近20篇试车报告给予赛欧很高的评价,标题十分吸引读者的注意,达到了良好的传播效果。

3)赛欧下线(2000年12月12日)——为百姓造车,为百姓造福

在赛欧下线这一事件上,上海通用发布的信息主题定为"为百姓造车,为百姓造福",具体表述是:赛欧的诞生源自"以顾客为中心"的理念,赛欧的开发、配置和价格完全是市场调查的结果;针对中国的使用条件和消费者的喜好,赛欧对原型车进行了100多项设计改进,使其更适合中国的使用条件和市场需求。赛欧的下线仪式邀请了150多位中外记者,通过这次公关活动,赛欧的定价和配置等信息再次得到了公众和新闻界的认同。同时上海通用汽车公司"以顾客为中心"的理念也得到了实证和升华。

4)媒体试车(2001年3月)——品质值得信赖,赛欧值得等待

赛欧下线后,媒体对赛欧依旧保持着极大的关注,这实际上也代表了一部分预订赛欧的车主和关注赛欧的公众急切想见到赛欧、体验赛欧的心理。因此,上海通用汽车公司决定组织一次大规模的媒体宣传活动,利用比较集中的新闻效应,使公众通过媒体获取更翔实的赛欧性能资料。更为重要的是,要把赛欧从下线后到上市前这段时间所做的持续改进的信息向公众传达出去,于是,上海通用公司拟订了"品质值得信赖,赛欧值得等待"的主题。

在媒体试车之前,公司邀请了部分媒体代表采访了负责对赛欧进行改进和重新设计的有关专家,力图从专家的角度对赛欧的研发过程和赛欧的性能做比较全面和权威的评述。这些媒体不仅包括传统的报纸和杂志,还包括新兴的网络媒体。同时,邀请专门从事汽车知识培训的专家做了一场两个多小时的多媒体汽车知识讲座,详尽地介绍了改进项目等各方面的知识,从而使媒体代表在实际体验赛欧的性能前,通过掌握理论知识,与试车相映证。

5)北京国际博览会(2001年4月3~6日)——首次亮相京城,通过新浪网与网友交流

博览会开幕当天晚上,通用还安排相关部门负责人作为嘉宾在新浪网聊天室就赛欧的话题与网友进行直接交流。这次为时1小时的交流,使广大公众有了一次与汽车公司直接沟通的机会,无疑是一次传播产品信息的良机。同时,新浪网的聊天内容也被其他媒体所关注和转载。

6)全国巡游(2001年3~6月)——与全国媒体及客户面对面交流

在2001年3月到6月的"齐驾驭、共体验——赛欧家族试车会"全国巡游活动中,上海通用在全国30个城市举办了试车活动。在这次活动中,赛欧巡游全国,与全国媒体及客户面对面交流,接受他们的意见建议,同时满足各地公众一睹赛欧风采的强烈愿望,为上市做最后的准备。事实证明,这次面对面交流帮助公众对赛欧有了更为准确的认知,避免了过高的预期或过低的评价,使赛欧的最初定位恰如其分。

7)赛欧上市(2001年6月8日)——把可靠的产品和售后服务带给消费者

经历了半年的试生产过程之后,赛欧确定了2001年6月8日的上市时间。6月1日,汽车公司首先发布了赛欧3种不同配置车型的价格,着重强调对在下线仪式上汽车公司对价格所做的承诺的兑现。6月8日,赛欧上市当日,各地重要媒体均对此做了详尽的跟踪报道,当日,各地上市情况被迅速反馈到上海,在对各地上市活动、图片以及车主受访内容整理之后,这些信息又被发送到各地的新闻记者手里,帮助他们更为全面地了解赛欧上市的情况,并且提供了大量的新闻线索和素材。赛欧的上市活动还邀请了两家门户网站和两家汽车专业网站进行追踪采访和滚动播出,充分发挥了新兴媒体独有的作用。

8)上海国际车展(2001年6月18~24日)

上海国际车展是赛欧整个上市公关策划的最后一个环节,距离2000年10月24日的首次亮相,也正巧是8个月的时间。至此,赛欧上市活动告一段落。

赛欧上市的整个营销策划过程一环扣一环,高潮迭起。完全掌控了公众"陌生-好奇-了解-接受-期待-渴望"的消费心理,在消费者心目中树立了中国家庭轿车的新标准,顺理成章地成为这个细分市场的领头羊。

在长达8个月的过程中,赛欧始终处于传媒和公众关注的焦点,在这种情况下,赛欧的优点和缺点无疑都会被放大,如何向公众传达真实可靠的信息,并帮助这一年轻品牌迅速成为中国家用轿车的领导品牌,使赛欧倡导的理念为公众和同行所接受,对上海通用来说是很大的挑战。

在这个案例中,我们体会到营销策划是公司产品策略及市场策略的有机组成部分,需要严谨周密的策划,精确的实施及各个部门的通力合作。不同阶段信息的收集、汇总、分析及传播对策划的成功也至关重要,尽管通过巧妙的策划可以迅速吸引公众的注意力,但是,我们更需要注意的是:了解并精心准备我们所想传递的信息,保持与媒体和公众畅通的信息沟通渠道,迅速应变、及时调整既定的策划方案和步骤,才是赛欧上市策划成功的关键,也更接近策划的本意。

讨论题:

1. 2000年下半年,上海通用汽车公司对计划向市场推出的一款小型家用轿车是如何定位的。谈谈你对"家用轿车标准"的看法。

2. 上海通用汽车公司在赛欧上市以前策划了哪些主要的市场营销活动。设想一下你作为汽车公司的市场营销人员,你会如何策划汽车新产品上市前的市场营销活动。

本章小结

汽车市场营销策划方案是汽车企业开展市场营销活动的重要环节,是汽车企业实现市场营销目标的有效手段。优秀的汽车市场营销策划方案能提高顾客的满意度,实现企业利润的最大化。本章详细介绍了汽车市场营销策划方案的主要内容、制订步骤、实施过程和控制方法,具有一定的实践指导作用。

思 考 题

1. 简要叙述汽车市场营销策划的基本含义,及其与相近概念的区别?

2. 如何利用汽车促销的主要方式进行汽车市场营销活动的策划？
3. 请介绍汽车市场营销策划方案的制订步骤和实施过程。
4. 如何对汽车市场营销策划方案的实施过程进行有效控制？
5. 请你为某款家用轿车新产品的上市，制订一份提升该新产品的品牌印象，并能有效开拓市场的市场营销策划方案。

第十三章 汽车客户关系管理

学习目标

了解汽车客户需求分析的基本知识；理解汽车客户开发的基本渠道，掌握汽车客户开发的业务标准；了解汽车客户价值，理解运用数据库管理汽车客户的作用并掌握相应的方法。

第一节 汽车客户需求分析

在市场营销中有句老话："你不是在卖钻头，而是在卖钻孔。"它的寓意是：实际上人们购买的并不是产品或服务本身，他们购买的是从产品或服务中所期望得到的利益。换句话说，他们在购买解决问题的方法。因此，汽车营销人员应该清醒地意识到自己不是在营销汽车本身，而是要善于发现顾客买汽车的真实需求。

一、汽车客户需求分析的概念

汽车客户需求分析指通过汽车买卖双方的持续沟通，对客户购买汽车的欲望、用途、功能、款式等进行逐项发掘，并将顾客心里模糊的认识以精确的方式描述并展示出来的过程。

二、汽车客户需求分析的目的和意义

（一）需求分析是接触和说明的桥梁

汽车营销人员在找到客户，进行了有效的接触面谈，找到了客户的购买点，并激发了客户的兴趣之后，就要进入需求分析环节。需求分析就是要呈现需求并得到客户的认同。

在汽车营销的过程中要解决客户需求分析的问题，就必须和客户进行有效而持续的沟通，所以营销人员要和客户持续接触并进行相关问题的说明。

（二）为客户制作建议书的基础

作为汽车营销人员，若能为客户制作建议书，则可以更好地满足客户的需求。只有充分分析汽车客户的需求，才能为客户提出好的建议，从而提高营销质量。

三、汽车客户需求的五个层次

不同年龄阶段、不同收入、不同职业、不同区域特征的人群具有不同的爱好和需求。所有的企业都在高度关注和研究客户的需求并强调以客户的需求为导向。客户需求的多样性、多变性、隐蔽性和复杂性使得企业难以驾驭。因此，从纷繁多样的客户需求中找出其中的共性或规律性就显得十分重要。

汽车客户需求存在着五个层次，它们从低到高依次是：产品需求、服务需求、体验需求、关系需求和虚荣需求。

（一）产品需求

不同年龄阶段、不同收入、不同职业、不同区域特征的人有不同的产品需求。比如说婴幼儿需要吃奶粉，成年男性需要剃须刀等。以车代步就是人们对汽车最基本的产品需求。

（二）服务需求

汽车在长时间的使用过程中势必会涉及到维修与保养。大多数客户视爱车为重要的财产，因此对汽车的售后服务十分看重，也会对营销汽车的企业和人员都有较高的要求。

（三）体验需求

人的天性都存在好奇心理，都有对新事物、新产品、新服务的体验需求。

（四）关系需求

所谓关系需求指产品并不是本人所需的，而是因某种关联原因才需要购买的。比如赠送礼品的需求，孝敬长辈的需求都属于关系需求。

（五）虚荣需求

虚荣需求指并不是自身真正需要，而是为了满足某种虚荣心理而产生的购买需要。比如现在的培训市场，许多MBA学员，学习MBA课程是来满足一种虚荣心理。

四、汽车客户个性需求分析

（一）友善型客户

这类客户性格随和，对自己以外的人和事没有过高的要求，通常是企业的忠诚客户。

应对策略：提供最好的服务，不因为对方的宽容和理解而放松对自己的要求。

（二）独断型客户

这类客户异常自信，有很强的决断力，感情强烈，不善于理解别人。

应对策略：小心应对，尽可能满足其要求，让其有被尊重的感觉。

（三）分析型客户

这类客户思维缜密，情感细腻，容易被伤害，有很强的逻辑思维能力。

应对策略：真诚对待，合理解释，争取对方的理解。

（四）自我型客户

这类客户以自我为中心，缺乏同情心，从不习惯站在他人的立场上考虑问题。

应对策略：控制情绪，以礼相待，对自己的过失真诚道歉。

第二节　汽车客户开发

商场如战场，汽车生产出来之后如何尽快地销售出去，回笼资金，减少库存成本是所有汽车服务企业都很关注的问题，这些问题的解决必须依靠汽车客户开发。

一、潜在汽车客户开发的渠道方式分析

（一）4S店（汽车销售卖场）展厅渠道

4S店（汽车销售卖场）展厅渠道主要指各个汽车品牌专卖店或各大汽车销售卖场。比如汽车超市、汽车大道、汽车销售一条街等汽车销售企业的现场展示场所，该渠道开发的客户主要是来现场看车的客户或进行电话咨询的客户。

1）来店客户的开发。该渠道的客户开发以汽车销售顾问与客户的接洽为主要形式。一般来说，通过该渠道开发的潜在客户都有很强的购车意向，且最终成交率相对比较高，因此，正规的汽车销售卖场对来店客户的接待都有硬性的管理标准。对于来店客户，销售顾问要礼貌相迎并引导客户进入客户服务区，创造最好的看车环境。

2）来电客户的开发。对于来电客户，必须在电话铃响三声内接听，首先自报家门，并适当记录谈话细节，同时迅速切入主题，并尽量邀请其来店里面谈，一般来说接听电话的最长时间不要超过5分钟，以免影响其他客户的来电。通话结束时要感谢客户的来电，并让对方先挂电话。接完电话，要把谈话内容详细地记录并及时登记在专用的来电客户登记表上，养成定期整理归档和上报相关部门的习惯，以便在日后的管理中有案可查并及时跟踪。

（二）汽车售后服务组织渠道

汽车的售后服务组织渠道主要指汽车销售以后，为保证汽车的正常使用，提供保养、维护、修理以及其他服务的各类服务性汽车组织机构。这些汽车服务组织因为业务需要通常都会拥有大量的汽车客户信息，汽车销售顾问首先要想方设法拿到这些客户信息，然后再对这些信息通过一定的管理工具按照自定义字段进行汇总、筛选并做进一步分析，从而锁定潜在客户并制订具体的潜在客户开发对策。比如对于汽车4S店中有重大维修记录的客户，汽车销售顾问可以断定在最近一段时间内该客户会有选购新车的倾向。同样，在汽车租赁公司客户登记表上出现频率较高的客户也很有可能就是潜在购车客户。

（三）书面资料渠道

汽车销售人员通过查阅各种书面资料来寻找潜在客户也是一种非常有效的渠道。很多汽车销售企业都要求其销售人员把经常在当地报纸、电视、广播及街头广告载体上露面的企业，作为收集信息的重点对象。这就是一种典型的书面渠道收集潜在客户的方法，该渠道具体来说包括以下三个方面的资料：

1）统计资料。主要指国家相关部门的统计调查报告，如中国汽车统计年鉴、汽车行业统计调查资料以及汽车行业团体公布的调查统计资料等。

2）名录类资料。主要指各大企事业单位内部成员名录或社会上各种正式或非正式的团体的会员名录，包括企业客户名录、同学名录、会员名录、协会名录、职员名录、电话黄页、公司年鉴、企业年鉴等。

3）报刊类资料。主要指与该汽车销售企业市场范围相关性较大的各类地方报纸和全国甚至全球范围内颇具影响力的汽车专业性报纸和汽车杂志等。

在利用这些信息的过程中需要对资料的来源与资料的提供者进行分析，以确认资料与信息的可靠性，同时还要注意资料可能因为时间关系而出现的错漏。总之，汽车销售顾问在利用这些二手资料的过程中要结合自己的经验有选择性地分析利用。

（四）汽车展示会渠道

各种专门的汽车展示会是汽车销售顾问收集潜在客户资料的一种重要途径。常见的汽车展示会分为两种，一种是自己公司举办的专场汽车展示会，另一种是其他公司或组织举办的汽车展示会。这两种类型的展示会都可以作为汽车销售顾问收集潜在客户资料的重要途径。在参加此类会议之前汽车销售顾问必须做好准备工作：

1）参加自己公司的专场汽车展示会，要参与策划整个展示会的方案设计，了解展示会的整个流程和具体环节，有针对性地设计潜在客户信息收集问卷，预测客户的兴趣点并准备一些客户关心的问题。

2）参加大型的其他组织举办的展示会，要收集全面且准确的最新展会信息，了解参展单位以及参展品的特征，收集竞争对手和潜在客户的资料，制订有效的间接收集潜在客户信息的方案，并充分论证其可行性。

3）准备好专门的客户信息收集工具，比如名片、公司宣传册、客户信息登记表等。

二、汽车客户开发业务处理标准

（一）业务员开发客户的方法

（1）拜访前的调研　在拜访客户之前，要充分对客户的情况和行业情况进行调查和了解。比如客户的实力、人际关系、性格等要尽可能多地了解。

另外，必须准备好必要的工具，包括企业简介、产品手册、样品、价格政策表等。

（2）仪容准备　要想更好地开发客户，业务人员必须以良好的职业形象出现在客户面前。穿着要职业化，并充满自信，面带微笑。

（3）心理准备　要具备屡败屡战，随时迎接挑战的心理。并保持昂扬向上的进取心态。

（4）业务准备　与客户洽谈时要彰显自己的专业水平，这要求业务员对自己的公司和产品，甚至竞争对手的情况都十分了解。

（二）客户管理与营销方法

客户忠诚度是企业存在并发展的基础，是缔造品牌的基石。

通常，可以采取定期的回访、邀请加盟汽车俱乐部、发展成为贵宾用户等诸多手段来改善与客户的关系，这些能为市场开发做铺垫。3至6年的换车周期中，必然会产生部分用户的流失，但若做得足够好，这种流失率就会低。美国通用在这方面的业务已经开展得十分娴熟，并且已成为公司重要的利润来源。购车者在外享有的酒店服务，可以与汽车公司有关。购车者的出行保险，也可以与汽车公司有关。

客户管理与售后服务管理在售后服务中的应用往往比销售还明显。客户在购买了汽车后，接触最多的是保养、维修、装潢，同时，制造厂与服务站的联络也大大超过了与经销商的联络。上海大众建立的全国客户服务中心，就具有非常强大的售后支持能力。上海大众一直能保持业内龙头地位，这个成绩的取得与上海大众宽泛的产品型号、过硬的产品质量、积极的销售策略有关，但非常重要的另一个方面是上海大众给予了用户一个极大的信心，就是上海大众具有完善的售后服务网络。服务也是产品，用户在车辆行驶了5000公里或7500公里到服务站进行保养，就会体验服务这种产品。广州本田、一汽奥迪和上海大众，虽说在网点的建设、格局要求方面不尽相同，但在售后管理规范、技术要求上都非常相近，理念也非常相通。另外，完善的客户档案系统，对于推进客户管理的成功实施是必不可少的。比较好的办法就是会员俱乐部制，采用IC卡，可方便进一步的积分处理，也可以将信息完整地记录下来传递给主机厂，也增加了高附加值的汽车装潢用品的销售机会。专业、快捷、规范的售后服务是提高用户满意度、增加用户忠诚度的必要条件。

客户满意度越高，销量就越高，但怎么才能提高客户满意度呢？最好的办法就是成立客户小组。下面说明客户小组的构成：客户小组可以涵盖诸如财务、研发、生产、物流等部门的人员，并设立客户经理。客户小组的优越性在于：

1）避免产生相互扯皮。
2）用户得到加倍关心。
3）效率更高。
4）减少营销费用。
5）信息畅通。

客户小组以销售及服务部门人员组成长期成员，以财务、研发、生产、物流等部门人员为临时成员，围绕客户设立自己的工作目标，有问题产生时，小组成员能够及时了解、沟通并达成共识，及时处理。如此一来，客户的抱怨将会大大降低，产品的销售将会更加顺畅，企业也会得到更加多的好处。

第三节　汽车客户资源管理

市场竞争的实质就是争夺客户，对汽车企业而言，客户资源的管理是企业管理的重中之重。

一、客户的价值

客户对企业的价值不单是购买产品或服务而为企业带来的利润贡献，还包括在整个生命周期内为企业创造的所有价值的总和。总的来说，客户的价值体现在以下四个方面：

（一）信息价值

客户的信息价值指客户为企业提供信息，从而使企业更有效地开展经营活动所产生的价值。这些基本信息包括：企业在建立客户档案时由客户无偿提供的信息；企业与客户进行沟通的过程中，由客户以各种方式（如抱怨、建议、要求等）向企业提供的各类信息。客户提供的这些信息不仅为企业节省了收集信息的费用，还为企业制订营销策略提供了真实、准确的一手资料。

（二）利润源泉

企业要实现赢利必须依赖客户，企业的命运是建立在与客户长远利益关系基础之上的。

（三）口碑价值

客户的口碑价值指对产品或服务满意的客户向他人宣传，从而吸引更多新客户，使企业销量增长、收益增加所创造的价值。

研究表明，在客户购买决策的信息来源中，口碑传播的可信度最大，远胜过商业广告和公共宣传对客户购买决策的影响。因此，客户主动的推荐和口碑传播会使企业的知名度和美誉度迅速提升。

（四）客户终生价值是企业持续发展的基础

客户的价值不能仅仅根据单次购买来判断，而需要预测客户一生的购买能力及购买总和。例如，可口可乐公司预测其一位忠诚客户50年能给公司带来的利益是1.1万美元。

客户终生价值是以预测期间客户为企业带来的收益减去企业为吸引、推销、维系和服务该客户所产生的成本来计算的。假设某公司某个客户的维系时间是10年，若每个客户平均每年给公司带来100美元的利润，吸引、推销、维系和服务一个新客户的成本是80美元，那么该公司平均每个客户的终生价值为920美元。

客户终生价值的意义在于表达忠诚客户对企业生存和发展的重要性和长远的影响力,并用以刺激企业对忠诚客户的重视,努力维系自己的忠诚客户。

二、运用客户数据库管理汽车客户信息

客户数据库是运用数据库技术,全面收集、追踪现有客户、潜在客户或目标客户的综合数据资料,并进行深入的统计、分析和数据挖掘管理系统,它可以使企业的营销工作更有针对性。客户数据库是企业维护客户关系,获取竞争优势的重要手段和有效工具。

(一)客户数据库为企业深入分析客户提供帮助

(1)客户数据库的建立 客户数据库是企业经过长时间对客户信息(客户的基本资料和历史交易行为)要素的积累和跟踪建立起来的,剔除了一些偶然因素,因此依靠客户数据库对客户进行判断更加准确、客观和全面。客户数据库中的最近一次消费、消费频率及消费金额三个要素是分析客户的最好指标,可以帮助企业识别最有价值的客户和忠诚客户。

1)最近一次消费指客户上一次购买的时间,它是维系客户的一个重要指标,可以反映客户的忠诚度。一般来说,上一次消费时间越近越理想,因为最近才购买本企业的产品或服务的客户是最有可能再购买的客户。最近一次消费还可监督企业目前业务的进展情况。如果最近消费的客户人数增加,则表示企业发展稳健,如果最近一次消费的客户人数减少,则表明企业的业绩可能滑坡。

2)消费频率指客户在限定的时间内购买本企业的产品或服务的次数。一般来说,最频繁购买的客户,可能是满意度最高、忠诚度最高的客户,也可能是最有价值的客户。

3)消费金额指客户购买本企业的产品或服务的数量。通过比较客户在一定期限内购买本企业的产品或服务的数量,可以知道客户购买态度的变化。

(2)综合分析 综合分析顾客最近一次消费、消费频率和消费金额的变化,可以推测顾客消费的异动状况。

1)将最近一次消费和消费频率结合起来分析,可判断客户下一次交易的时间。

2)将消费频率和消费金额结合起来分析,可计算出一段时间内客户为企业创造的利润,从而帮助企业明确自己最有价值的客户。

3)当客户最近一次消费离现在很远,而消费频率或消费金额出现显著萎缩时,表明这些客户很可能即将流失或者已经流失,从而促使企业做出相应的对策,如对其重点拜访或联系等。

(3)客户数据库的其他指标

1)客户每次消费的平均消费额,该项指标可说明客户结构,从而帮助企业认清目前的客户及市场规模。

2)客户的地域分布,企业应当重点吸引附近区域的客户,他们可能是企业的主要客户。

3)客户所处的行业和职业,企业可通过该项指标对客户进行细分,有针对性地开展营销工作。

(二)运用客户数据库可以对客户开展一对一营销

客户数据库是企业内部最容易收集到的营销信息,稍微对这些数据进行加工,就可以使其成为营销决策最有价值的信息来源。

运用客户数据库的企业可以了解和掌握客户的需求及变化。例如，美国通用汽车公司通过建立详尽的客户数据库，清楚地知道哪些客户何时应该更换产品，并时常赠送一些礼品以吸引他们继续购买公司的产品。

客户数据库还可以帮助企业通过了解客户过去的消费习惯来推测其未来的消费行为，帮助企业预测客户有多大的可能来购买多大量的产品。通过客户数据库对客户过去的购买行为和习惯进行分析，企业还可以了解到客户是被何种因素所吸引，从而有根据、有针对性地开发新产品，或者向客户推荐相应的服务。

运用客户数据库，还可使企业之间的竞争变得更加隐秘。因为企业运用客户数据库可以直接针对目标客户进行一对一的营销，而无需借助大众宣传的方式，从而减少了竞争对手的关注度，有效地避免了"促销战""价格战"等公开的对抗行为，也比较容易达到预期的促销效果。

（三）运用客户数据库可以实现服务及管理的自动化

客户数据库还能强化企业跟踪服务和自动服务的能力，使客户得到更快捷和更周到的服务，从而有利于企业更好地维系客户。例如，通过对客户历史交易行为的监控和分析，当某一客户购买价值累计达到一定金额后，可以提示企业向该客户提供优惠或个性化服务。

同时，客户数据库还可与企业的其他资源进行整合，使各业务部门根据其职能和权限实施信息查询和更新功能。

（四）运用客户数据库可以实现客户的动态管理

由于客户的情况总是在不断地发生变化，因此客户的资料也应随之不断地进行调整。企业如果有一套好的客户数据库，就可以对客户进行长期的跟踪，通过调整，剔除陈旧的或已经变化的资料，及时补充新的资料，使企业对客户的管理保持动态性。

另外，企业建立客户数据库后，任何业务员都能在其他业务员的基础上继续开展与客户的亲密关系，而不会出现由于某一业务员的离开造成业务中断的情况。

案例分析：某汽车客户关系管理工作开展方案

第一阶段工作——建立客户档案

计划工作用时：20个工作日左右

集中管理客户信息

完整的客户档案所涉及的内容包括：

1. 个人资料：会员类别，用户姓名，驾照等级，所在城市，身份证/护照号码，国籍/籍贯，民族，宗教信仰，性别，出生日期，婚姻状况，工作单位，单位性质，职务，单位地址，邮编，电话传真，E-mail，手机号，血型，照片，会员投诉记录。

2. 家庭资料：直系亲属，姓名，性别，出生日期，身份证/护照号码，国籍/籍贯，宗教信仰，与您的关系，职业，家庭地址，联系方法，血型，照片。

3. 车辆资料：车牌号码，厂牌型号，车辆照片，车辆归属（私、公），燃料（汽油、柴油、天然气），上牌日期，日行驶公里数，养路费相关（稽征所及微机号），前次维修（维护）日期，驾驶证年审日期，行驶证年审日期，养路费有效日期，保险日期。

4. 车辆维修档案：资料卡制作，管理软件开发、录入工作（要求：便于搜索查询，实现客户资料管理的基本功能）。

第二阶段工作——筹划演示阶段

计划工作用时：20 个工作日左右

确定提供的服务范围，建立有效的工作流程，提高机构内部协同工作的效率。主要是针对销售和售后服务站两个部分，使他们能够既协同工作，又能提高效率。

1. 确定客户关系管理服务范围

售前服务，如：提供购车向导服务、车型对比、保险按揭、购车流程、法律服务等。

售中服务，如：代办驾照及车辆年审、过户、变更、行驶证更换等服务；代办补办各种证照；代缴车船使用税；补办汽车牌照和相关证件；代办新车上牌一条龙服务；代购车辆保险并提供理赔服务。

售后服务，如：回访服务，第一次保养提醒，维修保养服务。

2. 建立有效的工作流程

客户资料档案收集管理工作流程；

电话回访服务工作流程；

上门回访服务工作流程；

投诉受理工作流程；

满意度问卷调查工作流程；

客户分析工作流程（客户细分分析，客户满意度分析、客户忠诚度分析、客户流失分析、客户消费行为分析）及其他各部门交叉工作流程。

3. 公司人员机构设置调整工作

确立公司变动后的机构调整，确定各部门岗位职责。

第三阶段工作——实施组建阶段

计划工作用时：15 个工作日

组建客户关系管理队伍，开拓客户接触渠道。例如开通了"800"免费咨询电话呼叫中心，和企业中文网站、短信发送平台、信件邮递平台等，为客户提供接触渠道。

1. 服务工作人员基本技能培训

召开全体员工交流会议，提高统一认识并开展相关培训工作，如：服务意识培训、礼仪培训（全员）、工作流程培训（所涉及工作人员）、工作技能加强培训（所涉及工作人员）。

2. 组建客户关系管理工作队伍

人力资源的整合重组实施工作，开展建立客户呼叫渠道。

第四阶段工作——改进调整阶段

计划工作用时：50 个工作日

第一次改进调整 14 天后。重点：检查操作实施工作，对困难障碍进行解决。

计划工作用时：3 个工作日

第二次改进调整 20 天后。重点：二次检查操作实施工作，对困难障碍进行解决。

计划工作用时：3 个工作日

第三次改进调整 14 天后。重点：完善及细节调整。

计划工作用时：3 个工作日

客户关系管理第一期工作目标：

1. 建立完善的客户资料及今后客户资料采集渠道；

2. 完善现有服务水平及质量，开发增设新服务项目；
3. 启动回访工作；
4. 客户分析工作；
5. 启动投诉受理工作；
6. 建立客户呼叫系统，开拓客户接触渠道；
7. 提高全员的服务意识及工作技能；
8. 完善相关工作流程。

客户关系管理工作的开展成败关键在于企业管理层坚定的决心和全体员工的思想认识与服务意识上的提高，双方面来共同保障执行，最终达成预期目标。由于预见到未来工作的阻力，建议各阶段工作由公司管理层会议讨论，达成全体员工思想上高度一致后执行，不宜强迫执行。

讨论题：
1. 运用本章所学知识评价该汽车公司的客户关系管理工作方案。
2. 通过此案例，在实际汽车客户关系管理工作中，你得到了哪些启示？

本 章 小 结

本章介绍了汽车客户关系管理的基本概念及客户的分类，着重介绍了汽车客户价值的含义，收集客户信息的渠道和运用数据库管理汽车客户资源的方法。

思 考 题

1. 你认为该如何进行汽车客户的需求分析？
2. 汽车客户关系管理应该做好哪些工作？
3. 汽车潜在客户开发有哪些渠道？

第十四章　汽车配件营销

学习目标

了解汽车配件的基本常识和我国汽车配件营销的现状；熟悉汽车配件鉴别的基本常识；掌握汽车配件进货、仓储及营销的相关知识。

第一节　汽车配件营销概述

一、汽车配件的基本类型

（一）按工作性质分类

汽车配件按其工作性质可以分为汽车零部件、汽车标准件和汽车材料三种类型。

（1）汽车零部件　汽车零部件一般标有统一规定的零部件编号，可分为以下几种类别：

1）零件。零件作为汽车的基本制造单元，是一个不可再拆卸的整体，是经过国家批准的各汽车生产厂所设计、生产的汽车专用件，因车型而异，通用性很小，如活塞、气门、半轴、电控系统用各种传感器、电控系统用各种执行器等。

2）合件。合件指两个以上的零件装成一体，起着单一零件的作用的组合体，如成对的轴瓦、带气门导管的气缸盖、带盖的连杆等。合件的名称以其中的主要零件而定名，如带盖的连杆，即定名为连杆。

3）组合件。组合件指两个以上的零件或合件组装，但不能单独完成某一机构作用的组合体，如变速器盖、离合器压板及盖等。组合件也称为"半总成"件，以区别于能单独完成某一机构作用的"总成"件。

4）总成件。总成件指由若干个零件、合件或组合件组装成一体，能单独完成某一机构作用的组合体，如发动机总成、变速器总成、ABS液压控制单元总成等。

（2）汽车标准件　汽车标准件是按照国家标准设计与制造的适用于汽车行业的汽车零件。对同一种标准件，其形状、尺寸、公差及技术要求是统一的，能在各种仪器、设备上通用，并具有互换性。如汽车上常用的螺栓、垫圈、键、销等均为汽车标准件。

（3）汽车材料　作为汽车配件的汽车材料指汽车运行的消耗材料，如各种油料、油液、汽车轮胎、蓄电池等。汽车材料大多是由非汽车行业企业生产的汽车商品，一般不编入各车型配件目录，所以又将其称为汽车的横向产品。已编入各车型配件目录并标有国家统一规定的零件编号的产品，如各种皮碗、皮圈、软管、摩擦片、专用轴承等，均不算汽车横向产品。

（二）按生产厂家分类

汽车配件根据其生产厂家可分为原厂配件（纯正部品）和副厂配件。

纯正部品是进口汽车配件中的一个常用名词。纯正部品即原厂配件，指各汽车厂原厂生产的配件。纯正部品虽然价格较高，但质量可靠。

（三）按物理性能分类

为便于运输包装，汽车配件又根据物理性能分为易碎配件和防潮配件。

易碎配件指在运输、搬运过程中，容易破碎的商品，如灯具、玻璃、仪表、摩擦片等。易碎配件在包装上印有黑色高脚玻璃杯标志和（或）"小心轻放"字样。防潮配件指受潮后容易变形、变质的商品，如纸质滤芯、软木、纸垫、电器零件等。防潮配件在包装上印有黑色雨伞标记和（或）"怕湿"字样。

二、汽车配件销售行业及其流通渠道

汽车配件销售是汽车售后服务的重要环节。

解放初期，由于我国还没有自己的汽车工业，无论是整车还是配件，基本上都依靠进口。1956年我国建立了第一汽车制造厂，同时建立了与之配套的不同规模的汽车配件生产厂，从此中国有了自己的汽车工业，汽车配件销售行业也随之发展起来。在计划经济时代，汽车配件像整车一样是作为国家的重要生产资料，由国家统一安排生产、统一分配。从中央到各省、地、市都设立了各级汽车配件公司，这就是过去我国汽车配件销售的主渠道，它曾经发挥了汽车配件物资生产、调拨的重要作用。

改革开放以后，随着汽车工业的高速发展，汽车配件也因其需求量大、利润丰厚，受到各行各业的关注。具有一定规模的汽车配件生产企业由改革开放之初的几百家发展到数万家；汽车配件销售企业更是数不胜数，在许多城镇都出现了汽配一条街、汽配城、汽配市场等。

现在我国汽车配件销售行业主要有三大流通批发渠道。

第一流通批发渠道——原计划经济体制下运作了几十年的省、地、市汽车配件公司。1992年以前这类公司还称得上是汽车配件销售主渠道，现在由于其自身机制、体制改革的滞后，加之其历史库存压力大、人员多、负担重等原因，大多经营不善出现亏损，经营规模大大缩小，只有少数公司因领导班子管理有方、机制转换快，尚保持着良好的发展势头。

第二流通批发渠道——各大汽车生产厂在各地设立的汽车配件供应网络。目前各大汽车厂为了扩大市场占有率，均在全国各地建立了四位一体（即销售整车、供应配件、技术服务、信息反馈）的销售（技术）服务中心，在这些服务中心设立了专门的汽车配件供应部门，负责集中供应其配套厂家的名优配件。采取在整车生产地建立配件供应总汇，在其整车拥有量较多的地区设立配件分销，在全国建立专门的营销网络的方式。

第三流通批发渠道——一批经济实力强、经营规模较大的个体或股份制社会经营网点。改革开放之后的二十几年间，有为数不少的投资者将资金投向汽车配件销售业，他们或以家庭为中心，或几家联合，搞家庭公司或股份制公司，采用灵活的经营方式很快发展起来，有的甚至成为汽车配件生产厂家的总经销商、特约经销商。

当前，随着汽车配件市场竞争愈发激烈，从供应品种规模优势、综合服务等方面来看，那些一门一户，承销低价位，甚至以假冒伪劣配件谋取高额利润的销售网点已不能满足客户更高层次的需求。特别是随着私人汽车拥有量的猛增，消费者对汽车的售后服务十分关注，细化售后服务，建立市场经济体制下的汽车配件供应新体系，已成为广大消费者的强烈愿望。

第二节　汽车配件的进货

一、汽车配件进货的意义

汽车配件的进货是一项具有预见性及计划性的工作，对企业资金的周转及经济效益具有关键性的影响。

二、汽车配件进货的方式和原则

（一）汽车配件进货的方式

汽车配件进货一般有集中进货、分散进货、集中与分散相结合及联购合销等几种方式。

（1）集中进货　集中进货指企业设置专门机构或专门采购人员统一进货，然后将货分配给各部门销售。集中进货可以避免人力、物力的分散，还可以加大进货量，受到供货方重视，享受批量进货的优惠价，从而节省进货费用。

（2）分散进货　分散进货指由企业内部的配件经营部门自设进货人员，在核定的资金范围内自行进货。其特点是经营相对灵活，应对市场及供求变化能力强，周转资金相对较少。

（3）集中与分散相结合　这种进货方式较为灵活，通过外地采购及非固定进货关系采取的一次性进货，由各经销商提出采购计划，业务部门汇总审核后集中采购。而本地采购以及有固定关系的则采取分散进货，这样就具有两种采购方式的优点。

（4）联购合销　联购合销指由几个配件零售企业联合派出人员，统一向生产企业或批发企业进货，然后由这些零售企业分销，此类型多适合小型零售企业之间，或中型零售企业与小型零售企业之间联合组织进货。这样能够相互协作，节省人力，化零为整，拆整分销，并有利于组织运输，降低进货费用。

（二）汽车配件进货的原则

1）综合考虑配件的质量、数量、规格、型号、价格，从而合理组织资源，保证配件符合用户的需要。

2）依质论价、优质优价，合理确定配件的采购价格；按需进货，以销定采；"钱货两清"，进货与付款必须同时进行。

3）加强对质量的监督和检查。要防止假冒伪劣配件流入市场，对不符合质量标准的配件要拒绝购进。

4）保证技术资料齐全，包装完整。购进的配件必须有产品合格证及商标。实行生产认证制的产品在购进时必须附有生产许可证、产品技术标准和使用说明，同时必须有完整的内、外包装及包装标志。

5）坚持按合同办事。要求供货单位按合同规定按时发货，以防配件缺货或积压。

三、汽车配件进货的工作流程

汽车配件的一般进货流程如图 14-1 所示，不同车型、不同厂家配件的订账流程略有变化，但大致相同。另外，汽车配件还可根据需求情况分为急需件和一般件，它们的进货流程也不相同。

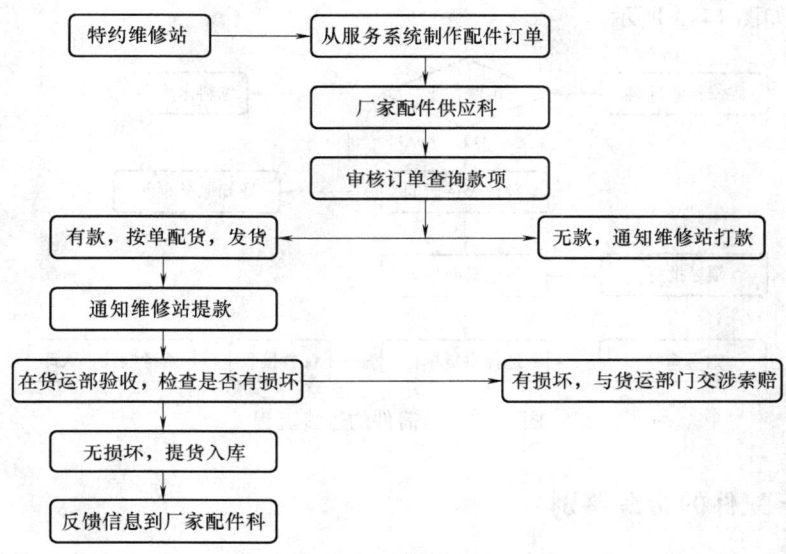

图 14-1　4S 店配件进货系统工作流程

（一）日常进货流程

汽车配件的日常进货直接关系到顾客对售后服务的满意程度，常用工作流程如图 14-2 所示。

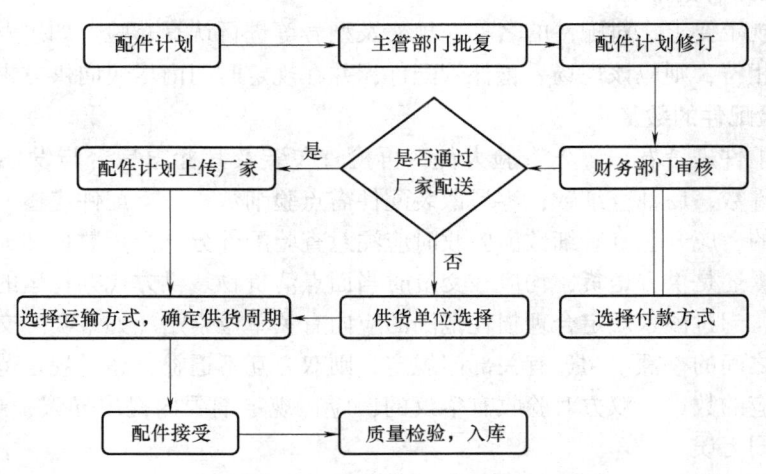

图 14-2　日常配件进货示意图

（二）急需件的进货流程

汽车配件库存是维修服务企业的主要生产成本，因此，合理且适当地控制库存能最大限度地提高企业资金利用率。由于维修服务的不可预见性，不可避免地会出现配件库存缺货的情况，这就需要配件管理部门设置急需件的进货流程，以免影响企业的维修服务。在整个配件采购体系中，急需件的比例应该根据车型的实际情况控制在一定限度内，急需件过多，会加大营运成本（如顾客等待时间延长、运输费增加）；急需件过少，则可能存在较大的资金沉淀。急需件可以选择的供货渠道有厂家紧急订购、兄弟单位配送、配件配套厂家直购和配件市场选购，如图14-3所示。

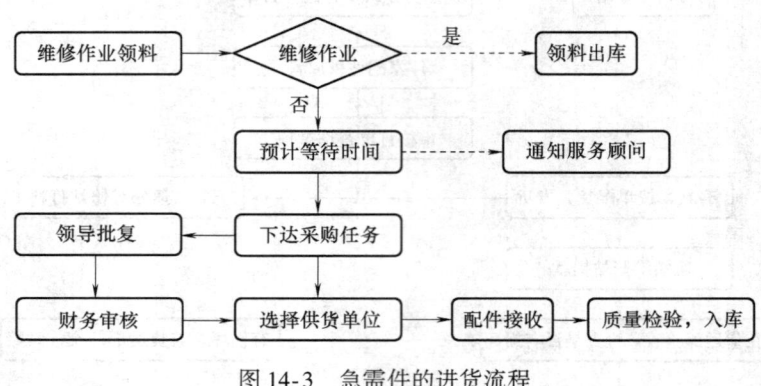

图14-3　急需件的进货流程

四、汽车配件的货源鉴别

随着汽车工业的发展，汽车配件市场得到了大规模发展，但随之也出现了许多假冒伪劣配件，使车主受到了严重损害。因此，汽车配件采购员在确定了进货渠道及货源，并签订了供需合同后，必须在约定的时间和地点，对配件的名称、规格、数量、质量检验无误后，方可接收。

（一）查验配件的品种

根据合同规定要求，对配件的名称、规格及型号等进行认真查验。如果发现产品品种与合同约定的不相符，则应该现场妥善保管配件，并在规定时间内尽快向供方提出异议。

（二）查验配件的数量

严格对照配件进货发票，先查验大件，再检查包装及其标志是否与发票相符。整箱配件，一般先点件数，后抽查细数；零星散装配件需点验细数；贵重配件应逐一点数；对原包装配件有异议的，应开包查验细数。验收时应注意查验配件分批交货数量和配件的总货量。

无论是自提还是供方送货，均应在交货时当面点清货物。供方代办托运的应按托运单上所列数量点清，超过国家规定合理损耗范围的应向有关单位索赔。如果实际交货数量与合同规定交货数量之间的差额不超过有关部门规定，则双方互不退补；超过规定范围的，按照国家规定计算相应的数量。双方对验收有争议的，应在规定期限内提出异议，超过规定期限，将视为履行合同无误。

（三）查验配件的质量

验收配件时，最重要的是对其内外质量认真地辨别和检验。一般采用简单的"五看"方法进行。

一看配件是否"三无"产品。看配件是否有质检合格证、厂牌及商标、厂址及联系电话，否则可视为"三无"产品。

二看配件外包装是否完好。看有无企业的标志及有关编码。

三看配件的质量。正规厂家的配件外表和加工精度都比较优良，若加工粗糙，外表毛糙，则可视为伪劣配件。

四看价格是否合理。正规厂家的配件价格比较合理，而伪劣配件的价格则较低或过高。

五看配件颜色是否纯正。因为有的配件是把旧配件的油污和原漆去掉后，将其重新刷漆或喷漆，以旧充新，所以在购买时要仔细检查。

另外，在验收时还要注意以下原则：

1）采用国家规定的质量标准的配件，按国家规定的标准验收；采用双方协议标准的配件，按照封存的样本或样品详细记录下来的标准验收。接收方对配件的质量提出异议时，应在规定的时间内提出，否则视为验收无误。当双方在检验或试验中对质量有争议时，由标准化部门的质量监督机构执行仲裁检验。

2）在数量庞大、品种规格极其繁杂的汽车配件交易中，出现不合格品、数量短少或损坏等情况，有时是难以避免的。如果在提货时发生以上问题，应当场联系解决。如果货到后发现，验收人员应分析原因，判明责任，做好记录。一般问题应填写"运输损坏单"和"汽车配件销售查询单"，问题严重或牵涉数量较多、金额较大时，可要求对方派人来查看处理。

3）汽车配件从产地到销地，要由发货单位、收货单位和承运单位三方共同协作来完成，所以必须划清各方面的责任范围，责任的划分一般为：

① 汽车配件在铁路、公路交通运输部门承运前发生的损失和由于发货单位工作差错、处理不当发生的损失，由发货单位负责。

② 从接收中转汽车配件起，到交付铁路、公路交通运输部门运转时止所发生的损失和由于中转单位处理不善造成的损失，由中转单位负责。

③ 汽车配件到达收货地，并与铁路、公路交通运输部门办好交接手续后，所发生的损失和由于供货单位工作的问题发生的损失，由收货单位负责。

④ 自承运汽车配件起至汽车配件交付收货单位或依照规定移交其他单位时所发生的损失，由承运单位负责。但由于自然灾害，汽车配件本身性质和发货、收货、中转单位的责任造成的损失，承运单位不负责任。

第三节 汽车配件的仓储

一、汽车配件仓储管理概述

（一）汽车配件仓储的作用

仓储管理是汽车配件销售企业管理的重要组成部分，是为汽车配件销售服务的物资基础。

汽车配件销售企业的仓库是服务于用户的，是为本企业创造经济效益的物资基地。仓储管理的好坏是汽车配件能否保持使用价值的关键之一。如果严格地按照规定加强对配件的科学管理，就能保证其原有的使用价值，否则就会造成配件的锈蚀、霉变或残损，使其部分、甚至是全部失去使用价值。所以，加强仓储科学管理，提高保管质量，是保证所储存的汽车配件价值的重要手段。

用户需要各种类型的汽车配件，汽车配件销售企业在为用户服务过程中，要做大量的工作，最后一道工序就是通过仓库保管员将用户所需要的配件发给用户，满足用户的需求，以实现销售企业服务交通运输、服务用户的宗旨。

（二）汽车配件仓储管理的任务

仓储管理的基本任务，就是做好汽车配件的进库、保管和出库工作，在具体工作中，要求做到保质、保量、及时、低耗、安全地完成仓储保管工作的各项任务，并节省保管费用。

1. 及时

在保证工作质量的前提下，汽车配件入库和出库的各个环节中都要体现一个"快"字。在入库验收过程中，要加快接货、验收、入库速度；在保管保养过程中，要安排好便于配件进出库的场地和空间；在配件出库过程中，要有足够的备货力量，安排好转运装卸设备。

2. 保量

保量就是仓库保管按照科学的储存原则，实现合理的库存量。在汽车配件的保管活动中，变动因素较多，比如配件的型号、规格、品种众多，批次不同，数量不同，进出频繁且不均匀，不同性能的配件其保管要求不同。因此，要按不同的方法分类存放，便于出入库，又保证储量。

3. 低耗

将配件在保管期间的损耗降低到最低限度。配件在入库前由于制造商或运输、中转单位的原因，可能会发生损耗或短缺，所以应在入库时严格把关，剔除残次品，发现短缺数量，并做好验收记录，明确损耗或短缺责任，以便为降低保管期间的配件损耗、短缺创造条件。配件入库后，要采取有效措施，如装卸搬运作业时，要防止野蛮装卸，爱护包装，包装损坏了要尽量维修或者更换；合理选择垛型及堆码高度，防止压力不均造成倒垛或挤压坏产品及包装。对上架产品，要正确选择货架及货位。散失产品能回收应尽量回收，以减少损失。

4. 安全

做好防火灾、防盗、防破坏、防工伤事故、防自然灾害、防霉变残损等工作，确保配件、设备和人身安全。

5. 保质

保质就是要保持仓库配件的原有使用价值。加强仓库的科学管理，在配件入库和出库的过程中要严格把关，凡是质量或其包装不符合规定的，一律不准入库和出库；对库存配件，要进行定期或不定期的检查或抽查，凡是需要进行保养的配件，一定要及时进行保养，以保证库存配件质量随时都处于良好的状态。

二、汽车配件仓储管理方法

（一）汽车配件入库

汽车配件入库是保证库房有效储备的重要环节，主要包括日常配件入库、急用件入库和旧件入库。

1. 常用配件入库

常用配件入库主要是指按照配件计划办理入库的配件入库。配件入库是物资存储活动的开始,也好似仓库业务管理的重要阶段,这一阶段主要包括:到货接运、验收入库和办理入库。工作流程如图14-4所示。

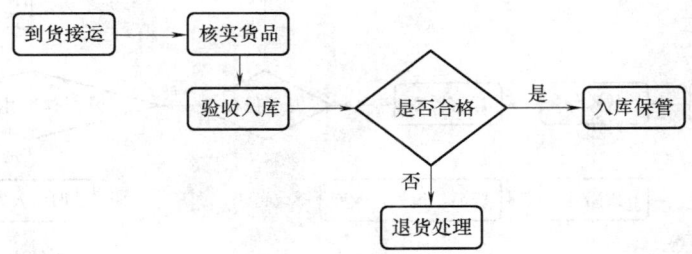

图 14-4　常用配件入库流程图

（1）到货接运　到货接运要对照货物运单,做到交接手续清楚,证件资料齐全,为验收工作创造条件,避免将已发生损失或差错的配件带入仓库。

（2）验收入库　验收入库指按照一定的程序和手续对配件的数量和质量进行检查,以验证它是否符合订货合同的一项工作。验收入库应立即填写验收记录,不合格品由配件主管处理,及时填写来货记录。验收入库程序如下:

① 验收准备。准备验收凭证及有关订货资料,确定存货地点,准备装卸设备、工具及人力。

② 核对资料。入库的配件应有的资料包括:入库通知单、供货单位提供的质量证明书、发货明细表、装箱单、承运单位提供的运单及必要的证件。

③ 实物检验。主要检验配件质量和数目。配件到库后,首先要在待检区进行开箱验收工作,并检查配件清单是否与货物的品名、型号、数量相符,做到"一及时"和"五不入"。

注:"一及时":货到及时开箱验收。"五不入":品名不符不入,规格不符不入,质量不符不入,数量不符不入,超储备不符不入。

2. 急用件入库

急用件入库与顾客维修等待时间紧密相关,其工作流程如图14-5所示。

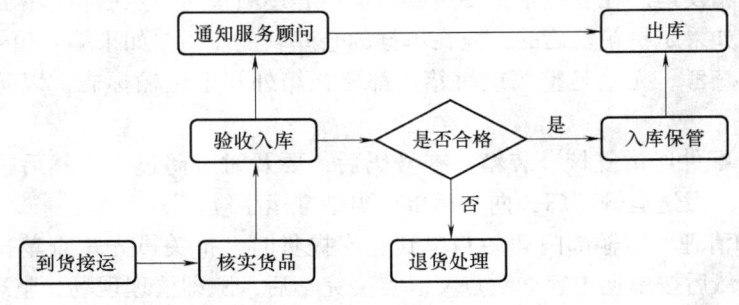

图 14-5　急用件入库流程图

3. 旧件入库

旧件入库是维修服务企业进行成本控制的和重要环节,往往容易忽视,其工作流程如图14-6所示。

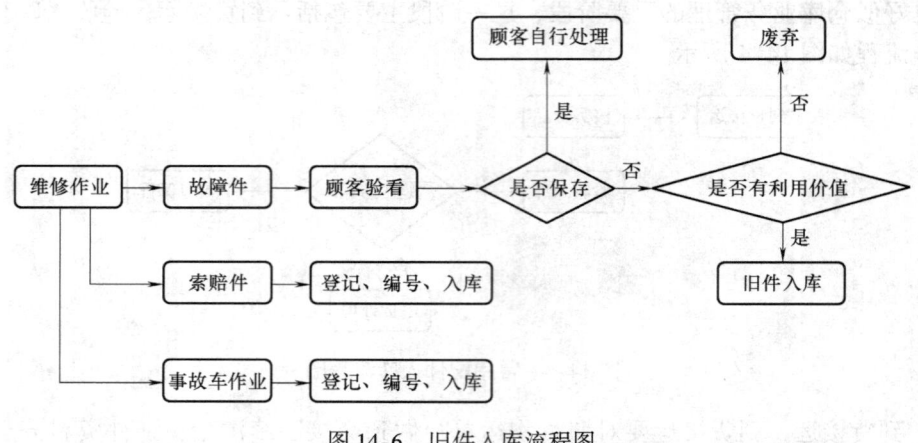

图 14-6　旧件入库流程图

（二）汽车配件出库

汽车配件出库，标志着储存保管阶段的结束，把好"出货关"是仓储管理工作的重要一环。

1. 出库的程序

（1）核对单据　业务部门开出的供应单据（包括供应发票、转仓单、商品更正通知单、补发、调换、退货通知单等），是仓库发货、换货的合法依据。保管员接到发货或换货单据后，先核对单据内容、收款印章，然后备货或换货。如发现问题，应及时与有关部门联系解决，在问题未弄清之前，不能发货。

（2）备货　备货前应将供应单据与卡片、实物核对，核对无误，方可备货。备货有两种形式：一种是将配件发到理货区，按收货单位分别存放并堆码整齐，以便复点；另一种是外运的大批量发货，为节省人力，可以在原堆垛就地发货，但必须在单据上注明件数和尾数的颜色。无论采用哪种形式，都应及时记卡、记账，核对结存实物，以保证账、卡、物三相符。

（3）复核　装箱备货后一定要认真复核，复核无误后，用户自提的可以当面点交，属于外运的可以装箱发运。在复核中，要按照单据内容逐项核对，然后将单据的随货同行联和配件一起装箱。如果是拼箱发运的，应在单据的仓库联上注明。如果编有箱号，应注明拼在几号箱内，以备查考。无论是整箱或拼箱，都要在箱外写上运输标志，以防止在运输途中错发。

（4）报运　配件经过复核、装箱、查号码后，要及时过磅过重，然后按照装箱单的内容逐项填写清楚，报送运输部门，向承运单位申请准运手续。

（5）点交和清理　运输部门凭装箱单到仓库提货时，报关员先审查单据内容、印章及经手人签字等，然后按单据内容如数点交。点交完毕后，随即清理现场，整理货位，腾出空位，以备再用。用户自提的一半不需要备货，随到随发，按提货内容当面点交，并随时结清，做到卡物相符。

（6）单据归档　发货完毕后，应及时将提货单据（盖有提货印章的装箱单）归档，并按照其时间顺序分月装订，妥善保管，以备查考。

2. 出库的要求

（1）凭单　发货仓库保管员要凭业务部门的供应单据发货，但如果单据内容有误，填写不合规定、手续不完备时，保管员可以拒绝发货。

（2）先进先出　保管员一定要坚持"先进先出、出陈储新"的原则，以免造成配件积压时间过长而变质报废。因为汽车更新换代很快，配件制造工艺也在不断地更新，如果积压时间过长，很可能因为淘汰老、旧产品而报废。

（3）及时准确　一般大批量发货不超过两天。少量货物，随到随发。凡是注明发快件的，要在装箱单上注明"快件"字样。发出配件车型、品种、规格、数量、产地、单价等，都要符合单据内容。因此，出库前的复核一定要细致，过磅称重也要准确，以免因超重发生事故。

（4）包装完好　配件从仓库到用户，中间要经过数次装卸、运输。因此，一定要保证包装完好，避免在运输途中造成损失。

（5）待运配件　配件在未离库前的待运阶段，要注意安全管理。例如，忌潮的配件要加垫，怕晒的配件要放在避光通风处。总之，配件在没离开仓库之前，保管员仍然要保证其安全。

第四节　汽车配件的销售

随着汽车产销量的快速增长，汽车配件销售行业也得到了快速发展。在汽车配件市场竞争日趋激烈的情况下，企业应掌握汽车配件销售的特点及管理方法，这对企业的生存和发展起着非常重要的作用。

一、配件销售的特点及规律

（一）配件销售的特点

（1）专业技术性强　现代汽车是融合了机械、电子、液压等专业技术的集合体，每一个零部件都具有严格的型号、规格和工况标准。要在不同型号汽车的成千上万个零件品种中快速、精准地查找出顾客所需的配件，就必须有高度专业的技术人员，并以计算机管理系统作为保障。配件销售要求专业人员既要掌握商品营销知识与汽车构造知识，又要掌握汽车配件专业知识、汽车材料知识、机械识图知识、学会识别各种汽车配件的车型、规格、性能、用途，并具备配件的商品检验知识。

（2）经营品种多样　一辆汽车在整个运行周期中，约有3000种零部件存在损坏和更换的可能。即使同一品种、规格的配件，不同厂家生产的产品，其质量、价格差别也很大，甚至还存在假冒伪劣产品。

（3）库存占用资金量大　由于汽车配件经营品种多样化以及汽车故障发生的随机性，配件经营者要将大部分资金用于库存储备和商品在途资金储备。

（4）售后服务要求高　汽车是许多高新技术和常规技术的载体，本着对客户负责的精神，配件经营必须有售后服务与之相配。相对于一般生活用品而言，经营配件更强调售后的技术服务，这是必不可少的服务项目。

（5）季节性需求明显　季节变化给汽车配件销售市场带来不同的需求。例如，在春雨绵绵的季节里，为适应车辆在雨季行驶，车上的雨布、各种挡风玻璃、车窗升降器、电动刮水器、刮水臂（片）、挡泥板等部件的需求量就特别多。在炎热的夏季，因为气温高，发动机机件磨损大，对火花塞、进排气门、风扇及冷却系部件的需求特别多。在寒冷的冬季，因为气温低，发动机难发动，对蓄电池、预热塞起动机齿轮、防冻液、百叶窗、各种密封件等的需求就会增多。总体而言，季节变化给汽车配件市场带来的销售额，占总市场销售额的30%~40%。

（6）地域性需求突出　地理环境的变化，也会给配件销售市场带来不同地域性的需求。在城镇，特别是大、中城市，因人口稠密、交通繁忙，汽车起动和停车次数较频繁，机件磨损较大，其所需的起动、离合、制动、电器设备等部件的需求数量就较多。在山地高原，因弯道急、坡度大、颠簸频繁，汽车钢板弹簧、减振器等部件就易损坏，变速部件、传动部件易损耗，需要更换的总成件也较多。

（二）配件消耗的规律性变化

汽车配件的消耗是有一定规律的。汽车按照行驶里程，有各级维护和修理的规定，各种类型的维修需要调换若干种配件。掌握车辆配件消耗的规律性，就可以根据市场和用户需求，采取积极的配件经销措施。

1. 配件消耗规律变化的表现特征

（1）辅助总成件消耗增加　维修中经常更换的辅助总成件有分电器、空气压缩机、发电机、起动机、水泵、汽油泵、制动蹄片、离合器摩擦片等。遇有辅助总成故障，用户大多要求更换新总成，同时造成组成这些辅助总成的零配件消耗急剧减少。

（2）组合件、成套件得到大量使用　如活塞带环带销并且带连杆以及装上就用的曲轴轴瓦等，越来越受到用户和修理工的欢迎。

（3）各种汽车修理包得到应用　车辆保养中必换的密封件，如离合器、制动总泵和制动分泵的皮碗、皮圈、油封，以及气缸垫、油底壳垫等密封垫片，一般集中在包装好的各种修理包内，普通受到用户和修理工的欢迎。

（4）小规格容器包装的各种汽车用液体畅销　各种小规格包装的润滑油（脂）、特种液，因具有携带加注方便、较少废弃的优点，尤其适合个人用户使用。

2. 配件消耗规律变化的原因

（1）用户时间观念的更新　在激烈的市场竞争中，为了争取时间，用户要求尽量缩短汽车的修理时间，最大限度地提高在用车辆的利用率。维修厂家为了满足用户的要求，要想方设法筹措配件。

（2）技术发展　随着汽车工业和零部件制造业的发展，以及现代汽车对维修质量的高标准，要求维修配件具有配合精密、使用维修方便、搭配合理、可靠性高等特点。在国产新型汽车和进口汽车配件供应中，这些特点表现得最为明显。

根据配件消耗的规律，积极采取措施合理调整库存结构，以适应市场需求，这是配件销售部门应当研究解决的主要问题。

3. 应对汽车配件消耗规律变化的措施

1）认真研究汽车维修配件消耗规律的变化，组织适销对路的配件品种供应市场。避免批量组织滞销品种，防止产生新的积压。

2）尽量将库存的零散件装配成质量合格的小总成件来供应市场。

3）委托工厂将单件加工组合成配套件来供应市场。

4）将零散密封件分门别类制成修理包来供应市场，如总泵、分泵维修包、发动机维修包等。

5）按车辆规格，采用不同容器封装车辆保养必换的润滑剂（脂）、特种液，来供应市场。

二、配件销售的管理

对大多数汽车配件企业而言，门市销售是配件销售的主要方式，无论是批发经营，还是零售经营，门市销售都是最基本、最直接的流通渠道。一般称门市销售部门为门市部或营业部、商店，也称销售部、销售中心或销售公司。

（一）门市销售的柜组分工

门市销售部门内各种柜组的分工，一般有如下两种形式：

1. 按各种系列分柜组

所有配件销售分柜组时，不分车型，而是按汽车部、系、品名进行分柜组销售经营。例如，经营发动机配件的，为发动机柜组；经营工具的，为工具柜组；经营通用电器的，为通用电器柜组。这种柜组分工方式的优点是：

（1）适合专业化分工的要求　配件是按照整车构成部分进行分类的，如发动机系统、变速器系统、传动轴系统等，这样比较能够结合商品的本质特点。再如，金属机械配件归为一类、日化杂件归为一类、电器产品归为一类等，也有利于经营人员深入了解配件的性能特点、材质、工艺等配件相关知识。

（2）有利于经营人员掌握商品信息　汽车配件品种繁多，对于经营人员来说，学会本人经营的那部分配件品种的商品知识，比学会某一车型全部配件的商品知识要容易很多，这样分类能较快地掌握所经营品种的品名、质量、价格以及通用常识。尤其是进口配件的经营，由于车型复杂，而其每种车型的保有量又不太多，因此按品种系列分柜组比较好。

（3）有利于配件间的通用与互换　某些配件的通用互换相对比较复杂，如果不按品种系列，而按车型经营，就有许多不便。

2. 按车型分柜组

按不同车型分柜组，如分成桑塔纳、富康、捷达、奥迪等车型柜组。每个柜组经营一个或两个车型的全部品种。这种柜组分工方式的优点是：

1）一些专业运输单位及厂矿企业所拥有的车型种类不多，中小型企业及个体用户，大多也只有一种或几种车型。目前的汽车配件用户，又以中小型企业用户为主，它们的配件采购计划，往往是按车型划分的。所以一份采购单，只要在一或两个柜组便可以全部备齐。

2）按车型分柜组，还可使经营企业的配件目录与整车厂编印的配件目录相一致。当向整车厂提出要货时，经营企业可以很便利地编制以车型划分的进货计划。

3）按车型分工经营，根据社会车型保有量统计数据，把进货、销量、库存、资金占用、费用、资金周转等几项经济指标落实到柜组，有利于企业管理的规范化。

柜组分工方式可以根据企业的具体条件确定。一个较大的汽车配件经营企业，往往在一个地区设立几个门市部，或跨地区、跨市设立门市部。在门市内部，相互间的分工至关重要，有的按车型分工，如经营解放、东风或桑塔纳、捷达、奥迪配件等；有的不分车型而是按品种系列综合经营；也有的二者兼有，既以综合经营为基础，各自又有几个特色车型。

（二）门市橱窗陈列和柜台货架的摆放

对汽车配件销售部门而言，陈列商品是十分重要的。通过陈列样品，可以加深顾客对配件的了解，尤其是对一些新产品和通用产品，更能通过样品陈列起到极大的宣传作用。

1. 配件的陈列方式

1）橱窗陈列。即利用商店临街的橱窗专门展示样品，是商业广告的一种主要形式。橱窗陈列商品不仅要有代表性，还要体现出企业的特色。

2）柜台、货架陈列。也叫商品摆布，它既能陈列又能销售，且换频繁。柜台、货架陈列是经营的经常性工作，也是商店中最主要的陈列方式。汽车配件中的小件商品，如火花塞、气门等适合此类方式。

3）货顶陈列。在货架的顶部陈列商品，其特点是占用上部空间位置，使顾客容易观看。这种方式一般适合机油、美容清洗剂等商品的陈列。

4）壁挂陈列。一般指在墙壁上设置悬挂陈列架来陈列商品，适用于质量较轻的配件，如正时皮带等。

5）平地陈列。指将一些大而笨重、无法摆上货架或柜台的商品，在营业场地的地面上陈列，如蓄电池、发动机总成、离合器总成等。

2. 配件陈列应注意的事项

1）易于顾客辨认，满足顾客要求。要将商品摆得整齐且有条理，易于顾客辨认。

2）明码标价。陈列的商品都要标明具体的售价，有货有价。商品随销随补，不断档、不空架。

3）分类、分等级摆放。应按商品的品种、系列、质量等级等有规律地摆放，以便用户挑选。

4）连带商品摆放。把使用上有联系的商品摆放在一起陈列，这样能引起顾客的注意，具有销售上的连带效应。

（三）营业前的准备

1）整理店容和卫生，整理个人仪容仪表。

2）检查柜台、柜顶、壁挂、平地商品摆放，检查商品摆放的位置和数量，不要让顾客感到杂乱无序。平地摆放的商品要留出通道，要让顾客感到醒目、整齐、有序。

3）备好售货用账目、票据，以及要找给顾客的零钱和收款登记表。

4）营业前全员上岗。

（四）门市销售应注意的问题

1）门市销售不能坐等客户。当前汽车配件市场竞争十分激烈，门市销售除了日常的接待客户外，还应主动通过走访、邀请、电话、信函等交流手段来熟悉用户。与购货比较集中的单位主动加强联系，要熟悉其主管人员，以及其车辆、车型保有情况，建立用户档案，根据汽车配件的消耗规律来判断其进货计划，使销售工作有的放矢。

2）货款结算应保持谨慎态度。货款结算方式有现金收讫、转账支票、托收承付、担保延期付款等方式。除关系密切、信誉好的用户外，宁可薄利，也应及时回笼货款。

3）制订合理的销售价格体系。在销售中发挥价格杠杆作用，根据市场需求和进货成本变化，在不违背国家有关规定的前提下，灵活定价，适当调高畅销品和名优产品的价格，但是对代理销售的产品均应征求厂家的意见。适当调低滞销商品价格，必要时为加速资金周转，可亏本或保本出售。对于批发价商品，要根据购买数量和成本进价核算，薄利多销，在整个营销中有赔有赚，以盈补亏。这样可以消除呆滞积压配件造成的经济损失，给企业的发展注入活力。

4）全面认识优质服务。门市销售必须在品种、质量、价格上下工夫。经营人员必须根据汽车配件型号多、品种繁、专用性强的特点，既要懂得所经营配件的通用互换情况，还要了解同一车型、不同代产品的配件。只有这样，才能为用户提供满意的咨询导向和售后服务，与用户建立起牢固的感情纽带。

5）理顺进销关系。进货与供货不能脱节，必须按汽车配件消耗规律、门市销售情况、库存数量及各种销售走向安排进货，一旦预见到将会发生品种短缺的情况，应立即联系进货，保障常规易损易耗配件的充足供应，最大限度满足用户需求。

6）考核经济效益和社会效益。一般企业对于考核经济效益比较重视，主要指标是"纯利润"，对配件商品供应率这一社会效益却不太重视。配件商品供应率是一项反映用户对企业在当地市场上销售品种的满足程度的指标。考核办法是，在一段时间内抽取有代表性的老用户的采购单，把采购单上的品种总数作为分母，把本企业满足的品种总数作为分子，得出的数据再乘以100%。这个百分数越大，说明企业的品种覆盖率越高，社会效益越好，同时也可以扩大销售，促进经济效益的提高。

7）处理好退货业务。用户一般是由于商品质量不合要求或者不适合应用而退货。不论哪一种情况，企业都应给予妥善处理。遇到商品质量问题时，首先必须验明是否确属本企业售出的商品，并检查质量状况是否符合标准，然后按规定处理。遇到商品不合适的情况时，也要首先验明是否属本企业售出的商品，再查验商品有无损坏，并在规定退还期内，报请商店负者人按规定退换。对于不符合退换规定的情况，应耐心向用户解释。

8）介绍相关规定。顾客在购买汽车配件时，有时并不清楚所购买配件在使用时的注意事项，经营人员应详细向顾客介绍该配件的功能、性能特点及使用方法。有时还需示范或让顾客亲自试用。

三、汽车配件销售的售后服务

（一）售后服务的作用

1）汽车配件经营企业为客户提供及时、周到、可靠的服务，以保证客户所购汽车配件的正常使用，最大限度地发挥汽车配件的使用价值。

2）争取客户，增强企业的竞争力。除了产品性能、质量、价格之外，优质的售后服务还可以增加客户对产品的好感，提高产品的口碑，提高企业的声誉，从而增强企业的竞争能力。

3）收集客户和市场的反馈信息，为企业正确决策提供依据。售后服务不仅可以使企业掌握客户的信息资料，还可以广泛收集客户意见和市场需求信息，为企业经营决策提供依据，从而提高决策的科学性、正确性，减少风险和失误。

（二）售后服务的内容

售后服务是经营人员在配件售出并到达客户手中后，继续提供的各项服务。良好的售后服务，不仅可以巩固已争取到的客户，还可以通过这些客户的宣传，树立良好的企业形象，争取到新的客户，开拓新的市场。售后服务主要包括下列内容：

（1）建立客户档案　客户的档案管理是对客户的有关材料以及其他技术资料加以收集、整理、保管并对变动情况进行记载的一项专门工作。建立客户档案直接影响到售后服务的正确组织和实施。档案管理必须做到以下几点：

1）档案内容必须完整、准确；
2）档案内容的变动必须及时；
3）档案的查阅、改动必须遵循有关规章制度；
4）要确保某些档案及资料的保密性。

客户档案可采用卡片的形式，主要内容包括：客户名称、详细地址、邮政编码、联系电话、法定代表人姓名、注册资金、生产经营范围、经营状况、信用状况、供销联系人、银行账号、建立交易关系日期、历年交易记录、联系记录、配件消耗及来源情况等。

（2）对客户进行分类　建立客户档案时，应在对客户进行调查分析的基础上进行分类。

1）一类客户：资信状况好、经营作风好、经济实力强、长期往来成交次数多、成交额较大、关系牢固的基本往来户。
2）二类客户：资信状况好、经济实力不太强，但也能进行一般的交易，完成一定购买额的一般往来户。
3）三类客户：资信状况一般、业务成交量较少的普通联系户。

对于不同类别的客户，要采取不同的经营策略，要优先与一类客户成交，对其在资源分配和定价上适当优惠。

（3）保持与客户的联系　建立客户档案和进行客户分类的目的在于及时与客户联系，了解客户的要求，并对客户的要求给出答复。应经常查阅最近的客户档案，了解客户对汽车配件的使用情况以及存在的问题。与客户进行联系时应遵循以下准则：

1）了解客户的需求及其在汽车配件使用中遇到的问题；
2）专心听取客户的要求并给出答复；
3）多提问题，确保完全理解客户的要求；
4）总结客户的要求。在完全理解了客户的要求以后，还要进行归纳总结；
5）对于一、二类客户，可定期或不定期召开用户座谈会或邀请他们参加本企业的一些庆典或文化娱乐活动，加深与他们的感情。

（4）退货上门和质量"三包"。送货服务大大方便了顾客，目前在汽车配件经营行业应用较为普遍。企业对售出的配件实行质量"三包"（包退、包换、包修）服务，维护了客户的权益，降低了客户的使用风险，也提高了企业的信誉，从而刺激顾客的再消费。

（5）了解配件使用信息。要积极主动向大客户了解车辆状况，按配件消耗规律，找出客户的需求规律，以便及时协助客户合理储备配件。

1）了解客户的车辆状况，主要了解客户拥有的车型、车数、购买时间和使用状况；
2）找出客户对配件消耗的规律。汽车的使用寿命周期由初期使用——正常使用——大中修理——后期使用——逐渐报废这样一个过程组成。对于专业运输企业和工厂、矿厂所使用的专业运输车辆，配件消耗在这个全过程中有以下规律性：

① 初期——正常运行期。保养用配件处于正常消耗阶段；
② 二期——使用故障期。在此期间，事故件消耗上升；
③ 三期——中修期。在此期间，以磨损消耗的配件为主，例如发动机高速运动部位的

零部件；

④ 四期——大修期。在此期间，也是以磨损消耗的配件为主，例如发动机、离合器、变速器等部位的零部件；

⑤ 五期——混合期。在此期间，主要是定期保养用配件和磨损消耗的配件，以及由于大、中修质量影响造成返修所消耗的配件；

⑥ 六期——二次大修期。在此期间，除消耗第一次大修用配件外，底盘要全部检修，更换部分零部件。这部分零部件一般不属于正常磨损，而是由于检查、调整不及时造成的，主要是滚动轴承损坏导致齿轮损坏。因此，必须在第一次大修时对底盘各部、总成进行全面检查和调整；

⑦ 后期——逐渐报废期。在此期间，配件消耗下降，配件储备处于紧缩阶段。

根据以上分析，可以看出配件消耗有以不同使用时期的不同消耗为重点的动态增减规律，它反映了配件消耗规律的普遍性，这是一种函数关系。配件储备定额应与上述函数关系建立对应关系，加上一定的安全储备量，这就是动态储备定额。按这个定额储备配件，就能满足车辆在不同使用时期配件消耗的需要。这样既保证了维修车辆配件消耗的需要，又相对节省了储备资金，同时避免配件积压和报废损失。

3）协助客户合理储备配件

① 配件储备要建立在消耗的基础上，以耗定存，加强分析配件的消耗规律，为制订维修配件储存计划提供依据；

② 根据车辆技术性能和使用条件，制订车辆在整个使用寿命周期内的配件消耗分期计划，确定不同时期的配件消耗重点，进而确定库存量和库存结构；

③ 认清总成和零件的存量关系，使存量合理化。总成可以分为大总成、小总成和事故总成，它们应分别采取不同方法进行储备。

大总成，如发动机、变速器等。这类总成损坏率小，主要部件损坏时才需更换，储备不应过多，甚至可以在需要时临时采购，主要原因是其价格较高，这样做可以节省储备资金。

小总成，如供油泵、发电机等。它们占用全车总成的 2/3 左右，这类总成一般易损，修理时占用工时较长，影响车辆完好率，并且一般总成比它的成套零件价格便宜。这类总成内的零件往往只有若干件易损，全部备齐也不经济。当前，随着人们时间观念的增强，一般要求更换小总成，将原小总成收下，待修理好后作为以后再次损坏时的备用品。可以根据实际使用情况，多储备小总成。在摸清内部损坏零件的情况后，再有目的地储备零件。

事故总成多在总成事故发生后，再及时向供货单位约定。车架、保险杠、前后桥一般不易损坏，故通常不提前储备。

对保有量极少的车型，例如油罐车和牵引车等，要采取特殊管理方法，以防急需时因配件待料而直接影响生产，因此必须想方设法保证配件供应。除加强与有车单位的横向联系外，对易损配件要储备充足，保证正常维修需要。大、中修配件集中在发动机、离合器、变速器等部位，可考虑备用总成，供修理时更换，换下的旧总成可在充足时间内修理，未储备的配件也可以在此期间采购。旧总成修复后可作备用，这样就减少了库存配件量。底盘配件可在第一次大修时检修调整，有目的地进行储备。

案例分析：售后服务成为汽车零部件销售利润的重头戏

"限购令"下的北京车市，让汽车厂商和经销商认识到，在有限的市场空间里，单单凭借汽车销售的利润已经很难持续稳定地发展下去。在经销商和整车企业的眼中，售后市场已经成为保证利润和市场份额的关键。汽车行业的竞争，不可避免地将演变为售后服务这一核心领域的激烈较量。

有资料显示，国际上汽车业比较正常的利润来源中，汽车销售所占比例只有10%，售后服务却高达50%，零部件销售占10%，二手车经营占20%。在中国，相对于目前整车销售利润的缩水，汽车售后服务市场利润率仍高达40%。

业内人士普遍认为，越来越多的汽车厂商开始在售后服务领域"加注"，打造售后服务品牌已成为中国汽车界各大巨头间的共识。

随着车辆老化和保有量增长，售后市场需求将成为配件销售的主要增长动力。这将会推动售后市场的零部件销售和服务产业快速增长。

以汽车销售集团中升为例，2010年该集团的新车销售毛利占总毛利的比重仅为5.8%，服务毛利占比则达到48.9%，服务和零配件业务成为贡献利润的主要来源。"国内比较优秀的厂商其零部件服务的利润贡献率将近50%，而在美国等成熟市场这一数字都要达到70%~80%，所以中国的零部件供应商还有很大的发展潜力。

业内人士预计，中国汽车行业未来5年的销售将保持在12%~15%的增长幅度。中国汽车零配件供应商们将在未来几年获得强劲增长，其中售后市场是主要的发展机会。鉴于日益增长的汽车保有量，及汽车老化问题，售后市场需求将成为主要的增长动力。

讨论题：

1. 站在汽车营销人员角度，你认为在汽车配件销售中是否应重视后市场给配件业带来的利润，为什么？
2. 结合本章所学内容和上述案例展望汽车配件销售的发展趋势。

本 章 小 结

本章简要介绍了汽车配件的基本类型，着重介绍了汽车配件采购的含义，原则和基本的工作流程，还有汽车配件销售的特点与管理方法，以及汽车配件的索赔与售后服务。

思 考 题

1. 你认为应该如何辨别汽车配件的真假？
2. 汽车配件销售的售后服务应该做好哪些工作？
3. 汽车配件的索赔应注意哪些事情？

第十五章　二手车市场营销

学习目标

了解二手车市场营销的特征和作用；掌握二手车评估的实际操作方法；理解二手车市场营销的多元化模式和二手车贸易的功能；学会全过程、全方位开展二手车贸易。

"二手车"泛指已在车管部门上完牌照的机动车。二手车市场营销是汽车市场营销中一个重要的组成部分，是汽车流通链中一个必不可少的重要环节。我国的二手车市场营销与发达国家相比还存在着很大的差距，特别是二手车的评估体系还未完全建立，二手车的贸易也未完全开展起来。因而，我国的二手车市场有着广阔的发展潜力和发展前景。本章从市场营销角度，介绍二手车的评估方法、营销模式以及贸易功能。

第一节　二手车市场营销概述

我国二手车市场虽然起步较晚，但伴随着汽车产业的发展和汽车保有量的高速增长，二手车市场发展速度惊人且前景广阔，尤其是近几年来，二手车市场已经步入了一个高速发展期。

渠道畅通、运作高效的车辆新陈代谢机制是汽车市场整体健康运作的前提和保证。二手车市场是汽车产业链中的重要一环，它的健康发展，对整个汽车市场起着举足轻重的作用。

一、二手车市场营销的概念

二手车市场营销指专门针对二手车或旧机动车的市场营销活动。

二、二手车市场营销的特点

（一）二手车销量和利润大于新车

二手车交易行业涉及评估、租赁、拍卖、置换、美容、整修、零配件供应等诸多方面，价值链长，使经营企业具有良好的经济效益。如美国二手车销量是新车销量的3.5倍，二手车利润占利润总额的45%。

（二）二手车市场促进新车销售

二手车市场是汽车的二次流通领域，因此二手车客户是新车的潜在客户，兴旺的新车市场，必须建立在坚实的二手车流通市场的基础上。因此，活跃的二手车市场，是促进新车市场发展的催化剂。

（三）二手车销售形式多样并重

多元化经营体制形成多元化销售主体和多样化交易方式，仅交易方式就可分为直接销售、代销、租赁（实物和融资）、拍卖、置换等多种方式。

（四）交易地区相对集中，市场流向特征明显

1）交易明显集中在经济发达、汽车保有量较大的大、中型城市，如北京、上海两地旧机动车交易量总和占全国交易量的 20% 左右。

2）由发达地区向欠发达地区扩展，从东部地区流向西部地区，从中心城市流向乡镇。

3）从高收入者流向中、低收入者。

4）合理规范交易市场难度大，涉及内容广。

三、二手车市场营销的作用

建立规范合理的二手车流通体系和活跃健康的二手车贸易市场有利于完善我国的汽车服务贸易，有利于创建我国二手车贸易品牌，有利于推动我国汽车贸易发展。

（一）有利于完善我国汽车服务贸易

2004 年 6 月 1 日颁布实施新的《汽车产业发展政策》对汽车产业的发展和消费都给出了相应的规范性和指导性意见。新的政策明确提出了"汽车服务贸易"的概念。把汽车营销网络的建立和营销服务的规范化等都上升到了服务贸易的高度加以认识，汽车营销服务的主体也从单一的"汽车工业企业"扩展到了"汽车、摩托车、零部件生产企业和金融、服务贸易企业"。

一个完整的汽车市场将包括汽车新车市场、汽车租赁市场和汽车二手车市场三部分。二手车市场作为汽车市场的一个重要组成部分，其发展必将关联并影响整体汽车市场的发展。而二手车服务贸易作为汽车服务贸易的一环，其发展也同样是完善汽车服务贸易的必不可少的一个重要条件。

将二手车市场从交易的层面提升到贸易的高度来，大力发展全方位的二手车贸易，不仅可以促进手车交易的增长，还能从另一个方面促进汽车服务贸易市场的规范化和集约化，从而推进新车和零配件市场的发展，最终完善整体上的汽车服务贸易。

二手车贸易作为汽车服务贸易的一个重要的组成部分，其完善的流通体系的建立与良性运转是我国发展与完善汽车服务贸易的重要基础。

（二）有利于创建我国二手车贸易品牌

随着汽车保有量的不断增加，二手车的潜在资源不断膨胀，但二手车流通发展的速度显得不适应节奏。目前的二手车交易市场多以提供交易场地、过户服务为主，真正从事二手车买卖经营的以个体经营者为主，虽然经营人员有着丰富的经验，但个体经营在某些方面尚属于弱势，特别是资本的增长能力，政策的引导和扶植，向银行申请贷款、吸收外部投资以扩大规模，与新车厂家合作等方面都有所欠缺，"游击队"与"正规军"之间确实存在实力和待遇上的差别。因此，鼓励生产企业开展二手车置换，允许有实力的企业加入二手车流通，无疑会大幅度提升二手车流通发展速度，改善二手车行业形象，提高二手车服务品质，可以更好地保护消费者权益。

现阶段二手车交易从二手车的售后服务和替代服务来看，都还无法满足消费者对服务的需求，因而很难为企业创造忠诚顾客。而全方位的发展二手车贸易，则可以通过二手车贸易的完善功能为消费者提供全过程、全方位的服务，从而使消费者对二手车贸易市场或企业产生深刻的印象，从而有利于创建二手车贸易的品牌。并通过品牌服

务营销，加快推进上海二手车服务贸易的展开和扩展，从而有助于国内的二手车贸易发展。

规范发展国内的二手车贸易流通体系，有利于凸显大的具有市场领导力的二手车贸易品牌，为二手车贸易品牌的建立营造良好的外部政策及市场环境，进而能促进和推动我国整个汽车贸易的健康发展

（三）有利于推动我国汽车贸易发展

新车的销售为二手车市场提供了货源，而二手车市场是新车市场的补充，它满足了各个阶层对于汽车消费的不同需要，使汽车的流通更加通畅，它同时也使人们再买新车的成本大大降低，从而反过来又推动了新车的销售。

世界汽车工业的发展历程证明，一个兴旺的新车销售业务必然建立在一个坚实的二手车流通结构的基础上面。渠道畅通、运作高效的车辆新陈代谢机制是汽车市场整体健康运作的前提与保证。

发达国家二手车交易量一般是新车交易量的两倍以上，约占整个汽车销量的70%左右，而我国目前这个比例还很小，市场需要进一步规范。虽然目前二手车市场的规模还不能和新车市场相比，但以这几年的发展来判断，完全有可能在不久的将来与新车市场媲美。私家车目前还只是刚刚进入中国家庭，大多数车主还没有到换车的时候，一般而言，当新车使用5到6年后，车主才会考虑换车。所以，从2005年底开始，我国会逐步进入二手车市场的持续增长阶段。

由于汽车是一种技术成熟的高档耐用消费品，因而其在保养维护得当的情况下，具有很长的使用寿命，这一特点就使得二手车市场有了发展壮大的可能性。同时，由于现在服务社会的临近，对于汽车，包括二手车这样的耐用品来说，其配套服务质量的好坏直接关系到了二手车市场交易的情况，可以说，对于二手车者这一特定的商品来说，单一的交易功能是无法获得长期发展的。

第二节 二手车评估

一、二手车评估概念

二手车评估指由专门的鉴定评估人员，按照特定的目的，遵循法定或公允的标准和程序，运用科学的方法，对二手车进行手续检查、技术鉴定和估算价格的过程。

二手车评估从实质上来说，是市场经济的产物，是适应生产资料市场流转的需要，由鉴定评估人员所掌握的市场资料，对二手车的现时价格做出预测估算。

二手车评估由六大要素组成，即评估的主体、客体、特定目的、程序、标准和方法。评估的主体指二手车评估的承担者；评估的客体指评估的对象；评估的特定目的指二手车发生的经济行为，直接决定评估标准和方法的选择；评估的标准指评估采用的计价标准；评估的方法指用以确定二手车评估值的手段和途径。

二、二手车评估和价格计算的基本方法

二手车评估的方法和资产评估的方法一样，按照国家规定的现行市价法、收益现值法、

清算价格法和重置成本法等四种方法进行。

(一) 现行市价法

现行市价法又称市场法或市场价格比较法。指通过比较被评估车辆与最近售出类似车辆的异同,并将类似车辆的市场价格进行调整,从而确定被评估车辆价值的一种评估方法。

现行市价法是最直接、最简单的一种评估方法。这种方法的基本思路是:通过市场调查,选择一个或几个与评估车辆相同或类似的车辆作为参照物,分析参照物的构造、功能、性能、新旧程度、地区差别、交易条件及成交价格等,并与评估车辆对照比较,找出两者的差别及价格的差额,经过调整,计算出二手车辆的价格。

1. 现行市价法应用的前提条件

1)需要有一个充分发育且活跃的二手车交易市场,有充分的参照物可取。二手车交易市场上的二手车交易越频繁,与被评估二手车相类似的车辆价格越容易获得。

2)参照物及其与被评估车辆可比较的指标、技术参数等资料是可收集到的,且价值影响因素明确,可以量化。

运用现行市价法,重要的是要能够找到与被评估车辆相同或相类似的参照物,并且参照物是近期的,可比较的。所谓近期,即指参照物交易时间与车辆评估基准日相差时间相近,一般在一个季度之内。所谓可比,即指车辆在规格、型号、功能、性能、内部结构、新旧程度及交易条件等方面不相上下。

2. 采用现行市价法评估的步骤

(1)收集资料 收集评估对象的资料,包括车辆的类别名称,型号和性能,生产厂家及出厂日期,了解车辆目前使用情况,实际技术状况以及可使用的年限等。

(2)选定二手车交易市场上可进行类比的对象 所选定的类比车辆必须具有可比性,可比性因素包括:

① 车辆型号。

② 车辆制造厂家。

③ 车辆来源(私用、公务、商务、出租等)。

④ 车辆使用年限及行驶里程数。

⑤ 车辆实际技术状况。

⑥ 市场状况。

⑦ 交易动机和目的。即车辆出售是以清偿为目的还是以淘汰转让为目的。

⑧ 车辆所处的地理位置。不同地区的交易市场,同样车辆的价格有较大差别。

⑨ 成交数量。单台交易与成批交易的价格会有一定差别。

⑩ 成交时间。应尽量采用近期成交的车辆作类比对象。

按以上可比性因素选择参照对象,一般选择三个以上的交易案例。某些情况找不到多台可类比的对象时,应按上述可比性因素,仔细分析选定的类比对象是否具有一定的代表性,要认定其成交价的合理性,才能作为参照物。

(3)分析和类比 综合上述可比性因素,对待评估的车辆与选定的类比对象进行认真的分析类比。

(4)计算评估值 分析并调整差异,做出结论。

3. 现行市价法的具体计算方法

运用现行市价法确定单台车辆价值通常采用直接法和类比法。

（1）直接法　直接法指在市场上能找到与被评估车辆完全相同的车辆的现行市价，并依其价格直接给被评估车辆定价的一种方法。

所谓完全相同指车辆型号相同，但是在不同的时期，寻找同型号的车辆有时是比较困难的。因此，只要参照车辆与被评估车辆类别相同、主参数相同、结构性能相同，只是生产序号不同，并作局部改动的车辆，仍可认为完全相同。

（2）类比法　类比法指评估车辆时，在公开市场上找不到与之完全相同的车辆，但能找到与之相类似的车辆，并以此为参照物，依其价格再做相应的差异调整，从而确定被评估车辆价格的一种方法。所选参照物与评估基准日在时间上越近越好，如果选择远期参照物，应作日期修正。其基本计算公式为：

$$评估价格 = 参照物价格 \times (1 \pm 调整系统)$$

了解市场情况是市价法评估的关键。市价法评估已包含了二手车的各种贬值因素，包括有形损耗的贬值，功能性贬值和经济性贬值。因此用市场法评估不再专门计算功能性贬值和经济性贬值。

4. 采用现行市价法的优缺点

（1）现行市价法的优点　一是能够客观反映二手车当前的市场情况，其评估的参数、指标，直接从市场获得，评估值能反映市场现实价格；二是评估结果易于被各方理解和接受。

（2）现行市价法的缺点　一是依赖于公开及活跃的二手车交易市场；二是可比因素多且复杂，即使是同一个生产厂家生产的同一型号的产品，在同一天登记，由不同的车主使用，在使用强度、使用条件、维护水平等多种因素的作用下，其实体损耗、新旧程度也各不相同。

（二）收益现值法

1. 收益现值法的概念及原理

收益现值法是将被评估车辆在剩余寿命期内的预期收益以适用的折现率折换为评估基准日的现值，并以此确定评估价格的一种方法。

采用收益现值法对二手车进行评估所确定的价值，指为获得该车以取得预期收益的权利所支付的货币总额。

从原理上讲，收益现值法基于这样的事实，即人们之所以占有某车，主要是考虑这辆车能为自己带来一定的收益。如果某车的预期收益小，车辆的价格就不可能高。投资者投资购买车辆时，一般要进行可行性分析，其预计的内部回报率只有在超过评估时的折现率时才值得进行交易。应该注意的是，运用收益现值法进行评估时，是以车辆投入使用后连续获利为基础的，因此该方法适于投资营运的车辆。

2. 收益现值法评估值的计算

收益现值法的评估值计算，实际上是对被评估车辆未来预期收益进行折现的过程。被评估车辆的评估值等于剩余寿命期内各期的收益现值之和，其基本计算公式为：

$$P = \sum_{i=1}^{n} \frac{A}{(1+i)^t}$$

$$= \frac{A_1}{(1+i)^1} + \frac{A_2}{(1+i)^2} + \cdots\cdots + \frac{A_n}{(1+i)^n} \tag{15-1}$$

当 $A_1 = A_2 = \cdots\cdots = A_n = A$ 时，即未来收益同为 A 时，则有：

$$P = A\left[\frac{1}{1+i} + \frac{1}{(1+i)^2} + \cdots\cdots + \frac{1}{(1+i)^n}\right]$$

$$= A\frac{(1+i)^n - 1}{i(1+i)^n} \tag{15-2}$$

式中：P——评估值；

A_t——未来第 t 个收益期的预期收益额，收益期有限时，A_t 中还包括期末车辆的残值，一般估算时残值忽略不计；

n——收益年期（剩余经济寿命的年限）；

i——折现率；

t——收益期，一般以年计。

其中：$\frac{1}{(1+i)^t}$ 称为现值系数；$\frac{(1+i)^n - 1}{i(1+i)^n}$ 称年金现值系数。

例如：某企业拟将一辆 10 座旅行客车转让，某个体户准备将该车用作载客营运。按国家规定，该车辆剩余使用年限为 3 年，经预测得出 3 年内各年预期收益的数据如下：

收益期	收益额（元）	折现率	折现系数	收益折现值（元）
第一年	10000	8%	0.9259	9259
第二年	8000	8%	0.8573	6854
第三年	7000	8%	0.7938	5557

由此可以确定：

$$评估值 = 9259 + 6854 + 5557 = 21670 \text{元}$$

3. 收益现值法中各评估参数的确定

（1）剩余经济寿命期的确定　剩余经济寿命期指车辆从评估基准日到报废日的年限。如果剩余经济寿命周期估计过长，就会高估车辆价格；反之，则会低估价格。因此，必须根据车辆的实际状况对剩余寿命做出正确的评定。

（2）预期收益额的确定　收益法运用中，收益额的确定是关键。收益额指被评估对象在使用过程中产生的超出其自身价值的溢余额。对于收益额的确定应把握两点：

① 收益额指车辆使用带来的未来收益期望值，是通过预测分析获得的。无论对于所有者还是购买者，判断某车辆是否有价值，首先应判断该车辆是否会带来收益。对其收益的判断，不仅仅是看现在的收益能力，更重要的是预测未来的收益能力。

② 收益额的构成，以企业为例，目前有几种观点：第一，企业所得税后利润；第二，企业所得税后利润与提取折旧额之和扣除投资额；第三，利润总额。

为准确反映预期收益额且估算方便，一般选择第一种观点。为了避免计算错误，一般应列出车辆在剩余寿命期内的现金流量表。

③ 折现率的确定。确定折现率，不仅应有定性分析，还应寻求定量方法。折现率与利率不完全相同，利率是资金的报酬，折现率是管理的报酬。利率只表示资产（资金）本身的获利能力，而与使用条件、占用者和使用用途没有直接联系，折现率则与车辆以及所有者使用效果有关。一般来说，折现率应包含无风险利率、风险报酬率和通货膨胀率。风险利率指资产在一般条件下的获利水平，风险报酬率则指冒风险取得报酬与车辆投资中为承担风险所付代价的比率。风险收益能够计算，而为承担风险所付出的代价不好确定，因此风险收益率不容易计算出来，只要求选择的收益率中包含这一因素即可。

每个企业都有具体的资金收益率。因此在利用收益法选择折现率时，应该进行本企业甚至本行业的历年收益率指标对比分析。且最后选择的折现率应该起码不低于国家债券或银行存款的利率。

此外还应注意，在使用资金收益率这一指标时，要充分考虑年收益率的计算口径与资金收益率口径的一致性。若两者不一致，将会影响评估值的正确性。

4. 收益现值法评估的程序

1) 调查并了解营运车辆的经营行情及消费结构；
2) 充分调查并了解被评估车辆的情况和技术状况；
3) 确定评估参数，即预测预期收益，确定折现率；
4) 将预期收益折现处理，确定二手车评估值。

5. 收益现值法评估应用举例

某人拟购置一台较新的二手桑塔纳车作为个体出租车经营使用，经调查得到以下各数据和情况：

车辆登记日期是 1997 年 4 月，已行驶公里数为 18.3 万千米，目前车况良好，能正常运行。如用于出租使用，全年可出勤 300 天，每天平均毛收入 450 元。评估基准日是 1999 年 2 月。

分析：从车辆登记之日起至评估基准日止，车辆投入运行已 2 年。根据行驶公里数、车辆外观和发动机等技术状况看来，该车辆原为出租营运车，属正常使用和维护之列。根据国家有关规定和车辆状况，车辆剩余经济寿命为 6 年。预期收益额的确定思路是：将一年的毛收入减去车辆使用的各种税费和费用，包括驾驶人员的劳务费等，以计算其税后纯利润。根据目前银行储蓄年利率、国家债券、行业收益等情况，确定资金预期收益率为 15%，风险报酬率 5%，具体计算如下：

预计年收入：	$450 \times 300 = 13.5$ 万元
预计年支出：每天燃油费 75 元，年燃油费为	$75 \times 300 = 2.25$ 万元
日常维修费	1.2 万元
平均大修费用	0.8 万元
牌照、保险、养路费及各项杂费	3.0 万元
人员劳务费	1.5 万元
出租车标付费	0.6 万元

故年毛收入为： $13.5 - 2.25 - 1.2 - 0.8 - 3.0 - 1.5 - 0.6 = 4.15$ 万元

按个人所得税条例规定年收入在 3 万~5 万元之间，应缴纳所得税率为 30%。故年纯收入：

$$4.15 \times (1 - 30\%) = 2.9 \text{万元}$$

该车剩余使用寿命为 6 年，预计资金收益率为 15%，再加上风险率 5%，故折现率为 20%。假设每年的纯收入相同，则由收益现值法公式求得收益现值，即评估值为：

$$P = A \cdot \frac{(1+i)^n - 1}{i(1+i)^n} = 2.9 \times \frac{(1+0.2)^6 - 1}{0.2 \times (1+0.2)^6} = 9.6 \text{万元}$$

6. 采用收益现值法的优缺点

采用收益现值法的优点：一是与投资决策相结合，容易被交易双方接受；二是能真实且较准确地反映车辆本金化的价格。

采用收益现值法的缺点：预期收益额预测难度大，受较强的主观判断和未来不可预见因素的影响。

（三）清算价格法

1. 基本概念

清算价格法是以清算价格为标准，对二手车进行的价格评估方法。所谓清算价格，指企业由于破产或其他原因，要求在一定的期限内将车辆变现，在企业清算之日预期出卖车辆可收回的快速变现价格。

清算价格法在原理上基本与现行市价法相同，所不同的是迫于停业或破产，清算价格往往大大低于现行市场价格。

2. 清算价格法的适用范围和前提条件

清算价格法适用于企业破产、抵押、停业清理时要售出的车辆。

（1）企业破产　当企业或个人因经营不善造成的严重亏损，不能清偿到期债务时，企业应依法宣告破产，法院以其全部财产依法清偿其所欠的债务，不足部分不再清偿。

（2）抵押　抵押是以所有者资产作抵押物进行融资的一种经济行为，是合同当事人一方用自己特定的财产向对方保证履行合同义务的担保形式。提供财产的一方为抵押人，接受抵押财产的一方为抵押权人。抵押人不履行合同时，抵押权人有权利将抵押财产在法律允许的范围内变卖，从变卖抵押物价款中优先受偿。

（3）清理　清理是指企业由于经营不善导致严重亏损，已临近破产的边缘或因其他原因将无法继续经营下去，为弄清企业财物现状，对全部财产进行清点、整理和查核，为经营决策（破产清算或继续经营）提供依据，以及因资产损毁、报废而进行清理、拆除等的经济行为。

在上述三种经济行为中，若有机动车辆进行评估，可以清算价格为标准。

以清算价格法评估车辆价格的前提条件有以下三点：

① 具有法律效力的破产处理文件或抵押合同及其他有效文件为依据；
② 车辆在市场上可以快速出售变现；
③ 所卖收入足以补偿因出售车辆的附加支出总额。

3. 决定清算价格的主要因素

在二手车评估中，决定清算价格的有以下几项主要因素：

（1）破产形式　如果企业丧失车辆处置权，出售的一方无讨价还价的可能，那么以买方出价决定车辆售价；如果企业未丧失处置权，出售车辆一方尚有讨价还价余地，那么以双方议价决定售价。

(2) 债权人处置车辆的方式　按抵押时的合同契约规定执行，如公开拍卖或收回己有。

(3) 清理费用　在破产等评估车辆价格时应对清理费用及其他费用给予充分的考虑。

(4) 拍卖时限　一般来说，时限长售价会高些，时限短售价会低些，这是快速变现原则的作用所决定的。

(5) 公平市价　指车辆交易成交双方都满意的价格。在清算价格中，卖方满意的价格一般不易求得。

(6) 参照物价格　在市场上出售相同或类似车辆的价格。一般来说，市场参照物价格高，车辆出售的价格就会高，反之则低。

4. 评估清算价格的方法

二手车评估清算价格的方法主要有如下三种：

(1) 现行市价折扣法　指对清理车辆，首先在二手车市场上寻找一个相适应的参照物；然后根据快速变现原则估定一个折扣率并据以确定其清算价格。

例如，一辆旧桑塔纳轿车，经调查在二手车市场上成交价为 4 万元，根据销售情况调查，折价 20% 可以当即出售，则该车辆清算价格为 $4 \times (1-20\%) = 3.2$ 万元。

(2) 模拟拍卖法（也称意向询价法）　这种方法是根据向被评估车辆的潜在购买者询价的办法取得市场信息，最后经评估人员分析确定其清算价格的一种方法。用这种方法确定的清算价格受供需关系影响很大，要充分考虑其影响的程度。

例如有大型拖拉机一台，拟评估其拍卖清算价格，评估人员经过对三个农场主、两个农机公司经理和三个农机销售员征询，其估价分别为：6 万元、7.3 万元、4.8 万元、5 万元、6.5 万元和 7 万元，平均价为 6.1 万元。考虑目前年关将至和其他因素，评估人员确定清算价格为 5.8 万元。

(3) 竞价法　竞价法是由法院按照法定程序（破产清算）或由卖方根据评估结果提出一个拍卖的底价，在公开市场上由买方竞争出价，谁出的价格高就卖给谁。

清算价格法的应用在我国还是一个新课题，还缺少这方面的实践，关于清算价格的理论与实际操作，都有待进一步总结和完善。

（四）重置成本法

1. 重置成本法及其理论依据

重置成本法是指在现时条件下重新购置一辆全新状态的被评估车辆所需的全部成本（即完全重置成本，简称重置全价），减去该被评估车辆的各种陈旧贬值后的差额作为被评估车辆现时价格的一种评估方法。其基本计算公式可表述为：

被评估车辆的评估值 = 重置成本 − 实体性贬值 − 功能性贬值 − 经济性贬值　　(15-3)

被评估车辆的评估值 = 重置成本 × 成新率　　　　　　　　　　　　　　　　(15-4)

上式可看出，被评估车辆的各种陈旧贬值包括实体性贬值、功能性贬值、经济性贬值。

重置成本法的理论依据是：任何一个精明的投资者在购买某项资产时，它所愿意支付的价钱，绝对不会超过具有同等效用的全新资产的最低成本。如果该项资产的价格比重新建造，或购置一全新状态的同等效用的资产的最低成本高，投资者肯定不会购买这项资产，而会去新建或购置全新的资产。这也就是说，待评估资产的重置成本是其价格的最大可能值。

重置成本是购买一项全新的与被评估车辆相同的车辆所支付的最低金额。按重新购置车辆所用的材料、技术的不同，可把重置成本区分为复原重置成本（简称复原成本）和更新重置成本（简称更新成本）。复原成本指用与被评估车辆相同的材料、制造标准、设计结构和技术条件等，以现时价格复原购置相同的全新车辆所需的全部成本。更新成本指利用新型材料、新技术标准、新设计等，以现时价格购置相同或相似功能的全新车辆所支付的全部成本。一般情况下，在进行重置成本计算时，如果同时可以取得复原成本和更新成本，应选用更新成本；如果不存在更新成本，则再考虑用复原成本。

和其他机器设备一样，机动车辆价值也是一个变量，它随其本身的运动和其他因素变化而相应变化。影响车辆价值量变化的因素，除了市场价格以外，还有：

（1）机动车辆的实体性贬值　实体性贬值也叫有形损耗，是指机动车在存放和使用过程中，由于物理和化学原因而导致的车辆实体发生的价值损耗，即由于自然力的作用而发生的损耗。二手车一般都不是全新状态的，因而大都存在实体性贬值，确定实体性贬值，通过依据新旧程度，包括表体及内部构件、部件的损耗程度。假如用损耗率来衡量，一项全新的车辆，其实体性贬值为百分之零，而一项完全报废的车辆，其实体性贬值为百分之百，处于其他状态下的车辆，其实体性贬值率则位于这两个数字之间。

（2）机动车辆的功能性贬值　功能性贬值是由于科学技术的发展导致的车辆贬值，即无形损耗。这类贬值又可细分为一次性功能贬值和营运性功能贬值。一次性功能贬值是由于技术进步引起劳动生产率的提高，现在再生产制造与原功能相同的车辆的社会必要劳动时间减少，成本降低而造成原车辆的价值贬值。具体表现为原车辆价值中有一个超额投资成本将不被社会承认。营运性功能贬值是由于技术进步，出现了新的、性能更优的车辆，致使原有车辆的功能相对新车型已经落后而引起其价值贬值。具体表现为原有车辆在完成相同工作任务的前提下，在燃料、人力、配件材料等方面的消耗增加，形成了一部分超额运营成本。

（3）机动车辆的经济性贬值　经济性贬值是指由于外部经济环境变化所造成的车辆贬值。所谓外部经济环境，包括宏观经济政策、市场需求、通货膨胀、环境保护等。经济性贬值是由于外部环境而不是车辆本身或内部因素所引起的达不到原有设计的获利能力而造成的贬值。外界因素对车辆价值的影响不仅是客观存在的，对车辆价值影响还相当大，所以在二手车的评估中不可忽视。

重置成本法的计算公式为正确运用重置成本法评估二手车辆提供了思路，评估操作中，重要的是依此思路，确定各项评估技术、经济指标。

2. 重置成本及其估算

前面讲述重置成本分复原重置成本和更新重置成本。一般来说，复原重置成本大于更新重置成本，但由此引发的功能性损耗也大。在选择重置成本时，在获得复原重置成本和更新重置成本的情况下，应选择更新重置成本。之所以要选择更新重置成本，一方面是因为随着科学技术的进步，劳动生产率的提高，新工艺、新设计的采用被社会所普遍接受；另一方面，新型设计、工艺制造的车辆，无论从其使用性能，还是成本耗用方面都会优于旧的机动车辆。

更新重置成本和复原重置成本的相同方面在于采用的都是车辆现时价格，不同的在于技术、设计、标准方面的差异。对于某些车辆，其设计、耗费、格式几十年一贯制，更新重置成本与复原重置成本是一样的。应该注意的是，无论更新重置成本还是复原重置成本，车辆本身的功能不变。

重置成本的估算在资产评估中，其估算的方法很多，对于二手车评估定价，一般采用如下两种方法：

（1）直接法　直接法也称重置核算法，它是按待评估车辆的成本构成，以现行市价为标准，计算被评估车辆重置全价的一种方法。也就是将车辆按成本构成分成若干组成部分，先确定各组成部分的现时价格，然后加总得出待评估车辆的重置全价。

重置成本的构成可分为直接成本和间接成本两部分。直接成本是指直接可以构成车辆成本的支出部分。具体来说是按现行市价的买价，加上运输费、购置附加费、消费税、人工费等。间接成本是指购置车辆发生的管理费、专项贷款发生的利息、注册登记手续费等。

以直接法取得的重置成本，无论国产或进口车辆，尽可能采用国内现行市场价作为车辆评估的重置成本全价。市场价可通过市场信息资料（如报纸、专业杂志和专业价格资料汇编等）和车辆制造商、经销商询价取得。

二手车重置成本全价的构成，一般按下述两种情况考虑：

①属于所有权转让的经济行为，可按被评估车辆的现行市场成交价格作为被评估车辆的重置全价，其他费用略去不计。

②属于企业产权变动的经济行为（如企业合资、合作和联营、企业分设、合并和兼并等），其重置成本构成除了考虑被评估车辆的现行市场购置价格以外，还应考虑国家和地方政府对车辆加收的其他税费（如车辆购置附加费、教育附加费、车船使用税等）一并计入重置成本全价。

（2）物价指数法　物价指数法是在二手车辆原始成本基础上，通过现时物价指数确定其重置成本。计算公式为：

$$车辆重置成本 = 车辆原始成本 \times \frac{车辆评估时物价指数}{车辆购买时物价指数} \tag{15-5}$$

$$或车辆重置成本 = 车辆原始成本 \times (1 + 物价变动指数) \tag{15-6}$$

如果被评估车辆是淘汰产品，或是进口车辆，当查询不到现时市场价格时，这是一种很有用的方法，用物价指数法时注意的问题是：

① 一定要先检查被评估车辆的账面购买原价。如果购买原价不准确，则不能用物价指数法。

② 用物价指数法计算出的值，即为车辆重置成本值。

③ 运用物价指数法时，如果现在选用的指数往往与评估对象规定的评估基准日之间有一段时间差。这一时间差内的价格指数可由评估人员依据近期内的指数变化趋势结合市场情况确定。

④ 物价指数要尽可能选用有法律依据的国家统计部门或物价管理部门以及政府机关发布和提供的数据。有的可取自有权威性的国家政策部门所辖单位提供的数据。不能选用无依据、不明来源的数据。

3. 实体性贬值及其估算

机动车的实体性贬值是由于使用和自然力损耗形成的贬值。实体性贬值的估算，一般可以采取以下两种方法：

（1）观察法　观察法也称成新率法，是指对评估车辆，由具有专业知识和丰富经验的工程技术人员对车辆的实体各主要总成、部件进行技术鉴定，并综合分析车辆的设计、制造、使用、磨损、维护、修理、大修理、改装情况和经济寿命等因素，将评估对象与其全新状态相比较，考察由于使用磨损和自然损耗对车辆的功能、技术状况带来的影响，判断被评估车辆的有形损耗率，从而估算实体性贬值的一种方法，计算公式为：

$$车辆实体性贬值 = 重置成本 \times 有形损耗率$$

（2）使用年限法　其计算公式为：

$$车辆实体性贬值 = (重置成本 - 残值) \times \frac{已使用年限}{规定使用年限} \tag{15-7}$$

式中残值，是指二手车辆在报废时净回收的金额，在鉴定评估中，一般略去残值不计。

4. 功能性贬值及其估算

（1）一次性功能贬值的测定　对目前在市场上能购买到的且由制造厂家继续生产的全新车辆，一般采用市场价，即可认为该车辆的功能性贬值已包含在市场价中了。这是最常用的方法。从理论上讲，同样的车辆其复原重置成本与更新重置成本之差即是该车辆的一次性功能性贬值。但在实际评估工作中，具体计算某车辆的复原重置成本是比较困难的，一般就用更新重置成本（市场价）作为已考虑其一次性功能贬值。

在实际评估时经常遇到的情况是：待评估的车辆，其型号是现已停产或是国内自然淘汰的车型，这样就没有实际的市场价，只有采用参照物的价格用类比法来估算。参照物一般采用替代型号的车辆。这些替代型号的车辆，其功能通常比原车型有所改进和增加，故其价值通常会比原车型的价格要高（功能性贬值大时，也有价格更低的）。故在与参照物比较，用类比法对原车型进行价值评估时，一定要了解参照物在功能方面改进或提高的情况，再按其功能变化情况测定原车辆的价值，总的原则是被替代的旧型号车辆，其价格应低于新型号的价格。这种价格有时是相差很大的。评估这类车辆的主要方法是设法取得该车型的市场现价或类似车型的市场现价。

（2）营运性功能贬值的估算　测定营运性功能贬值的步骤为：
① 选定参照物，并与参照物对比，找出营运成本有差别的内容和差别的量值。
② 确定原车辆尚可继续使用的年限。
③ 查明应上缴的所得税税率及当前的折现率。
④ 通过计算超额收益或成本降低额，最后计算出营运性陈旧贬值。

现举例说明如下：

〔举例〕A、B 两台 8t 载货汽车，重置全价基本相同，其营运成本差别如下：

项　　目	A 车	B 车
每百千米耗油量	25L	22L
每年维修费用	3.5 万元	2.8 万元

求 A 车的功能性贬值。

按每日营运 150km，每年平均出车日为 250 天计算，每升油价 2 元，则 A 车每年超额耗油费用为：

$$(25 - 22) \times 2 \times \frac{150}{100} \times 250 = 2250 \text{ 元}$$

A 车每年超额维修费用为：35000 - 28000 = 7000 元
A 车总超额营运成本为：2250 + 7000 = 9250 元

取所得税税率33%，则税后超额营运成本为：9250×(1－33%)＝6197元

取折现率为11%，并假设A车将继续运行5年，查表11%折现率5年的折现系数为3.696

A车的营运性贬值为：6197×3.696＝22904.11元≈2300元

或利用年金现值公式（15-8）计算。

$$P = A \frac{(1+i)^n - 1}{(1+i)^n \cdot i} \tag{15-8}$$

5. 经济性贬值估算的思考方法

经济性贬值是由机动车辆外部因素引起的，外部因素不论多少，对车辆价值的影响不外乎两类：一是造成营运成本上升；二是导致车辆闲置。由于造成车辆经济性贬值的外部因素很多，并且造成贬值的程度也不尽相同，所以在评估时只能统筹考虑这些因素，而无法单独计算所造成的贬值。其评估的思考方法如下：

1) 估算前提。车辆经济性贬值的估算主要以评估基准日以后是否停用、闲置或半闲置作为估算依据。

2) 已封存或停用较长时间，且在近期内仍将闲置，但今后肯定要继续使用车辆最简单的估算方法是：可按其可能闲置时间的长短及其资金成本估算其经济贬值。

3) 根据市场供求关系估算其贬值。

6. 采用重置成本法的优缺点

采用重置成本法的优点一是比较充分地考虑了车辆的损耗，评估结果更趋于公平合理；二是有利于二手车辆的评估；三是在不易计算车辆未来收益或难以取得市场（二手车交易市场）参照物条件下可广泛应用。

运用重置成本法的缺点是工作量较大，且经济性贬值也不易准确计算。

第三节 二手车市场营销模式

一、二手车交易市场

二手车交易市场指二手车信息和资源的聚集，以及进行二手车交换和产权交易的场所，具有中介服务和商品经营的双重属性。

二手车交易市场是指以企业经营活动为依托，辅以必要的政府协调功能，具有二手车评估定价及二手车收购、销售、寄售等功能的经济实体，并能为客户办理过户、上牌、保险等手续。

二手车交易市场是我国汽车流通的主渠道之一，集物资、工商、公安、税务和鉴定评估等管理功能于一身，实行多形式、多元化、一体化、连动式营销模式。

二、二手车交易市场的功能

（一）开展汽车营销

包括：二手车的鉴定估价；二手车的收购、销售、寄售、代购、代销和拍卖；二手车的租赁；二手车的检测、维修；二手车配件销售；二手车美容和装饰；二手车信息咨询和服

务等。

（二）办理相关手续

包括：办理车辆过户、转籍、上牌手续；办理车辆投保手续。

（三）政府审查执法

包括：审查二手车的合法性；杜绝报废车、盗窃车、走私车、非法拼装车和证照不全的车辆上市交易；堵截偷税、漏税行为（车辆购置税等）。

（四）车辆流通管理

二手车流通涉及车辆管理、交通安全管理、国有资产管理、社会治安管理、环境保护管理等各个方面，属特殊商品流通，必须在国家批准的二手车交易市场内进行。

三、二手车特许经营

（一）二手车贸易的特许经营模式

1. 特许经营体系的分类

特许经营的种类主要可以分成商品商标型特许经营和经营模式特许经营两种，后者的典型代表是美国的麦当劳快餐，而前一种特许经营的模式则被广泛地应用于汽车经销之中，国际上知名的大型汽车公司，如通用汽车公司、福特汽车公司等均采用此模式。

商品商标特许经营是一种传统的经营形态，被称为"第一代特许经营"，简而言之，即特许人授权受许人对特定产品或商标进行商业开发的权利，特许人仍保留对商标的所有权，而且与该商标相连的商誉的任何增加都主要由特许人完成。

2. 二手车贸易适合采用商品商标型特许经营模式

汽车的特许经营模式由美国通用汽车公司于1908年首创，通过这一形式，通用汽车不仅推销了自己的车，还及时为顾客提供了各种服务，帮助其建立了可信赖的产品形象。

这种有效的营销服务模式，对二手车贸易也很有借鉴意义。顾客的要求，成本的压力，以及竞争的加剧，使得现有二手车交易市场的运行体制受到严峻的挑战。因此，建设特许经营体系，是二手车贸易发展的客观要求。

在这一模式下，特许人和受许人之间的关系如图15-1所示。

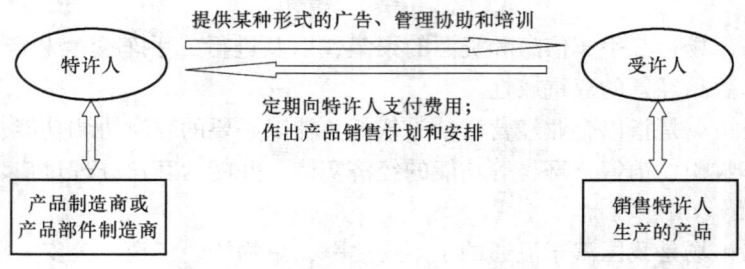

图15-1 商品商标型特许经营模式图

（二）二手车超市

1. 汽车超市的概念

目前国内较流行的汽车售卖形式主要是4S店，以及大型汽车交易市场，而在汽车产业相对较发达的国家，例如德国，汽车超市这种形式正在发展成为主要的售卖形式。"汽车超市"既保证了各大品牌产品的生动化陈列要求,以及汽车公司全套服务的实现,又有利于消费者理智选购商品。

2. 二手车超市的作用

二手车超市借鉴了汽车超市这种先进模式的经验,既给了二手车经销商展示的机会,又让消费者能"看个明白,买个放心"。

(1) 二手车超市的展示与销售作用 二手车超市作为二手车的展示舞台,能够提高广大汽车消费者对入场商家的品牌认知度。以往,二手车经销商普遍不重视自身品牌建设和形象宣传,所以在人们心目中往往缺乏认知度,通过二手车超市这样的形式,可以使潜在的二手车消费群体非常方便快捷地认知二手车经销商。

另外,通过二手车超市,能够向大众普及二手车知识,了解二手车的购买流程、维修及售后服务等相关问题,培育人们的二手车消费意识,扩大二手车的潜在消费市场。

(2) 二手车超市的示范和实验作用 二手车超市云集了各种汽车品牌以及二手车经销商品牌,代表了一种全新的、符合时代发展潮流的汽车销售形式,所以必将会引起广泛的关注,另外,各经销商之间的竞争,在活跃二手车交易的同时,也将促进二手车交易形式的创新和发展。这对我国二手车贸易的发展来说具有两方面的意义:首先,二手车超市将成为我国二手车贸易中的典范,具有样板示范作用;其次,二手车超市将成为我国二手车贸易公司实验各种二手车销售模式的基地。

(三) 二手车拍卖市场

品牌二手车拍卖作为一种新的二手车营销模式,对二手车销售起着有益的补充作用,同时也是二手车交易体系中一个不可或缺的环节。这种交易方式存在着两面性,通过拍卖,消费者可能买到低价的二手车,也有可能受到多方哄抬价格的影响买入高价的二手车,且不能像在二手车交易市场中一样,与商家有讨价还价。在国外,二手车拍卖非常普遍,甚至成为二手车交易的主流方式。

1. 日本二手车拍卖市场

日本的二手车认证没有统一的认证标准,其最主要的认证标准是由几个较大的二手车公司制订的。不同的二手车公司采用不同的认证形式,但具体的检测项目基本相同,如出厂日期、使用年限、里程数、是否加装了 ABS、天窗、内饰、配置等都是必要的检测项目,其中,交通事故出险记录是最重要的一项考查内容。

虽然各个二手车公司的认证标准不尽相同,但经过长期充分的市场竞争,它们做出的认证评定都得到了社会的认同。汽车专卖店里受过专门训练的评估人员将车辆情况如实记录,并将信息传输给二手车公司,很快就能够得到检测证明和基于当前市场状况的基本估价。

在拍卖前几天,各二手车公司会在网上公布即将拍卖的二手车的详细信息,加盟商初步了解后,拍卖前到拍卖场旁的展示停放场地看车,然后参加拍卖。如东京 CAA 二手车公司的现场拍卖大厅中有 500 个终端,每个终端可以有两个人同时参加拍卖。二手车以基本价起拍,单车交易通常 20 秒内就会结束,每天有上千辆的交易量。

2. 美国二手车拍卖市场

在美国,二手车交易量是新车交易量的两倍多,汽车拍卖业尤其发达。拍卖企业设备齐全,操作规范,交易频繁,成交量大。美国国内有近 300 家二手车拍卖公司,它们分别从事事故车、失窃车、罚没车以及政府机构委托车辆的拍卖活动。有些公司甚至还通过卫星系统进行二手车拍卖，销售商们可以在电视上看到拍卖现场实况，并通过电话进行报价，购买二手车。

另外，美国的二手车商还很注重售后服务。在一些州，如果消费者对已购二手车表示不满，在确保车辆未遭损坏，且行车未满 300 英里或购车不足 3 天的情况下，购车款可全额退还给消费者。

案例分析：中国的二手车市场

2010 年，中国新车市场以 1806 万辆的年销量再次刷新车销量纪录，并成为世界第一。然而，与此形成鲜明对比的是，中国的二手车市场，2010 年全年交易量约为 400 万辆，还不到新车交易量的 1/4。一般来说，成熟的二手车市场交易量应该是新车交易量的 2~3 倍，而我国明显低于这一水平。对于二手车市场，业内普遍认为其拥有巨大的潜力，但预期中的二手车爆发式增长元年却迟迟未到。对此，相关专家直言，行业诚信问题及售后服务问题，尤其是评估鉴定标准和机构的缺失是制约二手车行业发展的瓶颈。

诚信机制缺失，二手车市场的死穴

诚信机制的缺乏是制约二手车市场发展的最大瓶颈，这个问题不解决，中国的二手车市场永远难以真正发展。由于相关法律的匮乏，市场的不规范，矛盾集中在二手车商报价不实，信息不对称等问题上。"不说真话"给整个国内二手车市场的诚信度打了个大大的问号。

对于二手车信息不对称问题，国外有一套成熟的应对措施，拍卖是国外普遍采用的交易方式，通过这种方式能够将车辆信息完整地反映出来，因为拍卖必须是在公平、公正、公开的环境下进行的，而且由拍卖机构来承担责任，在美国、日本和韩国，每年的二手车交易中超过 60% 交易量都是通过拍卖手段完成的，实际效果也证明了其可行性。

在日本，旧车的一切修复历史都要如实告知车主，除了对厂牌、用途进行登记外，还要对汽车的行驶里程作特别记录。对车辆侧梁等处的修复历史和不符合安全标准需要修复的隐患做详细记录，并附有《车辆状况评价书》，且在进行车辆交易时必须出具。

在德国，成规模的汽车维修企业除了有诊断车间外，一般都有汽车检测站，汽车检测站是由德国政府指派的机构 TUV 和 DERDA 派驻的，但业务分离。其作用有两点：一是对车辆进行定期检验；二是对维修竣工车辆进行各项性能测试，符合条件后才允许其进入旧车交易市场。

美国二手车市场的发展同样经历过类似的过程。起初，美国人同样对二手车的质量持怀疑态度。后来，美国政府和汽车经销商逐步意识到，二手车对新车保值率以及新车的购买所产生的深远影响，以及二手车市场的持续稳定发展对车市整体健康发展的巨大作用。经过长时间的摸索，终于逐步建立起一套比较完善的二手车认证、置换、拍卖、收购和销售体制。由汽车生产企业或者大型经销商及相关机构对二手车进行全方位的质量检测，以确保汽车的品质达到一定的出售标准。消费者只需购买经过认证的二手车，便可对汽车质量问题完全放心，买二手车不再是"雾里看花"。

售后服务空白，二手车市场的软肋

据国内二手车业内人士透露，"出门不认账"已经成为二手车交易的明规则。只要交车的时候一切正常，离开之后发生的问题销售者概不负责。也就是说，二手车市场不存在"售后服务"。一旦二手车出现质量问题，投诉渠道少甚至没有，这也是无法可依的悲剧。

国外一些规范的二手车市场上，二手车售后服务和新车没有两样：

在日本，每辆二手车可以在全国享受1年或2.5万公里的售后维修服务。买车人如果不满意，可以在车辆售出的10天或500公里以内退货。

在美国，二手车售出之后，提供一段时间的质量保证，比如通用公司就规定车龄7年以内的二手车有一至两年的质量保证，这与新车的服务一样。

在瑞士，二手车车主可以得到一张保修单，享受2年的保修期。这种承诺不仅在瑞士国内，还在全欧洲通行。如果2年内车主将汽车转卖，保修期还可以随车主的更换转移给另一个车主。这样做，既解除了车主购买二手车的后顾之忧，在某种程度上又促进了二手车的销售。

重评估轻检测现象严重，呼吁第三方检测机构

随着我国二手车市场的迅速崛起，以往的二手车鉴定评估已无法适应新形势的需要。二手车市场不规范、不透明、不专业的现象由来已久，在二手车鉴定评估环节中，由于以往专业市场的资源垄断，评估水平严重滞后。眼看、耳听的传统模式很难对汽车这种复杂的机械产品做出客观准确的评估鉴定，而使用的少量仪器也过于简单，在二手车流通过程当中不能够给予消费者充分的可靠车况信息，严重制约了行业本身的发展，建立完善的二手车市场评估鉴定体系势在必行。

目前，我国二手车鉴定评估行业中存在着诸多问题，突出表现在以下几个方面：

二手车鉴定评估师的状况混乱

目前正式的国家鉴定估价师需要经全国统一考核合格，并取得劳动和社会保障部颁发的旧机动车鉴定估价师职业资格证书。据北京一些二手车鉴定评估师称，目前所谓鉴定评估师水平也是良莠不齐。一些地方政府部门颁发的所谓职业资格证书实际上并不符合要求。真正的二手车鉴定评估师需要同时拥有两个证书，一是盖有国家劳动和社会保障部钢印的职业资格证书，还有一个是旧机动车鉴定估价师注册登记证书。

鉴定评估标准亟待建立

我国目前的二手车评估标准多是经验型的。一般根据二手车使用年限，根据汽车残值或者保值率来确定二手车的价格，5年内的车辆损失比较小也比较均匀，并按照每年10%左右的损耗来判断车辆价值。人为因素依然占据主导地位，既不科学也不规范。

第三方独立鉴定评估机构成长缓慢

实际上，当前二手车鉴定评估人员往往是由市场内部选派的工作人员来担当，二手车交易收取的手续费是在评估价的基础上计算出来的，评估很难做到公平权威，造成交易手续费和成交价格的不公开、不透明。

讨论题：

1. 结合本章所学内容和上述案例所提到的中国二手车市场目前存在的问题，谈谈你对我国二手车市场的建议。

2. 作为一名二手车评估师，你应该如何正确评估车辆，使买卖双方均满意？

本 章 小 结

二手车市场营销是汽车市场营销的一个重要组成部分。本章详细介绍了二手车评估体系、市场营销模式及贸易功能等内容,对二手车市场营销策略的制订具有一定的指导作用。

思 考 题

1. 如何确定二手车的成新率?
2. 简述二手车评估的方法及原理。
3. 二手车贸易有哪八项功能?分别有什么特点?
4. 什么是二手车贸易的收购功能?成功发挥二手车收购功能的关键是什么?
5. 二手车的租赁功能可以分为哪三部分?

第十六章 汽车电子商务与网络营销

学习目标

了解电子商务的基本概念、功能和特点;理解网络营销的基本概念、商务模式和基本流程;掌握我国汽车电子商务和网络营销的应用情况和发展动向。

电子商务与网络营销的发展是商业领域的一场革命,这种商务活动的变革最终会引发人类生产、生活方式以及思维模式等的重大变化。如果将我国汽车市场的开拓与电子商务的发展结合起来,必将有助于汽车产业的发展,更好地满足消费者的需求,有利于今后我国的汽车产品走向世界。本章从电子商务入手,介绍了网络营销的商务模式、基本流程以及我国汽车电子商务的应用情况和发展动向。

第一节 电 子 商 务

一、电子商务概念

电子商务源于英文 ELECTRONIC COMMERCE,简写为 EC。顾名思义,其内容包含两个方面,一是电子方式,二是商贸活动。电子商务指买卖双方不用谋面,利用简单、快捷、低成本的电子通信方式,进行各种商贸活动。电子商务可以通过多种电子通讯方式来完成。现在我们所探讨的电子商务主要是以 EDI(电子数据交换)和互联网来完成的。尤其是随着 INTERNET 技术的飞速发展,电子商务真正的未来将是建立在互联网技术上的。所以也有人把电子商务简称为 IC(INTERNET COMMERCE)。从贸易活动的角度分析,电子商务可以在多个环节实现,由此也可以将电子商务分为两个层次,较低层次的电子商务如电子商情、电子贸易、电子合同等;最完整、最高级的电子商务是利用互联网进行全部的贸易活动,即在网上将信息流、商流、资金流和部分的物流完整地实现,也就是说,从寻找客户开始,一直到洽谈、订货、在线付(收)款、开电子发票以至到电子报关、电子纳税等通过互联网一气呵成。要实现完整的电子商务还会涉及到很多方面,除了买卖双方外,还要有银行或金融机构、政府机构、认证机构、配送中心等机构的加入才行。由于参与电子商务的各方互不谋面,因此整个电子商务过程并不是现实世界商务活动的翻版,网上银行、在线电子支付等条件和数据加密、电子签名等技术在电子商务中发挥着不可或缺的作用。

概括来讲,电子商务就是利用计算机和网络技术进行的商务活动。它的本质是商务,是传统商务在现代信息技术环境下的表现形式。目前,对电子商务概念的认识主要有广义的电子商务和狭义的电子商务。

(一)广义和狭义电子商务

广义电子商务(E-Business),指利用不同形式的互联网络(Internet、Intranet、Extranet、LAN、WAN、EDI、有线和无线通信等)进行的各类商务活动以及对整个商务活动实现电子化。这些商务活动既包括了企业外部的业务流程，如网络营销、电子支付等，也包括了企业内部的业务流程，如企业资源计划、管理信息系统、客户关系管理、供应链管理、人力资源管理、网上市场调研、战略管理以及财务管理等。

狭义电子商务也叫电子贸易（E-Commerce），指通过 Internet 网络进行的商业活动，是在 Internet 开放的网络环境下，基于浏览器或服务器应用方式，实现消费者的网上购物，商户之间的网上交易和在线电子支付的一种新型的商业运营模式。

（二）电子商务概念的构成要素

从电子商务概念的构成要素看，它主要由交易主体、电子市场、交易事务、信息流、销售、资金流、物资流等基本要素构成。

1）交易主体：能够从事电子商务活动的客观对象。
2）电子市场：EC 实体从事商品和服务交换的场所。
3）交易事务：EC 实体之间所从事的具体的商务活动的内容。
4）物资流：指商品和服务的配送和传输渠道。
5）资金流：资金的转移过程，包括付款、转账、兑换等过程。
6）信息流：既包括提供商品信息、促销营销、技术支持、售后服务等内容，也包括诸如询价单、报价单、付款通知单、转账通知单等商业贸易单证，还包括交易方的支付能力、支付信誉、中介信誉等。

其中，信息流、资金流和物资流常被称为电子商务的"三流"。物资流是资金流的前提和条件，资金流是物资流的依托和价值担保，并为适应物资流的变化而不断进行调整，信息流对资金流和物资流的运动起指导和控制作用，并为资金流和物资流活动提供决策和依据。

（三）电子商务和网络营销之间的联系

电子商务与网络营销是一对紧密相关又具有明显区别的概念，很容易混淆。

网络营销是以现代营销理论为基础，利用互联网对产品的售前、售中、售后各环节进行跟踪服务，贯穿企业经营全过程，最大限度地满足客户需求，以达到开拓市场、增加盈利目标的经营过程。它是直接市场营销的最新形式。

网络营销不单纯是网络技术，还是市场营销；网络营销不单纯是网上销售，还是企业现有营销体系的有利补充；网络营销是 4C（整合营销）理论的必然产物。

电子商务和网络营销之间的区别主要有：

1）网络营销与电子商务研究的范围不同。电子商务的内涵很广，核心是电子化交易，强调的是交易方式和交易过程的各个环节，而网络营销注重的是以互联网为主要手段的营销活动。

2）网络营销与电子商务的关注重点不同。网络营销的重点在交易前阶段的宣传和推广，电子商务则是为了实现电子化交易。网络营销是企业整体营销战略的一个组成部分，无论传统企业还是基于互联网开展业务的企业，也无论是否有电子化交易发生，都需要网络营销，但网络营销本身并不是一个完整的商业交易过程，而是为促成交易提供支持。因此，网络营销是电子商务中的一个重要环节，尤其在交易发生之前，网络营销发挥着主要的信息传递作用。从这种意义上说，电子商务是网络营销的高级阶段，一个企业在没有完全开展电子商务之前，同样可以开展不同层次的网络营销活动。

(四) 电子商务的功能和特点

1. 电子商务的功能

电子商务作为企业信息流、物流、资金流的实现手段，应用极其广泛。其应用功能主要体现在：

(1) 售前服务 互联网作为一个新媒体，具有即时互动、跨越时空和多媒体展示等特性，它强调了互动性，而且广告资料更新较快，比传统媒体的广告费用更低廉。企业可利用网页和电子邮件（E-mail）在全球范围内做广告宣传；客户可借助网上检索工具迅速地找到所需要的商品信息。

(2) 售中服务 网上售中服务主要是帮助企业完成与客户之间的咨询洽谈、网上订购及网上支付等商务过程，对于销售无形产品的公司来说，互联网上的售中服务为网上的客户提供了直接试用产品的机会，例如音像制品的试听、试看以及软件的试用等。

(3) 售后服务 网上售后服务的内容主要包括帮助客户解决产品使用中的问题，排除技术故障，提供技术支持，传递产品改进或升级的信息，并收集客户对产品与服务的反馈信息。电子商务能十分方便地采用网页上的格式文件来收集用户对销售服务的反馈意见，使企业的市场营销形成一个封闭的回路。网上售后服务不仅响应快、质量高、费用低，还可以大大减低服务人员的工作强度。

2. 电子商务的特点

电子商务与传统的商务活动方式相比，具有以下特点：

(1) 交易虚拟化和透明化 电子商务通过以 Internet（互联网）为代表的计算机网络进行贸易，整个交易过程完全虚拟化。而且，整个交易过程都在网络上进行，使信息传输通畅、快捷，保证了各种信息之间的互相对接，可以防止伪造信息的流通。

(2) 消除时空差异 互联网上的销售通过以信息库为特征的网上商店进行，所以它的销售空间随网络体系的延伸而延伸，没有地界之分和昼夜之别。因此，互联网上的销售相对于传统销售模式具有全新的时空优势，这种优势可在更大程度、更大范围上满足网上顾客的消费需求。

(3) 全方位展示产品及服务 网络上的销售可以利用网上多媒体全方位地展示产品及服务功能，从而有助于消费者完全认识商品或服务。传统的销售在店铺中虽然可以把真实的商品展示给顾客，但对一般顾客而言，对所购商品的认识往往是很肤浅的，也无法了解商品的内在质量，往往容易被商品的外观、包装等外在因素所迷惑。

(4) 密切顾客关系，加深顾客了解 互联网的实时互动式沟通，以及没有任何外界因素干扰的特性，使得产品或服务的消费者更易表达出自己的意见。一方面，网上的零售商们可以通过顾客的反馈更深入地了解其内在需求；另一方面，零售商们的即时互动式沟通，也可以促进两者之间的密切关系。

(5) 提高交易效率，减少流通环节，降低交易费用 电子商务克服了传统贸易方式费用高、易出错、处理速度慢等缺点，极大地缩短了交易时间，使整个交易相当快捷而且方便。由于互联网将贸易中的商业报文标准化，使商业报文能在世界各地瞬间完成传递与处理，使得原料采购、产品生产与销售、银行汇兑、保险、货物托运及申报等过程无需人员干预就可在最短的时间内完成。而且与传统的销售相比，利用互联网渠道可以避开传统销售渠道中许多中间环节，降低流通和交易费用，且加快了信息流动的速度。

（五）汽车电子商务的作用和模式

1. 汽车电子商务的作用

（1）开展汽车电子商务，可以增强企业的竞争力　网民是汽车消费者中最大的潜在客户群体。一方面，网上购物人数在逐年增加，另一方面，现在很多消费者已经习惯通过网上获取感兴趣的车辆信息，而且随着网上支付信用体制的逐渐健全，经销商也可以通过认证来获取货款。随着消费环境和生产环境的改善，必将会推动汽车电子商务化，而电子商务在汽车行业中的充分普及所引起的变革将成为当今世界汽车工业发展的一大趋势。

（2）应用电子商务，可以使汽车企业更加贴近市场，缩短与客户的距离　客户关系管理在提高企业经营管理水平、改善客户服务能力方面可以发挥不可替代的作用。在客户需求个性化、汽车市场竞争白热化的今天，客户关系管理水平已经上升为能够影响企业市场地位和竞争实力的重要因素。

电子商务给客户和企业提供了更多的选择消费与开拓市场的机会，使企业与供应商及客户建立起高效、快速的联系，从而提高了企业把握市场和消费者了解市场的能力。客户需求直接并强烈地驱动着产品的开发、生产、销售与服务的全过程，企业能迅速将消费者的需求变化及时反映到决策层，促进企业针对消费者需求开展研发活动，及时改变和调整经营战略，不断向市场提供差别化的产品和服务。

（3）通过开展电子商务可以降低企业的常规营运费用

① 电子商务节省邮寄和打印的费用。

② 顾客自助式销售减少服务费用。

③ 协作降低了旅行和交流的费用。

④ 减少店面租金成本。

⑤ 减少商品库存压力。

⑥ 降低营销成本。

⑦ 经营规模不受场地限制。

⑧ 书写电子化，传递数据化。

（4）通过开展电子商务，可以有效提高企业信息化管理水平　实施企业资源计划（ERP）管理，可以大大提高企业内部信息资源共享利用率，从而提高决策效率和研发能力，缩短产品开发周期，增强企业的凝聚力。

（5）通过开展电子商务活动，可以提高汽车供应链的管理水平，加快信息流和物流，改善供应关系，降低交易成本　电子商务在汽车供应链管理中的应用，实现了供应商与分销商、企业内各部门之间的信息沟通与共享，将客户的需求信息迅速地传递到制造商手中，使供应链上的各个环节都能对客户的需求变化做出迅速反应，从而最大限度地满足客户需求。

（6）开展汽车电子商务的配套服务，可以提高汽车销售服务水平　对汽车业而言，汽车售后服务领域蕴藏的市场潜力十分巨大。

电子商务是开发这一潜在市场的有效手段，通过网络向汽车客户提供各种备品、备件信息，并为他们提供各种形式的服务，既可取得可观的经济效益，又可大大提高客户的满意度。

(7) 应用电子商务，可以有效地实现全球化采购和经营 全球汽车业发生的巨大变化主要表现在汽车工业市场的全球化与制造的全球化，包括原有设备制造商技术转移，全球化的生产加工和材料采购以及世界范围的分销渠道。

2. 汽车电子商务的模式

(1) 网上车展 向客户提供汽车展示是实现汽车销售的第一步，也是汽车营销活动中的十分重要的环节。

网上车展通过企业网站或专业服务网站实现。由于网上车展具有信息量大、形式多样、费用低廉、交互性好等优势，已被越来越多的企业所采用。

传统模式的实物展示，既要投入较多的人力、物力和场地，又会使展示的信息和覆盖面极为有限，且客户必须到现场才能看到展示效果。网上车展在很大程度上弥补了传统展示的不足，利用网上模拟车展的形式，为汽车企业提供展示企业形象、产品特色的渠道。

(2) 汽车零部件网上采购 汽车生产牵涉到的零部件数量十分可观，需要汽车制造业投入大量的资源。应用电子商务实现零部件网上采购，可以及时获得市场和用户对产品的需求信息，进行分析汇总，做出科学的采购决策。

(3) 汽车客户关系管理 汽车行业是一个竞争最为激烈的行业之一，越来越多的生产厂商意识到必须加快从生产型企业向服务型企业转变，以客户的最新要求来指导生产，而不是要求客户的要求符合企业的产品。在新时代，对汽车的生命期进行全程跟踪，拉近汽车生产企业与客户的距离是面临汽车公司的一代挑战。

对汽车制造商和经销商来讲，以信息技术为手段，通过规范的客户关系管理，实现共享整个体系的客户资源，提高整个汽车业供应链的服务质量，降低汽车经营的风险，为客户创造更多的价值。

汽车消费周期较长，汽车企业只有运用 CRM 概念和技术，才能弄清楚谁是公司产品的现实客户，以便为客户提供长期持续的、个性化的专业服务；才能明白谁是公司产品的潜在客户，以便开展目标明确的推广和促销；才能在售后服务过程中，通过跟踪客户对维修、保养及产品改进等方面的意见和建议，建立与客户长期稳定的合作关系。

(4) 汽车专业信息服务 汽车网站向不同类型的客户提供专业化的知识服务具有十分重要的意义。通过网络向客户提供全方位的产品和服务信息，如产品介绍、技术支持、订单状态等，可以减轻客户服务人员的工作量，使他们有更多的时间与客户进一步接触，开发更多的新客户。

(5) 网上订购服务 汽车企业可以利用网站建立网络销售平台，鼓励客户直接在网上订购汽车配件、养护用品等产品，依托整个连锁体系开展对客户的直接销售和配送，并通过互联网延伸客户服务。另外，企业可以通过客户实际需求信息，及时调整各经销店的货源配置，缩短顾客收货时间。

尽管目前世界上还没有真正完全按照订单组织生产的企业，但这是今后汽车企业发展的方向，也是企业提高竞争力的必由之路。

(6) 汽车企业内部网络化管理 企业内部管理信息系统（EPR）是汽车电子商务的重要组成部分。包括汽车配件的进、销、存管理系统、汽修业务管理系统、办公自动化等。业务范围牵涉到汽车制造厂、分销中心、仓储配送中心、连锁店、维修厂、养护中心等多种机构和部门。通过内部网络化管理可以起到强化内部管理、规范经营管理模式等作用。如财务管理方面，电子商务可以使企业动态掌握各环节的销售、库存情况，优化资金流，提高资金管理的效率和效益。

（7）汽车新产品协同设计　汽车新产品协同设计可使汽车设计师、汽车工程师、供货商、制造商代表和客户通过互联网形成紧密的联系，既可节约高额的通信费用和交通费用，又可明显缩短汽车开发设计时间，有助于提高新产品的开发设计水平、质量和效率。

（8）物流运输的信息化管理　物流系统的电子商务对汽车业的发展也具有重要的影响。

传统的物流运输由于缺乏信息流的支持，导致效率低下，物流成本较高，严重影响企业的经济效益。实施物流运输的电子商务解决方案，在分销中心与供货商、分销中心与连锁店、分销中心与客户、各分销中心之间、各连锁店之间构筑畅通的物流运输网络化通道，全方位统筹运输任务，提高运输效率，大幅降低运输成本，降低库存。

（9）汽车零部件电子商务交易平台　对于从事零部件经营和生产的中小型企业，由于规模、资金和管理方面的实力相对较弱，适应市场的能力较差，一般只能为有限的客户服务。电子商务可以帮助这些企业全面提升开拓市场的能力。电子商务交易平台减少了汽车零部件的生产和流通中间环节，提高了流通效率，降低了流通成本，使汽车零部件产业的发展进入了一个全新的阶段。

第二节　网 络 营 销

一、网络营销的基本概念

网络营销指电子商务在市场营销上的应用，即通过电子信息网络进行市场营销，因而，网络营销又称电子营销。在市场竞争日趋激烈且环境多变的时代，网络和电子商贸系统的出现彻底改变了原有的市场营销理论和实务，由"推销已有产品"转变为"满足客户需求"，由"以产品为中心"转向"以客户为中心"。

（一）网络营销的特点

1. 网络互动营销

网络营销区别于传统营销的显著特点是其互动性，卖方可以随时随地与买方进行互动式交易。为了更好地实施网络营销，企业要掌握互动营销的两个要点：一是网络营销传递信息的花费远比传统营销方式低廉得多。这对于着重提供大量信息，需要大量销售人员的企业来说，无疑是威力强大而又经济的工具。二是需要消费者化被动为主动。消费者主动查询信息的动机将是互动式营销有效发挥其潜力的关键性因素，在消费者搜寻信息动机强烈的市场中，互动式媒介是强有力的营销工具，其力量超过零售商店等传统营销方式。

2. 网络整合营销

在网络营销中，企业和消费者之间的关系变得非常紧密，形成了"一对一"的营销关系。我们把这种营销框架称为网络整合营销，它体现了以消费者为出发点及企业和消费者不断交互的特点，其决策过程是双向的。

3. 网络定制营销

网络营销的不断发展使销售逐渐转向定制化，一些大企业通过建立内部网来提供这一服务。所谓网络定制营销服务,就是让客户在网上选择汽车部件,组装汽车模型,利用相关软件计算价格直到最终满意为止,最后填写订单。

(二)网络营销战略

网络营销是适应信息化时代的营销方式。公司在制订网络营销战略时,应从以下方面考虑:

1) 网络营销的目标。
2) 网络营销的管理部门和财务预算。
3) 反馈信息管理。
4) 保持企业形象的一致性。
5) 网络师的职能。
6) 设立网络资源管理部。
7) 网络服务商的选择。

(三)网络营销计划

网络营销战略完成后,要制订网络营销计划,其步骤包括:

1) 设计网络管理的过程;
2) 界定网络营销任务;
3) 制订网络营销计划必须考虑的其他相关问题。

(四)网络营销调研

完美的营销方案必须建立在对市场细致周密的调研的基础上,网络营销的市场调研是通过互联网对网上用户、竞争者以及整个市场情况做出的及时报道和准确分析。

(五)网络营销策略

网络营销策略是发挥网络营销优势的基本方式,具体包括:

1) 确定潜在消费者。
2) 利用网络广告。
3) 构建理想的购物环境。
4) 跨国销售。

(六)网络营销的评价

首先,互联网能极其精确地记录、定位和追溯网上的每项活动,为网络营销评价提供了巨大的方便,这是其他媒体所无法比拟的优势。其次,成功的网络营销评价通常也是以计算投资回报为标准的。

二、网络营销的商务模式

根据企业对互联网作用的认识及应用能力,可以将网络营销划分为五个层次,即:企业上网、网上市场调研、网络联系、网上直接销售、网络营销集成。

(一)企业上网

这是网络营销最基本的方式。互联网让企业拥有一个属于自己而又面向广大上网者的媒体,且这一媒体的形成是高效率、低成本的。企业网站信息由企业自己定制,没有传统媒体的时间、版面等限制,也可伴随企业的进步发展而不断更新。同时,还可应用虚拟市场、虚拟供求等多种手段吸引受众,并与访问者双向交流,及时有效地传递并获取有关信息。

（二）网上市场调研

调研市场信息，从中发现消费者的需求动向，从而为企业细分市场提供依据，是企业开展市场营销的重要内容。网络首先是一个信息平台，为企业开展网上市场调研提供了极大的便利。

1）借助网络服务商或专业网络市场研究公司的网站进行调研。适用于名气不太大的企业和小企业。企业制订调研内容及调研方式，将调研信息放入选定的网站，就可以实时在委托商的网站获取调研数据及进展信息。

2）在本企业网站进行市场调研。适用于知名大企业。有利于为访问者提供更准确有效的信息，也为调研过程的及时双向交流提供了便利。

（三）网络分销联系

企业通过互联网构筑虚拟专用网络，将分销渠道的内部网融入其中，可以及时了解分销过程的商品流程和最终销售状况，为企业及时调整产品结构、补充脱销产品，以及分析市场特征，实时调整市场策略提供帮助，从而为企业降低库存及采用实时生产方式创造了条件。对于商业分销渠道而言，网络分销也开辟了及时获取畅销商品信息和处理滞销商品的巨大空间。

（四）网上直接销售

网上直接销售合并了全部中间销售环节，并能提供详细的商品信息，使买主能更快、更容易地比较商品特性及价格，从而在消费选择上居于主动地位，而且与众多销售商的联系也更为便利。这种模式几乎不需销售成本，而且能即时完成交易，好处是显而易见的。

但从目前看，我国的市场环境对这种销售方式有较大制约，主要表现为：企业信用水平和个人信用水平较低；市场机制不健全，体系不完善；产品和服务质量难以保证；网络建设有待提高，配套的网络营销法规、银行、运输服务体系尚未确立；消费观念尚存差距；企业应用互联网的能力有待提高。

（五）网络营销集成

一些企业依靠网络与原料商、制造商、消费者建立联系，并通过网络收集传递信息，从而根据消费需求，充分利用网络伙伴的生产能力，实现产品设计、制造及销售服务的全过程。目前，应用这一模式的代表有 Cisco、Dell 等公司。

Dell 公司通过互联网每隔两小时向公司仓库传送一次需求信息，并让众多的供货商了解生产计划和存货情况，以便及时获取所需配件。每天约有 500 万美元的 Dell 计算机在网上卖出，并且通过与合作伙伴的网络实时联系，保证了存货率远远低于同行。

网络营销集成是对互联网络的综合应用，是互联网对传统商业关系的整合，它使企业真正确立了市场营销的核心地位。

三、网络销售的基本流程

网络销售的基本流程如下：

1. 信息的收集

通过网络收集商业信息。

2. 信息发布及客户支持服务

企业上网是这一环节的关键。

3. 宣传与推广
树立起公司良好的商业形象是电子交易的基础。
4. 签订合同
5. 在线交易
其中最重要的是电子银行的参与，怎样进行的流通和转换，是网络营销的关键。
6. 商品运输与售后服务
完善的物流配送系统是保证网络销售得以最终实现的关键。通过网络以及客户关系管理系统及时了解顾客用车情况，并提供及时、周到的售后服务，是汽车网络营销的又一重要内容。

以下是两种典型的汽车网络销售流程：

（1）直销流程

1）消费者查看汽车企业和经销商的网页。

2）消费者在网上填写购货信息，包括：个人信息、所购汽车的款式、颜色、数量、规格和价格等。

3）消费者选择支付方式，如信用卡、电子货币、电子支票、借记卡等，或者办理有关货款服务（见图16-1）。

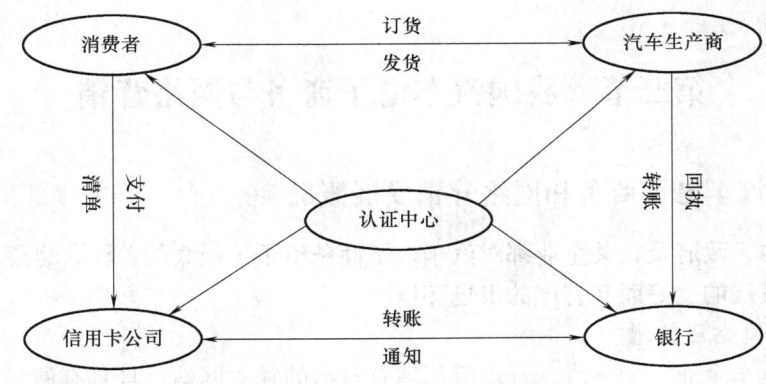

图16-1 直销流程

4）汽车生产企业或经销商的客户服务器检查支付方服务器，确认汇款。

5）汽车生产企业或经销商的客户服务器确认消费者付款后，通知销售部门送货上门。

6）消费者的开户银行将支付款项传递到消费者的信用卡公司，信用卡公司负责发给消费者收费单。

这种交易方式不仅有利于减少交易环节，大幅度降低交易成本，还可以减少售后服务的技术支持费用，并为消费者提供更快捷的服务。但同时也存在不足：一是购买者只能从网络广告上判断汽车的型号、性能、样式和质量，对实物没有直接的接触，更没有试驾的可能。二是购买者利用信用卡或电子货币进行网络交易，不可避免地会使安全性降低。

（2）中介交易流程

以网络汽车交易中心为中介，利用先进的通信技术和计算机软件技术，将汽车生产商、经销商甚至零部件生产商以及银行紧密地联系起来，为客户提供市场信息、商品交易、仓储配送、货款结算等全方位的服务（见图16-2）。

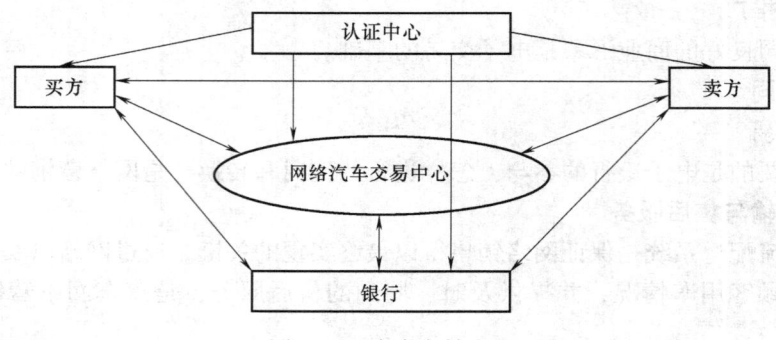

图 16-2 中介交易流程

1）买卖双方将各自的供应和需求信息通过网络告知网络汽车交易中心，交易中心通过信息发布服务向参与者提供大量详细的汽车交易数据和市场信息。

2）买卖双方根据网络汽车交易中心提供的信息，选择自己的贸易伙伴。交易中心协调买卖双方签订合同。

3）交易中心利用在各地的配送部门将汽车送交买方。

采用这种交易方式虽然会增加一定的成本，但却可以降低买方和卖方的风险，从而减少交易费用。

第三节 我国汽车电子商务与网络营销

一、我国汽车电子商务和网络营销发展概况

目前在国内，政府及相关企业都对汽车电子商务给予了极大的关注，也逐步形成了推动汽车电子商务发展的良好而又有序的市场环境。

（一）汽车网站日益增加

国内各大汽车企业，如一汽、奇瑞等都建有自己的独立网站，且具有网络公关系统和采购系统。

目前国内还出现了许多专门为汽车交易提供相关配套服务的网站，这类网站通过商务信息、市场推广、辅助交易、金融服务等方面，尽可能提供功能完善的个性化服务，为国内外汽车经营企业和广大汽车爱好者提供网上与网下紧密结合的专业信息平台。

（二）电子商务应用处于积极探索阶段

我国汽车企业的电子商务应用在发展中遇到的问题也比较多，这主要表现在：我国企业内部信息化管理水平较低；汽车生产企业与零部件供应商及经销商之间的业务水平距离电子商务要求的网络化标准还有一定距离，多数仍停留在电话、传真阶段；成功开展客户关系管理的汽车企业较少。

（三）汽车企业电子商务发展不平衡

规模大、实力强的大型汽车制造商在电子商务发展方面已经取得了一定成效，如一汽集团合资制造商在电子商务方面基本做到了与国际同步。但众多小型企业由于自身原因，还不能很好地应用电子的商务。

二、我国汽车电子商务和网络营销存在的问题

（一）对汽车电子商务的认识不到位

我国的汽车企业无论是在以往推进信息化建设的过程中，还是现在向电子商务方面努力的过程中，往往对计算机系统、网络系统和应用软件等技术平台过分重视，而对革新企业管理思想和观念，推进先进的管理方式等深层次工作认识不足，使汽车电子商务难以发挥作用。

（二）汽车企业管理落后影响汽车电子商务的发展

我国绝大多数汽车企业管理水平相比国外还有很大的差距，采购、生产、销售等环节还是相对独立的手工操作，难以适应电子商务条件下各环节高效、协调、统一和即时的要求。

（三）汽车电子商务的标准问题还没有解决

行业标准的缺乏及混乱使高质量汽车营销中的电子商务交易受到致命的限制。要保证信息及电子商务系统的可靠安全运行，研究适用于我国汽车行业的信息化发展战略已迫在眉睫，必须尽快出台汽车行业信息化及电子商务设计的各种技术规范、标准，以及各种测试和监测方法。

（四）网络安全问题不容忽视

目前还没有一个完整的法律规范制约的且双方不见面的网上交易，还有网上支付等问题等，虽然最近制约电子商务发展的支付系统在不断完善，银行卡、在线支付等已经在中国银行、招商银行等实现，但是从技术和方便易用性上讲，它还存在许多弊端和漏洞，有待进一步完善。

（五）消费者的观念还有待进一步转变

要开展汽车电子商务交易，不能不考虑消费者的观念问题。大多数中国消费者仍希望购买汽车前亲自驾驶。当前，希望能有较大规模的 B2C 汽车网上交易还不太现实。

三、我国汽车电子商务和网络营销发展的障碍

国内汽车企业较低的信息化发展水平是当前我国汽车产业电子商务化的瓶颈。企业的信息化建设水平是其进行电子商务活动的重要基础。

（一）费用

上网费用高居不下是推广电子商务的首要障碍。较高的费用水平，制约了中小企业的网络应用，使产品的销售和渠道的管理无法通过网络来进行。

（二）硬件

国内互联网的基本建设目前都还存在稳定性、安全性和带宽等问题，同时，人员水平的参差不齐、信息管理与分析能力的缺乏，也同样制约着网络的发展。这些都直接影响了汽车电子商务的实现与发展。

（三）安全

信息泄密是企业担心的一个大问题。网络技术的不完善，使很多企业对实现电子商务化顾虑重重。

（四）金融体系的信息化水平

电子商务需要支付与结算的手段。目前我国金融服务的水平和电子化程度不高，网上支

付问题在很大程度上阻碍了电子商务的发展。

（五）市场机制

目前我国不规范的市场条件、不完善的工商管理体系，以及广泛存在的不正当竞争行为等，都是企业在发展电子商务的过程中难以逾越的障碍。

（六）观念

我国的企业领导者对企业信息化管理的认知程度偏低也制约着企业的电子商务发展。

案例分析：汽车之家

汽车之家成立于2005年6月，是中国最大的汽车网站。截至2007年上半年，网站总体流量已攀升至国内第一名。每天的独立用户访问量超过500万，页面访问量超过1亿。

汽车之家致力于服务消费者购车的全部过程，严格坚守"把汽车消费者的利益放在第一位"的原则，逐渐成为汽车消费者的首选网站。

汽车之家定位于为客户提供免费的在线分类信息服务，搭建资源丰富、信用度高、交互性强的分类信息平台，坚持以"疯狂满足汽车消费者购车及用车需求"为使命。

以下是关于汽车之家各频道的简要介绍

新闻中心：新闻中心负责及时准确地报道与汽车（行业）相关的信息和事件，重点包括国内外新车信息、行业动态及焦点汽车相关事件。

城市频道：目前汽车之家共有302个城市分站，每个城市频道均为各地区的读者提供及时的购车信息及丰富的经销商活动，以及适合当地特色的新闻和导购文章。

评测频道：评测频道是以原创试驾、专业评测、汽车技术、用车技巧以及原创游记等为主的栏目，其文章特点在于全面、抢先、客观、实用。

导购频道：导购频道主要帮助消费者解决选车难的问题。新车图解、深入体验、初步海选、车型PK、购车手册等几种不同的文章形式可以在消费者选车的不同阶段提供客观、及时的专业分析和购买推荐。

数据平台：提供相关汽车的数据服务，涵盖汽车图片库、汽车报价库、车型配置库、车型对比分析等海量数据资源，融合数据查找、调研、统计、分析等多种功能，满足从用户到汽车生产厂商的各方数据需求。

互动平台：互动论坛的目的是为用户打造最纯净的专业汽车交流平台。从车主的角度出发，以车会友。用详细的体验和真实的数据，帮助用户完成从选车到用车的全过程。

经销商平台：汽车之家经销商平台拥有逾万家的注册4S店，能为消费者提供最及时、最全面、最准确的价格信息。

二手车平台：汽车之家二手车平台秉承"疯狂满足汽车消费者购车及用车需求"的原则，提供极致的用户体验，建立了严格的车源信息审核机制，定期进行用户回访、意见收集，并不断地改进、完善，力争为用户提供安全、快捷的二手车信息平台。

汽车之家本着为客户服务的精神借助优秀的互联网技术，成为目前国内访问量最高、覆盖面最广、信息量最大、最具用户影响力的专业汽车门户网站。

讨论题：

1. 结合本章所学内容谈谈你对汽车之家利用电子商务的看法。
2. 你作为一名汽车公司的负责人，会如何利用电子商务开展汽车营销。

本 章 小 结

本章重点介绍了汽车电子商务的概念、功能和特点，以及网络营销的模式和流程。另外，还介绍了我国在这两方面的发展现状和问题。

思 考 题

1. 电子商务的概念是什么？
2. 汽车电子商务的特点是什么？
3. 网络营销的基本流程是什么？
4. 我国发展汽车电子商务的障碍是什么？

参 考 文 献

[1] 菲利普·科特勒．营销管理：分析、计划、执行与控制　第九版（英文版）[M]．北京：清华大学出版社，1997．

[2] 肖国普，吴泗宗，陈永革，等．现代汽车营销 [M]．上海：同济大学出版社，2002．

[3] 约翰 A 昆奇，罗博特 J 多兰，托马斯 J 科斯尼克．市场营销管理：教程和案例 [M]．吕一林，译．北京：北京大学出版社，2000．

[4] 菲利普·科特勒，洪瑞云，梁绍明，等．市场营销管理（亚洲版．上、下）[M]．郭国庆，译．北京：中国人民大学出版社，1997．

[5] 菲利普·R 凯特奥拉，约翰 L 格雷厄姆．国际市场营销学　第 10 版 [M]．周祖城，译．北京：机械工业出版社，2000．

[6] 查尔斯 W 小兰姆，约瑟夫 F 小海尔，卡尔·麦克丹尼尔．营销学精要 [M]．杨洁，译．沈阳：东北财经大学出版社，2000．

[7] 约翰 A 奎尔奇，梁绍明，洪瑞云，等．营销管理与战略案例（亚太版）[M]．杨建华，译．沈阳：东北财经大学出版社，2000．

[8] 张国方．汽车营销 [M]．北京：人民交通出版社，2003．

[9] 裴瑜，吴霖生．汽车营销实务 [M]．上海：上海交通大学出版社，2002．

[10] 大卫 E 贝尔，沃尔特 J 萨蒙．战略零售管理：教程与案例 [M]．张永强，译．沈阳：东北财经大学出版社，2000．

[11] J 保罗·彼德，杰里 C 奥尔森．消费者行为与营销战略 [M]．韩德昌，译．沈阳：东北财经大学出版社，2000．

[12] 德尔 I 霍金斯，罗格 J 贝斯特，肯尼思 A 科尼．消费者行为学　第 7 版 [M]．符国群，译．北京：机械工业出版社，2000．

[13] 詹姆斯·赫斯克特．服务利润链 [M]．牛海鹏，译．北京：华夏出版社，2001．

[14] A 佩恩．服务营销 [M]．郑薇，译．北京：中信出版社，1998．

[15] 罗纳德 S 史威福特．客户关系管理 [M]．杨东龙，译．北京：中国经济出版社，2001．

[16] 王静．现代市场调查．修订第 2 版 [M]．北京：首都经济贸易大学出版社，2001．

[17] 刘浩学．现代汽车工业市场营销 [M]．北京：人民交通出版社，1998．

[18] 邵海忠．WTO 与汽车营销 [M]．武汉：湖北人民出版社，2001．

[19] 汤尼 G 特许经营 [M]．王霖，译．北京：民主与建设出版社，2000．

[20] 威文，邢何明，杨利强．第一流的汽车营销经典案例全接触 [M]．北京：机械工业出版社，2002．

[21] 中国汽车市场年鉴编辑部编．中国汽车市场年鉴（2000）．北京：中国商业出版社，2001．

[22] 国家信息中心，国家计委产业发展司．2001 中国汽车市场展望 [M]．北京：机械工业出版社，2001．

[23] 浦维达．汽车营销 [M]．上海：上海三联书店，2004．

[24] 李文义．汽车市场营销 [M]．北京：人民交通出版社，2004．

[25] 向寒松．中国汽车营销报告 [J]．销售与市场，2006，增刊：001-276．

[26] 陈永革，徐雯霞，何瑛，等．汽车服务贸易概论 [M]．北京：机械工业出版社，2006．

[27] 陈永革，何瑛，徐雯霞，等．二手车贸易 [M]．北京：机械工业出版社，2006．

[28] 何忱予．汽车金融服务 [M]．北京：机械工业出版社，2006．